教育部人文社会科学重点研究基地
"齐鲁文化与中华文明文库"丛书　　江林昌　主编

海岱考古与早期文明

燕生东——

著

商务印书馆
The Commercial Press

教育部人文社会科学重点研究基地山东师范大学齐鲁文化研究院"十三五"

规划重大项目"齐鲁文化与中华文明传承创新研究" 成果

国家社科基金项目"东方地区商代考古研究" （13BKG008） 阶段性成果

泰山学者工程专项（NO.tsqn20161024） 阶段性成果

　　燕生东，1968 年生，山东泰安新泰人。1990 年，毕业于山东大学历史系；2000 年，毕业于北京大学考古文博院，获硕士学位；2009 年，毕业于北京大学考古文博院学院，获博士学位。主要从事东方地区先秦考古和传统文化研究。现为教育部人文社会科学重点研究基地山东师范大学齐鲁文化研究院副院长、教授、专职研究员、博士生导师。主持并完成国家社科基金项目和教育部人文社会科学研究规划基金项目各一项，参与科技部"中华文明探源工程"和教育部人文社会科学重点研究基地重大课题项目多项。曾在《文物》《考古》等期刊发表学术论文和考古简报上百篇，出版学术著作与编写考古报告和论文集多部。论文和专著曾获中国第四纪地质青年优秀论文奖、山东省社会科学优秀成果奖、中国商业史学会"货殖奖"优秀成果奖、石璋如先生考古学纪念奖等近十项。

作者学术成果一览

一、主要著作

《枣庄建新——新石器时代遗址发掘报告》（副主编），科学出版社，1996年。

《商周时期渤海南岸地区盐业》，文物出版社，2013年。

《山东半岛海洋文化建设新探索》（主编），山东人民出版社，2013年。

二、主要考古简报

《山东枣庄小山西汉画像石墓》，《文物》1997年第12期。

《山东阳信李屋商代遗存发掘简报》，《考古》2010年第3期。

《山东寿光双王城盐业遗址2008年发掘简报》，《考古》2010年第3期。

《鲁北沿海地区先秦盐业遗址2007年调查简报》，《文物》2012年第7期。

三、主要论文

《苏鲁豫皖交界区西汉石椁墓及画像石的分期》，《中原文物》1995年第1期。

《皖北豫东大汶口文化分期与文化性质》，《华夏考古》2001年第2期。

《后现代史学语境下的考古学》，《东南文化》2007年第1期。

《关于地层与灰坑的几个问题》，《华夏考古》2008年第1期。

《从盐业考古新发现看〈管子·轻重〉篇》，《古代文明》第9卷，2013年。

《考古所见"费"国及曾子里籍问题》，《东方考古》第11集，2015年。

《顺山集文化与大伊山类型》，《东南文化》2018年第1期。

目 录

前　言

　　以今山东省为中心的东方地区，在地理上以渤海、黄海、泰山（岱）及黄河下游（故道）为显著标志，主要包括鲁中南山地丘陵、胶东低山丘陵区及其周旁的诸河冲积平原，并涉及苏北、皖北及辽东半岛南部区域，学术界称为海岱文化区、东方文化区、泰沂文化区、东夷文化区、齐鲁文化区或黄河下游文化区。这里是新石器时代和青铜器时代初期独立发展的中国史前六大文化区之一。经七八十年的考古工作，学界在20世纪90年代就搭建起了从公元前7000—前1500年后李文化—北辛文化—大汶口文化—龙山文化—岳石文化发展谱系，基本理清了各考古学文化发展脉络、文化面貌以及区域特征。在考古学研究内容、研究手段和理论方面率先实现转向，如由考古学文化研究转向早期社会诸层面（聚落、资源、环境、生业、技术、生产、分配、交换、社会组织等），由文明起源的要素、节点研究转向文明化过程、发展模式研究，等等。另外，齐鲁文化是两周时期最重要的地域文化之一，西周早期齐、鲁等大国受封于东方地区的背景或底蕴是什么？这就涉及商代东方地区社会与文化发展情况，殷商王朝在海岱地区的经略、商夷关系、夷方地望等诸问题。近十几年来，东方地区商代考古一系列新发现，促使学界重新审视上述问题。本书的系列论文就是在这样的学术发展背景下形成的。

本书内容大体可以分为三部分。

其一，海岱地区史前文明化进程

海岱地区是学者阐释关于恩格斯家庭、私有制和国家起源理论以及母系社会、父系社会、父权社会、奴隶社会演变的最佳场所，也为国外学者利用酋邦理论解读中国史前社会组织发展提供了最佳证据。《二十世纪海岱地区史前文明化进程研究的历史回顾》一文回顾了学界对海岱地区史前文化的认识和构建过程以及早期文明化进程、夏商文明形成和发展所做贡献的研究情况，简评了国内外学者利用不同理论、方法对海岱地区文明化过程解释的得与失，为新世纪相关研究提供了参考和启示。《海岱地区早期文明化进程特点》一文指出，作为中国文明起源多元中的一元，海岱文化区以其发展的连续性、稳定性以及世俗性（理性）独具特色；在中华早期文明发展过程中，形成了"夷夏东西"分布格局，海岱史前居民大规模西迁，海岱文化曾深度融入华夏文明，对中华早期文明形成和发展做出了独特贡献。

其二，考古新发现与早期文明

《全新世大暖期华北平原环境、文化与海岱文化区》一文主要探讨了海岱文化区能够保持自己的特色和独立性的环境因素以及环境变迁对海岱地区文化形成、发展及对外关系的影响。《海岱地区的早期刻画符号》一文指出，大汶口文化早期到岳石文化晚期出现过刻画符号，具有一定的前后传承关系；符号及其载体集中出土于中心聚落、城址内的大型墓葬内，显示符号和早期文字的拥有者或解释权多在社会上层人手里；大汶口文化晚期大口尊刻符和龙山文化时期神祖徽符号分布广泛，显示它们被认知和接受的范围较大。《海岱地区史前墓葬出土工具反映的两性分工》一文对海岱地区史前墓葬随葬石、骨、蚌、角等用具功能进行了重新分类，通过数据统计、检验和分析，认为大汶口文化时期男、女性别间存在着分工，男性更多地从事对外战争、砍伐树木、加工木材、狩猎捕捞、加工工具等工作，女性多从事纺织业；两性的工作范围有很大交叉，到龙山文化时期，男女分工才更加明显。

莒县陵阳河大汶口晚期聚落等级高，墓葬墓室大小、随葬品多寡悬殊，随葬品丰富，有刻画符号的陶大口尊、玉器和白陶，数量众多的陶杯和猪下颌骨，引起了考古界关注，这反映的是什么性质的分层社会?《论陵阳河大汶口文化墓葬所反映的社会分层——从文化人类学和民族学角度说起》一文从墓地空间布局、墓葬下葬顺序、首领墓葬的位置和主要随葬品的功能入手，参照文化人类学社会分层理论中获得社会首领不同方式，分析了陵阳河聚落社会首领的来源。文中认为，来自同一社群的4个不同家庭垄断了首领位置，他们控制着族权、军事指挥权和宗教祭祀权，获得经济资源的机会更多。他们构成了一个贵族阶层，这些现象属于阶层社会，同时又具备了阶级社会的某些特征。因此，陵阳河所代表的大汶口文化晚期社会正处于由阶层社会向阶级社会过渡阶段。《丹土与两城镇玉器研究——兼论海岱地区史前玉器的几个问题》一文把丹土和两城镇玉器置于海岱地区整个玉器发展框架下考察，分析了它们的时代、性质及在海岱地区玉器发展中的地位以及丹土与两城镇玉器的关系；玉器制作、玉料来源以及这种高精端产品在海岱地区史前社会中的运作方式与过程，在社会复杂化过程中所扮演的角色及以玉器为角度所反映的这两个聚落之间的关系。本文认为，丹土玉器时代主要是大汶口文化晚期和龙山文化初期，两城镇玉器时代为龙山文化早期和中期；以玉器和考古所见壕沟为角度，该地区中心聚落存在着从丹土迁往两城镇的过程；就海岱地区玉器发展而言，以丹土为代表的大汶口文化晚期玉器和两城镇、袁家—朱封为代表的龙山玉器标志着海岱地区开始有自己的玉器工业；玉器制作、享用则被牢牢控制在若干区域中心的贵族手中，治玉业已成为贵族手工业经济的重要组成部分；玉器原料主要为辽东半岛北部的岫岩玉。

《东部沿海在中国早期海洋文明发展中的地位》一文研究了由于以山东半岛为主体的东部沿海地理位置和地质构造的特殊性，在新石器时代较早时期就出现了近海渔盐文化，形成了中国早期海洋文明的主体。这里是古代人口海外迁徙、文化交流和物资流动的重要枢纽，商周时期最重要的海盐生产基地，商周王朝最早接触和开发利用海洋资源的地方，中国早期海上仙人思想的起源地和古代神仙修炼之圣地，秦汉帝国野外祭祀的重要场所。

《莱州湾南岸地区龙山时期盐业与区域社会发展》一文介绍了近年来文物考古部门在莱州湾滨海平原发现的几十处龙山文化时期盐业遗址。滨海平原上数量较多的龙山文化时期制盐聚落和咸淡水分界线南侧与盐业生产有关聚落表明，当时已有特定的、数量较多的人群专门从事盐业生产。淄河、乌河、弥河和白浪河流域的聚落数量激增、人口聚集和社会快速发展的需要，催生了滨海平原盐业资源的开发，而沿海盐业资源的规模化开发和利用，又推动了相邻内陆地区聚落与人口数量增多、不同区域社会大分工的出现以及区域文明化程度的提高。

《桓台西南部龙山文化、晚商时期的聚落》主要谈及的是龙山文化时期聚落内结构、布局和所反映的基层社会问题。桓台西南部一个较完整龙山文化聚落结构和布局是：以房屋、院落为中心成片分布，每片包含房屋、院落、窖穴、灰坑、垃圾堆积以及散布于房屋周围的墓葬，个别聚落还有生产作坊（如制陶、制石），高等级聚落内有壕沟环绕，这也是海岱地区龙山文化聚落单位的共性。这里的聚落均属于中、小型，代表的是当时的基层社会。就聚落规模和有无环壕，出土黑陶质量好坏和精美程度而言，可分两级，但聚落间存在着竞争，等级不断发生转移。

前面提及的《桓台西南部龙山文化、晚商时期的聚落》一文还介绍了桓台西南部晚商时期聚落考古主要收获与认识。聚落相距2—3公里，每个面积在3万—6万平方米间，内部布局有明显的规划，一般分为居住区、窖藏区、取

土区和垃圾倾倒区，部分聚落还有专门的制陶、制石作坊区，墓地则位于居住
区一侧。聚落年代都包含了殷墟文化一至四期，特殊功能和较高等级的聚落
未发生过更替，说明当时聚落发展是稳定的，其所代表的社会组织建构也是稳
固的。唐山、史家较高层次聚落有环壕，出土了青铜容礼器，所见卜骨卜甲数
量较多，消费了比一般村落更多的肉食和牺牲，具有更多的政治、文化和宗教
祭祀功能；低层次的聚落具有专门制作石器、烧制陶器等经济方面的功能，显
示聚落间在功能上也存在着差异。桓台西南部晚商聚落等级结构代表的是有一
个较高聚落层次统摄若干村落的两级组织建构。这种聚落结构所代表的社会组
织是商王朝晚期在鲁北地区社会内的一种常态，很像是甲骨文和古文献记载的
"邑、田"聚落。

针对岳石文化衰落观点，《"夷夏东西"格局下的岳石文化》一文指出，相
当于夏代中晚期与早商时期、东夷族群创造的岳石文化，整个社会发展水平约
与以二里头文化为代表的夏文化相当，在夷夏、夷商东西对峙中占有非常重要
的一席；岳石文化与夏族创造的二里头文化并驾齐驱，后又与商族创造的下七
垣文化（先商文化）和二里岗下层文化（早商文化）形成了三驾马车逐鹿中原的
局面；岳石文化曾是分布范围最广的夏代地域文化，在与诸文化关系中处于主
导地位；岳石文化还因其超前的成套石质农业生产工具，先进的城墙夯筑技术
与青铜器冶炼技术等而闻名。

其三，商文明在东方地区的扩张

该部分主要谈及商王朝在海岱地区经略问题，涉及不同阶段商文化在东方
地区发展进程、聚落分布、文化特点、人群构成、社会组织、夷方地望、晚商
文化分布态势与周初东封诸国位置关系等内容。

《商文化前期在东方地区的发展特点》与《商文化后期在东方地区的发展
情势》二文主要谈的是商文化不同阶段在东方地区具体发展过程、特点及各区
域聚落与社会发展情况。商文化在东方地区的发展大体可分4个阶段，二里岗

下层为第一阶段，二里岗上层至殷墟一期前段为第二阶段，即前期；殷墟一期后段，二、三期前段为第三阶段，三期后段至殷墟四期为第四阶段，即后期。第一阶段末期的商文化东界仅到达豫东地区的西部。商文化第二阶段向东扩张达到最高峰，分布范围东北部已至渤海南岸内陆腹地，东部至山东潍河、白浪河和沭河东岸，向南至连云港海岸以及淮河下游南侧的盐城一带；靠近商王朝政治经济中心的豫东、鲁西南，鲁中南、鲁南及济南地区，发现的聚落分布密集，聚落和人口数量最多，是商王朝在东方地区重点经略的区域；就考古学文化而言，仅有规模大、人口高度集中和等级较高的中心聚落大辛庄，商文化与当地文化共存，显示了其地位与性质的特殊性；但商代前期，整个东方地区还不属于商王朝重点拓展和关注的地方。商文化后期与前期比，聚落和人口数量急剧增多。在鲁北、沧州东部沿海地区还发现了10多个规模巨大的盐业聚落群，这里成为商王朝直接控制的、唯一的产盐之地与唯一能通往海洋之地方；内陆地区中心聚落和高等级聚落大量出现，仅鲁北、济南和古泗水流域出土成组青铜容礼器的中心聚落就有近70处，第四阶段还出现了凌驾于区域中心聚落之上的更大、更高的高等级聚落青州苏埠屯、滕州前掌大等。东方地区所见族徽识符号数量也是殷商周边地区中最多的。东方地区文化面貌与殷商文化关系较为密切，而与当地文化的互不往来，形成二元对立。鲁北、济南及渤海南岸地区是商王朝后期重点经略的地区，鲁中南滕州等地在第四阶段也成为商王朝重点控制地区。

学界对卜辞和金文夷方位置争论颇大，《从商王朝晚期对东方地区的经略看夷方地望》一文试图从晚商文化在东方地区的分布和发展情势、商王朝晚期在东方地区的经略来解决夷方地望问题。东方地区是商王朝晚期重点拓展和经营的区域；东方地区人口密集，聚落发展稳定，与殷墟文化关系密切，同当地文化来往较少；高等级聚落和来自殷都及周边地区的贵族与军队首领数量较多，驻扎在晚商文化分布区边界的丑、举、史等多个族氏还参与了征伐夷方战争。结合卜辞、商周金文的记录与相关研究，夷方地望应该在晚商文化分布范围以外、岳石文化后续文化的会泉庄和芝水二期等类型分布范围内。

考古学上对齐、鲁等诸邦国分封在东方地区的目的是如何看待的？《晚商文化在东方地区的分布态势与周初东封》一文从晚商文化在东方地区发展情势与周初诸封国在东方地区的位置关系入手，探讨周初东封诸国的目的。晚商阶段，殷商文化与势力在西、北、南部大范围退缩，唯有东方地区在整个商王朝境内聚落分布最为密集，文化繁荣，与殷墟文化关系也最为密切。周初所封东方地区的近20个姬姓、功臣及姻亲邦国位置均位于晚商文化的分布区内，说明这些封国主要是管控本地的殷商人后裔。

《江苏地区的商文化》一文主要介绍了商文化在江苏地区的发展和分布情况，指出，江苏地区所见商文化主要属于第二和第四发展阶段，其中以第二阶段最为丰富；苏北地区属于商文化分布区，而苏南宁镇地区则为商文化影响区；连云港一带是商王朝较早阶段唯一通向海洋的地方，其中大村为那一地区的高等级聚落。

《泗水流域的商代——史学与考古学的多重建构》一文以传世文献、出土文献与考古实物资料对泗水流域的商代历史、文化、族群或方国不同建构为例，反思"多重证据法"研究中的"求同"方法，更加强调多元资料间产生的异例现象及其原因，即"求异"方式。据古文献中对泗水流域商代历史和社会的追述以及史学界对此的解释，该地存在蓝夷族，商势力进入后曾迁都至此；据周初铜器铭文和周汉文献，这里的土著方国和族群有淮夷、东夷、商奄、盉侯等；在殷墟卜辞的记录中，商代晚期，泗水流域分布着许多方国和族群，绝大多数方国、族群与商王朝关系密切，有些做过商的业官，或受过商王的册封，或为商王直系亲属的封国，个别方国时叛时服。考古学者研究本地区的商代考古学文化多根据陶器制作的细微特征划分地方类型，或者以文献记载的古国为指引划分地方类型，或者以陶器上的细微差别复原该地区商代方国、族群以及与商王朝的关系。最新考古资料表明，在商代中期和商代末期（帝乙、帝辛），这里属于商文化分布区，是商王朝在东方地区的重要据点。如何看待这些差异？学界习惯于整合传世文献和出土文字资料，或者用文献资料作为导引来解读考古资料，或者把考古资料与文献（字）记录结合，寻找"相同的或可互证"资料来建构历史。但如果过于人为地整合、弥合考古与文献资料，往往会给人一种牵强附会的印象，在各种资料类比和整合过程中，多忽视各类资料所呈现出的不同的、矛盾的或反常的一面。

特别指出的是，本书中的部分成果属于多位作者合作的结晶，如《海岱地区的早期刻画符号》一文与佟佩华合作，《桓台西南部龙山文化、晚商时期的聚落》一文与魏成敏、党浩、胡长春和许志光合作，《论陵阳河大汶口文化墓葬所反映的社会分层——从文化人类学和民族学角度说起》一文与尹秀娇合作，《丹土与两城镇玉器研究——兼论海岱地区史前玉器的几个问题》一文与高明奎、苏贤贞合作，《泗水流域的商代——史学与考古学的多重建构》一文与王琦合作。感谢他们允许我结集出版。

本书各篇的形成与出版得益于北京大学考古文博学院赵辉教授、刘绪教授、张弛教授的长期引导和教育，山东师范大学齐鲁文化研究院王志民教授、程奇立教授、江林昌教授、全晰纲教授的督促和帮助，山东省文物考古研究院郑同修研究员、刘延常研究员、孙波研究员以及山东文博界各位好友提供的考古材料和大力支持。此外，本书在收集最新考古资料过程中，山东省文物局大遗址保护与考古处王守功处长、兰玉富副处长、范承泰主任提供了很多方便。在此一并表示感谢。

陈晓、时孟、丁燕杰、胡春丽等同学还帮助收集部分论文并重新录成电子版，让我节省了不少时间和精力。

商务印书馆王化文先生为本书的编辑付出了很多心血，在此表示衷心感谢。

第一编

海岱地区史前文明化进程

二十世纪海岱地区史前文明化进程
研究的历史回顾

一、前言

以今山东省域为中心的东方地区，在地理上以渤海、黄海、泰山（岱）和淮河下游（故道）为显著标志，主要包括胶东低山丘陵区、鲁中南山地丘陵及其周旁的山前平原，考古界称为海岱文化区[①]、泰沂文化区[②]、东夷文化区[③]、齐鲁文化区或黄河下游文化区。不难看出，这些术语名称是从不同角度对这一历史文化区的表述，但源于夏商周王朝的话语霸权按方位和族群分类提出的"东夷"集团（族），其与史前考古学文化的对应关系显然是一个争论颇大的复杂

[①] 高广仁、邵望平：《中华文明发祥地之一——海岱历史文化区》，《史前研究》1984年第1期。

[②] 郑笑梅：《论泰沂文化区》，《海岱考古》第一辑，山东大学出版社，1989年。

[③] 严文明：《东夷文化探索》，《文物》1989年第9期；栾丰实：《东夷考古》，山东大学出版社，1996年；张学海：《论东夷文明的诞生与发展》，《古代文明》第1卷，文物出版社，2002年。

问题；而齐、鲁两国只是西周王朝分封在东方的两个大国，并不能完全代表东方早期政治与文化的发展格局；另外，在先秦大部分时间里，黄河主要是从天津、河北或淮河地区入海的。因此，把这一地区称为海岱文化区似乎更恰当些。整个新石器时代和青铜器时代初期，海岱区文化基本上是独立发展的，是中国六大文化区之一。几十年来的考古和研究表明，海岱文化区作为中国文明起源多元中的一元以及凭借其对华夏文明形成和发展所做出的独特贡献，其重要性正日益突出，已是中国早期文明起源研究不可回避的重要地区。

总体来看，考古学上探索海岱区文明起源主要有两个高潮。第一个高潮出现在20世纪70年代末。以墓葬规模悬殊、随葬品丰富的大汶口墓地资料的公布，以及陵阳河图像文字的释读为契机，学术界对大汶口文化的社会性质和族属问题展开了激烈争论，其中尤以唐兰先生提出大汶口文化进入文明社会和中国已有五六千年文明史的观点最为著名。[1]但由于海岱区史前文化发展谱系和编年在当时还没有建立起来，讨论文明起源问题在资料与理论方法上还没有足够积累和必要铺垫，所以这次热潮在两三年后很快降温。第二个高潮是90年代以后。早在80年代前期，在苏秉琦先生区系类型理论的指导下，海岱地区就已基本建立起北辛—大汶口—龙山—岳石文化从新时期时代中期到青铜时代初期的文化发展序列和谱系。[2]所以在80年代中期以后，随着寿光边线王、章丘城子崖、邹平丁公和临淄桐林等龙山文化时期城址（壕沟）的发现，以及丁公陶文的出土，自然而然地引起考古界对这些与文明化进程密切相关的考古资料的思索。尤其是90年代初，苏秉琦先生提出中国考古学要转向复原史前史研究和中国文明起源问题以来[3]，在中国

---

① 关于那场论战，可参见山东大学历史系考古教研室编：《大汶口文化讨论文集》，齐鲁书社，1981年。

② 伍人：《山东地区史前文化发展序列及相关问题》，《文物》1982年第10期。

③ 苏秉琦：《重建中国古史的远古时代》，《史学史研究》1991年第3期；苏秉琦：《关于重建中国史前史的思考》，《考古》1991年第12期；苏秉琦：《重建中的"中国史前史"》，《百科知识》1992年第5期；苏秉琦：《中国文明起源新探》，香港商务印书馆，1997年。

文明起源的研究掀起热潮、各种文明起源理论层出不穷的新形势下，海岱地区文明化进程的研究也随之进入了新一轮高潮。

本文计划对海岱地区文明化进程的研究历程做一历史回顾，分析评判的焦点侧重于学者们的研究取向，主要包括研究所涉及的内容、角度、思路以及理论（历史）依据等。需要说明的是，由于海岱地区地理位置和历史文化发展的独特性，其文明化进程涉及了发生、发展、中断以及最后融入以中原为中心的商周文明的全部过程，时间上实际涵盖了整个先秦时期（包括史前、原史和历史时期）。为讨论重点起见，本文将研究时间范围只限定于青铜器时代初期以前。

二、海岱地区文化发展框架

20世纪初，历史学界普遍认为商族起源于东方，主要是山东地区。[①]为探讨殷墟文化的来源问题，30年代初，中央研究院历史语言研究所发掘了济南龙山城子崖遗址，确定了以黑陶为特色的龙山文化，并认为龙山文化与殷墟文化关系密切。[②]为了进一步了解龙山文化的分布区域和特征，考古工作者在海岱等地区做了大量考古调查工作，还发掘了日照两城镇等遗址。那时以及以后的相当长一段时间里，学界在龙山文化与仰韶文化、小屯文化的关系以及族属对应问题上花费了相当大的研究精力和时间。直到1959年，在泰安大汶口（宁阳堡头）清理了133座史前墓葬，出土遗存既不同于龙山文化也有别于仰韶文化，

---

① 如王国维：《说自契至于成汤八迁》，《观堂集林》，中华书局，1959年影印本；徐中舒：《再论小屯与仰韶》，《安阳发掘报告》第3期，1931年；傅斯年提出的"夷夏东西说"（见傅斯年：《夷夏东西说》，《庆祝蔡元培先生六十五岁论文集》下册，中央研究院历史语言研究集刊外编第一种，1935年）文章发表稍晚，但主要看法在30年代前后已形成。

② 傅斯年、李济、董作宾、吴金鼎等：《城子崖——山东历城龙山镇之黑陶文化遗址》，中央研究院历史语言研究所，1934年。

如墓葬以单人葬为主、随葬品丰富、墓葬等级又分明，这与多人二次合葬墓为主、少见随葬品的仰韶文化迥然有别，震惊了考古界，遂确立了大汶口文化，并认识到其早于龙山文化。[①]在对大汶口文化社会性质争论不休的同时，学界对大汶口文化的内容和分期及其来源、龙山文化的走向等问题也做了积极思索，并促使各地做了大量基础性工作，包括大规模考古发掘和编年研究，如兖州王因、邹城野店、泰安大汶口遗址、滕州北辛、莒县陵阳河与大朱村、牟平照格庄等许多重要遗址，都是在70年代发现或发掘的。到80年代前期，考古界就基本构建了北辛－大汶口－龙山－岳石文化从公元前5300年到前1500年的文化发展序列，90年代前后又发现了早于北辛文化的后李遗存，把海岱地区新石器文化提早了上千年。70年代末80年代初，有学者就开始意识到山东、苏北应是一个独立的文化区，并且是中国早期文化发展的三大中心之一。在苏秉琦先生根据区系类型学理论所划分的史前"六大文化圈"中，海岱区就是其中之一。至此，以山东省为中心的海岱地区是一个独立文化区的观点，在考古界很快得到普遍认可。而此前历史界通过对古文献的梳理和历史传说的考订，曾提出过海岱民族或东夷集团是中国上古的三大族系或部落集团之一[②]，就已预示着该地区有独特的文化，现在通过考古资料得到证实，这算是一种"耦合"吧。

以上所述可知，70年代到90年代初，考古界主要把精力放在各个文化编年、地区类型、文化面貌以及与周围文化关系等基础性研究上，基本廓清了海岱地区作为一个文化区的形成与发展过程。[③]这些基础性研究成果为以后海岱地区文明化进程的探索搭建了一个稳实的平台。

---

① 山东省文物管理处、济南市博物馆:《大汶口——新石器时代墓葬发掘报告》，文物出版社，1974年。

② 蒙文通:《古史甄微》，商务印书馆，1933年；徐旭生:《中国古史的传说时代》，1943年初版，科学出版社1961年增订。

③ 如栾丰实:《海岱地区考古研究》，山东大学出版社，1997年；张学海:《张学海考古论集》，学苑出版社，1999年；高广仁:《海岱地区先秦考古概论》，科学出版社，2000年。

在进行这项工作的同时，也发现了与社会分化有关的大量遗存，主要是大汶口、龙山文化墓葬和聚落方面的。其中大汶口文化的墓葬，如在大汶口遗址又发现了大汶口文化较早阶段的大型墓，显示出在这个时期社会已开始分化；野店遗址发现一批大汶口文化中、晚期的大型墓；新沂花厅墓地则发现了独立成区的10座大型墓，内有8座殉人，最多的殉葬达5人之多，随葬品最多者达159件，还出土了丰富的良渚文化玉石器；莒县陵阳河、大朱村、杭头等大汶口文化晚期墓葬内，上层贵族墓葬单独埋葬一区，墓室规模巨大，不仅随葬包括薄胎、厚胎高柄杯、大型陶瓷与滤器在内的几十件甚至上百件的陶器，还有数量惊人的猪下颌骨、精美的玉石器，以及刻有图像文字（符号）的陶臼等（至今已在该地区出土的20余件陶臼上发现了10余个字体）。聚落方面，滕州西康留遗址发现了与建筑有关的夯土台基；五莲丹土遗址发现大汶口文化晚期的壕沟和夯土墙，丹土还出土过数量惊人的大汶口文化晚期大型玉钺、璇玑、琮等；安徽蒙城尉迟寺也发现壕沟，还出土一些刻有图像文字的陶臼，其中多数图像文字与莒县的基本相同，这也是一个值得注意的新现象。

龙山文化墓葬资料中，高等级墓主要出自泗水尹家城、临朐西朱封等遗址，均有棺椁葬具，后者还有器物箱；西朱封、昌乐袁家墓地出土了精美的玉钺、大型玉刀、冠形饰等，丹土、两城镇遗址的超大型玉刀、璇玑和刻有兽面的玉锛也可能出自墓葬；临淄桐林遗址出土的大型陶甗、"列鼎"与"列盆"等特殊器类，也引起了广泛重视，邹平丁公遗址的刻有11个单体字组成的陶文书更是首次大发现。另在一些遗址还出土了铜器小件。聚落方面，超大型聚落，如两城镇、尧王城、桐林遗址的面积竟达数十万平方米以上，防御型的壕沟已经普遍，在城子崖、丁公、桐林、阳谷景阳冈等还发现了城墙。岳石文化也有一些重要发现，如尹家城遗址出土了青铜刀、镞、环等，桓台史家发现了用木构架的大型水井和刻字卜骨，城子崖则清理出了夯土城墙。这些重要发现构成了海岱地区文明化进程研究的另一个重要基础。

三、早期的探索

早在城子崖遗址发掘和龙山文化确认之初，李济、梁思永等学者就从陶器、卜骨、夯土、墓葬等方面论证出龙山文化是殷墟文明的主要来源。[①]后来，尹达先生做了进一步阐述。[②]之后，在河南陆续发现并辨认了比殷墟（小屯）文化早的二里岗文化和二里头文化。这样，由于龙山文化与小屯文化之间还有近千年的时间距离，大陆考古界一般不再谈论龙山文化与殷墟文化的关系，但台湾的考古学家仍为论证二者关系撰写了大量论文[③]，认为殷商文化的基础是山东龙山文化。甚至在七八十年代，邹衡先生的考古学研究实际已基本上解决了夏商文化的来源问题[④]，但旅美学者张光直先生仍坚持商王朝上层来源于东方的观点，认为殷商文化与大汶口文化、龙山文化共享一些重要因素，包括厚葬制度、木椁葬具、二层台设置、随葬龟甲习俗，以及若干陶器形制、白陶、骨匕、骨雕、绿松石镶嵌及装饰艺术中的纹样等，因而，它们之间应存在渊源关系。[⑤]后来他又进一步指出，豫东的一支岳石文化应发展为先商文化和早商文

---

① 李济：《城子崖发掘报告序》，《城子崖——山东历城龙山镇之黑陶文化遗址》，中央研究院历史语言研究所，1934年；梁思永：《龙山文化——中国文明的史前期之一》（英文），1939年，译文见《考古学报》第七册。

② 尹达：《中国新石器时代》，生活·读书·新知三联书店，1955年。

③ 如李济：《黑陶文化在中国上古史中所占的地位》，《台湾大学考古人类学刊》第二十一、二十二期合刊，1963年；《中国文明的开始》（英文），1957年，汉译本，台湾商务印书馆，1970年；李济：《踏入文明的过程——中国史前文化的鸟瞰》，"中研院"历史语言研究所中国上古史编辑委员会：《中国上古史（待定稿）》第一本史前部分，1972年。

④ 邹衡：《夏商周考古学论文集》，文物出版社，1980年。

⑤ 张光直：《殷商文明起源研究上的一个关键问题》，《沈刚伯先生八秩荣庆论文集》（1976年）；《从夏商周三代考古论三代关系与中国古代国家的形成》，《屈万里先生七秩荣庆论文集》（1981年）；《商城与商王朝的起源及早期文化》（1933年），均参见《中国青铜时代》，生活·读书·新知三联书店，1999年。

化，并在那里试图通过田野考古工作证明之。[①]可以看出，这种观点的历史依据是夷夏东西说、商人源于东夷说；从某种角度而言，这实际上是把海岱地区的文明化进程捆绑在中原华夏文明发展的框架内，视海岱地区为华夏文明进程的一部分。这种观点一直影响着欧美考古界，致使他们在探讨史前墓葬、聚落、城址乃至考古学文化时，往往把黄河中下游地区放到同一层面上阐述。这种忽视海岱和中原地区已有的基础性考古研究成果的做法，实际上也就忽视了海岱地区文明进程自身所具有的特殊性。

当然，由于地理位置上相互毗邻，海岱地区和中原地区历史文化联系一直比较密切，人群来往也比较频繁，导致二者文明有着千丝万缕的联系。邹衡先生就认为夏文化的陶礼器如觚、爵、封口盉、鬶（鸡彝）、瓦足器等应来自东方或与东方有着密切关系，并据此推测其上层建筑的礼制可能来自东方。[②]李伯谦先生进一步论证二里头文化的觚、盉、鬶、豆、单耳杯、三足盘等来自山东龙山文化，并以此认为二里头文化应是后羿（来自东方）代夏之后的夏文化。[③]此后，又有学者从制陶、治玉、镶嵌、夯筑、占卜龟灵、犬牲、原始文字等诸方面论述了海岱文明对中原文明的影响，认为后者的一些文明因素构成了后者的直接来源，并在思想意识形态、社会制度上为夏商文明的诞生做好了准备。[④]由此可以看出，海岱文化区对华夏文明的形成和发展做出了独特贡献，这应是

①　张长寿、张光直：《河南商丘地区殷商文明调查发掘初步报告》，《考古》1997年第4期；张长寿：《张光直和中美在商丘的合作发掘》，《四海为家——追念考古学家张光直》，生活·读书·新知三联书店，2002年。

②　邹衡：《试论夏文化》，《夏商周考古学论文集》，文物出版社，1980年。

③　李伯谦：《二里头类型的文化性质与族属问题》，《文物》1986年第6期。

④　高广仁、邵望平分撰或合撰：《中华文明发祥地之一——海岱历史文化区》，《史前研究》1984年第1期；《中国史前时代的龟灵与犬牲》，《中国考古学研究》编委会编：《中国考古学研究——夏鼐先生考古五十年纪念文集》（上），文物出版社，1986年；《海岱文化对中华古代文明形成的贡献》，《山东龙山文化研究论文集》，齐鲁书社，1992年；《海岱系古玉略说》，《中国考古学论丛——中国社会科学院考古研究所建所40周年纪念》，科学出版社，1993年；《岳石文化的社会成就与历史地位》，见《海岱区先秦考古论集》，科学出版社，2000年。

海岱地区文明化进程的一个显著特色，也是其他文明区所无法比拟的。关于中原地区对海岱地区文化的影响，目前看来，主要是在庙底沟文化、庙底沟二期文化时期和龙山文化末期，尤其在龙山文化末期，来自中原地区的影响可能已改变了海岱地区文明化进程的方向。到商代中期之后，来自中原及西部的商周文明则主导了海岱地区文明的发展格局。

四、七八十年代的探索

把海岱地区作为一个单独区域考察其文明起源，应始于70年代末唐兰先生引发的那场关于大汶口文化性质的大讨论。他根据大汶口等墓地随葬陶器、猪下颌骨以及木椁、棺葬具的差异，认为私有制早已出现，贫富两极分化和阶级也已产生，女性为男性殉葬现象则表示女性社会地位的降低，加之图像文字已经出现，大汶口文化分布范围又相当于一个很大邦国的面积，因此，他大胆提出，大汶口文化已出现国家，进入了文明阶段。他还认为黄河下游的河淮之间应是中国古代文明的发祥地，并进而认为中国奴隶制社会可分为前后两期，前期包括大汶口文化时期，晚期为夏商周三代。[1] 尽管当时已有学者指出他把大汶口文化不同时期的遗存混为一体了[2]，并且现在看来，他所使用的具有时代特色的术语似乎也与时下有些隔阂，但唐兰先生一方面继承摩尔根、恩格斯的家庭、私有制、文明起源理论，另一方面又有一定的理论创新，这比同时期学

---

[1] 唐兰:《从大汶口文化的陶器文字看我国最早文化的年代》,《光明日报》1977年7月14日;《再论大汶口文化的社会性质和大汶口陶器文字——兼答彭邦炯同志》,《光明日报》1978年2月23日;《中国有六千多年的文明史——论大汶口文化是少昊文化》,《大公报在港复刊三十周年纪念文集》,1978年;《中国奴隶制社会的上限远在五六千年前——论新发现的大汶口文化与其陶器文字,批判孔丘的反动历史观》。参见山东大学历史系考古教研室编《大汶口文化讨论文集》,齐鲁书社,1981年。

[2] 高广仁:《大汶口文化的社会性质与时代——兼与唐兰先生商榷》,《光明日报》1978年4月27日。

者多简单套用贫富分化、私有制、对偶家庭、一夫一妻制家庭、母系制、父系制等理论术语要进步许多。所以，他的预见能够被后来的考古发现所证实或补充，其理论依据、分析方法也以不同形式体现在后来学者的论述中。

从全国角度而言，当时考古学界已普遍意识到，仰韶文化墓葬以同性多人二次合葬墓为主，有的以女性为中心或厚葬女性，从墓坑、葬具和随葬品看不出贫富分化来，这反映的应是典型的母系氏族社会，而反映父系氏族社会、军事民主制的墓葬资料并不充足。而海岱地区通过这次大讨论，加上属于大汶口文化早期的王因遗址也发现大量同性多人二次合葬，于是大家普遍认为，大汶口文化早期为发达的母系氏族社会，中期出现贫富分化，由母系向父系过渡，晚期为父系（权）制，原始社会开始解体；又根据社会发展理论，推测龙山文化应属于军事民主制阶段，并开始迈向文明的门槛。这就从考古学上建构了一部完整而又典型的社会进化史，"诠释和验证"了摩尔根、恩格斯的原始社会理论，所以这在当时的国内考古界影响颇大。与之相关，这种理论思维模式与叙述范式作为海岱地区（乃至全国）考古界的主流，一直延续到90年代前期，也就自然而然成为海岱地区（包括其他地区）文明化进程研究的主要话语之一。当然，具体到什么时候进入（属于）母系、父系、军事民主制，因研究的深入和新资料的发现与公布（如大汶口文化大墩子、野店、陵阳河、大朱村、三里河与龙山文化呈子、尹家城、三里河墓地以及龙山时期城址等资料），不断对上述认识进行了修改和补充，如提出后李文化时期是母系氏族社会，北辛文化时期属于过渡或父系氏族社会，大汶口文化早期为父权制，晚期为军事民主制等，龙山文化则出现国家[1]，等

① 如张忠培：《大汶口文化刘林期遗存试析》，《吉林大学学报》1979年第1期；《中国父系氏族制发展阶段的考古学观察——对含男性居本位的合葬墓的墓地的若干分析》，《吉林大学社会科学学报》1987年第1、2期，又见《中国北方考古文集》，文物出版社，1990年。王树明：《陵阳河墓地刍议》，《史前研究》1987年第3期。郑笑梅：《东方文明的历史进程》，《纪念城子崖发掘六十周年国际学术讨论会文集》，齐鲁书社，1993年。张学海：《海岱地区史前考古若干问题思考的提纲》，《中国考古学会第九次年会论文集》（1993年），文物出版社，1997年。

等，不一而足。目前，越来越多的学者们在反思母系、父系、父权、军事民主制等术语与考古资料的切合问题，并对古代社会是否一定存在这些社会制度并整齐划一地进化表示怀疑。[①]可见，学者们开始谨慎地使用这些术语了。

五、九十年代以来的探索

随着各地区考古学文化基本框架体系的初步建立，尤其是包括海岱地区在内的全国各地不断涌现了众多重要考古新发现，如河南登封王城岗、淮阳平粮台与寿光边线王的龙山文化城址，襄汾陶寺超大型龙山文化遗址（城址）和贵族大墓，红山文化的积石冢群、坛与庙，以及良渚文化随葬大量玉琮和玉璧的超大型、大型墓葬，促使学术界重新思考中国文明起源问题。大约从80年代后期尤其是90年代以来，苏秉琦先生在区系类型基础上，陆续提出了中国文明起源的"漫天星斗说""三种形式""三部曲"以及发展模式的"三类型"理论[②]；严文明先生则提出，中国文明起源和早期发展走过了一条由大体上是平等的多元一体，到以中原为核心的多元一体，再发展到多元一统的道路。[③]与此同时，从国外借鉴的一些理论术语也应用到中国文明起源的研究中，如文明要素、酋邦理论、世界体系等，加上中华文明探源工程的启动和各区域文明化进程研究的推动，海岱地区文明化进程的研究在90年代以来也汇入了这股洪流中了。

在这种文明起源研究热潮的大背景下，海岱地区文化谱系类型基础研究和文物普查等考古资料收集工作的基本完成，尤其90年代以来像城子崖、丁公、桐林、景阳冈等龙山文化城址的确认、陶文的发现、铜器制品的出土，无论从

---

① 汪宁生：《仰韶文化葬俗和社会组织的研究——对仰韶文化母系社会说及其方法论的商榷》，《文物》1987年第4期；杜正胜：《考古学与中国古代史研究》，《考古》1992年第4期。

② 苏秉琦：《辽西古文化古城古国——兼谈当前田野考古工作的重点或大课题》，《文物》1986年第8期，及总结性著作《中国文明起源新探》，香港商务印书馆，1997年。

③ 严文明：《农业发生与文明起源》，科学出版社，2000年。

文明要素的积累和出现，还是从城址的普遍化及其与五帝时万国林立的文献记载对应（契合），以及从大汶口文化晚期属于军事民主制的单线进化论进一步推测，考古界都不约而同地认为龙山文化时期已出现了国家，并进入了文明阶段①，只是这种文明与夏商周文明有所区别罢了。

在这种新的学术背景下研究海岱地区文明化进程的论述中，尤以张学海先生的研究最为系统。他根据恩格斯对国家的定义，提出国家出现是文明诞生的根本标志，所以要论证文明的诞生，就必须找到一些国家实体，具体就是要从聚落群（结构）的存在形式中去寻找。在这里，其根本理论出发点是：聚落群是指五六处以上同期聚落集中于一个地理小区，其中心聚落具有较大规模，文化内涵也丰富，能集中反映当时经济和社会发展水平，对群内聚落具有支配作用；当典型聚落群出现了“都、邑、聚”金字塔形等级结构和原始城市出现、城乡发生分离时，就出现了国家。为此，他还提出了具体的研究和田野考古操作方法，并建议将此理念应用于其他地区的研究实践。他自己则从这一角度构建了海岱地区的文明发展历程，即在距今6500—6200年前，半岛地区最早出现了白石村文化时期的聚落群，并存在中心聚落，其发展水平高于北辛文化；此后当内陆地区统一于北辛文化时，就意味着海岱文化区的形成，社会发展也进入了一个新阶段；大汶口文化遍及整个海岱地区，出现了大批聚落群和中心聚落，群内等级分层，并出现了城和原始城市；龙山文化在聚落、聚落群、中心聚落、城、原始城市和聚落分化诸方面，都得到急速发展，达到了史前阶段的顶峰；进入岳石文化时期，聚落骤减，未见大规模的聚落群，大型聚落和城都很少见。在此基础上，他为这个存在明显阶段性的完整发展过程做出了进一步

---

① 张学海：《城子崖与中国文明》，郑少梅：《东方文明的历史进程》，见《纪念城子崖遗址发掘六十周年国际学术讨论会文集》，齐鲁书社，1993年；张学海：《论山东地区的龙山文化城》，《文物》1996年第12期；张学海：《山东邹平丁公遗址第四、五次发掘简报》，《专家笔谈丁公遗址出土陶文》，《考古》1993年第4期；栾丰实：《丁公龙山城址和龙山文字的发现及其意义》，《文史哲》1994年第3期。

的定性判断，即在大汶口文化早期晚段的距今5700年左右，海岱地区社会开始分化，出现中心聚落，发展到大汶口文化晚期（即距今5000年前后）进入古国时代，出现文明，龙山文化则已进入方国文明时代。①

栾丰实先生也从聚落群角度，通过对聚落、区域聚落群、墓地结构和布局、墓葬等级分化等多个个案的剖析，深入探讨了大汶口文化的社会经济、社会组织结构与社会阶级分化，也得出了大体相近的结论。他认为在大汶口文化早期后段，就出现了以家族为中心的"宗族—家族—父系大家庭"三级社会组织结构，社会开始分化；并认为此时的生产关系也发生了变化，即出现了与生产力发展水平相适应的新型关系——父权家族，这应是大汶口文化迅速崛起的原因；大汶口文化中、晚期阶段，已形成了大、中、小三级聚落的分层结构，贫富分化的加剧和社会分层的发展，导致了统治和被统治阶级的出现，并形成大宗和小宗的统属关系。像大汶口、陵阳河、野店、薛河流域等小区已进入了早期国家，步入了文明时代。②

何德亮先生从生产力的发展、墓葬中社会分化和阶级的产生和对立，并以文明起源标志如金属、文字和城市出现为标准，详细论证了海岱地区大汶口文化社会文明发展进程，认为大汶口文化中晚期已接近文明时代门槛，龙山文化时期则出现国家，进入了文明时代。③

至于岳石文化的社会性质，探讨相对较少，一般认为这个时期发生了巨变，海岱地区文化的发展方向发生了转折，如常见的传统炊器陶鼎减少，酒

---

① 相关文章见张学海：《张学海考古论集》，学苑出版社，1999年；《中国史前聚落时空关系宏观研究——苏秉琦学术思想在山东考古的再实践》，《苏秉琦与当代中国考古学》，科学出版社，2001年；《论东夷文明的诞生与发展》，《古代文明》第1卷，文物出版社，2002年。

② 栾丰实：《大汶口文化的社会发展进程研究》，《古代文明》第2卷，文物出版社，2003年；《日照地区大汶口文化、龙山文化聚落形态之研究》，《中国考古学跨世纪的回顾与前瞻》（1999年西陵国际学术研讨会文集），科学出版社，2000年。

③ 何德亮：《山东龙山文化与古代文明形成研究》，《文物春秋》2002年第1期；《大汶口文化的文明化过程》，《济南教育学院学报》2003年第6期。

器（如杯、高柄杯、盉或鬶）和玉钺、玉刀消失，而这些在中原等地区却流行开来。此时的聚落也发生大变化，堆积普遍单薄，文化内涵不丰富，聚落和聚落群减少，给人一种衰落的感觉。但也有学者从城址的夯筑技术、青铜器的出土、岳石文化向外扩张，及其对二里头文化的影响来分析，认为此时的社会较前段应有明显进步，大致出现了凌驾于多个古国之上独霸一方的“方国”。[①]

从这些论述中不难看出，许多学者在论述城墙、礼制、社会分化（包括聚落、墓葬分化）的出现与国家和文明诞生问题上，似乎缺乏理论预设。在这方面，杜正胜先生曾经提出一个新的视角，他认为古代中国人对“大同”和“小康”两个异质阶段（《礼记·礼运》）的认识和划分标准值得重视，即“小康”社会阶段出现的“天下为家，各亲其亲，各子其子，货力为己”“大人世及以为礼”“城郭沟池以为固”“礼仪以为纪”这四个特征，可作为考察“国家”出现的标准，这些标准在考古资料上的反映主要是城墙、宫室建筑、礼器、墓葬分化等，因而应能得到考古学的证实。[②]这种看法也颇具新意。

六、国外学者的探索

在大陆学者探讨大汶口、龙山文化墓葬制度所反映社会分化的同时，国外（海外）学者也从不同视角对大汶口、龙山文化墓葬所反映的社会性质进行了卓有成效的研究工作。如皮尔逊（Richard Person）、文德安（Anne Underhill）分析了大汶口文化墓地、墓圹的形状与大小、葬式、墓葬空间分布、随葬品数量与

① 高广仁：《岳石文化的社会成就与历史地位》，《海岱区先秦考古论集》，科学出版社，2000年；《苏秉琦学术理论体系对山东及邻境地区考古的导向》，《苏秉琦与当代中国考古学》，科学出版社，2001年。
② 杜正胜：《中原国家的起源及早期的发展》，《"中研院"历史语言研究所集刊》58本1分，1987年；《考古学与中国古代史研究》，《考古》1992年第4期。

质量的差异，认为当时社会分化程度较高。[1]冯衍宗（Christopher Fung）用后过程学派丧葬理论，探讨生存者在丧葬礼仪中的活动和作用，并讨论盛食器、饮器、饮酒器、储酒器、猪头、猪下颌骨等随葬品在墓葬中出现的背景及其象征意义和用途，分析了不同时期墓葬随葬品的变化过程[2]，像酒器是在丧葬活动时生者举办宴会的用具，死者亲属利用葬礼的宴会机会重新组合、沟通、联络、协调社会关系等。这些多是大陆学者未曾注意的问题。另外，金（Kim）还探讨了墓葬内随葬猪骨和下颌骨的社会象征意义。[3]

刘莉则认为，龙山文化是史前社会从相对平等向阶级社会发展的时期。她运用过程和后过程学派丧葬理论，通过对海岱地区龙山文化墓葬等级分类、墓地以及墓葬的空间分布规律与时代变化（其中包括不同等级墓葬在墓地中的分布位置）、墓葬和其他遗迹（如房屋、灰坑等）的布局关系，以及这些遗迹现象与宗教礼仪活动之间关系的研究，认为龙山文化时期社会阶层已明显分化，社会地位世袭化，贵族用品交换网在权力分配中起着积极作用，宗教仪式活动（祖先崇拜和萨满教）在这一社会转变时期扮演了重要角色，而这一系列变化都是在社会集团仍牢固地束缚于血缘纽带的情况下进行的。[4]

最近，文德安撰文详细论述了中国北方地区（黄河中下游）史前与青铜器

[1] Pearson, Richard, "Social Complexity in Chinese Coastal Neolithic Site." *Science* 213: 1078-1086, 1981; Anne P. Underhill, "A Mortuary Analysis of the Dawenkou Cemetery Site, Shandong, China", Unpublished M. A. Thesis, Department of Anthropology and Sociology, University of British Columbia, Vancouver, British Columbia, Canada. 1983.

[2] Christopher Fung, "Deer-tusk Knives, Serving, Stands and Goblets: A Contextual Analysis of Burial Goods from Selected Dwenkou Burial, North China" (Unpublished Paper), Department of Anthropology, Harvard University, 1992; Christopher Fung, "The Drinks Are on Us: Ritual, Social Status, and Practice in Dawenkou Burial, North China," *Journal of East Archaeology* 2, 1-2: 67-92. 2000.

[3] Kim, Seung-Og, "Burial, Pigs, and Political Prestige in Neolithic China.," *Current Anthropology* 35（2）: 119-141. 1994.

[4] 刘莉：《山东龙山文化墓葬形态研究——龙山时期社会分化、礼仪活动及交换关系的考古学分析》，《文物季刊》1999年第2期。

时代早期工艺制品的生产与社会变化过程。[①]作者着墨最多的是海岱地区的大汶口文化和龙山文化，分析也最为透彻。她利用文化人类学、民族学和历史文献，探讨了随葬品中饮食器、酒器在葬礼中的含义与功用，认为这些饮食器和酒器应是葬礼宴会的用具和给死者的随葬品。作者对大汶口文化、龙山文化社会分化产生、发展过程及原因的分析最为精彩，运用考古资料娴熟严谨，新见迭出并颇具说服力。她认为，是人们为获得或控制贵重物品的生产、消费和分配而发生的竞争导致了社会分化。具体来讲，大汶口文化早期晚段出现的墓葬差异应与年龄有关，大汶口文化中晚期到龙山文化早期阶段，人们的社会地位是变动的；到龙山文化中期发生变化，社会地位和身份才基本稳定下来，只有少数家庭有能力积聚财富，获得表示威望的产品，能举办大型公共宴会获得政治支持；而为举办宴会而特制的大型陶器（桐林大陶瓿）的首次出现，则表示拥有更大权力家庭的产生，等等。

另外，他（她）们在探讨社会复杂化进程时，还运用了酋邦理论来考察龙山文化时代的社会性质。例如刘莉就根据塞维斯的酋邦理论，认为聚落考古学中社会组织内部决策机构的等级数与地区内聚落等级数应有一定对应关系，如简单酋邦社会拥有一级决策机构，相当于两级聚落等级；复杂酋邦社会拥有两级决策机构，即三级聚落等级；而早期国家应有三级以上的决策机构，即四级以上的聚落等级。她以遗址面积大小作为划分等级的标准，把山东龙山文化聚落划分为三个等级，认为山东龙山文化聚落群可分为日照、临沂、鲁南、鲁北和鲁西五个组，鲁北又分为五个亚组，鲁西分为两个亚组，其中前者如日照组、临沂组为单中心聚落模式，代表的是统一型酋邦组织，后者如鲁北、鲁西组为多中心聚落模式，代表的是抗争型酋邦组织。如是，山东地区就有两种类型的酋邦。在此基础上她进一步

[①]　Anne P. Underhill, *Craft Production and Social Change in Northern China*, Kiuwer Academic/Plenum Publishers, 2002.

认为，原来所认识的早期国家系由抗争型酋邦发展来的理论并不适合中国，因为像鲁西、鲁北的抗争型酋邦并未发展为国家，这是中国的特色之一。她还特别指出蛋壳陶这种礼器在稳定政治局面中的作用和重要性，因为它是交换于贵族间的社会身份象征物，以及用于建立和巩固地方贵族间联盟或隶属关系网的中介物。①

文德安虽然也认为可用"酋邦"一词来概括龙山时代政权组织形式的特征，但又认为海岱地区与其他地区史前酋邦制产生和发展的机制不完全相同。她认为蛋壳陶杯不适于远程交换，其使用也不限于贵族阶层。她还论证龙山文化时代特权阶层控制的主要是精致陶器，尚未取得对青铜器生产的有效控制②，铜器对龙山文化时代社会复杂化变化过程并无实际意义。她分析了黄河中下游地区包括海岱地区的龙山文化城址，通过城址规模、建筑类型、手工业遗存、人工制品的质量和多样化的比较研究，认为相对较大的夯筑城应是各个区域内等级聚落的权力中心，所以视作城镇要比城市更为恰当些。③她还建议对龙山文化时期城址进行区域系统调查，以证实聚落等级的存在及区域性社会政治组织在不同时段的变化。

当然，中国也有学者认同酋邦理论，但具体认识有所不同，如张学海先生就怀疑酋邦是否适合于山东地区，认为即使存在也出现在大汶口文化早、中期，而不是龙山文化时期；陈淳先生则认为大汶口文化中晚期属于酋邦社会。④

---

① 刘莉：《中国新石器时代黄河中下游酋邦社会的发展——龙山文化聚落形态研究》，中国社会科学院考古研究所编：《考古学的历史、理论、实践》，中州古籍出版社，1996年；《龙山文化的酋邦与聚落形态》，《华夏考古》1998年第1期；Social Hierarchy, "Ancestor Worship, and Long-distance Exchange in Prehistoric China: Mortuary Analysis of the Longshan Culture." *Early China* Vol.20, 1996。

② Anne P. Underhill, *Craft Production and Social Evolution during the Longshan Period of Northern China, Craft Specialization and Social Evolution: In Memory of V. Gron Childe.* ed. Bernard Wailes, University Museum of Archaeology and Anthropology University of Pennsylvania Philadephia, 1996.

③ 文德安：《中国北方地区龙山时代聚落的变迁》(陈淑卿译)，《华夏考古》2000年第1期。

④ 陈淳：《史前复杂社会的考古学探索》《酋邦的考古学观察》，《考古学的理论与研究》，学林出版社，2003年。

国外也有学者怀疑酋邦理论是否适合于中国，认为要考虑中国的历史实际，并举例认为龙山文化时代的城实际应代表着古文献中的"国"。[①]

七、问题与展望

以上对海岱地区文明化进程的研究历程作了简要回顾，经过几十年尤其是90年代以来的研究探讨，可以把学术界已经达成的共识总结成如下几点，这也可视为海岱地区文明化进程的几个特点：

（1）与其他地区相比，海岱地区的社会分化起步并不早，但与中原地区大起大落的发展情况不同，海岱地区基本是连续和稳定发展的，人口逐渐增多和集中，聚落内社会成员的分化和聚落之间的分化也是逐步积累的；

（2）文明化进程发生转折和衰落的时间较晚，当东北地区、长江中下游地区文明化进程分别在相当于大汶口文化晚期前后出现衰落（中断、转折）时，海岱地区发生转折的时间要晚到岳石文化时才出现[②]；

（3）聚落遗址和城址的使用时间较长，城墙多数在使用期间扩建乃至数次扩建，表明社会内部矛盾是以比较温和的方式加以控制的；

（4）城址的方形平面布局出现较晚，与中原相比落后半步[③]，筑城方式主要是堆筑法，城墙与壕沟间距太小，易倾斜塌陷，所以虽有特色但略为原始；

（5）墓地规模由大变小，反映了社会集团逐渐分化（离）、社会基本单位渐渐变小的过程，这似乎是包括江浙整个大东方地区社会发展的特点；

---

① Paola Demattè, "Longshan-Era Urbanism: The Role of Cities in Predynastic China," *Asian Perspectives*, 38（2），1999.

② 石家河考古队（赵辉、张弛）：《石家河遗址群调查报告》结语部分，四川大学博物馆、中国古代铜鼓研究会编：《南方民族考古》第五辑，1992年。

③ 赵辉、魏俊：《中国新时期时代城址的发现与研究》，《古代文明》第1卷，文物出版社，2002年。

（6）大汶口、龙山文化墓葬往往随葬大量物品，但主要是陶炊器、盛食器与酒器，而酒器的比重随时代的发展愈来愈重，表明是以精致的陶器等世俗产品象征社会地位，这也是海岱文化区的特色；

（7）海岱地区史前社会所呈现的富裕性也最具特征，位于社会最上层和最下层的人群数量都不是太多，社会分层结构呈橄榄状；

（8）海岱地区文化对中原地区文明的形成和发展发挥过独特作用。

但是客观来讲，作为中华文明起源"多元"中的"一元"，海岱地区文明的形成过程很多细节和特征实际并不太清楚，目前来看主要有如下几个方面的问题。

一方面，海岱地区的基础性研究并未充分反映到文明化进程研究中，海岱地区内各地环境、文化传统和发展过程并不一致，在考古学文化谱系研究中曾划分过许多地域类型，不同时期还有各自的文化中心，这表明各地方的文化发展态势不是一成不变的，因此各地的文明化进程也应存在差异。但这个问题并未充分反映到海岱地区文明化进程的研究中来。

另一方面，与现有考古资料并不丰富有关，如后李、北辛与岳石文化时期墓葬资料还比较缺乏，使得海岱地区史前墓葬习俗或制度的演变过程并不完整；有些大汶口、龙山文化遗址是否有城墙还存在问题；有些设想只有骨架，没有血肉，仍需要大量扎实的考古资料做支撑；一些中心聚落，目前只知道线索，还不能够肯定下来，对重要中心聚落的布局以及各个聚落的主要功能，中心聚落如何在经济、技术、社会组织、宗教、管理上同一般聚落发生关系等，都还不很了解，还需做大量的田野和研究工作；

再一方面，在具体考古材料的使用与分析上，由于缺乏科学论证，致使分析的准确性打了折扣。如在判定聚落规模等级时，随意性比较强，多依据并不可靠的聚落面积做一个简单的等级分类。这种依据地面遗物分布决定聚落规模，由聚落规模决定聚落等级结构的设想是否属实，不仅需要理论上的论证，也需要大量考古田野工作来证实。最近，日照两城镇地区龙山文化遗址的系统考古调查结果[①]和桐林聚落群布局的最近勘查[②]，就推翻了原来假定的聚落模式（结构）。

此外，海岱地区文明进程的研究中还存在偏重于用文明的标准、要素或概念来考察文明进程的现象，忽视区域经济、社群组织、聚落功能等社会分化具体内容的研究。这就造成有些论述缺乏理论预设，有些研究重罗列材料而轻分析，重定性而轻过程研究。如在墓葬制度研究时，多利用墓葬规模、随葬品多寡简单对应社会阶层，在分析墓葬结构、布局与等级分化时，多不考虑下葬顺序、埋葬过程、器物功能以及随葬品的来源、形成过程等。另外，对海岱地区文明产生、发展演变的动力，尤其是在岳石文化时期发生巨变的背景和原因，也无实质性的探讨。这些都限制了学界对海岱地区文明化进程的整体把握，影响了对海岱地区在中国文明化进程中的角色和地位的准确判断。

严文明先生曾提出，要以考古学为基础，全方位研究古代文明，要对每"一元"（地区）、每个文化区的文明化过程，包括各自的兴衰起落、各自形成的特征以及这些特征的传播与消长情况进行个案研究。[③]赵辉先生则从考古学史角度反思中国古代文明起源研究的现状，对已有的理论取向和所用方法表示不满[④]，提出应在区系类型研究成果的基础上，采取历史主义的研究立场，对中国文明起源进行历史过程的研究。他强调指出，探讨中国文明的形成，不仅要把

---

① 中美两城地区联合考古队：《山东日照两城地区的考古调查》，《考古》1997年第4期；《山东日照地区系统区域调查的新收获》，《考古》2002年第5期。

② 北京大学考古文博院：《2003年度山东临淄桐林遗址的调查发掘》，《古代文明研究通讯》第20期，2004年。

③ 严文明：《以考古学为基础，全方位研究古代文明》，《古代文明研究通讯》第1期，1999年。

④ 赵辉：《研究史中所见中国考古学的现状》（日文），《考古学研究》第47卷第1号，2000年；《考古学与中国历史的重构——为纪念北京大学成立考古专业五十周年而作》，《文物》2002年第7期；《关于古代文明研究中的一点思考》，《古代文明研究通讯》1999年第1期；《中国文明起源研究中的一个基本问题》，《稻作、陶器和都市的起源》，文物出版社，2000年；《考古学关于中国文明起源问题的研究》，《古代文明》第2卷，文物出版社，2003年。

这个过程看成一个普遍的进化过程，还应当特别强调它是一个复杂的、多元的历史过程，不仅要对这个过程进行描述，还要针对各个文化的具体情况做具体解释。尽管目前已有某个地区文明化进程的个案研究，也有诸如城址这类文明标志物在各地起源具体原因的研究，还有某个区域聚落研究和区域经济与社会分化关系的研究，但还远远不够。这些观点无疑适用于海岱地区，应是学界下一步努力的方向和需要借鉴的经验。

综上所述，海岱地区文明化进程研究虽然取得了一些进展，但还只是初步的。需要在区系类型研究的基础上，在文明起源理论的指导下，经过长期的大量田野考古和系统研究工作，才会对海岱地区的文明化过程有一个比较清晰的认识。

（原文刊于《东方考古》第 1 集，科学出版社，2004 年）

海岱地区早期文明化发展特点

以今山东省为中心的东方地区，在地理上以渤海、黄海、泰山（岱）及黄河下游（故道）为显著标志，主要包括鲁中南山地丘陵、胶东低山丘陵区及其周旁的诸河冲积平原，并涉及豫东、苏北、皖北及辽东半岛南部区域，学术界称为海岱文化区、东方文化区、泰沂文化区、东夷文化区、齐鲁文化区或黄河下游文化区。这些术语名称均是从不同角度对这一历史文化区的表述。新石器时代和青铜器时代初期（即夏代及商代初期），该地区为自成体系、独立发展的中国六（或八）大史前文化区之一，也是中国古代三大民族集团之一东夷族群的主要活动区。就目前考古资料而言，海岱文化区自新石器中期（即后李文化）即公元前7000年前就形成了，直到公元前1400年前后，殷商王朝势力越过华北平原占据豫东、鲁西南后才逐渐纳入商周王朝版图内。作为中国文明起源多元中的一元，海岱地区以其发展的连续性、稳定性以及世俗性（理性）独具特色。在中华早期文明发展过程，形成了"夷夏东西"分布格局，海岱文化曾深度融入华夏文明，对中华早期文明形成做出了独特贡献，其重要性也越来越被学术界所关注。

一、中国史前文化多元格局下的海岱地区

海岱文化区是中国新石器时代和青铜器时代早期自成体系、独立发展的六大（或八大）史前文化区之一，在数千年发展过程中，海岱文化区在我国史前文化多元发展格局下，既与周围地区文化来往比较密切，又能长期保持自己的文化发展特色和发展模式。

（一）中国史前文化区分布格局与特点

目前，考古学界一般把中国进入农业生产以来的史前文化分布划分为燕辽区、甘青区、中原区、海岱区、江汉区（或称两湖区）及江浙区（或称太湖区）六大农业文化区或地方文明，或者再加上雁北、巴蜀区，计八大农业文化区。这六大文化区基本上经历了新石器早期、中期和晚期，具有较完整的考古学文化发现序列。粤桂、闽台、云贵、吉黑、新疆、青藏等地区，或者进入农业经济文化的时间比较晚，或者长期处于采集狩猎游牧经济阶段，这些地区位于上述六大（八大）文化区的外围，这样就很自然地形成为一种以黄河流域和长江流域中下游为主体的凝聚式或向心式结构（图一）。在中国古代历史很长一段时间内仍保持着这种态势。①

严文明先生指出，中国史前文化与早期文明的起源和发展过程走过了一条由大体上是平等的多元一体到以中原为核心的多元一体，再发展到多元一统的道路，这一过程在世界文明发展史上可以说是独一无二的；这条发展模式的优势在于：由于文化存在着多元的现象，所以就存在着不断竞争，存在着无穷的活力，由于是多元一体，又有凝聚力，所以能够长期发展而不中断，最终，中

①　严文明等主编：《中华文明史》第一卷绪论部分，北京大学出版社，2006年。

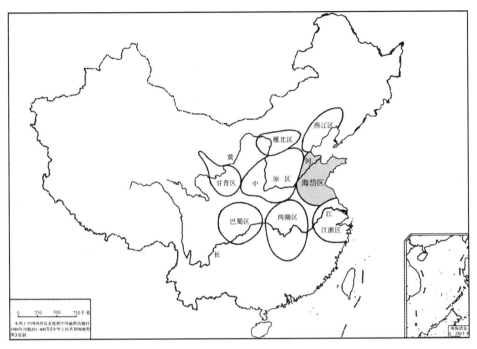

图一　中国主要史前文化分布区及海岱文化区所在位置示意图

国成为世界上几个古老文明中唯一得以持续发展的优秀文明。[①]

　　中国史前文化是多元的、文明起源也是多源的看法已经成为学界共识。著名考古学家苏秉琦先生最早提出中国文明起源的"漫天星斗"说。这些文化区和地域文明都经过了数千年来的文化积累，不仅在经济形态、物质文化上有不同呈现，而且表现在社会组织结构、文明（社会复杂化）进程和结果也是不一样的，因而可以说这六大（八大）文化区和文明中心是各自独立发展的。严文明先生则进一步指出，假如把每个文化区比喻为一个花瓣，全中国的新石器文化就像是一个重瓣花朵，中国史前文化发展成一种重瓣花朵式的多元一体的。其中五个（七个）文化区都紧邻和围绕着中原文化区，很像一个巨大的花

－－－－－－－－－－

　　① 李伟：《中国文明的形成：从满天星斗到多元一体——专访北京大学考古文博学院院长赵辉》，《三联生活周刊》2012年第40期。

朵，七个文化区是花瓣，而中原文化区是花心（图一）。如果把从内蒙古到新疆的诸细石器文化，东北地区的诸狩猎采集文化，华南沿江、沿海渔猎采集（贝丘）文化群体以及福建的昙石山文化，广东东南部的石峡文化，四川盆地的宝墩村文化等也放进去考虑，则整个中国的新石器文化就像一个巨大的重瓣花朵。各文化区有自己的特色，同时又有不同程度的联系。这几大文化区或地方文明相互间如此之近，关系如此之密切，存在千丝万缕的联系，也一直存在互动关系。如果放宽视野，还把它们视为一个整体，文化和不同族群之间交流与融合则一刻也没有停止过，以中原地区为中心全方位地交流，形成一股强大的向心力和凝聚力，促进着不同族群间的理解与认同，推动着多元文化和社会一体化趋势的发展。[①]

作为自成体系、独立发展的中国六（八）大史前文化区之一的海岱文化区，在这样的分布格局中，位于黄河下游地区，与中原文化区相距最近，在某些阶段二者很容易连为一体。同时，海岱区文化与江浙区（太湖或长江下游地区）文化、燕辽区文化等关系非常密切，在某个时期与两湖区（江汉或长江中游地区）、雁北区文化也有来往。

（二）各区文明化进程及特点

各区文明进程与特点简单介绍如下。[②]

1. 两湖地区

两湖地区（即长江中游地区）史前农业文化起步较早，在距今10000年前后的玉蟾岩·仙人洞遗址就发现了稻米遗存，距今七八千年的彭头山文化就开始出现环聚落一圈（多呈圆形）的壕沟和原始城墙。经城背溪文化发展至大溪文化，社会开始分化。之后的屈家岭文化、石家河文化快速发展，让两湖地区

---

① 严文明等主编：《中华文明史》第一卷绪论部分，北京大学出版社，2006年。

② 本部分主要参考严文明主编：《中华文明史》第一卷第一章"中华文明的曙光"（赵辉执笔），北京大学出版社，2006年。

的文化步入最繁荣时期，社会分化比较严重，目前已发现十多座环壕夯土城聚落。规模最大的当属湖北天门石家河古城。城平面呈不规则的四边形，每边长1100—1200米，整座城址面积120多万平方米。宽大的城墙全部由人工堆土夯筑而成，最宽的墙底宽为50多米，墙高5—6米，城墙外开挖了宽阔的护城河，最宽处大约百米，由城墙和护城河构成了一周较为坚固宏伟的防御体系。城内的聚落是按照不同功能来规划安排的，如城内谭家岭是排列密集的房屋建筑，有大型宫殿式建筑和一般性院落，村落周围还出现了贵族墓地和平民墓地。城内还发现了多处特殊性遗存，如在邓家湾等地发现了不同等级的墓葬，还见数百件陶臼摆放在一起，陶臼上有镰刀、杯子和类似号角的图像，还集中出土了上万件陶偶和陶塑动物；在肖家屋脊等地集中堆放了数以百万计的非日常实用器皿如陶制小杯子，学者推测这些地方属于一个经常性的宗教活动场所。石家河城的外围还发现了20多个同时期的普通村落遗址，所见日用陶器不如城内精致，但有些村落专门制作陶钵和彩陶纺轮（或是专门从事纺织业）。看来，由石家河城及周围聚落组成的联合体，是一种基于利益而非血缘关系结成的大型社会集体，很像古代文献中描述的城邦或国。李伯谦先生甚至认为，公元前2600—前2300年的石家河文化时期，已进入了王国阶段。[①]

但是石家河文化晚期就衰落了，很快被外来的中原龙山文化所取代。

2. 江浙地区

江浙地区（即长江下游地区、或太湖地区）史前农业文化也起步较早，最晚在距今12000年前就有农业，进入10000年以来，文化发展谱系还比较复杂，仅浙江北部地区就有上山文化、跨湖桥文化、河姆渡文化、马家浜文化等。在距今6000年前后的崧泽文化，文化统一性加强，社会出现分化。距今5500年

---

①　李伯谦：《石家河文化时期长江中游地区已进入王国文明阶段》，《华夏文明》2017年第7期（中）。

前后，长江中下游地区的文化中心是位于安徽含山凌家滩一带，那里是一座面积达160多万平方米的中心聚落。聚落内发现周长超过2000米，宽达30米的壕沟，多重壕沟环绕，聚落中央的高阜上有面积达3000平方米土砖砌建的大型建筑台基和祭坛。遗址边缘低平处则散布着小型普通居室。在公共墓地里，那些小墓和贵族大墓是分开埋葬的，以表示身份等级不能混淆，大型墓葬中随葬品主要是玉器，一座大型墓葬内随葬器物超过330件，其中玉石器297件，一件玉雕猪形器，重达88公斤。[①]这些表明，这些贵族不仅富有，还掌握着玉器这种高端手工业的生产。凌家滩大型墓葬出土的玉器多种多样，数量多，品种丰富，造型独特，琢磨普遍精致，玉质温润，洁白透亮。不同质地的玉质制作不同等级的玉器。如表现精神领域的玉人、玉版、玉龟、玉鹰、玉龙、玉冠饰、玉璜等，以及佩戴在身上的玉器，如玉璜、玉管、玉环、玉玦、手镯等，用很好的透闪石、玛瑙、玉髓、水晶、石英等制作。这些玉质白净、温润、透明、细腻、硬度高，而钺、刀、斧、锛、凿等的材质只是些美丽的岩石（有火山岩、沉积岩、凝灰岩等）。凌家滩玉器上采用了阴线、直线、平面、弧面、凹面、球面、人字纹、八角星纹（八卦纹）、圆孔、直角、超薄面等设计理念，展现了原始艺术的神秘感和浓厚的宗教色彩。琢玉技术上采用阴刻、浅浮雕、半圆雕、透雕、减地法、实心钻、孔芯管钻、抛光、线切、片切等方法，特别是钻孔技术特别发达。

公元前3300年前后，江浙地区的良渚文化继承了凌家滩玉石器工业，迅速崛起，文化中心移至江浙一带。良渚文化的经济、文化与社会全面繁荣，社会分化达到极致，从此在很长时间内，中国的经济社会文化中心似乎在长江流域下游地区。良渚文化各聚落普遍发现石犁、破土器、耘田器、石刀、石镰等成

---

① 安徽省文物考古研究所：《安徽省含山县凌家滩遗址第五次发掘的新发现》，《考古》2008年第3期。

套的农具。这时期可能已进入了原始犁耕时代。浙江平湖庄桥坟遗址还出土了安装在木质犁底上的大型石犁。犁耕不但提高了劳动生产率，也提高了翻地的质量，因而大幅度地提高了农作物的产量，这样给社会提供了较多的粮食和其他生活资料，使手工业获得全面的发展，诸如玉器、漆器、丝绸与精美陶器的制作，都超出了同时期其他考古学文化的发展水平。

良渚文化的中心是浙江余杭瓶窑、良渚镇一带的良渚聚落群，在面积约100平方公里内，发现不同功能的聚落130余处。聚落群中部发现了一座呈正南北方向的巨大城址，南北长1800—1900米，东西宽1500—1700米，总面积达290余万平方米。古城内中偏北部的莫角山宫殿区，有规模达30万平方米的宫殿式高台建筑（如莫角山）；城内发现了贵族宅第、平民居址，高等级墓地（往往位于山岭或祭坛之上），也有平民墓地；城外800万平方米范围内发现多处祭坛和贵族墓地，还有高等级陶器作坊、石器作坊、玉器作坊和码头设施。城内外还有纵横交错的水运网络。[①]在城址外西北部发现了11条水坝，水坝宽20—50米，相对高约2—7米，水坝具有防洪、运输、灌溉、用水等综合系统，这是中国最早的大型水利系统。也是世界上最早的拦洪大坝系统。良渚聚落群内的人群很像是由一个强有力的权力中心有组织地从各地移民而来的。它打破了基于血缘的社群组织，是重新组织的复合体。看来，这是一个按社会等级和职能划分而不是按血缘组织划分的超大型聚落群，很像是初级形态的城市，更像某个邦国的都城。良渚文化成为中国最早进入王国阶段的代表。[②]

良渚文化的玉器工业最为发达，有用于仪仗的斧、钺与刀，有用于宗教法事的琮、璧等，有用于装饰的项链、佩饰、手镯、玉梳、璜、耳饰玦等，有餐具匕、勺等，有纺织工具纺轮等，有穿着上用的带钩、纽扣和穿缀于衣服上的

① 刘斌等：《良渚古城——新发现与探索》，《权力与信仰——良渚遗址群考古特展》，文物出版社，2015年。

② 李伯谦：《良渚水坝——中国五千年前的水利奇观》，《华夏文明》2016年第7期（中）。

各种动物形装饰如鸟、龟、鱼、蛙、蝉等，有漆木器上镶嵌用的各种形状的玉块、玉片和玉珠等，还有许多不知用途也难以正确命名的玉器，如三叉器、锥形器、柱形器、圆形和三角形牌形饰以及各种形状的端饰等，种类繁多；其加工更是十分精细，很多玉器上刻有完整形态的神人兽面纹。后世加工玉器的基本方法都已出现，如线割、锯切、管钻、掏膛、抛光，甚至在某些高档玉器上还应用了先进的砣具。良渚文化中极富宗教意味的琮、璧类成为商周时期的礼仪定制，这体现了良渚人的宗教思想作为一种精神文化对中国古代思想的贡献。

与其他区域文化相比，江浙区文化尤其是良渚文化的特点比较明显，属于典型的富裕型社会，具有追逐享乐的社会风气，社会组织化程度较高、宗教色彩十分浓重，宗教渗透到包括精神领域、社会管理在内的社会生活方方面面，但这样很容易造成严重的社会浪费。

江浙地区相当于中原龙山文化时期的钱山漾遗存，走向衰落，文化面貌发生转变，精美的玉器消失，聚落数量急剧减少，规模也小，人口减少。

3. 中原地区

中原地区农业文化肇始于种植粟类农作物的裴李岗文化、磁山文化和老官台文化，后发展为著名的仰韶文化。仰韶文化早期半坡类型所见聚落，从发现的房屋和墓地布局而言，都是凝聚式和内向式的，从房屋、粮窖、牲畜圈栏和烧制陶窑归属情况来看，已经存在着不同级别的所有制，村落内部有了初步分化，当时的社会强调集体并且具有高度组织性，人们之间的关系大体上是平等的，基本上没有明显的贫富差别。

公元前4000年至前3300年的仰韶文化庙底沟类型时期，文化空前繁荣，文化统一性空前加强，人口急剧增长，聚落分化严重。灵宝铸鼎原址周围数十平方公里范围内就发现了29处这个时期的聚落，西坡是一处规模最大的遗址，现存面积达40万平方米，外有壕沟围绕，是一处大型中心性聚落。发现的大型房基，均为长方形半地穴式，建筑结构复杂，居住面及墙壁加工考究，表面光滑规整，面积在100平方米以上，个别超过200平方米，是中原地区发现规模最大的单体建筑，属于特大公共性建筑。发现的一处贵族墓地，大型墓葬为二层台的长方形竖穴土坑墓，墓口长约5米，宽3米以上，有葬具，随葬了精美玉器和陶器等。庙底沟类型分布区域大幅向外扩张，向北扩展陕北及河套地区，向西扩展到甘青地区。其文化的影响力也遍及大半个中国，东北至燕辽地区，东至山东半岛与辽东半岛南部，南至长江中游的三峡等地都发现了庙底沟类型的彩陶与其他陶器。

大约从公元前3300年开始，仰韶文化高度统一的局面不复存在了，社会开始分崩离析，各地文化的独立性和不平衡性凸显。直到公元前2600年，起源于晋南地区的庙底沟二期文化迅速覆盖了豫西、豫中地区及渭河流域。此后，中原地区在汲取四周文化的基础上，调整重组，又一次崛起，数个地方龙山文化类型组成了"中原龙山"文化丛体，初步形成了以中原为中心的文化格局，出现了"以中原为中心的历史趋势"。

4. 甘青地区

甘青地区的大地湾文化是受老官台文化、仰韶文化半坡类型和庙底沟类型影响而形成的，这一阶段，地方色彩还不浓厚。到公元前3000至前2000年的马家窑文化、齐家文化，才从中原文化系统中独立出来，把中国彩陶文化发展至顶峰。该地区5000年前就出现社会分化，在秦安大地湾曾发现占地420平方米，由前堂、后室和左右两个厢房组成的多间复合式建筑，地面平整光滑，硬度接近现水泥硬面。墓室面积大小、随葬品多寡悬殊，出现数量较多成年男女合葬（一般为男尊女卑）。马家窑和齐家文化发现的铜器制品是中国史前各文化中是时代最早、数量最多的。所见铜器包括红铜、青铜（包括砷铜、锡青铜合金等），数量约200件，种类包括斧、镜、刀、匕首、矛、锥、牌、钻、泡、镯、指环、骨柄铜刀等。越来越多的学者认为，甘青地区的铜器制作技术来自西亚和中亚地区。甘青地区最早从西亚、中亚引进羊和小麦，是中国最早饲养羊，种植小麦的地区之一。看来，甘青地区在东西文化交流上发挥了重要的桥梁作用。甘青地区出土玉器种类也繁多，有素面单节琮、钺、刀、璜、璧（多由两块以上璜组合成）、环等，有的学者认为该地区玉器是受东方地区玉文化影响下的产物，有的学者则认为甘青地区有自己的玉文化系统（比如属于华西系玉器）。[①]

5. 燕辽地区

燕辽地区在距今8000年前的兴隆洼文化就有了农业。后经赵宝沟文化长时间的积累，到了红山文化中晚期，燕辽地区的文化和社会发生了一次大飞跃。这里成为东北亚史前文化的中心。人口大幅度增加，村落的密度十数倍地超过了此前任何一个时期，如在今赤峰市敖汉旗内共发现了红山文化时期的遗址502处，是兴隆洼和赵宝沟文化遗址数量总和的数倍。在赤峰市西部700多平方公里的范围内，发现红山文化的聚落遗址125处，平均不足6平方公里就有一处。这些村落一般沿河分布，不同流域范围内的村落各自聚成群落。社会组织也相应复杂起来。最大的、最特殊的是位于辽宁建平、凌源与喀左三县交界处约50平方公里的牛河梁遗址群，在那里留下几十处由女神庙、祭坛和大型积石冢组成的大型公共建筑。神庙内出土了真人等大的泥塑女神头像，头像高22.5厘米，面宽16.5厘米，双眼眶内嵌入淡青色圆饼状玉石为睛，被认为丰收女神或地母的形象。积石冢内以出土玉器闻名于世，所见玉器大体可分五大类。动物类有玉猪龙、双猪首璜、双猪首三孔器、兽面形器、玉鸟、鸟形器（勾云形器）、玉鸮、玉龟、玉鱼、玉蚕等，仿工具类有玉斧、玉纺瓜、棒形器等，装饰类有环、璧、镯、珠、玦等，特殊器有箍形器、双联璧、三联璧等，还有人物类玉器。牛河梁位于整个红山文化中心，面积达50平方公里的范围内，至今还没有发现日常居住生活的遗址，很像是一个充满丧葬和宗教祭祀活动的特殊场所，可把这里看作整个红山文化的精神宗教中心。但红山文化经过小河沿文

① 邓淑蘋：《史前至夏时期玉器文化的新认识》，北京大学中国考古学研究中心等编：《玉器考古通讯》2014年第2期（总第四期）。

化发展一段时间后，燕辽地区的农耕文化在距今4600年之后就消失了。

6. 雁北地区与成都平原

雁北地区的史前农耕文化较早阶段深受半坡、后岗一期与庙底沟文化的影响，学者多认为这里的居民由河北、山西与陕西北部人群北迁至此。到了龙山文化时期的老虎山文化才有当地特色，并迅速崛起。这个时期聚落内普遍石砌城墙，出现中国最早的窑洞居址和陶斝。这里应是北方游牧民族文化与中原农耕文化相互交融的产物。

成都平原上的农耕文化是由外地人群迁来创造的（有学者认为早期为甘青地区的居民，晚期为两湖地区的居民迁徙而来），发展至距今4000年前后的宝墩文化最为繁荣。目前在新津宝墩、温江鱼凫城、崇州紫竹、都江堰芒城、郫县古城等地发现这个时期的城址。城址面积在10万至60万平方米左右，其中宝墩城址最大。城内一般有多处较高的台地，上有大型建筑，有的面积达500平方米以上。

（三）中国史前文明起源中的阶段性

从以上大体可以看出，中国史前文明化进程可分为三个阶段，公元前4000年至前3300年是第一阶段，庙底沟文化类型、凌家滩·崧泽文化与红山文化三足鼎立，最早出现社会分化，成为中国史前文化的中心。

公元前3300年至前2300年，以两湖地区屈家岭、石家河文化，江浙地区的良渚文化，海岱地区的大汶口文化（见下），燕辽地区的小河沿文化，甘青地区的马家窑文化为代表的社会相继达到巅峰。其中良渚文化的成就最为突出，其耀眼惊人的光芒，遮盖了其他文化的亮光。

公元前2300年至前2000年是第三阶段。除了长江上游的成都平原突然涌现出一批城堡、华南地区开始出现农业文化外，长江中下游地区及燕辽地区的社会文明化进程却急转而下。中原地区经过调整后再度崛起，形成了"以中原为中心的历史趋势"（见下）。

而黄河下游地区海岱文化区和上游甘青地区，约在公元前3500年前后开启文明化的进程后，一直保持着稳健发展的态势，在龙山文化和齐家文化时期达到发展高峰。

（四）海岱文化区早期文明进程中的独特性

1. 海岱文化区所在的区位与环境特殊

海岱文化区在形成和发展中，既能长期保持独立性，又与周围文化来往比较密切，这与海岱地区特殊的自然环境有关。

海岱地区北属黄河下游，南部属淮河流域，土地肥沃，资源丰富。北、东、东南部面向大海，属暖温带季风气候类型，多数地区降水适中，年降水量多数在800毫米以上，比较湿润，适宜人类生存。

海岱区地理环境主要分为三大部分，作为华北平原一部分的鲁西、鲁北平原，鲁中南山地丘陵以及胶东丘陵。

鲁西、鲁北平原，海拔50米以下，呈弧形绕于鲁中南山地丘陵的西部和北部。这里属古今黄河下游与支津及济水流经区域，黄河及诸津携带泥沙常年淤积，地表由疏松的河成陆源物质堆积而成。地势低洼而平缓，土层深厚、土壤肥沃、灌溉便捷、水运通畅。

鲁中南山地丘陵大体呈倒三角形，地势北高南低，以近东西向横亘鲁中的泰山、鲁山和沂山最高，泰山主峰海拔达1532米，山地丘陵海拔200—1000米。水系以泰山、鲁山、沂山和蒙山构成分水脊轴，呈放射状分布。河谷平原宽大，错列于山地丘陵间。环山地丘陵四周是海拔在50—150米的山前冲积平原和剥蚀平原。山地丘陵的西缘平阴、东平一带向西突出，与太行山、黄土高原隔华北平原相望，距太行山东麓也只有130公里。南部的残蚀丘陵延伸到江苏徐州、连云港，再向南是地势低洼的淮海地区。皖北一带的丘陵与徐州的丘陵相连。那里在史前很长一段时间里属于海岱文化区，并成为中原地区、太湖地区文化与海岱地区文化交流的主要通道。

胶东丘陵以半岛方式突出于黄渤二海之间，为东北西南向狭长的半岛丘陵。东西长约300公里，南北宽75—115公里。地貌以丘陵为主，地表切割比较破碎，海拔多为200—300米。30多个岛屿组成的庙岛群岛像链条一样连接了辽东半岛和山东半岛，成为人群来往与文化交流的桥梁。

淮河以北的苏北、皖北属于海岱文化区的一部分，豫东和辽东半岛南部在史前大部分时间里也曾经属于海岱文化区的分布范围。鲁中南山地丘陵及周边平原独特的、稳定的地理环境，使海岱地区长时间具有自己的文化特色，而且在不同时期又能够与外界保持着联系，进行文化交往。①

2.海岱文化区为旱作与稻作经济文化混合区

距今9000—4000年，中国黄河、长江和辽河流域主要存在着两大农业经济文化体系。一是以黄河流域和辽河为主的华北地区为旱地农业经济文化区，种植的农作物主要为粟和黍，在龙山文化时期还出现了小麦、大麦，有成套的适应耜耕农业的工具，饲养家畜以猪为主，其次有狗，西部在齐家文化时期还有牛、羊，早期居室多采用单间半地穴式或窑洞式，晚期和末期阶段流行多间、单间地上建筑。二是以长江中下游地区为主的华中、华东地区为水田农业区，主要种植水稻，也有少量粟和黍，有成套的适应水田耕作的农具，主要养猪、狗，可能还养水牛，居室多为分间长屋，采用台基式或干栏式。当然，两大农业经济文化区的周边地区和边远地区还存在着半农半采集经济文化区、半农半狩猎经济文化区、狩猎采集经济文化区。

由于地理环境等诸原因，海岱文化区在史前时期既属于旱地农业经济文化区，也属于稻作农业经济文化区。在长清月庄和章丘西河遗址都发现了距今8000年其后后李文化时期的炭化稻米，也发现了少量粟米。②而后李文化农业工

---

① 燕生东：《全新世大暖期华北平原环境、文化与海岱文化区》，周昆叔、莫多闻等编：《环境考古》第三辑，北京大学出版社，2006年。

② 加里·W.克劳福德（Gary W. Cawford）等：《山东济南长清区月庄遗址发现后李文化时期的炭化稻》，《东方考古》第3集，科学出版社，2006年；吴文婉、张克思等：《章丘西河遗址（2008）植物遗存分析》，《东方考古》第10集，科学出版社，2013年。

具为在旱地农业区常见的铲、镰、石磨盘和石磨棒工具。北辛文化时期农作物不仅有粟，也有水稻，尤其是在苏北鲁南和鲁东南地区，如临沭县东盘遗址发现了北辛文化晚期的炭化稻米[①]，连云港二涧村遗址红烧土中发现稻壳印痕。大汶口文化时期鲁北地区与胶东地区农作物主要为黍和粟[②]，而鲁东南、鲁南、苏北和皖北地区也发现水稻遗存。学者对莒县大汶口文化晚期墓葬骨骼内所含 ^{13}C 放射性元素的分析，也显示当时人们食用了稻米。安徽蒙城尉迟寺大汶口文化晚期遗址浮选出的农作物主要是稻米、粟及黍。[③]

龙山文化发现的稻作遗存数量则更多。十几年来，考古工作者在江苏连云港藤花落，日照尧王城、两城镇、东海峪、前水沟，胶南丁家柳沟、五莲丹土，诸城薛家庄，莒县马庄，胶州赵家庄、西庵，栖霞县杨家圈，临淄桐林等龙山文化遗址浮选出了大量炭化稻米及水稻秆、叶遗存，在这些遗址文化土层里发现了水稻植硅体遗存。[④]考古工作者在胶州赵家庄、台头等龙山文化遗址清理出了稻田遗存[⑤]，发现了蓄水坑、水沟、田块、田埂等。这进一步证实了山东沿海地区各遗址中保存下来的各类稻遗存都属于当地水稻种植的结果。有学者系统分析了龙山文化居民的植物性食物结构[⑥]，认为，当时的农作物包括稻、

①　王海玉、刘延常、靳桂云等：《山东省临沭县东盘遗址2009年度炭化植物遗存分析》，《东方考古》第8集，科学出版社，2011年。

②　王海玉、靳桂云：《山东即墨北阡遗址（2009年）炭化种子果实遗存研究》，《东方考古》第10集，科学出版社，2013年

③　中国社会科学院考古研究所等：《蒙城尉迟寺》（第二部）第五章第三节，科学出版社，2007年。

④　靳桂云、栾丰实：《海岱地区龙山时代稻作农业研究的进展和问题》，《农业考古》2006年第1期；靳桂云等：《山东新石器时代稻遗存考古的新成果》，《东方考古》第5集，科学出版社，2009年。

⑤　燕生东、兰玉富等：《山东胶州赵家庄先秦聚落考古获重要收获》，《中国文物报》2006年4月28日第一版；靳桂云、燕生东等：《山东胶州赵家庄遗址4000年前稻田的植硅石证据》，《科学通报》2007年第2卷第18期；燕生东、靳桂云等：《山东胶州赵家庄龙山时期稻田的发现及其意义》，《中国文物报》2007年11月16日第5版。

⑥　靳桂云：《龙山文化居民食物结构研究》，《文史哲》2013年第2期。

粟、黍、小麦和大麦，可能还有大豆。其中稻和粟占主要地位，其次是黍，小麦、大麦和大豆数量都很少；龙山文化居民植物性食物结构存在区域差异，泰沂山以南地区稻占主要地位，东南沿海尤甚，而泰沂山以北地区粟和黍代替稻成为主要粮食，这种情况从沿海向内地逐渐加强。与后李文化、北辛文化以及大汶口文化相比，龙山文化居民粮食结构中新出现了小麦、大麦，这可能与公元前第三千纪中亚、西亚的文化交流有关。

岳石文化的农作物主要是粟、黍与小麦。但章丘城子崖、牟平照格庄、龙口楼子庄、岚山六甲庄、临淄桐林、定陶十里铺、乐陵尹家、连云港藤花落、大连市大嘴子等岳石文化遗址发现了的炭化稻米以及水稻的植硅体稻谷遗存①，只是水稻比重在下降。这些说明夏代中晚期，海岱地区部分区域仍属于旱作和稻作混合农业经济文化区，只是出现了旱作强化、稻作弱化的趋势。

与旱作农业相比，水稻需要精耕细作和繁琐的种植方式、管理技术。与农业技术发展相匹配的是各类手工业高度发达，玉石、陶器和骨角器制作精美，生产和生活用工具和器皿、礼仪用器具，较其他地区制作更精巧，形态更完美。这些在海岱文化区内都有反映。因此，海岱地区文化一方面保留着中原、西北地区旱作经济文化特征，但也具有东南区稻作经济文化区特征，如炊器和食器用具同属釜鼎和豆文化圈，与中原地区夹砂罐、钵碗文化圈不一样；自大汶口文化时期，石质工具如钺、锛和凿属于南方系石器工业，玉器制品也深受江浙地区崧泽文化和良渚文化的影响。

3. 海岱区文化发展谱系最为清晰，文化特征最为明显

20世纪30年代初中央研究院历史语言研究所发掘了济南龙山城子崖遗址，就确定了以黑陶为特色的龙山文化。1959年在泰安大汶口（宁阳堡头）清理了

---

① 栾丰实：《海岱地区史前时期稻作农业的产生、发展和扩散》，《海岱地区早期农业和人类学研究》，科学出版社，2008年。

133座史前墓葬，出土器物既不同于龙山文化也有别于仰韶文化，墓葬也比较特殊，以单人葬为主、随葬品丰富、墓葬等级也分明，这与多人二次合葬墓为主、随葬品较少的仰韶文化墓葬迥然有别，遂提出了大汶口文化。到80年代前期发现了早于大汶口文化的北辛文化，90年代前后又发现了早于北辛文化的后李文化，把海岱地区新石器文化提早了上千年。近年来，在沂源扁扁洞发现距今10000年前后的磨制石器和陶器。考古界就基本构建了扁扁洞·后李—北辛—大汶口—龙山—岳石文化从公元前8000年到前1400年的史前至青铜时代初期文化发展序列。[①]海岱文化地区成为文化发展脉络最为清晰，文化谱系最为完整，基本文化面貌最为稳定的区域。

海岱地区新石器时代居民拥有一套复杂的、特征显著的陶器群（在考古界，它们往往是文化特征的显示物）。陶器表面多素面，不太流行绘彩或拍印、刻画施纹装饰，而以丰富多变的造型最富有特征。炊具用鼎（较早阶段为釜，底部加三个支脚；大汶口文化晚期后增加了甗）这类三足器物以及专门烧开水和温酒用的鬶，延续了数千年，鼎、鬶的大小形态各异，富有地域特征；饮食器具除了碗钵之外，还有各种陶豆、三环足盆、饮酒的高柄杯等；盛储有瓮、罐、尊、盆和钵，其他器物如汲水的背壶等，都很有特色。制陶业最早发明了慢轮（修整陶器），又是快轮制陶程度最高的地区，在其技术发展顶峰的龙山文化阶段，生产出细泥制陶、薄如蛋壳的高柄杯。此外，酒器如温酒用的各种陶鬶、饮酒器各类陶杯，拥有数量多少与身份等级高低相一致，这一习俗从大汶口文化一直延续至龙山文化，大约经历近3000年的时间。

夏鼐先生最早意识到山东、苏北应是一个独立的文化区，并且是中国早期文化发展的三大中心之一。在苏秉琦先生根据区系类型学理论所划分的史前

---

① 参见山东省文物考古研究所编：《山东20世纪的考古发现和研究》绪言篇，科学出版社，2005年。

"六大文化圈"中，海岱地区就是其中之一。目前，以山东省为中心的海岱地区是一个独立文化区的观点，在学界得到普遍认可。

距今9000年前，受南方文化的影响，泰沂山地及山前平原出现了后李文化。张学海先生曾大体构建了海岱文化区形成和文明发展历程，即在距今6500年前后，胶东半岛沿海地区最早出现了白石村文化时期的聚落群，其发展水平可能高于同时期内陆地区；当内陆地区统一于北辛文化时，就标志着海岱文化区的正式形成，社会发展也进入了一个新阶段。大汶口文化遍及整个海岱地区，出现了一大批聚落群和中心聚落，群内等级分层，涌现了一些城和原始城市；龙山文化在聚落、聚落群、中心聚落、城、原始城市和聚落分化诸方面，都得到快速发展，达到了海岱地区史前阶段的顶峰；进入岳石文化时期，聚落数量骤减，未见大规模的聚落群，大型聚落和城都减少。因此，他推测在大汶口文化早期晚段，即距今5700年前后，海岱地区社会开始分化，出现中心聚落，发展到大汶口文化晚期（即距今5000年前后）进入古国时代，出现早文明，龙山文化则已进入方国文明时代。[①]

4. 海岱文明化进程的连续性和稳定性最强，阶段性和区域性也较清楚

海岱区文明化进程基本是连续和稳定发展的，聚落和人口逐渐增多和集中，聚落内社会成员的分化和聚落之间的分化也是逐步积累的。[②]

反映到聚落上，海岱地区新石器时代聚落延续时间普遍较长，不乏连续发展上千年甚至两千多年的村落。如，汶河与柴汶河交汇处的泰安大汶口遗址，从北辛文化晚期，大汶口文化早期、中期、晚期一致延续到龙山文化，长达3000多年，是海岱地区延续时间最长的一个史前聚落；泗水西北侧的兖

---

① 如张学海：《东夷文明的诞生与发展》，《古代文明》第1卷，文物出版社，2002年；《中国史前聚落时空关系宏观研究——苏秉琦学术思想在山东考古的再实践》，《苏秉琦与当代中国考古学》，科学出版社，2001年。

② 参见燕生东：《海岱地区文明化进程研究的历史回顾》，《东方考古》第1集，科学出版社，2004年。

州王因遗址，从北辛文化中期、晚期延续至大汶口文化早期，时间在千年以上；泗水东侧的邹城野店遗址，贯穿了大汶口文化的整个发展阶段，延续了近两千年。新沂花厅大汶口文化遗址也延续了上千年。值得一提的是，像大汶口遗址，在北辛文化晚期和大汶口文化初期，还是一般聚落，到了大汶口文化早期晚段，聚落规模扩大，社会开始分化，成为区域中心聚落，这种态势一直发展到大汶口文化晚期；野店遗址，在大汶口文化早期属于普通聚落，但到了中期成为区域中心聚落；花厅聚落发展到大汶口文化中期后也成为区域中心。

鲁中南的泗水尹家城、峄城二疏城聚落，鲁东南沿海地区的五莲丹土，日照两城镇、尧王城，临沂大范庄等大型聚落，都是从大汶口文化晚期发展至龙山文化早、中期（个别至晚期）；鲁北地区临淄桐林、邹平丁公、章丘城子崖等聚落则经历了整个龙山文化时期，甚至发展至岳石文化时期。丹土、两城镇、尧王城、桐林、丁公、城子崖、连云港藤花落等城墙和壕沟多数在使用期间扩建乃至数次从小到大扩建，表明社会内部矛盾是以比较温和的方式加以控制的。

与其他地域文明相比，海岱区文明化进程发生转折和衰落的时间最迟。当燕辽地区、两湖和江浙地区（长江中下游地区）文明化进程分别在相当于大汶口文化晚期前后出现衰落（中断、转折）时，海岱区发生转折的时间要晚到岳石文化之后才出现。

海岱文明化发展的阶段性和区域性比较清楚。目前看来，大约距今9000至8000年之间，后李文化的聚落主要分布在鲁北及济南地区。人们生计以种植水稻和粟米，养殖猪为主，辅以采集和狩猎。这个时期聚落数量不太多，规模也不大，一般在2万—6万平方米。房屋室内面积较大，多在数十平方米以上，可划分为炊灶区、食物加工区和睡眠休息区。陶、釜等器物形态普遍硕大，说明集中用餐的人数较多。当时的社群单位在十几人左右，社会比较重视血缘关系和集体意识。①距今约7000至6000年前后（北辛文化时期），胶东半岛沿海地区高地和河流入海口的河汊子两侧则散布着数十处村落，是该阶段东方地区人口最多、村落最为集中的区域，也是文化最为发达的地区。人们的生计以粟类种植为后盾，大力发展浅海捕捞业，形成了发达的近海渔业文化。②

　　汶泗河流域是北辛文化中晚期与大汶口文化早中期的核心区域。这里发现的这个时期聚落数量最多，社会内部最早出现了社会分化。兖州王因遗址代表着距今6000年前后北辛文化晚期至大汶口文化早期的埋葬习俗和社会情况。墓地规模宏大，达上万平方米，流行合葬墓，一座墓内少者2—5人，多者达20余人。墓葬间墓坑大小和随葬品多寡不悬殊，体现了社会结构稳定、人与人之间较为平等、人们注重社会凝聚力和集体精神等特征。③位于汶河流域的泰安大汶口遗址现存面积数十万平方米，不仅为该流域最高等级聚落，还是海岱地区目前发现的大汶口文化早期规模最大聚落。距今5700年前后，大汶口聚落中富有的家族就脱颖而出，率先走出社会分化和文明化步伐。所见高级别墓葬，墓室规模长在3.6米，宽近2.3米，有熟土二层台，用原木堆垒成长方形或"井"字形木椁，随葬了几十甚至上百件陶制炊器、盛食器、酒器，以及石器、骨牙器、猪下颌骨等。④大汶口聚落作为本区域中心一直延续至大汶口文化晚期前段，所见大汶口文化中晚期大墓，墓室长4.2米，宽3.2米，有木质棺椁葬具，随葬较多的精致彩陶、白陶及玉石器。⑤位于泗水河中游的邹城野店聚落面积

---

①　山东省文物考古研究所：《山东章丘西河遗址1997年发掘简报》，《考古》2000年第10期。

②　中国社会科学院考古研究所：《胶东半岛贝丘遗址环境考古》，社会科学文献出版社，1999年。

③　中国社会科学院考古研究所：《山东王因——新石器时代遗址发掘报告》，科学出版社，2000年。

④　山东省文物考古研究所：《大汶口续集——大汶口遗址第二、三次发掘报告》，科学出版社，1997年。

⑤　山东省文物管理处、济南市博物馆：《大汶口——新石器时代墓葬发掘报告》，文物出版社，1974年。

约30万平方米，在遗址西部还发现了大汶口文化中晚期的环壕，环壕呈扁椭圆形，壕沟宽12—18米，深2米以上。环壕周长约1400米，环壕围绕起来的面积有10万多平方米。[①]清理出的大汶口文化中期的大型墓葬，个别墓葬深近4米，随葬品在50件上下，包含来自南方良渚文化和北方红山文化的玉器制品，说明这里则是那一带区的中心聚落。[②]新沂花厅大汶口文化中期、晚期前段墓地，面积在50多万平方米，有10座大型墓集中埋葬在一个区，墓室规模较大，长5米，宽3米多，个别深达两米多，随葬品包含了陶器、石器、玉器、骨器等，数量最多者近150件，其中8座墓葬有殉人，有的殉葬人多达5人，这是目前中国发现的最早殉人墓葬，随葬品内因包含了来自南方良渚文化大量成组玉石器、精致陶器而受到学界关注。[③]针对这些现象，学者多认为大汶口文化和良渚文化碰撞和交融的结果[④]。章丘焦家发现了大汶口文化中期晚段的环壕与城垣，所见大中型墓葬，木质棺椁齐备，随葬较多玉石器。距今5300年之后的大汶口文化中晚期，像王因墓地那样规模的公共墓地早已不存在，各聚落的墓地规模和埋葬死者的数目越来越小，分组群埋葬现象非常普遍，每组群墓葬数在20座左右，并延续较长一段时间，代表的可能是当时最小的社会单元——小型家族。不仅每组墓葬之间墓坑大小、随葬品有差异，而且各组群间也存在区别，社会分化现象更普遍，分层程度更严重。说明社会结构不那么稳定，人们更关注自己小社群的利益。此外，该地区还普遍存在着少量的成年男女合葬墓，有的以男性为主，有的以女性为主，有学者认为当时已出现了稳定的一夫一妻制，但更像存在着一种不被认可的男女关系，可能是不同族群冲突，严密血缘关系出

① 山东海岱文化遗产保护咨询服务中心：《邹城野店遗址考古勘探报告》，2013年。
② 山东省博物馆、山东省文物考古研究所：《邹县野店》，文物出版社，1985年。
③ 南京博物院：《花厅——新石器时代墓地发掘报告》，文物出版社，2003年。
④ 严文明：《碰撞与征服——花厅墓地埋葬情况的思考》，《史前考古论集》，科学出版社，1998年；燕生东、春夏：《花厅墓地的分期与文化性质》，《刘敦愿先生纪念文集》，山东大学出版社，1998年。

现松动的反映。

　　鲁东南沿海地区及潍淄河流域在大汶口文化晚期至龙山文化早期、中期（距今4600—4000年）是海岱地区史前社会和文化发展的核心地区之一。该地区这一阶段的聚落数量和人口规模急剧增加，达到了历史上第一个高峰值。目前所发现的近千处聚落中，根据其规模大小，明显可划分为大、中、小三个等级。大者在100万—400万平方米，有壕沟、城墙，小者仅数万平方米。社会财富的累积与社会分化高度发展（见后章）。

　　龙山文化末期（距今4000年后）即夏初，海岱文化重心转移至鲁西、鲁西南、鲁西北平原一带，目前已发现聚落遗址达200余处，在多处聚落还发现了城墙。文化面貌也发生了比较大的变化（见下）。

　　5.海岱文明化过程中的理性、务实性特征最为突出

　　江浙地区文化、燕辽地区文化表达社会等级中是各类玉器，尤其是雕刻着兽面纹的玉器，反映出一种宗教神秘化较强的社会，相比而言，海岱地区文化表现出的理性和务实性更为突出些。

　　海岱地区社会各阶层地位通过世俗手段（比如竞争[1]），特别是实力的比拼来获得，显示社会权力的内容带有较为世俗或务实的色彩。比如，海岱地区墓葬随葬品有陶器、石器、玉器、骨器、角器、蚌器和猪下颌骨，且多实用器，只有在史前晚期出现陶制明器。陶器常见鼎、鬹、豆、罐、盉、盆、背壶、单耳杯、筒形罐、厚胎高柄杯、薄胎高柄杯等。玉、石器有钺、斧、锛、锛、刀、镰、镞、坠饰等；骨、蚌器有锥、针、凿、矛、镞、骨雕筒（与玉石钺配套使用）、梳等。石、骨、蚌和角器大体可分为武器，砍伐用具，木材加工用具，渔猎工具，加工与磨制各类石、骨、角、蚌器的工具以及编织缝纫类工

---

　　① 燕生东：《论陵阳河大汶口文化墓葬所反映的社会分层——从文化人类学和民族学角度说起》，《江汉考古》2001年第4期。

具。①表达财富和社会地位、身份的主要为成套炊器、饮食器和酒器，如陶鼎、盆、罍、罐、豆、鬶以及各类杯如觚形杯、筒形杯、薄胎高柄杯、厚胎高柄杯等。酒器的比重随时代的发展愈来愈大。还有不同数量的猪下颌骨（或猪）、武器玉石钺等。只是到了晚期阶段，才借用了江浙区、燕辽区部分玉器来表现社会等级地位，但陶器的所占比重仍然较大。

中原地区早期属于普遍贫穷社会，晚期形成金字塔形的等级社会结构，社会权力、财富的分配的极端不平等和两极分化，往往带来更多的社会动荡、纷争、野蛮仇杀、城墙和村落的不断毁坏和再建。相比而言，海岱地区属于富裕型社会，位于社会最上层和最下层的人群数量都不是太多，社会分化首先发生在大家族之间，再逐渐深化到小家族。海岱地区社会等级分化，是从一个较为富足的社会基层向两端分化，呈橄榄形的结构。村落、城垣和壕沟沿用时间很长，多数在使用期间扩建乃至数次从小到大扩建，社会结构比较稳定，出现的社会内部矛盾多以比较温和的形式加以控制。

比如，仰韶文化最强盛时期庙底沟阶段的河南灵宝西坡遗址为一个面积达40多万平方米的高等级中心聚落，所发现的最高等级墓葬也只随葬10件左右器物，包含了一套炊器、饮食器和玉石钺；而其他中小型墓，基本无随葬品。②山西襄汾陶寺龙山时期遗址，在清理的数千座墓葬内，大型墓占墓地总数不足1%，中型墓占10%左右，并且80%以上的墓葬的墓坑狭小，没有葬具，除个别带有随身的骨制装饰品外，一无所有。③

海岱地区史前社会所呈现的富裕性最具特征，社会阶层结构呈两头小、中间大的橄榄形。海岱地区所见墓葬，普遍有数量较多的随葬品。比如，与西坡

① 燕生东：《海岱地区史前墓葬出土工具所反映的两性分工》，《齐鲁文博——山东省首届文物科学报告月文集》，齐鲁书社，2002年。
② 中国社会科学院考古研究所等：《灵宝西坡墓地》，文物出版社，2010年。
③ 中国社会科学院考古研究所山西工作队：《1978—1980年山西襄汾陶寺墓地发掘简报》，《考古》1984年第12期。

仰韶文化几乎同时期的大汶口遗址早期墓地，大型墓（如M2005）已随葬成套的陶器以及石器、骨器、猪下颌骨上百件，中小型墓内也随葬着十几至数十件陶器、石器以及猪下颌骨。①大汶口遗址中晚期墓地，在清理的133座墓中，随葬陶器最为普遍，共117座，葬有工具的有76座，有装饰品的46座，随葬猪下颌骨的43座。大型墓仅有7座，随葬品在50件以上，其余中小型墓葬内，一般随葬10—20件。无随葬品的也仅有十几座（少部分为儿童墓，少部分被破坏）。②枣庄建新遗址是大汶口文化中晚期阶段的一处中型聚落，所见晚期阶段的四五十座墓葬，其中大型墓有5座，随葬品在上百件，其余均为中小型墓葬，随葬陶、石和骨器多在20—70件。③莒县陵阳河为大汶口文化晚期阶段的一个区域中心聚落，清理墓葬45座，发掘者依据墓室大小、随葬品多寡，把墓葬分为大、中、小型三类④，但随葬品均较丰富，有陶、玉石、骨器、猪下颌骨等。大、中型墓只见于第Ⅰ区内，小型墓则分布于第Ⅱ—Ⅴ区内。大型墓有6座，随葬品在100件左右，主要是陶制薄胎和厚胎高柄杯酒具，约占总数的一半以上；中型墓在20座以上，随葬品30—60件；小型墓数量与中型墓大体相同，随葬品也比较丰富，在30件左右，看不出与中型墓的明显差异。莒县大朱村所清理的35座大汶口文化晚期墓葬，较大型墓有7座，小型墓（无随葬品）仅4座。有16座墓有木椁葬具，约占墓葬总数的一半。多数墓葬有随葬品，一般在20件左右，大型墓在70件以上，数量较多者主要是陶制薄胎和厚胎高柄

①　山东省文物考古研究所编：《大汶口续集——大汶口遗址第二、三次发掘报告》，科学出版社，1997年。

②　山东省文物管理处、济南市博物馆：《大汶口——新石器时代墓葬发掘报告》，文物出版社，1974年。

③　山东省文物考古研究所等：《枣庄建新——新石器时代遗址发掘报告》，科学出版社，1996年。

④　王树明：《山东莒县陵阳河大汶口文化墓葬发掘简报》《陵阳河墓地刍议》，《史前研究》1987年第3期。

杯酒具。墓内普遍随葬猪下颌骨。①

6.海岱地区对外文化交流频繁

（1）与江浙文化区的关系

海岱文化区与江浙文化区关系最为密切，海岱地区的稻作农业显然来自江浙地区。二者同属于陶釜、鼎和豆文化圈。砍伐、加工和农业石质工具中的斧、钺、锛、凿和刀类发达，种类较多。陶器中素面较多，彩陶较少，黑陶出现时间比较早，等等。②

具体而言，宁镇地区、太湖地区发现的新石器时代中期的石磨盘、石磨棒和双耳陶壶显然受海岱文化的影响。大汶口文化对江浙地区的龙虬庄文化、北阴阳营文化、崧泽文化和良渚文化也有影响。大汶口文化早期阶段，江苏高邮龙虬庄和海安青墩遗址出土的三足钵、弧腹盆形鼎，南京北阴阳营遗址出土的双耳壶，苏州草鞋山和青墩遗址出土的高柄杯和弧线三角纹、花瓣纹彩陶纹饰，应来自海岱地区。阜宁陆庄良渚文化遗址出土的袋足鬶、三角凿形足鼎和钵形豆，上海福泉山遗址出土的彩陶背壶及绿松石项链，应是大汶口文化输出的产品。

大汶口文化早期，海岱南部地区含有长江、淮河下游地区文化因素，如"猪形鬶形陶器"、内彩网纹陶器、内绘"母"字形彩陶钵、长方形多孔石刀、宽扁圆弧角穿孔石钺、"风"字形石钺以及长条形石锛来自龙虬庄、北阴阳营和薛家岗诸文化。汶泗河流域常见的敛口、柄上镂刻三角和圆圈纹的钵形豆、盆形豆柄，鼓腹圈足杯，筒形平底杯等应为受崧泽文化影响的产物。

大汶口文化中晚期受江浙一带良渚文化的影响较大。良渚文化强盛时期已

---

① 苏兆庆等：《山东莒县大朱村大汶口文化墓地复查清理简报》，《史前研究》1989年辑刊；山东省文物考古研究所：《莒县大朱家村大汶口文化墓葬》，《考古学报》1991年第2期。

② 该章节参见山东省文物考古研究所编：《山东20世纪的考古发现和研究》第三章第三节第七小节，科学出版社，2005年；燕生东：《全新世大暖期华北平原环境、文化与海岱文化区》，周昆叔、莫多闻等编：《环境考古》第三辑，北京大学出版社，2006年。

越过了淮河。苏北地区的花厅等大汶口文化墓地就出土了大量来自良渚文化的陶器、玉器和石器。海岱地区腹地大汶口、野店、呈子、前埠下、建新等，甚至辽东半岛都出土了良渚文化的贯耳壶、有段石锛、玉镞形饰、玉璧、玉钺等。栖霞杨家圈遗址的鼎式陶甗，三里河遗址带流宽陶杯，也应来自良渚文化。这些器物中的一部分与良渚文化的形态完全相同，应是输入品；另一部分是器物形态相似，可能属于本地的模仿之作。

（2）与中原文化区的关系

海岱文化区与中原文化区由华北平原相连，因环境等变迁因素影响，不同时期关系也不一样。华北平原西缘和西南缘的磁山文化、裴李岗文化大体相当于后李文化中晚期和北辛文化早期，从陶器而言，文化面貌差异较大，但它们还是有共同点的。一是石器均以石铲、斧、磨盘和磨棒为主要组合，同属一个石器工业制作系统，磁山文化带足的石磨盘在长清月庄遗址也有发现；二是陶器均见少量的三足钵和支脚。

大汶口文化与中原仰韶文化的关系错综复杂。海岱地区大汶口文化早期阶段存在着一定数量的仰韶文化庙底沟类型文化因素。如汶泗河流域发现的绘在盆、钵、壶、罐及器座上的彩陶纹饰，其用圆点、弧线三角、勾叶、月牙、豆荚、背对三角、对弧、圆圈等纹样母题组合的花瓣纹与回旋勾连图案，属于庙底沟类型典型彩陶纹样。鲁北、胶东半岛区，甚至在辽东半岛南部也有类似发现，可见庙底沟类型文化影响力、渗透力之强。这个时期中原地区，如豫中、豫西和晋南仰韶文化发现的小口折腹釜形陶鼎、大口盆形陶鼎、釜形鼎、陶豆、壶、玉石钺等应是受到了大汶口文化的影响。

自大汶口文化中期后，海岱文化向西扩张，皖北、豫东地区开始逐步成为大汶口文化的分布区域，如尉氏椅圈马遗址第四期文化墓葬出土的背壶、彩陶壶、豆等为大汶口文化中期典型器物。郑州大河村第三、四期遗存内，不仅发现了较多大汶口文化的陶鼎、豆、背壶、小口瓮、大口尊、高足杯等，而且有些墓葬只随葬大汶口文化的物品，说明其墓主人极有可能为西迁的东方人。[①]至于大汶口文化晚期，继续扩张，曾影响至中原腹地（见下章）。海岱地区大汶口文化中晚期的陶鼎、罐和瓮上流行拍打后留下的篮纹、绳纹，应属于中原地区仰韶文化晚期制陶风格。

（3）与西北地区文化的关系

位于豫北安阳[②]、冀南永年[③]、冀中部正定[④]、冀北部易水和拒马河流域[⑤]、北京房山[⑥]甚至内蒙古岱海地区[⑦]的北福地、后岗一期文化与北辛文化、大汶口文化早期关系极其密切。二者石器种类相同，陶器均以釜、支脚、鼎为炊器，以直口瓮、钵、双耳壶、小口壶、瓶为主要盛器和饮器。该地区早于北福地、后岗一期文化的磁山文化以及晚于北福地、后岗一期文化的仰韶文化大司空和白泥窑子类型不见釜、鼎、直口瓮等器形，这些显然来自海岱文化。有学者认为，磁山文化北迁后，海岱地区的北辛文化随后填入该地空白，后来才逐步被仰韶文化所取代。豫北、冀南、冀北、北京一带的北福地、后岗一期文化类型的卷沿、侈口、鼓腹盆形釜和釜形鼎，小口壶，与鲁北、汶泗河流域北部、胶东半岛的同类釜、鼎最为相似。由于当时属于全新世的高温多雨期，又发生了海侵，华北平原河流众多，湖沼广布，平原腹地，人们难以居住生存。由于在河北东南部、山东西北部还没有发现同时期的村落。在这种环境下，人们应当

① 郑州市文物考古研究所编著：《郑州大河村》第二章第六、七节，科学出版社，2001年。

② 中国社会科学院安阳工作队：《安阳后岗新石器时代遗址的发掘》，《考古》1982年第6期。

③ 如永年县石北口遗址，见河北省文物研究所等：《永年县石北口遗址发掘简报》，《河北省考古文集》，东方出版社，1998年。

④ 河北省文物研究所：《正定南杨庄——新石器时代遗址发掘报告》，科学出版社，2003年。

⑤ 段宏振主编：《北福地：易水流域史前遗址》，文物出版社，2007年；拒马河考古队：《河北易县涞水古遗址试掘报告》，《考古学报》1988年第4期。

⑥ 北京市文物研究所：《镇江营与塔照——拒马河流域先秦考古文化的类型与谱系》，中国大百科全书出版社，1999年。

⑦ 中日岱海地区考古队：《内蒙古乌兰察布石虎山遗址发掘简报》，《考古》1998年第12期。

通过湖泊、河流和海洋进行人员与文化来往。

（4）与两湖区（长江中游地区）文化的关系

海岱文化区与两湖区（长江中游地区）同属釜、鼎和豆文化圈。江汉地区的屈家岭文化、石家河文化与大汶口文化关系线索比较清楚。屈家岭文化和石家河文化陶鼎、豆、壶、圈足尊、高领罐、筒形杯、厚胎高柄杯、细泥黑陶薄胎圈足杯、大口尊（臼）等器物与大汶口文化极其相似；石家河文化的大口尊（臼）上也刻有图像文字。兖州王因遗址发现的碗形杯、新沂花厅墓地出土的带多个乳状纽覆钵器盖、枣庄建新和滕州西公桥遗址出土的双腹豆应受到屈家岭文化、石家河文化的影响。鲁南和苏北地区大汶口文化遗址多出土一种泥质灰陶或黑陶的宽扁足鼎，其祖型可能来自安徽中南部或江汉地区的同时期考古学文化。

（5）与燕辽、辽东半岛新石器文化的关系

红山文化、小河沿文化的时代大约相当于大汶口文化早、中期。赤峰市周围、敖汉旗及朝阳市一带发现的穿孔玉石钺显然来自海岱文化，西辽河流域小河沿文化的石钺、高颈陶壶、鸟首形陶壶、折口陶钵和彩陶纹饰中的八角形纹也受到了大汶口文化的影响。大汶口文化中期的泰安大汶口、邹城野店、章丘焦家、安徽亳州付庄、江苏新沂小徐庄等遗址出土的两孔、三孔玉石片饰，双联璧、三联璧、四联玉璧和扁圆玉璧应出自燕辽地区。而江苏海安青墩、南京营盘山遗址出土的双联玉璧、三联玉璧应是经海岱地区传播过去的红山文化玉器。

辽东半岛南部与胶东半岛有庙岛群岛相连，文化往来比较容易。辽东半岛的小朱山第二期文化（郭家庄下层文化）遗存与大汶口文化时代很近。大汶口文化早期阶段，辽东半岛的郭家村、吴家村、小朱山等遗址出土的卷沿鼓腹盆形鼎、敞口斜弧腹盆形鼎、觚形杯、角状把手器物、圆柱状把手器物以及彩陶中的弧线三角双勾涡纹、三角加平行线纹与胶东地区的器物和彩陶纹饰相同。中期阶段的实足鬶、贯耳壶、带流盉等也与胶东地区出土的同类器物相近。在庙岛群岛的北庄、大钦东村和北城等遗址也出土了来自辽东半岛的拍印几何纹饰的筒形罐。

二、龙山文化的崛起与"夷夏东西"格局形成

公元前2400年前后，燕辽地区红山文化与小河沿文化、江浙地区良渚文化和两湖地区石家河文化相继衰落，各地方文明发展进程发生了转折，而以河南、山西和陕西为中心的黄河中游地区形成了"以中原为中心的历史趋势"，此时，唯有海岱地区龙山文化持续发展，并迅速进入鼎盛时期，与中原文化区、甘青文化区首次形成"夷夏东西"对峙格局。

（一）以中原为中心的历史趋势的初步形成

距今4400—4000年为中国史前文化发展的转折时期，也是中国早期文明形成的关键时期。长江中下游地区与燕辽地区的社会文明化进程急转而下，迅速凋零，盛极一时的红山文化（以及小河沿文化）、良渚文化和石家河文化，纷纷相继衰落。而中原地区居于各区域文化的中心，是物流和情报信息的中心枢纽，在汲取四周文化、思想和政治经验的基础上，通过调整重组后，又一次崛起，多个地方龙山类型组成了"中原龙山"文化丛体，逐步形成了以中原为中心的文化格局，出现了"以中原为中心的历史趋势"。[1]这种格局一直延续至夏商周时期及以后多个朝代。

赵辉先生指出，此时，中原地区聚落和人口急剧增多，一座座一次性规划好的城堡（中原地区城址多呈方形，较早的城址或其他地区城址多随聚落形状而定）像雨后春笋般建立起来，这种现象应是文明起源的显著标志。因为建城挖壕需要花费大量的人力物力，需要强有力的领导和组织机构。大量城堡的突然出现，反映当时已经产生了某种政治组织机构。根据考古发现的原始宫殿、

---

[1] 赵辉：《以中原为中心的历史趋势的形成》，《文物》2000年第1期；《中国的史前基础——再论以中原为中心的历史趋势》，《文物》2006年第8期。

大型房址以及一些高等级物品等迹象，可知城里的居民主要是贵族、祭司、军队和手工业者，这就打破了传统的以血缘关系为基础的社会组织，社会人群按照新的需要（如地域关系、社会等级关系）进行了社会结构的重新组织。由于社会组织的重构，使得城里成为技术和文化的发展中心，从而加快了文明化的进程。此外，城壕本身就是大体量的防御工事，是战争经常化和激烈化的产物，而战争又会促进权力的集中，最后导致原始国家的出现，而国家是文明的集中表现。当大批城邑出现的时候，就是文明曙光照耀中国大地的时候。[1]

龙山文化时期，中原地区出现了多个超大型聚落和城址。晋南盆地的襄汾县陶寺遗址总面积为400万多平方米。所见城墙南北长2150米，东西宽1650米，城面积达200万平方米。城内发现面积达十几万平方米的宫殿区。聚落面积和城址规模是当时地区最大的聚落之一。在聚落内发现了多个大型夯土基址和墓地，每个夯土基址规模在数百平方米和数千平方米左右。每片墓地面积有数万平方米，在东南隅清理的5000平方米范围内，已发现墓葬1300余座。埋葬非常密集，不算农耕、山洪冲刷等破坏，就墓葬埋葬密度而言，这个墓地埋葬了上万人。这不仅显示了人群数量的庞大，更说明了社会人群是按照地域关系、社会等级关系的重组。随葬数量较多的精美玉器、陶器、铜器和一些来自周边地区贵重物品的大型墓占墓地总数不足1%，中型墓占10%左右，而80%以上的墓葬墓坑狭小，没有葬具，除个别随身带有粗糙的骨制装饰品外，一无所有，可见当时的社会分化之严重。像陶寺这样规模的聚落还有绛县周家庄等。

陕北神木石峁是目前中国已发现的龙山晚期到夏代初期规模最大的城堡。石峁城由"皇城台"、内城和外城三个层次构成的石城以及城门、墩台、马面、角台等附属建筑组成。内、外城以石城垣为周界，内、外城城墙总长度约10公

---

① 李伟：《中国文明的形成：从满天星斗到多元一体——专访北京大学考古文博学院院长赵辉》，《三联生活周刊》2012年第40期，本文主要参考本文，不再另注。

里，宽约2.5米，存高1米，气势恢宏、构筑精良。内城墙体残长2000米，环绕面积约235万平方米；外城墙体残长2840米，围绕的城内面积约425万平方米。"皇城台"为大型宫殿及高等级建筑基址的核心分布区，底大顶小，呈金字塔状，仅台顶面积就有8万多平方米。台顶上发现了成组分布的建筑基址和池苑。"皇城台"西北侧还有多达9级的堑山砌筑的护坡石墙层叠包裹，坚固雄厚。在外城发现了一套包含城墙、马面和角台在内的完整防御体系。历年来，石峁曾出土数百（上千）件高质量玉器，磨制精细，器类有刀、镰、斧、钺、铲、璇玑、璜、牙璋、人面形雕像等。最近还发现两处埋置人头骨的遗迹，共埋有48个头骨，这可能可与城墙修建时的奠基活动或祭祀活动有关。①

此时，中原地区还有一个新现象，就是汲取周边文化精华来表现贵族身份地位和等级，如东方地区的棺椁制度，墓内随葬大量玉石器来显示身份与地位等。那些不属于中原地区传统玉石器大量出现，如琮、璧、环、钺、镞、矛、带把石刀、宽体玉石刀、璇玑、镶嵌绿松石饰件等，均来自北方、东方、南方和西方的不同地区；其他物品还有来自南方和东方的漆器、鳄鱼皮鼓，来自西部马家窑和齐家文化的彩绘陶器、双耳壶罐、鼓以及红铜器和砷铜器（种类有铜环、铜铃、齿轮器等）。同时，还发现了来自内蒙古大青山和岱海地区老虎山文化的陶斝，等等。

随着社会的重组，人群流动，以及周边文化的大量涌入，中原地区社会越发动荡、混乱。为了巩固自己的地位，社会权贵们借鉴了周边地区首先发展起来的等级制度，形成了一套以玉制礼器、青铜礼器和精致陶器等为主的表征系统。这套表征系统与古老的血缘继嗣系统结合，最终演变为后世的宗法制，而宗法制成为社会的各阶层、各成员所必须遵守的行为准则、道德规范和政治制度。

---

① 孙周勇、邵晶：《石峁：过去、现在与未来》，《发现石峁古城》，文物出版社，2016年。

在各地区激烈冲突中，中原地区逐渐酝酿出了一种新的社会形态。其标志就是在公元前2000年至前1800年，这一地区产生了夏文化（龙山晚期文化、新砦文化和二里头文化）。历史文献中，禹将王位传给了启，以继承制替代了部落联盟社会的禅让制度，标志着中国历史上第一个"家天下"王朝的开始。此后几千年的中国历史，就以中原地区为中心舞台展开了。

（二）海岱地区龙山文化的崛起与繁荣

距今4400—4000年，正是大汶口文化晚期至龙山文化早、中期，各大区文化发展进程发生了转折。随着江浙地区良渚文化、两湖地区石家河文化、燕辽地区红山文化与小河沿文化几乎同时衰落，作为地方文明，唯有海岱地区文化持续发展，并迅速进入鼎盛时期，最终与中原文化区、甘青文化区形成"夷夏东西"对峙格局。

这期间海岱地区的崛起与繁荣主要表现在聚落、人口的急剧增加，集聚大量资源、人口及带有城墙、壕沟超大型聚落在各地陆续出现，原始文字的出现，以及海岱文化对外扩张等。

此时，海岱地区各地文化持续向前发展的同时，由于外来人口的迁入，水稻种植的普及，小麦的引进，促使该地区经济社会文化进入高速发展阶段，聚落数量和人口规模急剧增加，出现了莒县陵阳河，五莲丹土，日照两城镇、尧王城，临朐西朱封，临淄桐林等规模达数十万甚至上百万平方米的超大型聚落。目前所发现的数百处聚落中，根据其规模大小，明显可划分为大、中、小三个等级，大型聚落规模几十万至上百万平方米，内有壕沟和城墙环绕，中型聚落面积在一二十万平方米，小型聚落仅数万平方米，社会分化严重。当时还出现了图像文字，说明这一阶段已进入原始文明阶段。此时，鲁东南地区与潍淄河流域已成为海岱地区文化和文明形成与发展的核心区。可以说，距今4400—4000年是海岱地区经济、社会、文化和人口高速发展的阶段，无论是聚落数量、人口规模，还是社会、经济和文化发展程度，都达到历史上第一个发展顶峰。

目前，据不完全统计，潍淄河流域的博兴、广饶、寿光、青州、临淄、寒亭、昌邑、昌乐等一带发现了近400处龙山文化时期农耕聚落。[①] 经系统调查，仅在淄河中游、乌河上游150平方公里内，就发现51处龙山文化时期聚落[②]，这些遗址时代绝大多数从龙山文化早期延续至晚期早段，表现了稳定性很强的农耕聚落。而该区域大汶口文化时期聚落发现不足100处，这些聚落有大汶口文化早期的，也有中期和晚期的。大汶口文化延续时间达两千多年，龙山文化只有四五百年左右，换句话说，龙山文化时期聚落数量应当是大汶口文化的十倍以上。该地龙山文化可能不是本地大汶口文化的自然延续，更像是外地居民在短时间内迁入的结果。此时，潍淄河流域经济、社会、文化和人口处于高速发展阶段，为该地区先秦时期聚落数量和人口规模的第一高峰。

目前，乌河、淄水、白浪河、丹河、弥河、孝妇河流域以及广饶县、寿光市中南部出现了若干处聚落群，每处有几十个聚落，聚落与聚落之间距离仅有数公里。聚落间分化明显，每处聚落群内存在着规模达数万平方米的一般聚落和十几万平方米的中型聚落，也有一个超大型高等级聚落。像乌河上游的桐林聚落，中心面积达40万平方米以上，文化堆积厚、遗物丰富，核心地区还围以城墙和壕沟；城内面积达20万平方米，四周围绕着8处聚落；桐林聚落群面积超过230万平方米（图二）。城内还出土过精致的、其他聚落罕见的大型甗、盆、罐、壶、瓮，以及被称为列鼎、列盆和列罐的"礼器"。桐林附近有丰富的石料矿床，发现了大型石器制造场，应为周围聚落居民供应石器工具。

---

① 国家文物局主编：《中国文物地图集——山东分册》（上、下册）博兴、广饶、寿光、青州、临淄、寒亭、昌邑、昌乐等县市调查材料，中国地图出版社，2008年；部分为第三次全国文物普查材料。

② 山东省文物考古研究所、北京大学考古文博学院：《临淄桐林遗址聚落形态研究考古报告》，《海岱考古》第五辑，科学出版社，2012年。

图二　临淄桐林龙山时期城址与聚落

弥河上游地区的临朐西朱封，面积有60多万平方米，发现了多道环壕，壕沟宽12—20米，深2米以上。所清理的三座超大型墓葬，墓室长6—7米，宽4—5米，深达2米以上，葬具均有椁有棺，还有放置随葬品的边箱、脚箱（图三）。出土的陶器多为薄而黑、非常精美的黑陶器群和鳄鱼皮鼓，还有相当数量颜色不一的精致玉器。[①]这些在海岱地区是首屈一指的，在全国也是罕见的，学者曾称之为具有原始古国王墓性质的大墓。[②]看来，每处聚落群呈现出的情势具有原始国家的性质。西朱封与昌乐袁家出土的龙山文化时期玉器形体硕大，材质坚硬，颜色

①　梁中和等：《西朱封大汶口、龙山文化古城》，王永波等编著：《山东古城古国考略》，文物出版社，2016年；山东省文物考古研究所等：《山东临朐史前遗址普查简报》，《临朐县西朱封龙山文化重椁墓的清理》，《海岱考古》第一辑，山东大学出版社，1989年；中国社会科学院考古研究所山东工作队：《山东临朐朱封龙山文化墓葬》，《考古》1990年第7期。

②　严文明：《中国王墓的出现》，《考古与文物》1996年第1期。

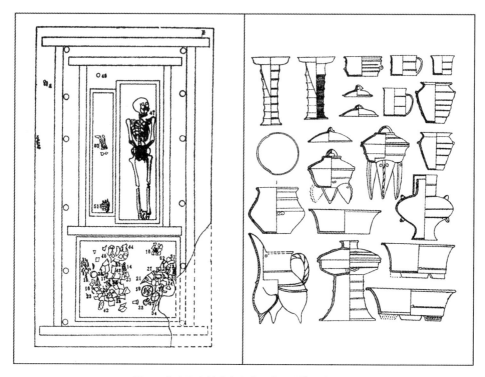

图三　临朐西朱封龙山大墓及出土的精致陶器群

鲜亮，制作精细，种类有象征军事指挥权的钺、刀、镞类，可能与神鸟崇拜有关的璇玑，以及冠形饰、簪、瑗、环、绿松石项链装饰品和供镶嵌用的近千片绿松石等。这些玉器，原料多来自近千公里以外的辽宁省岫岩一带。

在邹平丁公发现了早（内）、晚（外）两圈城墙，其中外圈城平面略呈圆角方形，东西约350米，南北约310米，城内面积超过10万平方米，城墙总宽度约20米，存高1.5—2米。壕沟宽30—50米，深3—5米。在北城墙还发现城门和一个颇具规模的木构排水设施。在城内还出土了一块陶盆底片，上刻有5行11个个体符号或文字，字体主要是直笔，部分为圆笔书写而成，很像后世的文字。甚至有学者认为，该"陶文书"可能属于已亡佚的东夷文字。①

---

① 栾丰实：《丁公龙山、岳石文化古城》，王永波等编著：《山东古城古国考略》，文物出版社，2016年。

莱州湾沿岸平原上发现了30余处龙山文化时期盐业遗存，表现出规模化、专门化的盐业生产。规模较大盐业生产的突然出现，应与潍河、淄河流域龙山文化时期经济文化快速发展有直接关系。

鲁东南地区飞跃式发展起步于大汶口文化晚期，陵阳河还发现了大汶口文化晚期海岱地区规格最大的墓葬。其中有25座规格较大的墓葬单独埋葬在一区，该区内有六座大型墓，葬具有木椁，随葬品中数量较多的有陶、玉、石、骨器和猪下颌骨。①其中有象征财富的猪下颌骨和大量酒具（酿酒用具、盛酒器和饮酒器），代表宗教祭祀权的刻有图像符号的大口尊，表示军事指挥权的玉钺（含雕筒）、石斧、矛及角号。陵阳河M6，墓坑长4.55米，宽3.8米，有"井"字形木椁，随葬陶器160件（大口尊2件、高柄杯96件）、猪下颌骨21块，还有玉钺、玉璧、骨雕筒、石凿等；M17，墓坑长4.6米，宽2.23米，有"井"字形木椁，随葬陶器157件（其中，薄胎高柄杯39件，厚胎高柄杯54件，带有图像文字的大口尊1件），猪下颌骨33块，玉石凿2件。这些大型墓的主人应是当时拥有军事权、宗教权和大量财富的社会首领。②

莒县、日照一带6处较大型聚落内出土的大口尊（陶臼）上发现了图像符号。目前，已在24个器物刻画了26个符号，累计10余个不同个体。这类符号多为单体，个别器物上虽有两个符号，但从其所在位置和形态上，可排除装饰作用的可能。符号的基本笔画具备直笔、圆笔和弧笔，除象形外，还有会意字体（如被释为"旦、炅、封［南］、皇"的图像），其结构与商代甲骨文、青铜器铭刻文字十分接近。因此，大部分学者认为这些符号与古汉字关系密切，存在一脉相承的关系。

---

① 王树明：《山东莒县陵阳河大汶口文化墓葬发掘简报》《陵阳河墓地刍议》，《史前研究》1987年第3期。

② 燕生东：《论陵阳河大汶口文化墓葬所反映的社会分层——从文化人类学和民族学角度说起》，《江汉考古》2001年第1期。

中美日照地区联合考古队在日照、五莲、胶南地区进行了长达13年的田野考古工作，在1440平方公里的范围内共发现大汶口文化末期至龙山文化早中期聚落遗址500余处，而大汶口文化（包含大汶口文化晚期）遗址才29处[1]，增长了近20倍。其中，在中部地区发现了丹土和两城镇大型聚落。丹土面积超过40万平方米，考古发掘和钻探还发现了大汶口文化晚期和龙山文化早期、中期的壕沟和城墙，大汶口文化晚期城墙、壕沟平面略呈椭圆形，面积约12万平方米；龙山文化早期城墙、环壕壕沟环绕的面积约14万平方米；龙山文化中期城墙、壕沟东西长500米，南北宽400米，壕沟宽28米，深约3米，城墙、壕沟环绕的面积约27万平方米。[2] 历年来，征集到大量精致黑陶杯和一批规格很高的玉器。所见大口尊上有"鱼"纹等图像。两城镇聚落发现了龙山文化不同时期的三圈壕沟，其中内壕沟环绕的聚落面积17万余平方米，中环壕内的面积约30万平方米，外环壕围绕的面积约60万平方米，整个聚落规模约80万平方米。[3] 聚落内出土过一批精美玉器和黑陶，部分玉器和陶器上刻有兽面纹。

这两大聚落周围分别环绕着几十处和近百处小型聚落，面积在10万平方米以下（图四）。

尧王城遗址面积可能超过400万平方米。最近的考古调查、钻探和试掘，发现了内、外两城圈（应有早晚之分）。内城主要分布于核心区的中部偏西，平面呈长方形，南北长540米，东西宽340米，包括城墙及环壕的面积为21.8万平方米。清理出城门、道路、建筑基址、祭祀遗迹、器物坑、灰坑、墓葬等遗迹。外城在内城的基础上扩建，呈半圆形，其北部与内城的北墙相连，南北长760

---

[1] 中美日照地区联合考古队：《鲁东南沿海地区系统考古调查报告》，文物出版社，2012年。

[2] 刘延常、赵国靖：《丹土大汶口——龙山古文化城》，王永波等编著：《山东古城古国考略》，文物出版社，2016年。

[3] 中美联合考古队等：《两城镇——1998—2001年发掘报告》第五章，文物出版社，2016年。

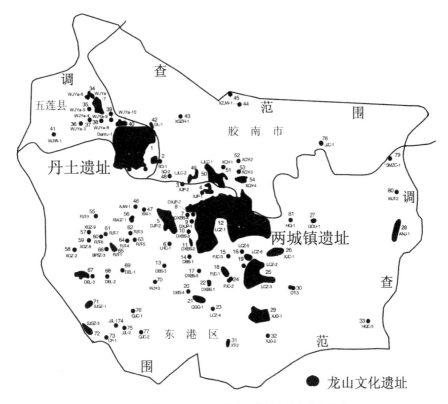

图四　五莲丹土、日照两城镇一带的龙山文化聚落群

米，东西宽700米，总面积约为53.2万平方米（包括内城）。[1]城外还发现多处聚落。尧王城聚落内还发现成排的土坯房屋和铜器炼渣等重要遗迹，也出土过贵重物品，如玉器与刻有图像符号的大口陶尊。

尧王城聚落周围环绕的数十处聚落均为小型聚落，可见该聚落在本区域的地位（图五）。

这些规模巨大的聚落，每处面积在几十万或上百万平方米，中心多由夯土城墙和壕沟环绕。聚落内不仅有宫殿式大型建筑院落，还有普通民居；有专门

---

① 梁中和等：《尧王城大汶口——龙山文化古城》，王永波等编著：《山东古城古国考略》，文物出版社，2016年。

图五　日照尧王城龙山文化聚落及周边小型聚落分布图

石器制作场，拥有精致陶器制作业及治玉工业。城墙和壕沟外有不同功能的聚落环绕，大型聚落外围为规模较小的农耕村落，显示当时社会分工比较明显。像桐林、丹土、两城镇和尧王城大型聚落凭着聚落资源、经济和文化优势，吸纳和集聚了更多外来聚落的人口住在城外。这些均具有原始城市的功能。修建夯土城墙、挖掘城壕是一项较大的系统工程，需要一定工程技术、人力和物力资源的投入，也需要完善的社会协调和支配机制作为保障。城里的居民主要为贵族、祭司、军队和手工业者，这也就打破了传统的以血缘关系为基础的社会组织，显示出早期文明的特性。

此时，海岱地区制陶业达到高峰，轮制技术发达，成为快轮制陶程度最高的地区。就是鼎、甗和鬶类形态十分复杂的三足器以及带耳杯、圈足器，也用快轮分别制出各部件，再拼接成整器。大量颜色漆黑发亮、胎壁轻薄、质地坚硬的豆、罐、盒、罍、杯等器物就是利用这一技术制作的精品，其中，细泥制陶、薄如蛋壳的高柄杯，则集中代表了龙山文化时期制陶技术的最高水平。蛋壳陶杯以器形别致，工艺精巧著称，制作起来，需要高超的技术，并花费大量工时。蛋壳陶杯轮廓曲折多变，造型稳健俊秀，还具有一定的审美价值。

（三）融合与保存江浙区与燕辽区玉文化，创造海岱系玉器

海岱地区较早时期玉器发现虽多，但无论是器物种类、形态，还是玉料、使用方式，一直受燕辽地区、辽东半岛、江浙地区和江淮地区文化的影响。大约在大汶口文化晚期后段开始，辽海地区和江浙地区玉器工业与玉文化逐步衰亡，而海岱地区在吸收和继承了北方、南方玉文化的基础上，创造出自己的玉文化，并成为中国史前末期玉器工业的中心之一。

大汶口文化晚期，鲁东南临沂、莒县、五莲和鲁北地区保留了南方良渚文化的玉器种类和纹饰，如玉钺、带有兽面纹的琮、镞形器、截面呈扁长方形的璧、环、瑗、球状指环、筒形镯以及高台形、长方形、菱形、亚腰形等几何形玉片饰。也继承了北方地区的玉器种类，如大型璧、瑗、环、玉斧、锛等。还利用本地的蛇纹岩、辉绿岩（有绿色斑块、斑点）、玛瑙等当地美石类仿玉制的小璧、小环、瑗、管、镯等装饰品。海岱地区发现的岫岩玉制品主要是从辽东半岛进口的成品。

龙山文化时期，鲁北地区昌乐袁家、临朐西朱封，鲁东南地区五莲丹土、日照两城镇、尧王城等大型聚落高等级贵族墓地内出土了数量较多的玉器。无论是玉器种类、组合、玉质、玉料来源、玉器制作方式，还是出土背景上都发生了巨大变化，海岱地区出现了具有本地特色的玉器文化。

据研究，海岱地区龙山文化时期玉器部分延续了北方地区和南方大区玉器的种类、样式，但又有一些重大变化：装饰品的种类和数量减少，新出现了代表东方玉系的璇玑（像飞翔的鸟）、玉戚、刻有兽面纹（族徽符号）的玉圭、大型玉刀、鸟形饰、带扉牙的环、玉簪、兽面纹冠形饰；同时，象征军事特权的礼器，如钺、刀、圭、镞，可能还有璋（这些玉礼器多被后来的夏文化所继承），得到了突出和强调；玉器只集中出现在地域中心聚落的高等级贵族墓葬内，其地位几乎取代了海岱地区传统陶制酒器、盛食器和炊器。玉器原料主要来源于辽东半岛北部的岫岩。玉器原料、制品，包括制作过程，被高等级聚落

的贵族阶层牢牢控制，并成为贵族手工业经济的重要组成部分。①

（四）龙山文化对外扩张达到史前最高峰

龙山文化时期海岱地区文化对外扩张达到了史前高峰期。

1. 西部中原地区

之前人烟稀少的华北平原的德州、聊城和菏泽地区，发现了30余处大汶口文化晚期至龙山文化初期聚落遗址。此时，皖北地区的淮北、宿县、蒙城、太河、阜阳，豫东地区的商丘、永城、周口、西华、商水、郸城等地已成为大汶口文化晚期至龙山文化初期的分布范围②，豫中郑州地区、豫西偃师一带还发现了大汶口文化晚期的墓地。

海岱地区与同时期庙底沟二期文化、中原龙山文化早期交流频繁。如不属于鼎文化圈的豫中、豫西、晋南地区，如垣曲古城东关③、芮城清凉寺、临汾下靳、襄汾陶寺等就发现了大量与大汶口文化晚期相似的陶鼎、各种酒杯、豆、壶、三足盆、带流盆等，还出现了大量具有东方地区玉器系统特征的钺、戚、刀、璧、环、璇玑、琮等。同时，中原地区像拍印篮纹、绳纹、方格纹的陶器（制陶工艺）风格也在海岱地区流行起来。

河南北部、中部，河北南部等地区的龙山文化时期诸文化内普遍发现了鸟首形足陶鼎、红陶或白陶鬶、黑陶杯、黑陶盆、玉石钺等海岱地区龙山文化中期的典型器物。山西黎城一带还出土了东方地区刻有兽面纹的玉戚等。

2. 辽东半岛南部地区

在辽东半岛聚落和积石冢内普遍发现了大量大汶口文化晚期、龙山文化早中期的陶器、玉器等遗物（未见龙山文化晚期遗存）。与以前相比，辽东半岛

---

① 燕生东、高明奎等：《丹土与两城镇玉器研究——兼论海岱地区史前玉器的几个问题》，《东方考古》第3集，科学出版社，2006年。

② 肖燕、春夏：《皖北、豫东地区大汶口文化的分期与性质》，《华夏考古》2001年第3期。

③ 中国历史博物馆考古部等：《垣曲古城东关》，科学出版社，2001年。

与海岱地区关系更加密切，有学者甚至认为该地区已成为山东龙山文化的分布区了。①流行的大汶口文化晚期至龙山文化时期积石冢墓葬虽不见于海岱地区，但出土的较多精美黑陶②，如盘、各种杯、豆、壶、罐等，应来自胶东半岛，说明二者关系是非常密切的，不排除那里存在海岱地区的移民。考虑到此时海岱地区在继承燕辽地区红山文化、小河沿文化和江浙地区良渚文化玉器传统后，开始有自己的玉器制造业（见前），但此时的玉器原料来源主要为辽东半岛北部的岫岩。大汶口文化晚期阶段，海岱地区主要从辽东半岛进口玉器成品，在龙山文化时期则主要进口玉料，由海岱地区专门人员根据需要制作不同器类。海岱地区文化在辽东半岛的发展甚至向北移民，可能就是为了控制玉器生产或开挖玉矿料。③

3. 淮河中游下游地区

淮河下游地区的泗洪赵庄等发现了大汶口文化晚期墓地，出土了具有典型大汶口文化特征的陶鼎、罐、鬶以及各类黑陶杯等器物。位于淮河中游北侧的安徽固镇县垓下还发现了大汶口文化晚期至龙山文化初期的城址，城墙和壕沟圈起来的面积约15万平方米，城内清理出台形基址、排房、窑址、墓葬等重要遗迹。④该城址可能是海岱文化向南扩张的重要据点之一。安徽泗县一带还发现了20多处大汶口文化晚期至龙山早期的聚落遗址。⑤淮阴地区发现了多处龙山

---

① 如栾丰实：《辽东半岛南部地区的原始文化》，《海岱地区考古研究》，山东大学出版社，1997年；王青：《试论山东龙山文化郭家村类型》，《考古》1995年第1期。

② 澄田正一等编：《辽东半岛四平山积石塚の研究》，日本京都柳原出版社株式会社，2008年。

③ 燕生东、高明奎等：《丹土与两城镇玉器研究——兼论海岱地区史前玉器的几个问题》，《东方考古》第3集，科学出版社，2006年。

④ 安徽省文物考古研究所等：《安徽固镇县垓下遗址2007—2008年度发掘主要收获》，《文物研究》第16辑，黄山书社，2009年。

⑤ 安徽省文物考古研究所：《安徽泗县新石器时代晚期至商周遗址调查报告》，《东方考古》第10集，科学出版社，2013年。

文化早期、中期遗址，出土了海岱地区典型的凿形足陶鼎、鸟首形足陶鼎、三足盘、陶鬶、黑陶杯等。淮河南岸的蚌埠禹会村遗址出土了大量海岱地区大汶口文化末期至龙山文化中期的侧三角凿形足陶鼎、扁凿形足陶鼎、鸟首形足陶鼎、陶甗、红陶高颈鬶、白陶粗颈鬶、薄胎高柄杯等，还见江汉平原和江浙一带的器物，虽显示出了文化多元性[①]，但是海岱文化因素最多。说明这一时期，海岱文化已扩展到淮河中下游地区。

南京北阴阳营遗址一个灰坑单位出土了带刻画图像的大汶口文化晚期大口尊（臼）、实足鬶、篮纹盆和鼎[②]。南京牛头岗遗址还出土了龙山文化早期典型的红陶鬶、凿形足鼎、甗、盆、黑陶豆、杯等。说明海岱文化已影响（或发展）到长江下游两侧。

（五）存在从图像符号到原始文字的完整发展序列

文字的出现是文明形成的重要标志。海岱地区是中国原始文字出现最早的地区之一，这里有图像符号到原始文字的完整发展序列；发现的大汶口文化晚期至龙山文化时期图像符号和原始文字不仅对研究海岱地区文明化过程有重要的学术价值，而且对探索中国文字和文明的产生和发展有着特殊的作用和意义。[③]

海岱地区最著名的刻画图像就是大汶口文化晚期（距今约4600—4400年）那些刻画在陶制大口尊（陶臼）上的符号。目前，这类图像符号，在山东地区仅发现于鲁东南沿海地区，如莒县、五莲、诸城、日照和胶州，涉及7处遗址（包括莒县陵阳河、大朱村、杭头，诸城前寨，五莲丹土，胶州赵家庄，日照尧王城遗址），计在25个器物上刻画了27个图像符号，属于10余个不同个体。其中，在莒县陵阳河遗址发现的大口尊、符号个体数量最多。大

---

① 中国社会科学院考古研究所等编著：《蚌埠禹会村》，科学出版社，2013年。

② 南京博物院：《北阴阳营——新石器时代与商周时期遗址发掘报告》，文物出版社，1993年。

③ 参看燕生东、佟佩华：《上古东夷地区发现的古代刻画》，《神明研究》第二辑（韩国首尔），2010年。

口尊（陶臼）器形比较特殊，敞口，圆底或尖底，陶胎非常厚，达3—6厘米，烧制坚硬，腹部外表多拍印粗篮纹，器形硕大，口径30—50厘米，通高50—80厘米。考古发掘的完整品均属于高等级贵族墓葬的随葬品，采集的完整器也可能是被破坏的墓葬品，当然也不排除来自居址内。符号多位于口沿下，个别在腹部的一侧，而符号大者则围绕在大口尊的全身。符号多是在器物烧前用坚硬的尖状物刻画的，有的符号内还涂抹朱砂，显得比较神秘。这类符号多为单体，个别器物上虽有两个符号，但从其所在位置和形态上，可排除装饰作用的可能。符号的基本笔画已具备直笔、圆笔和弧笔，除象形（如释为"斧""斤"者）外，还有会意符号（如像是"日、月"或"日、月、山"组合，因而被释为"旦、炅"的图像；如高高的封土台或房顶上长着一棵树，学者们释为"封"或"南"的图像），其结构与商代甲骨文、青铜器铭刻上的文字十分接近。因此，大部分学者认为这些符号与古汉字关系密切，之间应存在着一脉相承的关系。安徽蒙城尉迟寺大汶口文化晚期遗址出土的大口尊上也发现与山东地区相同（似）的符号，出土的13件大口尊有刻画符号，但符号种类较少，仅有4类，主要有"日、月"或"日、月、山"等组合符号。[①]南京北阴阳营遗址出土的大口尊上也发现有刻画符号，与陵阳河出土的符号近同（就是被学者释为"皇"字的符号）。说明在大汶口文化晚期阶段，这些图像符号的认知范围已到达安徽和长江以南的南京一带。关于这些符号，学者们还认为可能与古代图腾崇拜、宗教祭祀（如社树崇拜）、农业生产、酿酒、天文历法等有关。在大口尊（臼）上刻画符号的现象，在同时期的长江中游地区石家河文化中也常见，只是所刻符号的样式有一定区别，如后者更具象些，线条更简练些。

---

① 中国社会科学院考古研究所等编著：《蒙城尉迟寺》（第一、二部），科学出版社，2001、2007年。

龙山文化时期（距今约4300—3800年）的图像文字与符号最著名的就是邹平丁公陶文书，上刻有5行11个个体符号或文字。另外，阳谷景阳冈遗址还出土了一件黑陶片，上刻3个符号。在临淄桐林、滕州庄里西遗址发现的石镞和陶片上，还刻有单体文字或符号，其中，陶器上的文字或符号都是陶器烧制前或烧制后在陶胎上刻画的，这些与丁公陶文的关系，就字体结构、用笔而言，有联系，又有区别。这些符号，主要是直笔，部分为圆笔，很像后世的文字，与商代以直笔为主的甲骨刻辞有差异，可能与书写的材质有关。多数学者认为它们就是文字，是东夷文字的孑遗，或者说与占卜有关，甚至有学者认为它们是南方彝族文字的祖先。江苏高邮龙虬庄遗址出土的龙山文化晚期陶盆上也见有文字或刻画符号，共两行8个个体①，学者多认为该地区龙山文化与海岱地区关系密切。

此外，桓台史家遗址出土的岳石文化（距今3800—3450年）晚期骨刻"卜辞"，编号96HSF1H：232，在猪或鹿类肩胛骨两面上有5个符号，周围还有灼烧的痕迹，应是占卜的结果。这些符号，有直笔和弧笔，属于人工刻画的应没有问题。就刻法、字体结构等看，与商代甲骨文比较相似。岳石文化晚于龙山文化，与夏代和商代早期同时，但其渊源关系比较复杂。岳石文化的聚落和物质遗存如陶器、石器等与龙山文化相比，发生过剧变，因此，岳石文化的符号（文字）是否由龙山文化的刻符和陶文发展而来，仍需有考古新发现佐证。但史家岳石文化骨刻卜辞的发现，无疑为探索中国文字产生、甲骨占卜契刻源流提供了重要线索。

（六）龙山晚期东方人群西迁与东西文化深度融合

越来越多的学者认为龙山文化末期应属于夏代的早期阶段。海岱地区龙

---

① 龙虬庄遗址考古队编著：《龙虬庄——江淮东部新石器时代遗址发掘报告》第四章，科学出版社，1999年。

山文化晚期后段，通过多个标本的 ^{14}C 测年，其绝对年代拟在公元前2000—前1900年，已经进入了夏王朝纪年。当中原第一个王朝——夏王朝已经形成或正在形成时，以山东为中心的东方地区，在聚落分布格局和考古学物质文化面貌上也发生了巨变。

考古资料表明，龙山文化末期（夏初）东方地区的聚落主要集中分布在枣庄、济宁、泰安、济南、惠民、乐陵以西的德州、聊城、菏泽等地区，即鲁西、鲁北平原一带（今华北平原的东部）。目前已发现聚落遗址达二百余处（很多遗址被淤土、淤沙覆盖，估计聚落数量远远超过此数）。而这一带，在龙山文化中期之前的各个阶段还是人烟稀少的（图六）。

该地区聚落分布非常密集，还形成了十多个聚落群，仅在鲁西南菏泽地区就形成了7个族群[①]，在还出现了多个城址。阳谷景阳冈城址平面近似长方形，东北—西南走向，西端较窄，中部弧形凸出，南北长约1150米，北端宽约230米，南端宽约330米，中部最宽处约400米，总面积约为38万平方米，是黄河下游地区面积较大的城址。城址中心处并存大小两个利用原自然冈丘经部分加工而成的台址。大、小台址分上、下两层，下层主要用纯净黄褐色沙土夯筑，上层为灰花土筑成。夯具分圆棍夯与石器夯，夯窝明显，夯面清楚。[②]茌平教场铺龙山文化遗址发现的城墙平均宽度为28米，最宽处达到30米，保存下来的高度接近2米，用黄沙、黏土混合分块夯筑。根据钻探结果，城墙大体接近圆形，东西略长，面积在5万平方米左右。同时，在城墙上发现了举行奠基仪式的奠基坑和祭祀坑，并出现了人祭现象。

目前为止，在整个胶东地区、潍淄河流域、胶莱河流域、沂沭河流域以及东南沿海地区却基本未见龙山文化末期（夏初）聚落，只在个别遗址，如日照

---

① 张学海：《从考古发现谈鲁西南地区的几个古史问题》，《中原文物》1996年第1期。

② 山东省文物考古研究所等：《山东阳谷县景阳冈龙山文化城址调查与试掘》，《考古》1997年第5期。

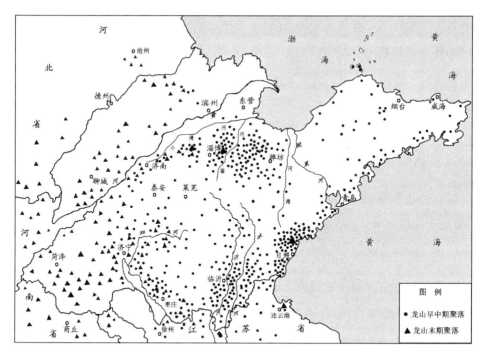

图六　海岱地区龙山文化不同时期聚落分布示意图

两城镇、连云港藤花落等遗址发现了这个时期的遗存。这说明，龙山文化末期夏初，海岱地区文化、经济和政治重心已由鲁东南沿海地区、鲁中部和鲁北地区转到了鲁西南、鲁西北和豫东平原地区。聚落分布上也与中原地区同时期的聚落连成一片了，与中原东部地带的龙山文化面貌也趋于一致。这些说明，当时东部人口已经大规模向西部迁移。

　　在考古学文化上，以陶器为例，由龙山文化早、中期的轮制为主转为手制为主，传统的陶器样式发生了变化，还出现了一些新的器形。龙山文化早、中期的陶器以轮制为主，手制则经过切削、抹刮和打磨等使陶胎致密、变薄，因而，器表多素面无纹。陶色以黑、灰为主，并有一定数量的黑亮、坚硬的薄胎陶器，制陶技术代表了中国史前制陶最高水平。而海岱地区龙山文化末期，则以手制为主，少见轮制，在制陶过程中则通过拍打让陶胎致密、变薄，因而器表留下了绳纹、方格纹和篮纹等拍印纹。这个时期，陶器的种类和样式也出现了变化：流行于龙山文化早、中期的饮（酒）器，如各类杯、鬶等的数量急剧减少；鼎的器类开始减少，盛器中的泥质鼎消失，陶质多夹杂掺和料，鼎足变为侧三角形、"V"字形，器底也由平底变为圜底，有些鼎的器表留有拍印纹痕迹；出现了相当数量的篮纹、绳纹、方格纹罐和瓮。海岱区新出现了中原龙山文化的斝、鬲、圈足盘、小口瓮、子母口瓮、圈足瓮等器形，还有占卜用具——卜骨。此外，东方地区房址开始普遍出现中原地区常见的圆形房、土坯房。总之，无论是制陶技术、器物的种类、样式，还是房屋的结构、建筑用材，都开始与中原龙山文化晚期和夏初趋同。

与此同时，中原龙山文化和夏初文化中也出现了来自东方文化的因素，如开始大量出现陶鼎炊器；酒器鬶、盉及各类带把杯数量增多，并被贵族阶层使用，后逐渐变成礼器；黑陶平底盆、三足盆、鼓腹贯耳盆等水器和盛器也流行起来。尤其来自东方地区的玉石器如钺、戚、刀、璇玑、璧、环等大量出现在高等级聚落，并成为身份等级的表征；高等级墓葬内的木质棺椁葬具以及反映社会财富的猪（或下颌骨）等习俗，显然也是受东方地区的影响。

这些现象，在先秦文献中也有或多或少的记录，比如作为"五帝"之一的舜，就来自东方地区。《孟子·离娄下》："舜生于诸冯，迁于负夏，卒于鸣条，东夷之人也。"诸冯，后世学者多认为在今山东诸城一带。《墨子·尚贤中》："古者舜耕历山，陶河濒，渔雷泽"；《上海博物馆藏战国楚竹书（二）》中《容成氏》第十三简："昔舜耕于历丘，陶于河滨，渔干雷泽，孝养父母，以善其亲，乃及邦子。"舜活动区域历山（丘）、河滨（濒）、雷泽等地，现多指济南与鲁西南菏泽地区。海岱地区龙山文化晚期聚落分布态势和文化特点或可为舜族群西迁提供参考。

总之，龙山晚期存在着海岱区人群大规模西迁、东方部分族群逐步融入华夏族群、东西方文化深度融合的趋势，这为华夏族的出现以及夏商文明的诞生、发展奠定了社会与文化基础。

（七）海岱区文化对夏商文明形成做出独特贡献

上文中已提及龙山晚期海岱区族群大规模西迁，东方部分族群融入华夏族群，海岱文化与中原文化逐步深度融合，这本身就是海岱文明对中华早期文明形成过程的独特贡献。

燕辽文化和江浙文化区在大汶口文化晚期和龙山时期就开始衰落。海岱文化继承和保存了良渚文化、红山文化和小河沿文化富有特征的玉制礼器和棺椁制度，这些后被中原文明所继承，成为上层社会表达身份和地位的器用制度。在这些方面，海岱文化区发挥了桥梁作用。

与江浙区和燕辽区所呈现的宗教神秘性相比，海岱文明中的世俗性和理性也为夏商周三代文明所继承，成为处理社会关系和建构社会组织与制度的方式之一。

海岱文化区的礼制，如用鼎、用酒器、用玉制度以及棺椁制度被夏商文明所借鉴，已成为学术界共识。邹衡先生认为，二里头夏文化的陶礼器，如盉、爵、封口盉和鬶（鸡彝）、瓦足器等应来自东方或与东方有着密切关系，并据此推测其上层建筑的礼制可能来自东方。[①]李伯谦先生进一步论证二里头文化的盉、盉、鬶、豆、单耳杯、三足盘等来自山东龙山文化，并以此认为二里头文化应是后羿（来自东方）代夏之后的夏文化。[②]此后，又有学者从制陶、治玉、镶嵌、夯筑、占卜龟灵、犬牲、棺椁制度、原始文字等诸方面论述了海岱文明因素对夏商周文明的影响，认为前者的一些文明因素构成了后者的直接来源，并在思想意识形态、社会制度上为夏商文明的诞生和发展做了准备。[③]

当前有学者提出，夏文化经历了以登封王城岗为代表的河南龙山文化晚期

---

① 邹衡：《试论夏文化》，《夏商周考古学论文集》，文物出版社，1980年。

② 李伯谦：《二里头类型的文化性质与族属问题》，《文物》1986年第6期。

③ 高广仁、邵望平：《海岱文化对中华古代文明形成的贡献》，《山东龙山文化研究文集》，齐鲁书社，1992年。

遗存—新砦期遗存—二里头文化时期三大阶段。[①]其中，新砦期出现了相当数量的来自东方龙山文化的因素，如数量较多的成组的酒器，陶鬶、陶盉、各类陶杯筒形杯、单耳杯、觯形杯、罐形杯等；种类较多的高足鼎，如侧三角罐形鼎、子母口瓮形鼎，鼎足有侧三角形、"V"字形、椭圆形镂孔足等（夏代中期至商代，这些陶容礼器如鼎、盉、鬶、觚、爵等多制成青铜器）；子母口贯耳平底瓮、圈足瓮、圈足盘等。玉刀、玉钺、玉戚等礼器以及器物上的兽面纹也来自东方地区。[②]酒器（鬶、盉、觚）、玉质礼器等后来还成为二里头文化的主干。这些也间接证明了文献记载的夏朝初年发生的"后羿代夏"确有其事；新砦期遗存则为后羿代夏及稍后的夏文化；二里头文化为少康兴以来的"夏文化"。夏代晚期、商代的青铜鼎、盉、鬶、觚、爵等容礼器祖型多来自东方地区的陶器。

由此可以看出，海岱文化对夏商文明的形成和发展做出了独特贡献，这应是海岱区文明化进程中的一个最显著特色，也是其他地方文明所无法比拟的。

三、结论

总之，海岱文化区作为中国新石器时代和青铜器时代早期自成体系、独立发展的六大（八大）史前文化区之一，在中国文明起源中有自己独特的发展道路，在中国早期文明进程中发挥过独特作用。

海岱文化区所在的区位与环境特殊，很早就属于旱作与稻作经济混合区。海岱地区在长期保持自己的文化特色以外，一方面还具有中原和北方地区文化

---

①　李伯谦：《新砦遗址发掘与夏文化三个发展阶段的提出》，《文明探源与三代考古论集》，文物出版社，2011年。

②　北京大学震旦古代文明研究中心等编：《新密新砦——1999—2000年田野考古发掘报告》第四章，文物出版社，2008年；河南省文物考古研究所编著：《禹城瓦店》，世界图书出版公司，2004年。

特征，另一方面也含有东南地区文化特性。海岱文化区在形成和发展中，既能长期保持独立性，又与周围地区文化来往比较密切。与其他地区文化相比，海岱文化地区成为文化特征最为明显、发展脉络最为清晰、文化谱系最为完整、基本文化面貌最为稳定的区域；从一万年前后扁扁洞遗存到后李文化、北辛文化、大汶口文化，发展到4000年前的龙山文化、夏代至商代初期的岳石文化，具有从公元前8000年到前1500年的史前至青铜时代初期几乎一脉相承的文化发展序列；海岱文明化进程的连续性和稳定性最强，发生转折和衰落的时间最迟，当燕辽地区、两湖和江浙地区（长江中下游地区）文明化进程在龙山文化时代出现衰落（中断、转折）时，海岱区转折的时间要晚到岳石文化之后才出现；与中原地区大起大落的发展情况不同，海岱区文明化进程基本是连续和稳定发展的，聚落和人口逐渐增多和集中，聚落内社会成员的分化和聚落之间的分化也是逐步积累的；海岱区文明化进程的阶段性和区域性比较清晰，大约在5700年汶泗河流域率先出现社会分化，在之后的1000多年里，这里成为海岱文明发展进程最快的区域，之后，鲁北及鲁东南沿海地区成为海岱地区社会、经济和文化发展的核心地区，进入了原始文明阶段；龙山文化末期，海岱地区文化重心转移至鲁西南、鲁西北及豫东地区。此外，与江浙文化区、燕辽文化区所表现的宗教神秘化社会相比，海岱文明化过程中的理性、务实性特征最为突出，表达财富和社会地位、身份的多为日用品；相对于中原地区普遍贫穷社会与晚期形成的金字塔形等级社会结构而言，海岱地区史前为典型的富裕型社会特征，社会阶层结构呈两头小、中间大的橄榄形。

公元前2400年前后，燕辽地区红山文化与小河沿文化、江浙地区良渚文化、两湖地区石家河文化相继衰落，各地方文明发展进程发生了重大转折。以河南、山西和陕西为中心的黄河中游地区形成了"以中原为中心的历史趋势"。此时，唯有海岱地区文化持续发展，并迅速进入鼎盛时期，与中原文化区、甘青文化区首次形成"夷夏东西"对峙格局，这种东西对峙格局一直延续到整个夏代到商代早期。

　　龙山文化时期，海岱地区社会文化迅速崛起与繁荣，聚落、人口的急剧增加，集聚大量资源、人口及带有城墙、壕沟的超大型聚落在各地陆续出现。海岱文化还迅速对外扩张，西部到达中原腹地，南部到达淮河中下游。海岱地区还出现了图像符号和陶文书，结构与商周时期的金文、甲骨文关系密切，成为中国早期文字的主要源头之一。龙山文化晚期，东方地区族群大规模西迁，部分融入华夏族群，海岱地区文化开始与中原文化逐步深度融合；海岱文化区对夏商文明形成做出过独特贡献，海岱文化中的礼制如用鼎、用酒、用玉制度以及棺椁制度直接为夏商文明所利用，成为处理社会关系和建构社会制度的基础。

　　（原文以《海岱地区早期文明化进程特点》为名刊于《海岱学刊》2015年第2期）

第二编

考古新发现与早期文明

全新世大暖期华北平原环境、文化与海岱文化区

以泰山、沂山为中心的鲁中南山地丘陵地区是海岱文化的发源地，也是海岱文化区的中心。海岱文化区是中国新石器时代和历史初期自成体系的六大文化区之一，是中国古代三大民族集团之一——东夷族团的活动区。就目前的考古发现而言，海岱文化区自新石器中期即公元前7000年左右就形成了，直到公元前1400年左右商文化越过华北平原占据海岱地区西部后，才逐渐纳入商周文明体系。尽管某些时间海岱地区文化与周围文化有一定往来，但长时间能保持自己的特色和独立性，应与海岱地区周围特殊的环境有密切关系。海岱地区南部的残蚀丘陵与淮河下游、安徽北部和豫东相连，同那里的文化联系一直很密切；东、北部是黄海和渤海，而西部广袤的华北平原在很长时间里把海岱文化区与河南北部、河北中南部的古文化隔离出来。就这个意义而言，华北平原是海岱文化区得以独立存在的外部环境之一。

一、华北平原环境与古文化

1.地貌特征与环境变迁

华北平原（图一）北、西部分别背靠海拔1000米以上的燕山山脉、太行山脉、伏牛山山脉以及黄土高原，东至渤海和海拔200米以上的鲁中南山地丘陵区，南部在豫东、皖北与黄淮海平原相连。大约位于北纬34°至北纬40°，东经114.5°至东经117°间。总面积在20万平方公里以上。流域上主要包括黄河下游、海河水系和淮河水系西北部地区，以及源于太行山、燕山山脉东侧和鲁中南山地丘陵西侧的一些中、小河流下游冲积平原地区。地貌形态上主要包括山前洪积冲积扇形平原、黄河冲积平原和海积平原三种类型，前者海拔在50米以上，黄河冲积平原海拔50米以下，而海积平原海拔在渤海湾沿岸降至10米以下。地势总体由西南向东北倾斜。平原组成物质以粉砂为主，流经西部黄土高原的黄河冲积扇为细颗粒粉砂，源于鲁中南山地的河流冲积扇则为粗颗粒粉砂。由于黄河多次改道，河水泛滥，废弃河道错综分布，加之后期地表流水改造和人为因素，平原上岗丘、坡和洼地密布。[①]

早更新世中期，距今170万—140万年，地壳发生新构造运动。秦岭以北地区开始强烈断隆、断陷，黄土高原隆起，华北平原断陷，形成著名的华北断坳。中更新晚期，黄河始入豫、冀、鲁和津，黄河现代格局形成。[②]黄河南北摆荡冲积、泛淤，泥沙沉积，逐渐形成华北平原。大约在早更新世末期至中更新世，海水越过浙闽隆起带进入北黄海，并通过渤海海峡，淹没了原属内陆的渤海湾，从而形成渤海。自此以后，华北平原、渤海及周围的地形，基本格局未

---

① 中国地理编写组：《中国自然地理》，高等教育出版社，1984年；山东省地方史志编纂委员会编：《山东省志·自然地理》，山东人民出版社，1996年。

② 郑洪汉等：《中国北方晚更新世环境》，重庆出版社，1991年。

发生大变化，只是地貌类型在不断塑造，海岸线不断变迁。晚更新世的海侵一度到达河北献县、沧州和山东广饶一带。玉木冰期最强盛期，渤海全部出露，与华北平原连成一片。晚更新世末期，气候寒冷干燥，沿海平原地带开始有人活动，渤海西岸的河北黄骅就发现了一万年前的细石器时代遗存[1]，华北平原东南部的山东汶上、宁阳、嘉祥和兖州也发现了大批细石器点[2]。

夏商周时期，黄河在大部分时间内流经华北平原北部，即豫北、冀南、鲁西北、冀中和天津，在渤海西岸入海。[3]由于渤海西岸一带地势低洼，加之黄河下游河道没有修筑堤坝，河道处于自然散漫的状态，河水漫溢泛滥，形成多股分流入海，即《禹贡》所谓"九河既道""北播为九河"。大体范围在河北曲周、巨鹿、深州、霸州，天津一线以南与河南濮阳，山东高唐，河北东光、黄骅一线以北之间。该区域内也曾发现新石器时代、商周遗址，但每个遗址延续时间都不是很长，这与黄河经常改道、环境不稳定有关。华北平原北部著名的河流还有发源于晋南的济水，现在是黄河河道。南部有源于鲁中南山地西侧的泗水，向南注入淮河（图一）。另外，西南部还有颍水，也流入淮河。

2. 全新世大暖期华北平原气候与环境

近十几年来，学者们根据孢粉谱建立的全新世温度、古土壤层位及有关磁化率、湖泊水位、古冰川遗迹与敦德冰岩芯 $\delta^{18}O$ 值的变动曲线、海面变动以及考古发现的其他相关材料，初步认为全新世中国大暖期始于距今 8500 年前左右，结束于 3000 年前后，延续了 5500 年。其中，距今 7200—6000 年为大暖期鼎盛稳定阶段。其时，华南温度比今高 1℃，长江流域高 2℃，华北、东北以及西北可能高 3℃，青藏高原南部可高达 4℃—5℃，冬季升温幅度更大于年平均温度。

---

① 黄骅细石器调查小组：《河北黄骅发现的细石器》，《考古》1989年第6期。

② 中国社会科学院考古研究所山东工作队：《山东汶、泗流域发现的一批细石器》，《考古》1993年第8期。

③ 谭其骧：《山经河水下游及其支流考》，《中华文史论丛》1981年第7辑；吴忱等：《华北平原古河道研究》，中国科学技术出版社，1991年。

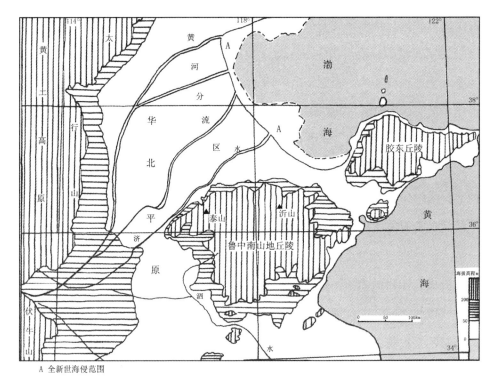

A 全新世海侵范围

图一　华北平原与海岱地区环境示意图

百年级的增暖相伴夏季风的扩张与冬季寒潮衰退，植被带的北迁西移和内蒙古、新疆、青海、西藏普遍出现的高湖面，指示着降水量有较大幅度的增长，十分有利于新石器时代文化和农业的发展。距今6500—5000年出现高于今日1—3米的高海面导致滨海平原数万平方公里没入海中。此外，距今8500—7200年为不稳定由暖变冷的温度波动阶段，距今5000年和3000年左右为两个气候变凉变干、波动剧烈、环境较差阶段，对生物界和人类活动带来一定影响。①

关于全新世华北平原北部气候与植被特点，学者对华北平原东北部泥炭田

---

① 施雅风、孔昭宸等：《中国全新世大暖期气候与环境的基本特征》，《中国全新世大暖期气候与环境》，海洋出版社，1992年；施雅风等：《全新世大暖期的气候波动与重要事件》，《中国科学（B辑）》1992年22卷12期。

出土孢粉进行了分析[①]，在鲁北平原，学者对地质钻孔所获孢粉做了研究[②]，还有学者还对渤海沉积内的孢粉进行了探讨[③]。综合相关资料，可初步认为，华北平原北部距今8000—5000年为阔叶林为主的森林草原植被，气候温暖湿润，1月份平均气温可能比现在高2℃—4℃，降水量比现在多100—200毫米。距今5000—3000年，气候仍较温暖，但降水有所减少，植被中草原面积有所扩大。

关于华北平原东南部，有学者对兖州王因、枣庄建新、兖州六里井等新石器时代遗址出土的动物骨骼和孢粉进行了鉴定和分析。距今7000—5300年的王因遗址出土的动植物遗骸有三项比较引人注目，一是出土了至少20个扬子鳄骨骸的个体和一些水牛骨骼；二是出土了大量现生活于长江中下游地区的淡水动物遗骸，如长吻鮠、圆吻鲴、南方大口鲶以及雕饰珠蚌、多瘤丽蚌、洞穴丽蚌、江西丽蚌等；三是孢粉中有水稻的花粉、亚热带蕨类的孢子，如蜈蚣草、海金沙、水龙骨、唐松草等。这些充分说明当时的气候较今日温暖、湿润，年平均温度比现在高2℃—3℃，与现在长江流域的气候条件相似。[④]距今5000—4400年大汶口文化中晚期遗址，如建新、六里井，其动植物遗骸分析表明，气温略下降，降水减少，除大面积分布着有栎、胡桃、榆等暖温带落叶阔叶乔木林外，以松、冷杉、云杉为主的针叶林面积也明显扩大。[⑤]

有学者综合分析了相关材料后，认为全新世大暖期，黄河中下游植物为落叶常绿阔叶混交林，生活着亚热带动物，有棕褐土分布，并推测这期间的亚热带北界从北纬37°的山东省广饶古渤海湾始，经河北南宫、邢台，经晋南，沿

---

① 李文漪、梁玉莲：《河北东部全新世温暖期植被与环境》，《植物学报》1985年27卷6期。

② 许清海等：《25000年来渤海西岸古环境》，《植物生态学报》，1993年第1期。

③ 孟广兰、王少青：《渤海Bc-1孔第四纪孢粉组合及古气候》，《海洋与湖泊》1987年18卷3期。

④ 中国社会科学院考古研究所：《山东王因——新石器时代遗址发掘报告》附录二、三、四、五，科学出版社，2000年。

⑤ 山东省文物考古研究所等：《枣庄建新——新石器时代遗址发掘报告》附录二、五、六，科学出版社，1996；国家文物局领队培训班：《兖州六里井》附录二、三，科学出版社，1999年。

北纬35° 关中南麓与今亚热带相接，今古比较，亚热带北界在华北平原地区向北移了3个纬度（一说2个纬度，从山东兖州、菏泽向西至郑州）。也就是说，当时华北平原的南半部处于亚热带，而不是像目前处在暖温带。[1]

几十年来，学者们根据第四纪沉积剖面，上百个钻孔的岩性岩相资料及微体古生物（如有孔虫）、地下水化学、土壤易溶盐等方面，结合古地磁分析，贝壳堤、古文化遗址分布，^{14}C测年成果，对全新世渤海沿岸海侵形成和结束以及地质堆积性质、周围环境进行了系统研究。对海侵的时间，学术界看法不一，综合各家意见，结合考古发现的古文化遗址，不超出距今7500—5000年。这次海侵的范围较大，渤海沿岸普遍受到影响（图一），渤海西岸分别被称为天津海侵、黄骅海侵[2]，南岸为垦利海侵[3]，山东半岛西北岸也有这次海侵遗留下来的海相层[4]。海侵不仅使海水向陆地渗入，而且沿河侵入，河口海水顶托，使华北平原东部低洼处的湖沼数量增多，面积增大。此时，华北平原腹地也很少有人居住。

华北平原地势低，洼地众多，全新世高温期间，温暖多雨，平原腹地川流众多、湖泽广布。根据地理学研究成果[5]和先秦《左传》《禹贡》等文献记载，华北平原存在两大湖沼群带。第一湖沼群带是今濮阳、菏泽和商丘一线以东地区，有著名的大野泽、雀山泽、菏泽、雷夏泽和孟诸泽；第二湖沼群带位于河

---

① 周昆叔等：《中原古文化与环境》，《中国生存环境历史演变规律（一）》，海洋出版社，1998年；施雅风、孔昭宸等：《中国全新世大暖期鼎盛阶段的气候与环境》，《中国科学（B辑）》23卷8期，1993年。

② 赵松龄等：《关于渤海湾西岸地层与海岸线问题》，《海洋与湖泽》1978年第1期；王强等：《十五万年来渤海西、南岸平原海岸线变迁，中国海平原变化》，海洋出版社，1986年。

③ 王昭鸿：《莱州湾西岸第四纪海相地层及其沉积环境的初步探讨》，《海洋与湖沼》1979年第1期；杨怀仁、王建：《黄河三角洲地区第四纪海进与岸线变迁》，《海洋地质与第四纪地质》10卷3期，1990年。

④ 庄振林等：《山东半岛西北岸全新世海侵时代的研究》，《第四纪冰川与第四纪地质论文集》第四集，地质出版社，1987年；庄振林等：《渤海东南岸的全新世海侵》，《中国海平原变化》，海洋出版社，1986年。

⑤ 王会昌：《河北平原的古代湖泊》，《地理学集刊》第18号，科学出版社，1987年。

北邯郸至宁晋之间的太行山东麓冲积扇的前缘洼地，大陆泽—宁晋泊、白洋淀—文安洼和七里海—黄家洼是三大相对集中的湖沼带。文献记载的大陆泽、鸡泽、泜泽、皋泽、海泽等是上述湖沼群带的残留部分。全新世高温期大部分时间里，华北平原东部低洼处的湖沼数量很多，面积也大，是现在湖淀的8—10倍。这对人类活动有一定影响。

3. 华北平原上的古文化

距今11000年前后，地质时代由更新世进入全新世，气候由冷变暖，考古学上进入新石器时代。全新世之初，气候较为干凉。华北平原北部白洋淀附近的徐水南庄头遗址[①]，时代距今10000年左右，出土了石器、陶器以及动植物遗骸。孢粉鉴定分析表明，耐寒的半灌木麻黄、菊科、蒿属和禾本花粉较多，气候偏凉干。[②] 由于遗迹仅见一条沟，文化堆积薄，人们可能在此活动不长。文化堆积层以上为湖沼相沉积物覆盖，说明环境很快发生了大变化，该地变为湖沼。

全新世大暖期是新石器时代和历史初期文化高度发展时期。距今8000—5300年，华北平原腹地并不特别适合人类居住生活。而靠近山地丘陵的河谷平原和山前洪积冲积扇上，聚落遍布，文化高度发展。如太行山东麓，北至拒马河、南至黄河南北狭长地带，先后有磁山文化、北福地·后岗一期文化和大司空文化。北福地和后岗一期文化是同一文化的两个发展阶段，但与磁山和大司空文化关系不密切。磁山文化距今8000—7000年，除了武安磁山[③]、易县北福地[④]遗址外，还有位于华北平原边缘的容城上坡遗址[⑤]。北福地·后岗一期文化距

---

① 保定地区文物管理所等：《河北徐水县南庄头遗址试掘简报》，《考古》1992年第11期；李珺：《徐水南庄头新石器时代遗址》，《中国考古学年鉴》，文物出版社，1998年。

② 原思训、陈铁梅、周昆叔：《南庄头遗址[14]C年代测定与文化层孢粉分析》，《考古》1992年第11期。

③ 河北文物管理处：《河北武安磁山遗址》，《考古学报》1981年第3期。

④ 拒马河考古队：《河北易县涞水古遗址试掘报告》，《考古学报》1988年第4期；河北省文物考古研究所等：《河北省易县北福地新石器时代遗址发掘简报》，《文物》2006年第9期。

⑤ 河北省文物研究所：《河北省容城县上坡遗址发掘简报》，《考古》1999年第7期。

今7600—6000年，遗址的数量较多，已发现数十处。河南北部有安阳后岗、濮阳西水坡等遗址，河北南部有永年石北口①、磁县下潘汪、界段营、武安赵窑②遗址，中部有正定南杨庄遗址，北部有易县北福地，容城北庄③、北城，安新梁庄，徐水文村等遗址。往北最远处还有北京房山区镇江营。④位于华北平原北部边缘低洼地有容城、安新和徐水等县的多处遗址。北福地·后岗一期文化的影响范围较大，北部曾至内蒙古岱海地区，如石虎山遗址。⑤另外，在天津北部地区也发现了这个时期的遗存（图二）。大司空遗存的年代在距今5500年前后，分布范围与北福地·后岗一期文化基本重合。⑥伏牛山和嵩山东麓为裴李岗文化和大河村文化，距今8000—5300年。聚落遗址主要位于海拔70米以上的山地丘陵、山前谷地和冲积平原上。泰沂山北、西麓分布着前后相承的后李—北辛—大汶口文化（早期，下同），时代在距今9000—5300年。遗址的分布主要集中在环鲁中南山地丘陵北、西、南侧海拔50米以上山前平原上，距今6000年前，重要遗址有滕州北辛⑦、兖州王因⑧与西桑园、汶上东贾柏⑨、济宁张山⑩与玉皇顶、泰安大汶口⑪、长

① 河北省文物考古研究所等：《永年县石北口遗址发掘报告》，《河北省考古文集》，东方出版社，1998年。

② 河北省文物研究所等：《武安赵窑遗址发掘报告》，《考古学报》1992年第3期。

③ 容城县文物保管所：《河北容城县北庄遗址调查报告》，《文物春秋》1996年第2期。

④ 北京市文物研究所：《镇江营与塔照——拒马河流域先秦考古文化的类型与谱系》，中国大百科全书出版社，1999年。

⑤ 中日岱海地区考古队：《内蒙古乌兰察布石虎山遗址发掘简报》，《考古》1998年第12期。

⑥ 段宏振：《河北考古的世纪回顾与思考》，《考古》2001年第2期。

⑦ 中国社会科学院考古研究所山东队等：《山东滕县北辛遗址发掘报告》，《考古学报》1984年第2期。

⑧ 中国社会科学院考古研究所：《山东王因——新石器时代遗址发掘报告》，科学出版社，2000年。

⑨ 中国社会科学院考古研究所山东工作队：《山东汶上县东贾柏村新石器时代遗址发掘简报》，《考古》1993年第6期。

⑩ 济宁市文物考古研究室：《山东济宁市张山遗址的发掘》，《考古》1996年第4期。

⑪ 山东省文物考古研究所：《大汶口续集——大汶口遗址第二、三次发掘报告》，科学出版社，1997年。

清万德与张官①、章丘西河②与小荆山③、邹平孙家与苑城④、张店彭家、临淄后李⑤、广饶西大张等。位于平原地带的有王因、张山、玉皇顶、东贾柏、苑城等，数量不多（图二）。在距当时海岸较近区域发现了阳信小韩庄、滨城卧佛台、广饶傅家与五村、潍坊前埠下等遗址。⑥这些遗址延续时代较长，说明距今6000—5300年，海岸线就稳定在周围，全新世大海侵也不会超出这一带。皖北、豫东的丘陵一带，分布着石山子⑦、武庄⑧、后铁营遗存和少部分大汶口文化时期中期遗址⑨，年代距今8000—5000年。看来，这里受环境变化影响较小，但处于东、西方文化交流的要道上，文化面貌常发生变迁（图二）。

距今4000年前后，龙山文化晚期华北平原上聚落空前多了起来。如鲁北、鲁西滨州、德州、聊城、菏泽以及济宁西部就发现了200余处⑩，形成了多个聚

① 刘伯勤等：《山东济南市发现一批新石器时代早期遗址》，《考古》1994年第11期。

② 山东文物考古研究所：《山东章丘市西河新石器时代遗址1997年的发掘》，《考古》2000年第10期。

③ 山东省文物考古研究所：《山东章丘市小荆山遗址调查、发掘报告》，《华夏考古》1996年第2期。

④ 山东大学历史系考古专业：《山东邹平县苑城早期新石器文化遗址调查》，《考古》1989年第6期；山东省文物考古研究所：《山东邹平苑城西南庄遗址勘探试掘简报》，《考古与文物》1992年第2期。

⑤ 济青公路文物考古队：《山东临淄后李遗址第一、二次发掘简报》，《山东临淄后李遗址第三、四次发掘简报》，《考古》1992年第11期、1994年第2期。

⑥ 徐其忠：《从古文化遗址分布看距今七千年—三千年间鲁北地区地埋地形的变迁》，《考古》1992年第11期；滨州地区文物志编委会编：《滨州地区文物志》，山东友谊出版社，1991年；山东省文物考古研究所等：《山东潍坊前埠下遗址发掘报告》，《山东省高速公路考古报告集（1997）》，科学出版社，2000年。

⑦ 安徽省文物考古研究所：《安徽濉溪石山子新石器时代遗址》，《考古》1992年第3期。

⑧ 河南省文物考古研究所：《河南鹿邑县武庄遗址的发掘》，《考古》2002年第3期。

⑨ 肖燕、春夏：《皖北豫东大汶口文化分期与文化性质》，《华夏考古》2001年第3期。

⑩ 山东滨州市文物管理处等：《山东阳信县古文化遗址调查》，《华夏考古》2002年第3期；李开岭：《禹城、齐河县古遗址的调查与试掘》，《考古》1996年第4期；张立明等：《乐陵、庆云古遗址调查简报》，《华夏考古》2000年第1期。

A 全新世海侵范围　●后李、北辛、大汶口文化早期聚落　■磁山文化聚落　▯北福地·后岗一期文化聚落
▦裴李岗文化聚落　◪皖北豫东文化聚落

图二　华北平原与海岱地区距今9000—5300年聚落分布示意图

落群，出现城堡①。连河北省中、东部人类活动少的地区也发现了聚落，如沧州

陈圩②、任丘喇叭庄③、内丘小驿头④、涞水北封、容城午方⑤，与河北东南部搭界

---

① 山东省文物考古研究所等：《山东阳谷县景阳冈龙山文化城址调查与试掘》，《考古》1997年第5期。

② 河北省文物考古研究所等：《河北沧县陈圩遗址发掘报告》，《河北省考古文集》，东方出版社，1998年。

③ 河北省文物研究所：《河北省任邱市喇叭庄遗址发掘报告》，《文物春秋》增刊，1992年。

④ 河北省文物考古研究所等：《内丘小驿头遗址发掘简报》，《河北省考古文集》，东方出版社，1998。

⑤ 河北省文物研究所：《河北容城县午方新石器时代试掘》，《考古学集刊》第5集，中国社会科学出版社，1987年。

的山东乐陵、庆云县还发现了多处这个时候的聚落。^①随着工作的开展，一些聚落还会陆续发现。濮阳东部与山东相邻的范县、南乐也开始发现存在着这个时期的遗址。^②商丘地区东部也发现相当数量的聚落。华北平原的龙山文化晚期聚落基本上能连成一片了。

进入夏代中、晚期，华北平原的遗址分布特点大体同龙山文化晚期相似。华北平原的中北部为下七垣文化，华北平原的西南部为二里头文化，东南部为岳石文化，三者的分界线在山东与河北、河南交界和开封、杞县、周口一带。三个文化分别代表着先商文化、夏文化和东夷文化。

历史进入商代，华北平原大部已纳入商文化范围。殷商时期，商文化已到山东潍河一带。距现渤海海岸线很近的河北孟村回族自治县高窑^③，山东阳信小韩、棒槌刘、丘家、东魏、李屋，沾化西范、杨家，利津南望参、洋江，滨州小高家、兰家等都发现了殷商文化遗存。

龙山文化晚期到商代晚期，华北平原已把山东西部、河北中南部和河南北部的古文化聚落连成一片了。

二、海岱地区文化与华北平原

1.海岱地区地理环境

以山东为核心海岱地区的地理环境约分为三大部分，作为华北平原一部分的鲁西、鲁北平原，鲁中南山地丘陵和胶东丘陵。鲁西、鲁北平原呈弧形绕于

---

①　李开岭：《禹城、齐河县古遗址的调查与试掘》，《考古》1996年第4期；张立明等：《乐陵、庆云古遗址调查简报》，《华夏考古》2000年第1期。

②　万洪瑞等：《濮阳地区先商文化浅述》，《夏商周文明研究》，中国文联出版社，1999年；北京大学考古系等：《豫东北考古调查与试掘》，《考古》1995年第12期；国家文物局主编：《中国文物地图集河南分册》，中国地图出版社，1991年。

③　沧州地区文管所：《孟村回族自治县高窑遗址调查简报》，《文物春秋》1993年第3期。

鲁中南山地丘陵的西部和北部。鲁中南山地丘陵，面积35000平方公里，大体呈倒三角形，地势北高南低，以近东西向横亘鲁中的泰山、鲁山、沂山最高，泰山主峰海拔达1532米，山地丘陵一般在200米以上。水系以泰山、鲁山、沂山、蒙山构成分水脊轴，呈放射状分布。河谷平原宽大，错列于山地丘陵间。环山地丘陵四周是海拔在50米以上的山前冲积平原和剥蚀平原。山地丘陵的西缘平阴、东平一带向西突出，与太行山、黄土高原隔华北平原相望，距河南濮阳（那里海拔在50米以上）东部近60公里，距太行山东麓也只有130公里。南部的残蚀丘陵延伸到江苏徐州、连云港，再向南是地势低洼的淮海地区。皖北一带的丘陵与徐州的丘陵相连。史前很长一段时间里，那里是环嵩山文化区、太湖文化区与海岱文化区文化交流的主要通道。鲁中南山地丘陵东部为胶莱平原和胶东丘陵，那里也是海岱文化区的一部分。

胶东丘陵以半岛方式突出于黄、渤二海之间，为东北西南向狭长的半岛丘陵，东西长约300公里，南北宽约75—115公里，面积约4.49万平方公里。地貌以丘陵为主，地表切割比较破碎，海拔一般为200—300米。在丘陵之间有海拔500—1000米的低山，丘陵内有大小不一的盆地，河流入海处遍布各类剥蚀及冲积平原。30多个岛屿组成的庙岛群岛连接了辽东半岛和山东半岛，成为早期文化交流的桥梁。

鲁中南山地丘陵区及周边平原是海岱地区文化的发源地，是海岱文化区的中心。这里独特的、稳定的地理环境，使海岱文化区长时间具有自己的特色，而且在不同时期又能够与外界保持着联系，进行文化交往。海岱文化曾不断扩展，史前时期，南部曾越过淮河，历史初期的岳石文化曾扩展到长江南岸，向西南达皖中、豫东和豫中，向东越海到了辽东半岛。

下面主要谈一谈海岱地区文化与华北平原即河南北部、河北中南部古文化的关系以及环境的变迁对文化的影响。

2. 距今 8000－5300 年海岱区文化与华北平原西部文化之互动

海岱文化区与中原文化区因华北平原相连，加之环境变迁，不同时期关系不一样，交流方式也不一样。华北平原西缘的磁山文化大体相当于后李遗存晚期和北辛文化早期，表面看来二者文化面貌差异较大，但还是有共同点的。一是石器均以石铲、斧、磨盘、磨棒为主要组合，同属一个石器工业制作系统，磁山文化带足石磨盘在长清月庄遗址也有发现；二是陶器的器类上都见釜、支脚、带耳壶和钵。裴李岗文化和磁山文化常被称为一个文化，但前者的炊器是夹砂罐，后者却是盂和支脚。两个文化都有三足钵，有学者常与北辛文化的钵形鼎对比，但除了形态差异较大外，重要的是前者是盛器，后者是炊器，性质不同。北辛文化晚期才见极少量的三足钵，其主要盛行于大汶口文化早期。

位于豫北、冀南、冀北易水流域、北京房山甚至内蒙古岱海地区的北福地·后岗一期文化与北辛文化、大汶口文化早期关系极其密切。二者石器种类相同，陶器均以釜、支脚和鼎为炊器，以直口瓮、钵、双耳壶、小口壶和瓶为主要盛器。仔细对比，大汶口、王因、东贾柏等北辛文化遗址的小口壶、瓶、直口缸、深腹钵与北福地·后岗一期文化如永年石北口遗址出土同类器极其相似。还可以分析一下釜、鼎类形态与数量。北福地遗存出土的鼎均为卷沿、侈口和弧腹盆形，同一类型的釜（或鼎的釜部）在小荆山、张官、王因、东贾柏和北辛文化也有发现，只是数量少罢了。后岗一期文化的鼎 95% 以上为弧腹盆形鼎。北辛文化中晚期和大汶口文化初期的鼎种类多，有釜形、罐形、盂形、壶形、盆形、钵形等，盆形有弧腹和折腹两种。弧腹盆形鼎与北福地·后岗一期文化的鼎最为相似。这类鼎在鲁中南山地丘陵西侧各遗址的统计表明，与太行山东麓越远，比例越小。大汶口文化遗址，北辛文化时期是 56%，大汶口文化时期居址为 60%，王因遗址，北辛文化时期为 16%，大汶口文化时期为 10%，苏北大汶口文化不足 5%。但在胶东半岛北部沿海的烟台白石村[①]、福山邱家庄，蓬莱紫荆山、大仲家和长岛北庄遗址，鼎类以弧形盆形为主，白石村遗址的比例竟达到了64%。白石村的小口双耳壶也与北京房山区镇江营遗址出土的最相似。尽管还不能肯定它们之间的交流以谁为主，但它们关系密切是一定的。上面已说明这个时期是全新世的高温多雨期，又发生了海侵，华北平原湖沼广布，人们在平原腹地难以居住生存。迄今为止，在河北东南部、山东西北部还没有发现这个时期的遗址。在这种环境下，似乎与两地的文化交往密切相驳。但实际上，河流、湖泊和近距离的海洋在古代人们交往中并不是天然屏障，而沼泽对文化交往阻碍则较大。推测这个时候人们通过湖泊、河流和海洋进行来往。实物的相同或相似可能是迁徙人员带来的产品或技术信息所致。

3. 与东北地区新石器文化的关系

辽东半岛南部与胶东半岛隔海相望，很早就有文化往来。辽东半岛的小朱山第二期文化（郭家庄下层文化）与大汶口文化时代相近。对于二者的关系，研究文章较多。[②]大汶口文化早期阶段，辽东半岛的郭家村、吴家村、小朱山等遗址出土的卷沿鼓腹盆形鼎、敞口斜弧腹盆形鼎、觚形杯、角状把手器物、圆柱状把手器物以及彩陶中的弧线三角双勾涡纹、三角加平行线纹与胶东地区的器物和彩陶纹饰相同。中期阶段的实足鬶、贯耳壶、带流盉等也与胶东地区出土的相同。在胶东半岛的沿海岛屿的众多遗址，如长岛北庄、大钦东村、北城等遗址出土来自辽东半岛的拍印几何纹饰的筒形罐。这期间，两地出土的对方器物相同，发现的地点也少，可能是因人口流动而带去的成品所致。可以说，二者的交流只限于偶然成品的往来，还没有出现技术上的融合。大汶口文化晚期，

---

① 烟台博物馆：《烟台白石村遗址发掘报告》，《胶东考古》，文物出版社，2000年。

② 佟伟华：《胶东半岛与辽东半岛原始文化的交流》，《考古学文化论集》（二），文物出版社，1989年；王锡平、李步青：《胶东半岛与辽东半岛史前文化的交流》，《中国考古学会第六次年会论文集》，文物出版社，1990年；栾丰实：《辽东半岛南部地区的原始文化》，《海岱地区考古研究》，山东大学出版社，1997年。

辽东半岛南部地区的大汶口文化因素多了，如罐形鼎、带流盉、尊、豆等，还出现了本地典型陶器筒形罐，安装具有胶东地区风格的近柱状形把手，这标志着二者开始有技术上的融合。北庄遗址还出土了辽东地区的粗体筒形杯（尊）。

红山文化时代大约相当于大汶口文化早、中期。大汶口文化中期，如大汶口、野店、章丘焦家遗址出土的两孔、三孔玉石片饰，双联、四联玉璧，小圆玉璧应出自红山文化；而安徽亳州付庄，江苏新沂小徐庄、海安青墩、南京营盘山遗址的红山文化双联玉璧、三联玉璧应是经华北平原传播过去的；西辽河流域小河沿文化的高颈壶、鸟首形壶、折口钵和彩陶纹饰中的八角形纹似来自大汶口文化。目前还无法了解它们之间交流的方式和途径。

在辽东半岛聚落和积石冢内普遍发现了大量大汶口文化晚期，龙山文化早、中期陶器、玉器等遗物（未见龙山文化晚期遗存）。与以前相比，辽东半岛与海岱地区关系更加密切，有学者甚至认为该地区已成为龙山文化的分布区。[①]流行的大汶口文化晚期至龙山时期积石冢墓葬虽不见于海岱地区，但出土较多的精美黑陶[②]，各种盘、杯、豆、壶、罐、陶鬹、陶鼎等，这些陶器应来自胶东半岛，说明二者关系是非常密切的，不排除了那里存在着海岱地区的移民。但这个时期，积石冢墓葬内出土了的小璇玑、小璧、小环之类玉器，遗址内的玉斧、锛类，仍属于本地玉器系统，而这些玉器品种和形态只在胶东半岛出现（如招远老店出土的玉钺、指环[③]，栖霞杨家圈和桃村、龙口薛家出土的玉钺、凿和锛[④]），已经基本不见或罕见于海岱地区腹地了，并且海岱地区的主要玉器类也不见于辽东半岛。虽然这时期海岱地区的玉质料来自辽东半岛岫岩

---

① 栾丰实：《辽东半岛南部地区的原始文化》，《海岱地区考古研究》，山东大学出版社，1997年；王青：《试论山东龙山文化郭家村类型》，《考古》1995年第1期。

② 澄田正一等编：《辽东半岛四平山积石塚的研究》，柳原出版社株式会社，2008年。

③ 招远市政协文史委、招远市文物管理所：《招远文物》，《招远文史资料第八辑》，招远黄金报社印刷厂，1999年。

④ 烟台博物馆编：《考古烟台》"秀润灵光的龙山玉器"章节，齐鲁书社，2006年。

一带，但海岱地区发现的以丹土—两城镇、袁家—朱封类为代表的玉器，应是本地制作的。因而可以说，海岱地区是从辽东半岛进口的是原料，这显然与前期海岱地区以进口玉器成品为主不一样。海岱地区文化在辽东半岛的发展甚至向北移民，可能就是为了获取（交换）玉料。

4. 公元前 3000 年前后环境变化与社会、文化变迁

自距今 5000 年前后，高温期走向下降的阶段，气候温凉干燥，华北平原上湖泊沼泽大面积萎缩。此外，全新世最大海侵在渤海湾基本停止，海水逐渐后退，海岸线接近现在位置。枣庄建新、兖州六里井、潍坊前埠下等大汶口文化中晚期（距今 5000 年前后）遗址出土花粉和植硅石分析表明，孢粉曲线表现为栎等阔叶树减少，而耐凉干的松树花粉以及旱生的草本和小半灌木花粉增加，反映干凉气候的植物硅酸体棒形、方型和尖型的植物占优势。此外，喜暖湿动物种类也明显减少。但气候仍较今温暖湿润。环境的变迁引起了海岱地区聚落、经济、文化、社会组织结构等诸层面的变化。但在距今 4800—4400 年大汶口文化晚期、龙山文化初期，气温回升，人类在华北平原的活动比较少，聚落的分布特点与距今 8000—6000 年阶段相似了。

聚落变化。由于气候变得温凉干燥、湖泊面积缩小，人们的生存空间扩大了。大汶口文化的居民开始搬到平原的沙丘和沙岗上生活。如长时间很少有人活动的德州、聊城和菏泽地区，就发现了 30 多处大汶口文化中晚期的聚落。皖北、豫东、豫中的华北平原区也发现了这个时期的大汶口文化聚落（图三）。而胶东半岛贝丘聚落消失。

与庙底沟二期文化（即仰韶文化与龙山文化过渡）交流频繁。由于不同文化的聚落分布上犬牙交错，使各个文化关系空前密切。如在不属于鼎文化圈的豫西、晋南地区，垣曲古城东关、芮城清凉寺、临汾下靳、襄汾陶寺等就发现了大量与大汶口文化晚期相似的陶鼎，各种酒杯、豆，还出现了大量具有海岱地区特点的玉石钺、刀、璧、环、璇玑、琮等。同时，中原地区像拍印篮纹、

绳纹、方格纹的陶器（制陶工艺）也在海岱地区流行起来。

此外，大汶口文化和南方的良渚文化都进入了苏北淮海沿海地区，两大地区的文化关系开始密切起来。

农作物种类的多样化。海岱地区之前的聚落多位于山地、丘陵棕壤分布带上，适合种植粟类作物。平原地区则广泛分布着褐土，水资源丰富，水稻种植已普遍出现在华北平原南部地区，如蒙城尉迟寺等遗址。

与此同时，胶东半岛以捕捞贝类为主要生计的居民转向农业生产（种植粟类为主）。

人口的增加，社会明显复杂化。这个时期的聚落明显增多，人口数量也逐步增加，聚落内部和聚落间分化明显。鲁中南平原地带的汶泗河流域已经成为海岱文化区的中心。

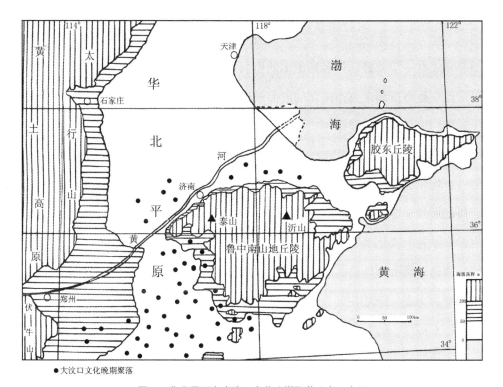

●大汶口文化晚期聚落

图三　华北平原上大汶口文化晚期聚落分布示意图

但是，由于公元前2400年前后的气候升温，降水增多，鲁北、鲁西居民被迫内迁，生存地域变小，资源竞争激烈，社会分化加快。海岱地区的文化、经济和社会中心从汶泗河流域转向东南沿海山地丘陵和山前平原一带。

5.公元前2000年环境变迁与海岱区文化

聚落分布上变化。距今4000年前后，气候变凉变干，河道固定，海岸线稳定，湖沼面积急剧缩小，华北平原的大部区域已适合人们居住。包括鲁北、鲁西平原在内的华北平原已越来越适合农耕活动。华北平原的龙山文化晚期聚落基本上能连成一片了（图四），文化也空前繁荣起来。

相反，大汶口文化末期，龙山文化早、中期比较发达的鲁东南沿海地区，在龙山文化末期，聚落数量急剧下降。

文化交流频繁。此时，尽管河北、河南和山东的龙山文化在各区域有自己的特点，如冀中、南地区，陶器中炊器为绳纹鬲、甗和夹砂罐，鲁北地区以素面鬲、鼎为主，豫北为甗、斝和鬲，豫东、鲁西南地区鼎、甗常见，陶器的种类和样式有一定差异，但各地出土的黑陶杯、兽面三足盒、粗颈鬶和部分薄胎黑陶器应是海岱地区龙山文化的产品输送或烧制技术传播的结果。海岱地区出土的斝、绳纹鬲、拍印纹小口瓮、罐等则来自西部龙山文化。但华北平原的龙山文化晚期共性是不能忽视的。[1]陶器以手制为主，流行拍印的绳纹、篮纹和方格纹，烧制颜色以灰色为主，器形种类都存有夹砂拍印纹罐、鬲、小口瓮、侧三角足形鼎、斝、甗、圈足盘、平底盆、三足盆、鼓腹贯耳盆、鬶等，而这些也是中原龙山文化晚期的共同特点。山东龙山文化以轮制为主，器壁少见拍印纹，陶色以黑陶为特色，并有褐陶，制陶技术水平代表中国史前最高水平。由轮制变为手制，陶胎由薄变厚，陶色由色变为灰，器表由素面变为拍印绳纹、篮纹和方格纹，就制陶技术而言似乎是一种倒退。这在山东西部地区变化最为

---

① 段宏振：《试论华北平原龙山时代文化》，《河北省考古文集》，东方出版社，1998年。

明显，范围东界至连云港、枣庄、泰安、济南、滨州一带。这种变迁背后好像有一种强大的压力。有学者曾指出，在公元前2300年以后，中原地区在广泛吸取周邻文化的基础上崛起，开始形成一个以中原为中心的政治文化向心趋势。[①]再联系在这个时期长江下游的上海、浙江、江苏和安徽，长江中游的湖南、湖北，黄河中游的陕西、山西等地区普遍出现具有中原龙山文化特质的龙山文化晚期遗存，会给我们一种启发。夏代初期，古文献记载的"禹迹"范围南到江汉，东南至浙江，西到陕西，北达京津地区，或者说周围的文化曾有短暂的统一，以至于后世有对禹迹以及《禹贡》九州划分、经营追溯。龙山文化晚期遗存的年代、分布区域、文化共性与夏初的历史背景暗合。相当部分学者认为二里头文化只是后羿代夏以后的文化[②]，岳石文化是少康中兴以后的东夷文化[③]，龙山文化晚期已进入夏王朝纪年。龙山文化晚期遗存在华北平原大"统一"局面的产生，与环境变迁也有一定联系。气候的干凉，使得华北平原等低洼地适宜人类生存，人群迁移和文化交流通道顺畅。

农作物种类出现多样化。平原地区不仅适合种植粟类作物，也适合种植水稻、小麦。如在滕州庄里西[④]、茌平教场铺[⑤]、临淄桐林遗址[⑥]和胶州赵家庄都发现了水稻遗存，教场铺、赵家庄和两城镇则发现炭化的小麦，说明这种外来农作物已基本普及起来。

平原地区社会快速发展。华北平原地区人口增多，文化发达。壕沟、城垣

---

①　赵辉：《以中原为中心的历史趋势的形成》，《文物》2000年第1期。

②　李伯谦：《二里头类型的文化性质与族属问题》，《文物》1986年第6期。

③　张学海：《试论岳石文化的年代》，《中国文物报》1999年第10期。

④　孔昭宸等：《山东滕州市庄里西遗址植物遗存及其在环境考古学上的意义》，《考古》1999年第7期。

⑤　赵志军：《两城镇与教场铺龙山时代农业生产特点的对比分析》，《东方考古》第1集，科学出版社，2004年。

⑥　靳桂云等：《山东临淄田旺龙山文化遗址植物硅酸体研究》，《考古》1999年第2期。2003年考古发掘，还浮选出大量炭化稻米。

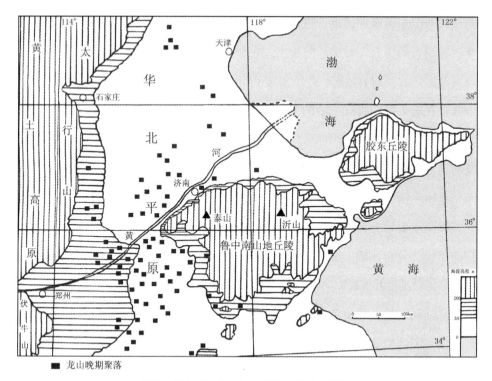

■ 龙山晚期聚落

图四　华北平原龙山文化晚期聚落分布示意图

防御设施普遍，说明社会分化和文明化程度进一步发展。海岱地区文化、经济和政治中心由鲁东南转移到鲁西、鲁西北平原地区，最终为融入中原文化奠定了基础。

　　6.夏商时期华北平原文化态势

　　夏代中、晚期，华北平原东部包括山东全部、江苏长江以北分布着东夷文化——岳石文化，北部为先商文化——下七垣文化，西南部为夏文化——二里头文化，三足鼎立，各自陶器风格特征不太一致，龙山晚期的共性昙花一现，暂时大统一的局面消失。就陶器而言，先商文化与二里头文化关系密切，岳石文化对二里头文化的影响要大于后者对前者的影响。但岳石文化与二者关系都不很密切，这些与历史记载夏对东方的多次征伐、夷人臣服夏人、夷人与商人联盟不符。陶器表现的是社会下层物质文化，而表现社会上层物质文化的玉器、铜器乃至政治、宗教精神方面关系可能密切。

商代早期的政治文化中心在洛阳以东、郑州以西地区。自商代二里岗文化上层文化开始，伴随商人越过华北平原东侵，商文化已到鲁中南山地丘陵南部山前平原和鲁北潍淄河流域一带。商代晚期，政治文化中心移至安阳，那里距鲁中南丘陵西缘才100余公里，商人很容易从安阳通过华北平原这个狭窄通道到达泰山西侧，由此向东北、东南扩张，考古发现的商文化遗址分布也证明了这一点。商末帝乙、帝辛时期征人（夷）方卜辞记录的路线正好走的这一带。周初，周人东征，也走同样路线。①但华北平原的湖沼和低洼地显然影响了商人东征的行程。自安阳至顾城，从顾城到济南，从曹县至滕州，日行才10多里，而行走在鲁中南山前平原或丘陵河谷地，日行则在20—40里。②随着商、周文化东侵，夷人文化逐步瓦解，海岱区文化最终纳入中原文化体系。

小　结

以鲁中南山地丘陵及周边平原为中心的海岱地区，其独立的地理单元和稳定的地理环境是在新石器时代与历史初期成为独立文化区的外部条件。全新世大暖期很长一段时间里，华北平原河川众多，湖沼广布，平原腹地并不适合人类居住生存，从而把海岱地区与华北平原西部文化隔开。距今8000—6000年，华北平原北部西缘的古文化与鲁中南山地丘陵西侧和胶东丘陵北侧只能通过湖泊、河流甚至海洋进行往来。而在距今6000—4000年的大部分时间里，华北平原河道变迁，湖沼密布，环境不稳定，海岱地区文化与华北平原西部文化往来

---

① 贝冢茂树：《关于殷末周初的东方经略》，《日本学者研究中国史论著作选译》第3卷，中华书局，1993年；杜正胜：《周初的征服、殖民和分封》，《古代社会与国家》，允晨文化实业股份有限公司，1992年。

② 王恩田：《人方位置与征人方路线新证》，《胡厚宣先生纪念文集》，科学出版社，1999年。

不密切。只是距今5000年前后以及龙山文化晚期以后，气候变得温凉干燥，华北平原湖沼面积缩小，河道稳定，人们才大规模迁入居住，对海岱地区聚落、文化、经济与社会产生了重要影响。夏代中、晚期，华北平原上分布着二里头文化（夏文化）、下七垣文化（先商文化）和岳石文化（东夷文化），三足鼎立。商代，商文化占据着华北平原的中南部，并越过华北平原东侵，海岱地区逐渐纳入中原文化区。

（原文刊于《环境考古研究》第三辑，北京大学出版社，2006年）

海岱地区的早期刻画符号

文字的出现是文明形成的重要标志。以山东为中心的海岱地区是中国原始文字出现最早区域之一，这里有图像符号到原始文字的完整发展序列。因此，其早期图像符号和原始文字不仅对研究海岱地区文明化过程有重要的学术价值，而且对探索中国文字与文明的产生和发展有特殊的意义。

早在20世纪30年代，考古工作者在济南城子崖遗址就发现过龙山文化的刻画符号。[①]之后，学者梳理了这些符号与商代殷墟符号、卜辞文字的关系。60年代到80年代中期，莒县陵阳河、大朱村、杭头，诸城前寨等一带大汶口文化晚期遗址内陆续发现了刻在大口尊腹部上的图画符号，共有10个类型20余个个体。[②]因其构造和形态上与甲骨文、金文具有一定相似性，学术界称之为

---

① 傅斯年、李济等编：《城子崖——山东历城县龙山镇之黑陶文化遗址》，"中研院"历史语言研究所，1992年重刊。

② 苏兆庆：《山东莒县陵阳河陶文研究述要》，《莒史新征》，山东省日照市新闻出版局，1999年；王树明：《从陵阳河与大朱村发现陶尊文字谈起》，山东大学东方考古研究中心编：《东方考古》第1集，科学出版社，2004年。

"图像文字"。它们还被誉为中国最早的象形文字，是我国早期文字的来源之一。许多古文字学者利用已发现的金文、甲骨文为参照对其进行了考释。1990年，邹平丁公遗址出土的一块龙山文化晚期陶盆底片上刻有5行11个个体符号或文字，被称为"陶文书"，引起了学术界的广泛关注。[①] 有些学者称之为中国最古老的文字。学者们以金文、甲骨文为标准进行了释读，并认为其与后世的金文、甲骨文关系密切；还有学者考虑到其用笔和结构的差异，提出当时存在"俗体"之说。针对这种差异，有学者认为该"陶文书"可能属于已亡佚的东夷文字。[②] 1997年，考古工作者在桓台史家遗址内发现了岳石文化的卜骨刻辞[③]，被认为是中国最早的骨刻文之一。

一、海岱地区发现的早期刻画符号

据初步统计，仅山东地区出土的早期（商代以前）刻画符号就超过200个，大约分布在80余件（个）陶器（片）、象牙器、骨器、玉器、石器之上，涉及聚落、墓地32处。其中，大汶口文化符号106个（包含重复者，下同），刻画在59件陶器和象牙器上，出土于13处遗址内；龙山文化时期符号发现50个，分别刻画在25件陶器（片）、骨器、石器、玉器体上，涉及龙山文化遗址13处；岳石文化符号5个，发现于桓台史家遗址的1件卜骨上。商代刻画符号共54个，刻画在14件陶器、骨器上，出土于8处遗址内。

大汶口文化时期早期（距今6300—5300年）的刻画符号，大多为陶器上的彩绘八角纹符号。这类符号主要在红或黄底色上用白彩绘制在陶盆、豆和钵器

---

① 山东大学历史系考古专业等：《山东邹平丁公遗址第四、五次发掘简报》，《考古》1993年第4期。

② 《专家笔谈丁公遗址出土陶文》，《考古》1993年第4期。

③ 淄博市文物局等：《山东桓台县史家遗址岳石文化木构架祭祀器物坑的发掘》，《考古》1997年第11期。

物腹部上。这类符号广泛分布于山东全省，在江苏省北部的大汶口文化遗址也有发现。其中，在大汶口文化早期的重要聚落如泰安大汶口和野店遗址出土数量最多[1]，显示出该类符号的特殊性。八角纹符号在陶器腹部多成组出现，符号内涂有多种颜色，应还具有装饰作用。类似符号还见于长江下游地区的江苏、安徽、浙江、上海的崧泽文化、凌家滩文化、北阴阳营文化、薛家岗文化等遗存内，但其多刻画在陶豆、壶、器盖、纺轮和玉器上，均为单体，与大汶口文化有联系，又有区别。这些说明，八角纹是距今5500年前后广泛分布在东部沿海地区，被广泛认知的一种符号。据推测，八角纹符号是太阳光芒的抽象表现，反映的是古代太阳崇拜。另外，野店遗址1件陶钵上用黄底黑彩绘制的"毋"形符号也很有特色。

大汶口文化中期（距今5300—4800年）的刻画符号主要发现于大汶口[2]、野店、桓台李寨遗址。仍以彩绘符号为主，主要绘在陶壶等特定器物上。大汶口墓地M75出土背壶上的朱彩符号还被考证为"花蒂"的临摹。值得一提的是，李寨遗址发现的彩绘符号最多，在陶壶、罐、瓮、杯等器物腹部上，红或黄底黑彩、黑底红彩绘制些鸟形、树木纹、倒"8"字形、"X"字形及其他抽象的或几何形符号。这些符号在陶器腹部上多成组出现，因而也可能具有装饰作用。但是，李寨发现的彩绘符号在其他遗址中不见或罕见，说明有些符号的认知范围仅限于某区域。这个时期还发现少量刻画和堆纹符号，前者如兖州六里井遗址的陶鼎腹部、大汶口墓地象牙梳上的刻画符号，后者如野店遗址陶鬶上的泥条堆纹符号等。而大汶口墓地M26出土象牙梳上的镂刻图像还被认为是中国最早的八卦符号。

---

① 山东省文物考古研究所：《大汶口续集——大汶口遗址第二、三次发掘报告》，科学出版社，1997年；山东省博物馆、山东省文物考古研究所：《邹县野店》，文物出版社，1985年。

② 山东省文物管理处、济南市博物馆：《大汶口——新石器时代墓葬发掘报告》，文物出版社，1974年。

大汶口文化晚期（距今4600—4400年）的刻画符号主要是刻画在陶制大口尊（陶臼）上的图像。目前，这类图像，在山东地区仅发现于东南沿海地区，如莒县、五莲、诸城、日照和胶州，涉及7处遗址（包括莒县陵阳河、大朱村、杭头，诸城前寨，五莲丹土，胶州赵家庄，日照尧王城遗址），计在25个器物刻画了27个图像符号，属于10余个不同个体（图一）。其中，在莒县陵阳河遗址发现的大口尊、符号个体数量最多。大口尊（陶臼）器形比较特殊，敞口，圆底或尖底，陶胎非常厚，厚达3—6厘米，烧制坚硬，腹部外表多拍印粗篮纹，器形硕大，口径30—50厘米，通高50—80厘米。考古发掘的完整品均属于聚落首领墓葬的随葬品，采集的完整器也可能是被破坏的墓内随葬品，当然也不排除来自居址内。符号多位于口沿下，个别在腹部的一侧，而符号大者则围绕在大口尊的全身。符号多是在器物烧前用坚硬的尖状物刻画的，有的符号内还涂抹朱砂，带有神秘色彩。这类符号多为单体，个别器物上虽有两个符号，但从其所在位置和形态上，可排除装饰作用的可能。符号的基本笔画已具备直笔、圆笔和弧笔，除象形（如释为"斧""斤"者）外，还有会意符号，如像是"日、月"或"日、月、山"组合，因而被释为"旦、炅"的图像；如高高的封土台或房顶上长着一棵树，学者们释为"封"或"南"的图像，其结构与商代甲骨文、青铜器铭刻上的文字或符号十分接近。因此，大部分学者认为这些符号与古汉字关系密切，之间应存在着一脉相承的关系。安徽蒙城尉迟寺大汶口文化晚期遗址出土的大口尊上也发现与山东地区相同（似）的符号，出土的大口尊有13件以上有刻画符号，但符号种类较少，仅有4类，主要有"日、月"或"日、月、山"等组合的符号。①南京北阴阳营遗址出土的大口尊上也发现有刻画符号，与陵阳河出土的符号近同（就是被学者释之为"皇"字

---

① 中国社会科学院考古研究所等编著：《蒙城尉迟寺》（第一部、第二部），科学出版社，2001、2007年。

图一　大汶口文化晚期大口尊及其刻画图像
注：1、2、3、4、5、9出自莒县陵阳河，6、7、8出自莒县大朱村

的符号）。说明在大汶口文化晚期阶段，这些图像符号的认知范围已到达安徽和长江以南的南京一带。关于这些符号，学者们还认为可能与古代图腾崇拜、宗教祭祀（如社树崇拜）、农业生产、酿酒、天文历法等有关。在大口尊（臼）上刻画符号的现象，在同时期的长江中游地区石家河文化也常见，只是所刻符号的样式有一定区别，如后者更具象些、线条更简练些。

龙山文化时期（距今4400—3900年）的图像文字或符号均为刻画，载体有陶器（片）、骨角器和玉石器。出土图像文字或符号的遗址多属于区域中心聚落，聚落面积较大，并多有壕沟或夯土城墙。符号大体可划为两大类。一类像丁公陶文书（图二），上刻5行11个个体符号或文字。另外，阳谷景阳冈遗址还出土了1件黑陶片，上刻3个符号；在临淄桐林、滕州庄里西遗址发现的石镞和陶片上，还刻有单体文字或符号，其中，陶器上的文字或符号都是陶器烧制前或烧制后在陶胎上刻画的。这些与丁公陶文的关系，就字体结构、用笔而言，有联系，又有区别。这些符号，主要是直笔，部分为圆笔，很像后世的文字，与商代以直笔为主的甲骨刻辞有差异，可能与书写的材质有关。多数学者认为它们就是文字，是东夷文字的孑遗，或者说与占卜有关，甚至有学者认为它们是云南彝族文字的祖先。[1]另一类像两城镇玉锛、陶片（器）上的神灵（神祖）徽像符号[2]（有学者称之为兽面纹），在五莲丹土、临淄桐林、寿光边线王、茌平尚庄、枣庄二疏城、章丘龙山城子崖等遗址也有发现，其主要载体为精致的蛋壳高柄杯、黑陶盆和黑陶罍类。各遗址出土的神灵徽像符号表达的内容虽然一样，但细究起来，形体构造略有差异。从外形与结构分析，这类徽像符号与大汶口文化晚期陶尊的符号有一定关系。此外，桓台李寨遗址出土的一件龙山文化时期的角器，上刻有8个几何纹符号。在青州龙山遗址发现的陶拍上有用线条表达的人物图像符号。诸城马山刻在花岗岩石块的符号，就线条特征和雕刻技法而言，其年代拟为龙山文化时代。江苏高邮龙虬庄遗址出土的龙山文化晚期陶盆上也见有文字或刻画符号，共两行8个个体[3]，学者多认为这里的龙山文化系从海岱地区南迁而来。

图二　邹平丁公遗址出土的龙山文化晚期"陶文"

桓台史家遗址出土的岳石文化（距今3800—3450年）晚期骨刻"卜辞"，编号96HSF1H：232，在猪或鹿类肩胛骨两面上有5个符号，周围还有灼烧的痕迹，应是占

---

① 冯时：《山东丁公龙山文化时代文字解读》，《考古》1994年第1期。

② 邓淑苹：《雕有神祖面纹与相关纹饰的有刃玉器》，山东大学考古学系编：《刘敦愿先生纪念文集》，山东大学出版社，1998年。

③ 龙虬庄遗址考古队编著：《龙虬庄——江淮东部新石器时代遗址发掘报告》第四章，科学出版社，1999年。

卜的结果。这些符号，有直笔和弧笔，属于人工刻画的应没有问题。就刻法、字体结构等看，与商代甲骨文比较相似。岳石文化晚于龙山文化，与夏代和商代早期同时，但其渊源关系比较复杂。岳石文化的聚落和物质遗存，如陶器、石器等与龙山文化相比，发生过巨变，因此，岳石文化的符号（文字）是否由龙山文化的刻符和陶文发展而来，仍需有考古新发现证明。但史家岳石文化刻骨卜辞的发现，无疑为探索中国文字产生、甲骨占卜契刻源流提供了重要线索。

海岱地区发现的商代符号主要刻在陶器上，其文化性质上已属于商文化，主要发现于济南大辛庄、泗水尹家城、青州老刘家等遗址，其时代大体相当于早商文化二里岗上层期或稍晚（距今3450—3300年）。发现的3件泥制小方鼎（杯）的四个面上，均有刻画符号，该器皿可能具有特殊作用。在大辛庄遗址的陶豆、簋、纺轮上，也发现刻画符号或文字。大辛庄遗址是中商阶段商王朝在东方地区的中心之一。有些符号可释为"射""镞""田"等文字，它们与晚商殷墟发现甲骨文上的字体已无区别。这与这些遗址的文化性质属于殷商文化是一致的。

二、海岱地区刻符特点及意义

1.海岱地区自大汶口文化早期到岳石文化晚期，每个时期都发现过刻符图像，无论图像符号的外形、结构，还是刻画的载体，时代性都比较强，但它们还是具有一定的传承关系，如大汶口文化中期的彩绘鸟形符号与晚期的大口尊上的被释为"旦"字的"日、月、山"符号（也有学者认为为鸟形的临摹）相似。龙山文化神祖徽图像，显然也与大口尊上的符号关系密切。

2.图像符号及其载体出土的背景，大多集中出土于中心聚落、城堡内，并常见于大型墓葬内。图像符号、早期文字的拥有者或解释权多控制在社会上层人手里。这与周围其他文化区，如中原文化区、太湖文化区和江汉平原文化区的刻画符号出土背景不太一样。从符号形态、构造和表现形式而言，海岱地区出土的图像符号与后世的中国文字关系最为密切。这些应是海岱地区古代刻画符号的最主要特点之一。

3.符号所在载体主要是些特殊器物，如在人们心中比较贵重的彩陶豆、彩陶盆、彩陶钵、大口尊、黑陶盆、罍、蛋壳陶杯、方鼎、玉锛、卜骨等，说明这些符号在古代人们心目中比较神秘，或者说比较受重视。

4.大汶口文化晚期大口尊刻符广泛分布于东南沿海的莒县、日照、五莲、诸城和胶州方圆数百平方公里范围内，说明这类符号有一定的被认知范围。如果把安徽蒙城尉迟寺、江苏南京北阴阳营等遗址发现的这类符号考虑进去，其被认知的范围则更大。龙山文化的神祖徽符号，在海岱地区各地均有发现，被认知的范围也很大。

5.海岱地区古代图像符号与周围同时期文化在不同时期有一定关系。大汶口文化早、中期彩绘鸟形、树木符号与中原地区仰韶文化大河村类型出土的相似，大汶口文化早期的八角形符号也广泛分布于长江下游地区。在大口尊上刻画符号的现象，也见于长江中游的石家河文化。中原、江苏等地龙山文化也发现了陶符或文字。但无论是就具体符号的形状和结构，还是就载体、出土背景而言，它们之间差别是主要的。

（原文以《上古东夷地区发现的古代刻画》为名刊于韩国《神明研究》2010年第2辑）

海岱地区史前墓葬出土工具反映的两性分工

已有的考古资料证实，以现今山东省行政区为主体的海岱地区，距今9000—4000年的后李、北辛、大汶口、龙山文化一脉相承，是自成体系的考古学文化区。考古工作者近70年的发掘，发现大汶口文化（公元前4200—前2400年）、龙山文化（公元前2400—前1800年）的墓葬已超过2000座（截至2000年），多数墓葬的骨骼保存较好，并经鉴定，为学界进一步研究有关问题提供了依据。

墓葬内的随葬品可部分复原墓主人的身份和社会地位。随葬品中的各种工具既反映了埋葬习俗，也能反映当时的社会分工情况。随葬工具的墓葬比率并不很高，且随着时间的推移而变化。墓内的各种工具理应代表墓主人的某种社会身份。这是本文能够从墓葬出土工具进行两性分工研究的前提之一。

许多学者已经注意到了两性分工的问题[1]，但没有对所用工具进行功能上的分类，也没有对相关数据进行统计、检验和分析。本文试图从统计学角度对有

---

[1] 唐兰：《再论大汶口文化的社会性质和大汶口陶器文字》，于中航：《大汶口文化和原始社会的解体》，宋兆麟：《我国私有制出现的重要例证》，均见《大汶口文化讨论文集》，齐鲁书社，1979年。

关数据进行计算、检验和分析，结合当时的社会发展情况，探讨两性分工问题。

一

　　笔者收集资料时，考虑到了墓葬的埋葬过程、保存状态和发掘出土情况，如墓葬骨骼保存较差，就不利于对其性别的鉴定；有些墓地出土人骨两性比例异常[①]，影响了对男女间社会分工问题的研究；有些墓地土壤酸性大，骨、角、蚌质工具保存差；由于工作原因，有些墓地仅发掘几座或十几座墓；有些墓地的人骨没有科学鉴定，等等。这些因素或多或少影响某些数据的准确性，因此对有些墓葬进行了舍弃。比如，无法鉴定性别或时代不清楚的墓葬及发掘墓葬数量较少的墓地都不予统计，尽量不用骨、角、牙、蚌器保存不好的墓地。在处理、分析有关数据时，不同墓地之间各种工具不做对比研究等。此外，学术界对一些工具功能的认识较一致，但对部分工具的用途有较大争议，本文也暂不做讨论。

　　工具依质料分，有石、骨、角、牙、蚌和陶质六类；按其功能划分，大体可分为六种：A：砍伐工具类，如石斧、钺（有些报告中把钺看为铲，根据出土状态、安柄方式、使用痕迹分析，这种所谓的铲应是砍伐工具钺，斧较钺厚重）。B：木材加工类工具如石凿、锛（实际上，大部分石斧或钺也应是加工木材的工具，本文分开的原因，一方面是约定俗成，一方面也考虑到用斧、钺砍伐树木活动多在野外，与纯粹的木材加工还是有所区别，另一方面考虑到有些墓内斧、钺与锛、凿不共出。此外，有学者把体型较小的石锛归为石楔类，后者也是加工木材的工具。本文不再细分）。C：渔猎类工具，质料有石、骨、角、牙、蚌、陶，种类如矛、镞、镖、网坠等（狩猎、捕捞工具应分开，镖、网坠系捕捞用具，矛、镞既可狩猎，又可用来捕杀鱼类，目前还不能够辨别出

---

　　① 　陈铁梅：《中国新石器墓葬成年人骨性比异常的问题》，《考古学报》1990年第4期。

来）。D：磨制石、骨、角、蚌、牙器的工具，如砺石。E：纺织类工具如纺轮。F：编织缝纫工具如针、锥类（墓葬中出土锥类较多，有些用角、动物肢骨制作而成，形体较大，显然不适合用来编织缝纫类，文中在统计时把这些排除在外）。

男女分工，即因性别差异或文化传统的影响而进行的分工也是一个复杂问题[1]，文化传统和社会制度有时起着决定性作用，限于篇幅，本文对分工差异的原因也不做讨论。

本文首先把六类工具在男女墓葬内随葬比率进行了对比，探讨当时男女间社会分工情况；其次，分析了六类工具在海岱地区三大发展阶段（即大汶口文化前期［公元前4200—前3300年］、大汶口文化后期［公元前3300—前2400年］、龙山文化时期［公元前2400—前1800年］）随葬工具比率的变化情况，进而了解各阶段两性分工发生的变化及其原因。

本文主要利用了以下墓葬的材料：大汶口文化时期有邳州刘林[2]、邳州大墩子[3]、曲阜西夏侯[4]、泰安大汶口[5]、邹城野店[6]、胶州三里河[7]、莒县大朱

①　Ian Hodder, "Burials, house, women and men in the European Neolithic; Gender representation and social reality," *Theory and Practice Archaeology*, Routledge, London and New York, 1996; Philip Duke and Michael C. Wilson edited, *Beyond susbsistence-plains Archaeology and the Postprocessual Critique*, University of Alabama Press, 1995.

②　江苏省文物工作队：《江苏邳县刘林新石器时代遗址第一次发掘》，《考古学报》1962年第1期；南京博物院：《江苏邳县刘林新石器时代遗址第二次发掘》，《考古学报》1965年第2期。

③　南京博物院：《江苏邳县四户镇大墩子遗址探掘报告》，《考古学报》1964年第2期；南京博物院：《江苏邳县大墩山遗址第二次发掘》，《考古学集刊》第1辑，1981年。

④　中国科学院考古研究所山东队：《山东曲阜西夏侯遗址第一次发掘报告》，《考古学报》1964年第2期；中国社会科学院考古研究所山东队：《西夏侯遗址第二次发掘报告》，《考古学报》1986年第3期。

⑤　山东省文物管理处、济南市博物馆：《大汶口——新石器时代墓葬发掘报告》，文物出版社，1974年；山东省文物考古研究所：《大汶口续集——大汶口遗址第二、三次发掘报告》，科学出版社，1997年。

⑥　山东省博物馆、山东省文物考古研究所：《邹县野店》，文物出版社，1985年。

⑦　中国社会科学院考古研究所山东队：《胶县三里河》，文物出版社，1988年。

村①和枣庄建新②；龙山文化时期有胶州三里河、泗水尹家城③。

二

下面是经过初步整理后的数据材料。

表一　　　　　　　　大汶口文化前期男性墓葬出土工具统计表

墓地	工具种类						墓葬总数
	A	B	C	D	E	F	
大墩子	19	16	7	3	3	23	75
刘林	10	8	3	7	0	11	52
大汶口	9	7	11	3	1	11	37
野店	1	1	1	2	0	0	4
合计	39	32	22	15	4	45	168
%	23.2	19.1	13.1	8.9	2.4	45	100

注：所统计的均系成人墓葬，墓葬总数包括未随葬工具的男性墓葬，墓内若随葬多类工具，则重复统计，下同。

表二　　　　　　　　大汶口文化后期男性墓葬出土工具统计表

墓地	工具种类						墓葬总数
	A	B	C	D	E	F	
大墩子	19	11	14	4	1	15	54
大汶口	6	2	6	3	1	5	13
建新	11	1	0	0	0	0	30

① 山东省文物考古研究所、莒县博物馆：《莒县大朱家村大汶口墓葬》，《考古学报》1991年第2期。

② 山东省文物考古研究所、枣庄市文化局：《枣庄建新——新石器时代遗址发掘报告》，科学出版社，1996年。

③ 山东大学历史系考古专业教研室：《泗水尹家城》，文物出版社，1996年。

（续表）

墓地	工具种类						墓葬总数
	A	B	C	D	E	F	
野店	3	2	3	1	2	2	10
三里河	9	15	7	3	2	10	33
大朱村	2	4	1	0	0	0	7
西夏侯	8	1	2	0	0	2	10
合计	58	36	33	11	6	34	157
%	36.9	22.9	21.0	7.0	3.8	27.7	100

表三　　　　　　大汶口文化时期男性墓葬出土工具统计表

时代	工具种类						墓葬总数
	A	B	C	D	E	F	
前期	39	32	22	15	4	45	168
后期	58	36	33	11	6	34	157
合计	97	68	55	26	10	79	325
%	29.8	20.9	16.9	8	3.1	24.3	100

表四　　　　　　大汶口文化前期女性墓葬出土工具统计表

时代	工具种类						墓葬总数
	A	B	C	D	E	F	
大墩子	4	3	3	1	15	10	40
刘林	7	1	0	1	1	9	47
大汶口	4	1	3	3	3	4	27
野店	0	0	1	0	1	0	3
合计	15	5	7	5	20	23	117
%	12.8	4.3	6.0	4.3	17.1	19.7	100

表五 大汶口文化后期女性墓葬出土工具统计表

墓地	工具种类						墓葬总数
	A	B	C	D	E	F	
大墩子	3	3	2	1	4	9	38
大汶口	3	1	1	1	4	4	16
建新	0	0	0	0	0	0	9
野店	0	0	1	0	0	0	7
三里河	1	3	2	1	6	1	19
西夏侯	1	0	0	0	2	4	10
合计	8	7	6	3	12	18	99
%	8.1	7.1	6.1	3.0	12.1	18.2	100

表六 大汶口文化时期女性墓葬出土工具统计表

时代	工具种类						墓葬总数
	A	B	C	D	E	F	
前期	15	5	7	5	20	23	117
后期	8	7	6	3	12	18	99
合计	23	12	13	8	32	41	216
%	10.6	9.3	6.0	3.7	14.8	19.0	100

三

先把大汶口文化时期男、女墓葬出土的六类工具情况（见表三、表六）进行比较。从比率上看，A、B、C、D、F类，男性要高于女性，E类女性要高于男性。事实是否如此，即这种差异是否明显，还要对这些数据进行检验。可采用统计学上的大样本二总体成数差检验[1]，其公式为：

---

① 卢淑华编著：《社会统计学》，北京大学出版社，1995年。

$$Z = \frac{\tilde{P}_A - \tilde{P}_B}{\tilde{P}\tilde{Q}\left(\dfrac{1}{n_A} + \dfrac{1}{n_B}\right)}$$

据本文，公式可写为：

$$Z = \frac{\tilde{P}_A - \tilde{P}_B}{\tilde{P}\tilde{Q}\left(\dfrac{1}{n_{男}} + \dfrac{1}{n_{女}}\right)}$$

在 $\alpha = 0.05$ 显著水平下（下面提及 α 均为 0.05），如果 Z 值大于 Z_a 值或小于 $-Z_a$ 值，那么二者的差异就明显，Z 值越大（若负值越小），差异就越明显。

解题过程如下：

原假设 H_0：$P_{男A} - P_{女A} = 0$

设 $P_{男A}$ 为男性墓葬随墓 A 类工具的成数，$P_{女A}$ 为女性墓葬随葬 A 类工具的成数（依次类推，$P_{男B} - P_{女B} = 0 \cdots\cdots P_{男F} - P_{女F} = 0$）。

备假设 H_1：$P_{男A} - P_{女A} > 0$ 或 $P_{男A} - P_{女A} < 0$（依次类推，$P_{男B} - P_{女B} > 0$ 或 $P_{男B} - P_{女B} < 0$，$\cdots\cdots$，$P_{男F} - P_{女F} > 0$ 或 $P_{男F} - P_{女F} < 0$）。

把有关数据代入公式内，经计算，$Z_A = 5.59$，$Z_B = 4.95$，$Z_C = 4.95$，$Z_D = 3.0$，$Z_E = -4.875$，$Z_F = 1.34$。其中，Z_A、Z_B、Z_C、Z_D 分别大于 $Z_a = 1.645$，拒绝原假设，接受备假设，说明男性墓葬随葬 A、B、C、D 类工具的比率要比女性高，即男性使用这四类工具的比例比女性高。$Z_E = -4.875$，小于 $-Z_a = -1.645$，拒绝原假设，接受备假设，说明女性从事这项工作的比例要比男性高得多。Z_F 值小于 $Z_a = 1.645$，接受原假设，男、女从事该项工作的比例差不多。

因此，认为大汶口文化时期，成年男性一般从事砍伐树木、加工木材、猎获兽类、捕捞鱼蚌和加工工具等工作，女性多从事纺织类工作。至于编织、缝纫类工作，则不分性别。需要说明的是，统计的数字表明，当时男女分工并非符合我们原有的简单认知，即男性从事体力消耗较大的工作，如野外劳动中的砍伐树木、经营种植业、狩猎捕捞、女性从事体力消耗较小的室内工作，如从事纺织、缝纫、编织等工作。实际上，相当部分女性也从事砍伐树木、加工木材、狩猎捕鱼和加工工具等工作，且比率也不低（依次为10.6%、9.3%、3.7%）。而男性从事编织、缝纫类工作的比率与女性相差无几。

为了进一步说明这个问题，同时也说明历史的复杂性，我们再把男、女随葬石斧的情况做下介绍和对比分析。石斧是砍伐树木的工具，砍伐树木这项工作需消耗较多的体力，有些学者想当然地认为是男性的一项工作，其实不尽然。在统计的168座大汶口文化前期男性墓葬中有30座墓出土石斧，而统计的117座女性墓中随葬石斧的墓葬达15座。通过大样本二总体成数差检验（计算过程从略），Z值为1.25，小于$Z_a = 1.645$。说明男、女性墓葬随葬石斧的比率并无显著差异。在大汶口文化前期，女性同男性一样，也从事砍伐树木这项工作，只是在拥有钺上有差别，并在大汶口文化后期发生了变化而已。

四

下面我们讨论男女两性墓葬随葬六类工具分别在大汶口文化前期、后期两大阶段的变化情况。首先看男性（表一、表二），前期随葬A类工具的比率为23.2%，后期为36.9%；B类工具前期为19.1%，后期为22.9%；C类工具前期为13.11%，后期为21.0%；D类工具前期为8.9%，后期为7.0%；E类工具前期为2.4%，后期为3.8%；F类工具前期为26.8%，后期为27.7%。有升有降，这些变化是否真实可信（即具有显著差异），可用统计学的大样本总体成数检验，其公式为：

$$Z = \frac{\tilde{P} - P_0}{\sqrt{\frac{1}{n} P_0 (1 - P_0)}}$$

　　假设 P_0 为前期总体成数，P 为后期样本成数，n 为后期样本数量，通过求 Z 值的大小，来判定晚期比率是否发生了显著变化。

　　设 H_0：$P_A = 0.232$（依次 $P_B = 0.191$……$P_F = 0.268$）

　　　　H_1：$P_A > 0.232$（依次 $P_B > 0.191$……$P_F > 0.268$）

　　把有关数据代入公式，经计算，$Z_A = 4.102$，$Z_B = 1.211$，$Z_C = 2.64$，$Z_D = -0.859$，$Z_E = 1.148$，$Z_F = 0.255$。其中，Z_A、Z_C 值均为大于 Z_a 值，拒绝原假设，接受备假设，说明大汶口文化后期男性墓葬随葬 A、C 类工具的比率有所提高。Z_B、Z_E、Z_F 小于 Z_a 值，Z_D 值大于 $-Z_a$ 值，接受原假设，后期这四类工具比率发生的变化并不显著。

　　其次分析下女性（表四、表五）。前期随葬 A 类工具的比率为 12.8%，后期为 8.1%；B 类工具前期为 4.3%，后期为 3.0%；C 类工具前期为 6.0%，后期为 6.1%；D 类工具前期为 4.3%，后期为 3.0%；E 类工具前期为 17.1%，后期为 12.1%；F 类工具前期为 19.7%，后期为 18.2%。比率有升有降。大样本总体成数差检验结果：Z 值分别为 $Z_A = -1.399$，$Z_B = 1.377$，$Z_C = 0.042$，$Z_D = -0.634$，$Z_E = -1.323$，$Z_F = -0.375$。Z_A、Z_D、Z_E、Z_F 值均大于 $-Z_a$，Z_B、Z_C 值均小于 Z_a 值。说明这些变化并不明显，女性从事这些工作的比率并没有发生较大变化。

　　上述有关 A 类工具成数检验中，Z_A 值较大，基于此，我们着重讨论男女墓葬随葬 A 类工具的变化情况。

　　所统计的大汶口文化前期 168 座男性墓葬中，有 30 座墓出土石斧，13 座墓随葬石钺（若斧、钺共出于一墓，重复统计，下同）；后期 157 座墓内，出土石斧的墓有 21 座，出土石钺的墓共 47 座。从比率上看，随葬石斧从前期的 17.97% 下降到 13.4%，石钺从前期的 7.7% 上升到 29.9%。用大样本总体成数检验这种变化（设 P_0 为前期总体成数，P 为后期样本成数，n 为后期样本容量），得 $Z_{男斧} = -1.47$，$Z_{男钺} = 10.42$，在 $\alpha = 0.05$ 显著水平下，$Z_{男斧}$ 大于 $-Z_a$ 值，说明随葬的斧变化不明显，$Z_{男钺}$ 大于 Z_a 值，且 $Z_{男钺}$ 值偏大，说明随葬石钺的比率大幅度上升。同样，可分析一下女性墓葬随葬A类工具的情况。所统计的117座前期墓，14座墓出土斧，1座出土钺，99座后期墓，出土石斧的墓仅3座，出土石钺的墓达7座，从比率上看，随葬斧的比率从前期的12%下降到后期的3%，随葬钺从前期的0.85%，上升到后期7.07%，用大样本成数检验这种变化，$Z_{女斧} = -27.5$，$Z_{女钺} = 6.53$，前者小于$-Z_a$值，且值偏小，说明随葬石斧的比率急剧下降，后者大于Z_a值，随葬石钺的比率明显上升。

对于这种男、女性墓葬随葬石斧比率下降，石钺比率上升，如何解释？斧、钺都是砍伐工具，随着时代的发展，石钺的功用是否取代了石斧？学术界一般认为石钺最初作为砍伐树木的一种工具，后来变为了一种武器，后又成为军事指挥权的象征。结合其他的考古材料，如大汶口文化后期如乱葬坑内非正常死亡人类尸骨的发现，甚至大型墓内有殉人，大型聚落已出现夯土城墙和壕沟，这说明战争比较频繁，而且大型墓内往往随葬了钺，有些墓如大汶口M10（墓主系女性）还随葬了玉钺，看来石钺的功用应从砍伐树木发展到作战用的兵器，甚至是礼器了。随葬石钺比率的增加，一方面说明战争频繁，另一方面社会上开始形成一群专门对外作战的战士。至于女性随葬石斧比率较小，说明女性在大汶口文化后期基本上不从事消耗体力较大的野外砍伐树木等工作了。

五

龙山文化阶段，随葬工具又发生了变化。在统计的77座男性墓葬中无一随葬石斧，有5座墓随葬玉石钺，3座墓出土石锛、凿，3座墓出土石镞（大汶口文化的镞质料多骨、蚌、牙质，少见石质，质料不一样，功用可能有区别。另外，有些墓中出土骨器极少，可能与埋藏情况有关，统计数误差较大，均不讨论）。42座女性墓中无一随葬斧、钺、凿、锛，有5座墓出土纺轮，2座墓出土砺石，1座墓随葬石镞（能够参与统计的墓葬数较少，随葬纺轮的比率与大汶口文化后期相差不大，加上骨器保存不好，资料不全面，对女性不予讨论）。

　　把龙山文化男性墓葬随葬石钺、锛、凿情况与大汶口文化后期（见前）相对照，比率均下降（分别为6.5%、3.9%），用大样本统计成数检验，设 P_0 为大汶口文化后期总体成数，P 为龙山文化样本成数，n 为龙山文化样本容量。把有关数据代入公式，$Z_{钺} = -4.483$，$Z_锛 = -4.071$。均小于 $-Z_a$ 值，说明比率下降较为明显。

　　前节已指出石钺功用已发生了大变化，是作为兵器和军权的象征。龙山文化时期随葬玉石钺比率大幅度下降，并非战争冲突减少，乱葬坑内非正常死亡人骨的大量发现，作为防御功能的夯筑城墙和壕沟的普遍存在，可以证实当时战争冲突更加剧烈，而随葬石钺比率下降，可能石钺已变成军权的象征了。随着社会的发展，人们对于木材的需要不是减少而是增加，龙山文化时期从事木材加工业人数比大汶口文化后期减少，可以认为加工木材已成了某少数人的工作行为，社会专业化程度提高了。

六

　　本文可做以下结论：

　　1.大汶口文化时期，男、女性别间存在着分工，男性更多地从事砍伐树木、加工木材、狩猎捕捞、加工工具等工作，而女性多从事纺织业。但两性的工作范围有很大程度的交叉。到龙山文化时期，男女分工才更加明显，但仍需要更多材料补充和证实。

　　2.大汶口文化前期，男女都从事体力消耗较大的砍伐树木，清除杂草等工作，到大汶口文化后期，女性从事这项工作的人数急剧减少，到龙山文化时期可能更少。大汶口文化后期和龙山文化时期，原是砍伐工具的钺已变为兵器，有些为军权的象征，随葬石钺的比率在大汶口文化后期急剧增加，说明战争频繁，部分男性专门从事对外战争，而大型墓葬多随葬玉石钺，龙山文化时期一般墓葬随葬石钺比率又较前大幅度下降，说明钺已是纯粹的军权象征了。

3.考古学的发展越来越需要应用统计学的有关方法。但如何解释经过处理的数据，还要结合考古具体实际情况，这样得出来的结论才会更可靠些。

（原文刊于《齐鲁文博——山东省首届文物科学报告月文集》，齐鲁书社，2002年）

论陵阳河大汶口文化墓葬所反映的社会分层

——从文化人类学和民族学角度说起

山东莒县陵阳河大汶口墓葬因其墓坑规模大小、随葬品多寡悬殊，以及随葬刻有图画符号的陶器、数量众多的陶杯与猪下颌骨引起了考古界的注目。有学者曾对其反映的社会分化情况做过有益探索。本文参考文化人类学关于社会分层的原理，结合有关民族学的材料，对陵阳河大汶口文化阶段的社会分层情况再做分析。

一

陵阳河大汶口文化遗址[①]位于沂蒙山区东部边缘的山前平原上，靠近陵阳河。20世纪60年代初，曾出土过刻有图画符号的陶器，1963年，文物部门做了调查性试掘，1979年，又进行了两次发掘，清理墓葬45座。

---

① 详细资料见王树明：《山东莒县陵阳河大汶口文化墓葬发掘简报》《陵阳河墓地刍议》，《史前研究》1987年第3期；何德亮：《陵阳河与大朱家村墓葬剖析》，《纪念山东大学考古专业创建20周年文集》，山东大学出版社，1992年。

陵阳河墓地发掘前遭到了破坏。就发掘情况而言,整个墓地并没有全部揭露。关于其空间布局,据发表材料分析,可分五区(发掘者分四区)。第Ⅰ区,位于遗址北部,因临近陵阳河南岸,发掘者称为河滩组墓地,共25座。墓坑分布较有规律。除河水冲刷破坏了部分墓葬外,该区墓葬已全部清理完毕。第Ⅱ区,位于第Ⅰ区的西北部,相距50米左右,共10座。墓坑分布密集,排列有序。此区墓葬清理完毕。第Ⅲ区,位于第Ⅰ区的东南部,相距60米,仅6座。墓坑排列较为分散。第Ⅳ区,位于第Ⅲ区的西南,相隔150米,仅清理3座。第5区,位于第Ⅰ区西南部,只清理1座。由于第Ⅳ、Ⅴ区的发掘面积较小,整个小区的墓葬并没有完全清理出来。

随葬品有陶、玉、石、骨器和猪下颌骨。陶器常见鼎、鬶、豆、罐、盉、盆、背壶、单耳杯、筒形罐、厚胎高柄杯、薄胎高柄杯等,还见刻有图画符号的厚胎陶大口尊、角号等;玉、石器有钺、斧、凿、镞、坠饰等;骨器仅见矛、雕筒、梳等。

发掘者依据墓室大小、随葬品多寡,把墓葬分为大、中、小型三种。大、中型墓只见于第Ⅰ区内,小型墓则分布于第Ⅱ—Ⅴ区内。大型墓的介绍见下文。中型墓坑长3米左右,宽1.5米以上,随葬品30—60件;小型墓坑长2米左右,宽1.5米以下,随葬品在30件以下。就墓葬而言,反映的社会分化较为严重。

发掘者通过对墓葬间打破关系、陶器递变顺序分析,结合大汶口文化其他墓地的分期,把该墓地分为早、中、晚三期。早期墓4座,分布在第Ⅰ、Ⅱ、Ⅲ区;中期14座,各区都有;晚期27座,分布于第Ⅰ—Ⅳ区内。早期墓相当于大汶口墓地早期(大汶口文化中期)。已有学者指出仅相当于大汶口文化晚期(公元前2800—前2400年)。[①]就墓地出土的陶器形态而言,还不具备大汶

---

① 何德亮:《陵阳河与大朱家村墓葬剖析》,《纪念山东大学考古专业创建20周年文集》,山东大学出版社,1992年。

口文化末期的特征，把墓地的年代定在公元前2600—前2450年似乎更恰当些，整个墓地前后经历了大约150年。

<h1 style="text-align:center">二</h1>

陵阳河墓地出土器物较多，有些如鼎、鬶、豆、罐、盉、壶等器类，研究较少，对其埋入墓葬的含义还缺乏明确的认识。本文只对部分涉及墓主人身份的特殊随葬品，如酒具、大口尊（臼）、猪下颌骨、角号、玉、石钺等进行探讨。

1. 关于酒与酒杯

据研究，早期酿酒法主要有两种。[①]其一，用水果类制作酒。水果含有可直接发酵的糖类，如果糖、蔗糖，酵母菌能使糖类发酵成酒。这种方法不需要人力的参与，是最简单、最原始的酿酒法。其二，用粟、稻、麦等含淀粉的粮食酿造酒。淀粉不能直接发酵，要先经过糖化。糖化过程分自然糖化（如谷物的发芽）、人工糖化（添加酵母，人的唾液也可以使淀粉糖化）。商周时期，中国发明酒曲（即曲糵）。由于酿酒技术并非人们想象的那样复杂，中国很早就出现了酿酒业。有学者从器物形态学、民族学的研究上得出了新石器较早阶段已出现了谷物酿酒。[②]大汶口文化晚期阶段，酿酒业得到了一定发展是没有问题的。

早期的酒含有多种氨基酸，营养非常丰富。在古人眼里，酒中所含的酒精更有神奇作用。酒精刺激神经中枢，能够令人兴奋，乃至麻醉人的精神，消除紧张、焦虑和劳累，带来生理上的快感。由于酒的神奇功能，历史上世界各民族多利用酒助人沟通天地，即借助酒精的力量达到昏迷，产生幻觉，以便与神界交往。酒成为古代社会巫术、宗教过程中的常备之物。中国古代祭祀之风较盛，酒

---

① 赵匡华：《化学通论》有关古代酿酒章节，高等教育出版社，1990年。
② 李仰松：《我国谷物酿酒起源新论》，《考古》1993年第6期。

图一　陵阳河墓葬出土部分器物

注：1.薄胎高柄陶杯　2.厚胎高柄杯　3.玉钺　4.大口尊（白）　5.陶牛角号

在祭祀中为不可缺少的神圣之物，如《礼记·礼运》："故玄酒在室，醴戋在户，粢醍在堂，澄酒在下，陈其牺牲……以降神及其祖先。"酒更是飨饮、宴射、朝聘、婚嫁、丧葬等礼仪活动和社交活动的中介之物，故俗云，"无酒不成礼"。

对酒酿造过程的认识及酒功能的研究，有助于理解陵阳河墓地内随葬大量酒杯的含义。大、中、小型墓均随葬高柄杯，小墓一般在5件以下，中型墓20—40件，大型墓中如M6达96件，M17有93件。高柄杯分厚胎、薄胎两种（图一：1、2）。M17中竟有薄胎高柄杯39件。高柄杯占陶器总数的45%，大、中型墓的比例还要高。陵阳河遗址的居住区没有发掘。时代与之相同的枣庄建新遗址第三期[1]墓葬出土陶器种类尤其高柄杯数量较多的特征与陵阳河相同，而居址出土陶器以鼎、罐为主，高柄杯的数量并不多。居址中发现的陶器，其种类数量的多少应与日常生活使用的频率有关。这说明高柄杯的使用并不经常，是讲究时间或场合的。高柄杯的数量多，薄胎高柄杯制作又非常精美，它在整个器物群中制作最复杂，工艺最先进，细泥质、黑陶、胎薄、质硬，多抛光，是龙山文化蛋壳陶杯的前身。因此，高柄杯不可能是饮水器具，应属于酒具。有人

---

① 山东省文物考古研究所、枣庄市文化局编：《枣庄建新新石器时代遗址发掘报告》，科学出版社，1996年。

认为薄胎与厚胎高柄杯是明器。建新、蒙城尉迟寺等大汶口文化晚期居址内均发现了这两种高柄杯，目前看来，它们仍然属于生活用器。厚胎高柄杯制作粗糙，容量小，而薄胎高柄杯制造精细、规整，容量大约是前者的4倍。看来，这两种酒杯在使用上可能有场合上、层次上的差异。随葬酒杯数量的多少与墓室规模大小一致，它可以反映墓主人身份地位。这与夏商时期以随葬铜或陶质酒器组合的多寡来表示墓主人身份高低的情况极其相似。

2.关于陶大口尊（臼、缸）

陵阳河出土了一种敞口、深腹、圜底或小平底、厚胎、个体硕大的陶器，由于它出自高等级墓内，有的腹部上刻图像符号，被认为是特权阶层的一种祭祀用品或礼器大口尊[1]，还有人依据所刻图像考证为酿酒发酵谷物的大口缸[2]。

大口尊这类器物并非只发现于大型墓葬中，如大汶口墓地[3]M8、M16，刘林墓地[4]M192均为中小型墓，安徽蒙城尉迟寺大汶口文化遗址内还发现用此器作瓮棺葬具[5]。枣庄建新、滕州西康留[6]、蒙城尉迟寺等遗址灰坑、房址内发现了完整器物和大量碎片。也就是说，这种器物仍为日常用器。笔者曾对出土的残片做过观察和实验，发现其硕大、圜底的特征不适合于平地上使用。房址周围还发现放置它的小坑，底垫碎陶片，层层陶片已粘合在一起，呈鸟巢状，非常坚硬。这种陶器内壁下半部表面光滑，有些呈层状剥落，应是长期捣磨的结果。从该器由直口至敞口、底由大变小、壁由薄渐厚的变化规律分析，器底的

---

① 邵望平：《远古文明的火花——陶尊上的文字》，《文物》1978年第9期。

② 王树明：《考古发现中的陶缸与我国古代的酒缸》，《海岱考古》第一辑，山东大学出版社，1989年。

③ 山东省文物管理处、济南市博物馆编：《大汶口——新石器时代墓葬发掘报告》，文物出版社，1974年。

④ 南京博物院：《江苏刘林新石器时代遗址第二次发掘》，《考古学报》1965年第2期。

⑤ 王吉怀：《专家谈安徽蒙城尉迟寺遗址发掘的收获》，《考古》1995年第6期。

⑥ 山东省文物考古研究所鲁中南考古队、滕州市博物馆：《山东滕州西康留遗址调查、发掘简报》，《考古》1995年第3期。

变小、变厚加强了抗击能力，减轻了碰撞力，不易破裂，利于舂捣。看来，这类器物应是加工粮食的陶臼。

古代一器多用的现象比较普遍。陵阳河墓地共出土陶大口尊9件，M6、M7、M24各2件，M17、M19、M25各1件，均属于大型墓。其中4件刻有图画文字。M25：1刻"■"（图一：4），像台式房屋上栽一棵树，学者们多把此图像看作社树的摹绘，与当时的社祭有关。M19出土陶臼刻"■"，有学者认为是对一种古代军用吹奏乐器的摹绘。[1]M7出土臼刻"■"，可释为"旦"或"炟"[2]，可能与人们祭天或祈祷丰收有关。M17出土的大口尊刻"■"，有学者认为是对沥酒过程的摹绘，是酿酒时进行祈祷祭祀的图像[3]；还有学者认为是取像于古代羽冠或冠饰[4]，或释为"皇"字[5]。总之，这些陶大口尊也与当时巫术、宗教、祭祀或某种崇拜有关。出土这类器物的墓主人生前应是掌握宗教祭祀权的巫觋。

3. 关于猪下颌骨

含大量淀粉和热量的食物由猪消化吸收，转化为动物蛋白质和脂肪。数千年来，长江中下游、黄河中下游地区的人们一直把猪作为动物蛋白质和脂肪的主要来源，也常把它用作各种巫术、宗教、祭祀活动的牺牲。

大汶口文化晚期墓地出土的猪下颌骨，经鉴定均为家养。猪的驯化和养殖，应为圈养和放养。养猪业要达到一定规模，应以一定量的粮食剩余或野果的大量采集为基础，采集野果养猪毕竟有限，充其量是辅助作用。

墓葬内随葬猪下颌骨（或猪头骨），一般看作财富的象征，也有人认为反

---

① 王树明：《谈陵阳河与大朱村出土的陶尊文字》，《山东史前文化论文集》，齐鲁书社，1986年。

② 于省吾：《关于古文字研究的若干问题》，《文物》1973年第2期。

③ 王树明：《考古发现中的陶缸与我国古代的酒缸》，《海岱考古》第一辑，山东大学出版社，1989年。

④ 杜金鹏：《关于大汶口文化与良渚文化的几个问题》，《考古》1992年第10期。

⑤ 李学勤：《论新出大汶口文化陶器符号》，《文物》1987年第12期。

映了某种宗教仪式。作为财富的象征，从民族学上可以得到证明。永宁纳西族平时把吃过的猪下颌骨保存下来，挂在正房的梁上，罗列成行，少者数块，多者数十块，以显示家庭的富有程度。遇丧事则用猪下颌骨为死者焚葬，或者送到坟山。① 维西地区"人死无丧服，棺以竹席为底，尽悬死者衣于棺侧，而陈设所有琵琶猪（即猪下颌骨）"（余庆远《维西见闻录》）。陵阳河墓地随葬猪下颌骨的墓比例为64.5%，多者33块，少者1块。很难直接从宗教原因来解释随葬猪下颌骨的含义。对随葬猪下颌骨的认识远没有这么简单。首先，当时人们是把吃剩的猪下颌骨留下来，待去世后，随同其他陪葬品放入墓内？还是死后一次殉杀，把下颌骨放在墓中？或者把在特殊场合吃的猪留出下颌骨存放起来，待主人死后放入墓内？陵阳河居址没有清理，这些问题无法得到证实，而民族学的材料告诉我们，这几种情况都存在过。② 其次，猪下颌骨与其说是财富的象征，不如说是作为曾有财富的象征，因为它不可再生，即吃完猪肉后，需继续饲养。尤其是这种财富不能继承，长辈用之炫耀的财富，随其死后变为随葬品，而后代也不能以此炫耀。再次，从整个墓地而言，随葬猪下颌骨较为普遍，这说明养猪业并没有被控制在个别人手中，每个家庭或家族作为独立的经济单位都可以从事养猪。问题是一般墓才随葬四五块猪下颌骨，而有的随葬较多，如M24有29块，M6为21块，M17竟达33块，它们均为大型墓。上面已提到，较大规模饲养猪必须依靠一定量的粮食剩余，养猪越多，消耗的粮食就越多。不可否认，这些人是种田能手或养猪能手，但那些随葬猪下颌骨数量较多的墓葬还出土牛角号、骨雕筒、石钺（见卜）、刻有图画符号的陶大口尊，以及大量的酒杯，它们象征着军事权、经济权、宗教权、族权。换句话说，墓主人生前使用了某种"权力"掌握

① 严汝娴、宋兆麟：《永宁纳西族的母系制》，云南人民出版社，1983年。

② 李仰松：《佤族的葬俗对研究我国远古人类葬俗的一些启发》，《考古》1961年第7期；宋兆麟：《云南永宁纳西族人民的葬俗》，《考古》1964年第4期；志远：《海南岛黎族人民的葬俗》，《考古》1958年第8期；王仁湘：《新石器时代葬猪的宗教意义——原始宗教文化遗存探讨札记》，《文物》1981年第2期。

了一定的剩余粮食，或者占用了他人饲养的猪。

4. 关于玉、石钺、矛、镞

钺与斧均为砍伐工具，钺较斧扁平。一般认为大汶口文化的玉石钺（图一：3）与军事战争有关。陵阳河大型墓随葬玉石钺较普遍，如M24、M19、M6。另外，中型墓M12、M3，小型墓M3、M28、M41也随葬钺。钺分两种，一是制作规整，体胎扁薄，刃部锋利，无使用崩痕，出自大型墓。二是制作较为粗糙，有使用痕迹，出自中、小型墓。前者可能属于军事仪仗用品，是军权的象征，后者应是战争中使用的砍杀武器。

另外，大型墓M24还出土骨矛2件、石镞1件。矛横断面呈椭圆形，长10厘米。镞，扁挺，有锋有翼，长10厘米。由于其他墓内并没有见这类工具，意味着它们不大可能是狩猎工具，因为作为狩猎活动较为普遍的史前时代，狩猎的"权力"和"机会"不可能只掌握在个别人手中。如是，这里出现的矛和镞也应与军事战争有关。

5. 关于骨雕筒

共2件，分别出自大型墓M6、M19内，伴出石钺等。有人认为钺、雕筒为一组套，雕筒系钺柄端饰[1]；有人认为是旌旗类的柄饰[2]。雕筒也有与钺不共出者，如莒县大朱村M26[3]、胶县三里河M266[4]等。某些雕筒可能属于后一种情况。旌旗也与军事战争有关。

6. 关于角号

共2件，出自M19、M7大型墓。M19：19夹砂褐陶质、喇叭口，口径8.54厘米，通长39厘米（图一：5），吹之仍呜呜有声。吹奏角号可能是召集人员的

① 韩建业：《大汶口墓地分析》，《中原文物》1994年第2期。
② 王树明：《大汶口文化中骨、牙雕筒用途推测》，《考古与文物》1991年第3期。
③ 山东省文物考古研究所等：《莒县大朱家村大汶口文化墓葬》，《考古学报》1991年第2期。
④ 中国社会科学院考古研究所：《胶县三里河》，文物出版社，1988年。

信号。召集人员不外乎是参加公共集会、祭祀、战争等活动。这说明墓主人生前曾是群体活动的召集者。

从以上特殊随葬品的分析，大致可以看出，大型墓内随葬较多的猪头骨、酒杯，意味着墓主人生前掌握着一定的剩余粮食，或占用他人饲养的猪、他人酿造的酒，比他人享有更多的经济资源；同时又随葬与军事指挥有关的玉、石钺、骨矛、石镞和骨雕筒，说明墓主人生前有军事指挥权；随葬刻有图画符号的祭祀用具，说明他们掌握着宗教祭祀权；随葬角号，说明有召集众人的权力，他们可能拥有族权。这些墓主人拥有经济特权、军事指挥权、宗教祭祀权和族权，应是当时的社会首领。他们与经济比较富有的人物（中型墓）单独埋葬一个墓区，可以说他们已经组成了一个高高在上的"贵族阶层"。因此，有学者认为此时阶级已产生，属于军事民主制社会阶段，进入了文明的门槛；有学者甚至认为进入了原始文明社会阶段。①

三

文化人类学根据某社会内是否存在习俗或规定使某些特定的群体获得经济资源、权力（power）、威望（prestige）或权威（authority）的情况，把社会划分为平等、阶层和阶级等级社会三种类型。②经济资源主要指土地、水、植物、动物、矿藏等自然资源和其他生产、生活资料；权力是指以有一定的否决性法令制裁为后盾而具有的施加影响的能力；威望（权威）则意味着尊敬或荣誉，是个人或群体有声望，职务很显要而具有的施加影响的能力。

---

① 张学海：《海岱地区史前考古若干问题的思考》，《中国考古学会第九次年会论文集》，文物出版社，1997年。

② 〔美〕F.普洛格、D.贝茨著，吴爱明、邓勇译：《文化演进与人类行为》，辽宁人民出版社，1988年；〔美〕C.恩伯、M.恩伯著，杜彬彬译，《文化的变异》，辽宁出版社，1988年。

　　平等社会里，人们获得经济资源、权力和威望的机会是平等的，一般出现在狩猎采集、初农和畜牧社会中。但"平等"并不意味着在这种社会内所有人都是同样的，不同的个人之间总是存在着年龄、性别上的差异，以及狩猎、种植技能、创造力、体力、魅力、智力等方面的能力或特点的差异，这些差异会导致社会地位和威望的差别。当然，这种差别与权力、经济差别无关。平等意味着在特定社会里，有多少威望的位置，就有同样多的人能够填补这些位置。由于平等群体依靠的是共同分享，这就保证了获得经济资源的平等权力。平等社会的政治组织类型一般是队群或部落。

　　阶层社会内，不存在获取经济资源和权力的不平等，但却存在获得威望的机会不平等的群体，社会是部分分层的。获取威望的不平等通常反映在首领这个位置上，只有特定群体的某些成员才能继承。不同的亲属群体则根据其离家系主线的远近而划入不同阶层之中。首领的职责是充当再分配的执行者，可以对公共劳动力的使用进行指导和规划，管理宗教活动，也可以对军事活动进行指导。阶层社会又可分三种类型。[①]阶层社会里，人们通常从事农业或畜牧业。其政治组织类型是酋长领地。

　　阶级社会的特点是某些社会群体在获取经济资源、权力和威望上存在着不平等。阶级社会可分为开放性阶级体制和等级制（caste system）。尽管开放性阶级社会中的开放程度不同，但人们保持出身的阶级的可能性最大。在等级制中，一个人的社会地位完全是由出身决定的，法律规定或习俗禁止随意向上移动。阶级社会的政治组织类型是国家。

　　埋葬制度（习俗）是墓主人现实生活中社会地位某种程度的反映。国外学者认为，有血缘或利益等关系密切的群体死后一般埋在某种形式上的公共墓地

---

　　① 　Paul K. Wason, *The Archaeology of Rank*. Cambridge University Press 1994. 该文把阶层社会分为the big-man society、ranked society和chiefdom 3个类型。

内；人们在社会生活的差异性也同样在墓葬形式上表现出来；随葬品的内容以及对待死者的宗教、纪念仪式和埋葬方式是由其社会地位决定的，死者在社会中地位越高，权力越大，在埋葬上花费的资源就越多。[①]中国古代存在着灵魂不灭思想，待死者视如生人。因此，考察墓主人的埋葬、随葬品情况及内容，可以部分复原其生前的经济地位、社会地位和政治权力，从而窥视当时的社会发展阶段。

由社会分层的原理可以看出：一、平等社会里，人与人之间也存在着经济、社会地位的差异，但由于取得社会地位的方法是平等的，因而，社会地位是属于个人的，不能世袭。人死后，其社会地位随之消失。在这种社会内，墓葬的规格、形式是由其社会地位决定的。比如距今七八千年的裴李岗文化时期，就存在着墓坑大小、随葬品多寡不一的现象。河南新密莪沟68座墓中[②]，随葬品最多者达14件，一般为2—8件，部分墓不见随葬品。郏县水泉110座墓中[③]，随葬品多者31件，一般为10件以下。随葬品包括生产工具、日用陶器和装饰品。对于这种差异，可认为当时社会可能并不存在着社会不平等，墓主人随葬品的差异应与个人生前能力或者有某种社会分工有关。总体而言，还看不出当时存在获取经济资源、权力和威望的不平等，社会仍处于平等社会阶段。二、阶层社会里的不平等主要集中在首领这个位置，其地位至少部分是可以继承的，不同的亲属群体则根据离家系主线的远近而划入不同阶层内，人们可以在相对公平竞争基础上获得各自不同的位置。三、阶层社会与阶级社会的区别及划分，对于研究中国古代社会制度有一定指导意义。四、阶级社会中往往有

---

①　Michael B. Schiffer, *Formation Processes of the Archaeological Record*, University of New Mexico Press,1987, pp.85–89.

②　河南省博物馆、密县文化馆：《河南密县莪沟北岗新石器时代遗址》,《考古学集刊》第1集，中国社会科学出版社，1981年。

③　中国社会科学院考古研究所河南一队：《河南郏县水泉新石器时代遗址发掘简报》,《考古》1992年第10期。

些规定、制度或习俗禁止各等级的随意变动，各阶级的衣、食、住、行、婚、嫁、死葬以及劳动、政治权力、义务等存在明显的差异。如商周时期，统治者用"礼"约束各等级的活动，人们死后也按照严格的规定埋葬，这一点不仅有相关的历史文献记载，而且通过对墓葬制度的分析也得到了证实。

四

谈一谈陵阳河遗址社会首领变更情况。

把原报告的墓葬分期结果在第Ⅰ区墓葬平面分布图上表现出来（图二）。据墓葬的前后下葬顺序，可把该区墓葬分为4小组。自西北至东南分别以英文字母A、B、C、D组代之。

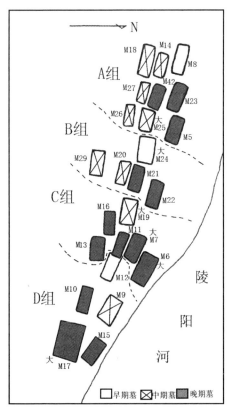

图二　陵阳河第Ⅰ区墓葬分组示意图

A组：9座，M8属早期，M14、M18、M26、M27、M25为中期，M42、M23、M5属晚期。B组：5座，M24为早期，M29、M20属中期，M21、M22属晚期。C组：6座，M19为中期，M16、M11、M13、M7、M6为晚期。D组：5座，早期墓M12，中期墓M9，晚期墓3座，M10、M17、M15。

除C组缺早期墓外，其余三组墓均经历了早、中、晚3个阶段。每组墓分别埋5—9名死者（C、D组墓临近陵阳河，遭洪水冲刷，破坏了部分墓，原墓葬数要多些），共跨越了150年左右。看来每组墓葬应代表了当时社会的最小组织，本文暂且以家庭名之。这5个家庭构成的集团有可能是一个大家族。第Ⅱ、Ⅲ区的情况与第Ⅰ区相同。他们同时并存。

A组：早期M8为中型墓，随葬陶器28件，猪下颌骨2块，经济情况一般，也没有其他特殊地位。5座中期墓，4座为中型墓，M25为大型墓。尽管同为中期墓，但从墓葬分布图分析，下葬顺序依次为M14、M18、M27、M26和M25。考古学上的分期多依据陶器的变化，以此还划不出像"一代人"这样的时间跨度，这5座墓很可能包含几代人。M14随葬陶器49件，猪下颌骨6块，经济上比较富裕，但其他地位一般，M18、M27和M26均属一般中型墓。M25随葬陶器73件（刻有图画符号的大口尊1件，厚胎高柄杯36件，薄胎高柄杯1件），猪下颌骨7块，说明墓主人经济上富有，还拥有宗教祭祀权，应是当时的首领。晚期墓均属中型墓，无特殊随葬品。

B组：早期墓M24为大型墓，长4.3米，宽2.1米，残深0.32米。"井"字形木椁。虽遭破坏，随葬品仍较丰富，陶器35件（其中陶大口尊2件，薄胎高柄杯、瓢形杯各1件），猪下颌骨29块，骨矛2件，玉簪、玉坠、石坠和钺各1件。墓主人生前既是经济富有者，又拥有宗教祭祀权、军事指挥权，应是早期阶段的首领。中、晚期无大型墓，除晚期M21随葬陶器101件，猪下颌骨4块，较富有外，其他为普通中型墓，无特殊地位。

C组：M19为中期大型墓，长3.30米，宽1.76米，残深0.62米，有木椁葬具。随葬陶器66件（其中牛角号、带有图画符号的臼各1件，薄胎高柄杯6件，厚胎高柄杯35件），还有猪下颌骨4块，石钺、玉玦和骨雕筒各1件。墓主人生前比较富有，拥有族权、宗教祭祀权和军事指挥权，是中期阶段的首领之一。晚期墓M13随葬陶器106件，其中薄胎高柄杯10件，厚胎高柄杯23件，较富有。M16、M11、M7属普通中型墓。下葬顺序最晚的M7、M6均为大型墓。M7长3.9米，宽2米，虽遭破坏，随葬品仍较丰富，陶器43件，其中角号1件、陶臼2件、高柄杯24件，还有猪下颌骨5块，墓主人是当时的社会首领似无问题。M6长4.55米，宽3.8米，存深0.23米，"井"字形木椁。随葬陶器160件（大口尊2件、高柄杯96件），猪下颌骨21块，石钺、石凿、玉璧、骨雕筒各1件，墓主显然是晚期阶段的首领之一。

D组：早期M12属中型墓，随葬陶器37件，猪下颌骨4块，还有石钺1件、玉簪2件，主人生前富有，有一定的军事指挥权。中期M9、晚期M10，经济一般，与同时代中型墓相比，随葬品稍少。晚期M17，属大型墓，系二次葬，墓坑长4.60米、宽3.23米、残深0.29米，"井"字形木椁。随葬陶器157件（薄胎高柄杯39件、厚胎高柄杯54件、刻图画符号的大口尊1件等）、猪下颌骨33块、石凿2件。墓主系晚期阶段的首领之一。

可以看出，早期大型墓出现在B组（M24），中期大型墓出现在A组（M25）和C组（M19），晚期大型墓出现在C组（M6、M7）和D组（M17）。可见，当时的首领并非只来自同一个家庭（集团）内，而是分别出自4个家庭。上一辈人拥有的经济权、军事指挥权、宗教祭祀权和族权等特权并没有被下一辈人直接继承下来，即上辈人并不能用已获得的权力让自己的亲属子女获得相应的利益。每位首领生前拥有的经济、权力、威望等社会地位，随着本人的去世而随之消失。尽管只有第Ⅰ区的墓主人才获得首领这个位置，但在这个群体内所有人得到首领位置的机会是均等的。

人们是怎样获得首领位置呢？

美拉尼西亚、新几内亚的原始部族，"大人物"（称"姆米"）是通过竞争获得首领位置的。[①]促进竞争的手段不是保存财富，而是散发财富。他们往往通过举行猪宴来展示自己的地位和声威。最初阶段，"大人物"雄心勃勃，努力工作，富有公共精神。他们积累大量财物后就举办猪宴来获取众人的尊重。"姆米"获得一定威望后，开始举办更大的猪宴向前辈老"姆米"挑战。由于这些人具有分配肉

---

① 〔美〕马文·哈里斯著，黄晴译：《文化的起源》有关原始国家的起源章节，华夏出版社，1988年；Marvin. Harris, *Cow*, *Pigs*, *Wars and Witches*, Random House Inc.1974.

类、粮食和其他贵重物品的能力，因而也具有召集战士、配备武器，并用战利品奖赏战士的能力，随后成为军事首领，甚至有些逐渐成为宗教首领。他们获得社会首领地位后，又用剩余财富提供丰盛的公众大宴，或资助大规模的公共建设工程，这些行为又会加强了他们的地位，积聚更多的财富。太平洋东岸的美洲印第安人群体也存在类似的情况，那里的头人通过举行赠财宴来提高自己的地位。

有学者认为，类似国外少数民族区域的"夸富宴"，在我国南方和东南亚也有此俗，如这些地区流行的铜鼓、大铜（铁）锅就是在"夸富宴"性质活动中使用的敲击乐器和炊具。①独龙族中谁养牛猪最多，谁杀牛猪最多，谁就越有地位和威望。②西藏南部的珞巴族，人们用财富来谋取家庭尤其是家长、氏族、部落的声望。一些富有的家庭往往以祈富消灾的名义举办"梭白巴""育洛巴"等宗教活动，宰杀数以十计的牛、猪类，宴请同氏族人及亲戚朋友。如达芒部的东玛举行了一次规模较大的"梭白巴"，杀牛19头、猪30多头，用2000多斤粮酿酒，吃喝前后达半个月，被邀请者达200余人。举办宴会的人，从而赢得富有的声誉，并能取得大家的支持，在家族与家族、氏族与氏族间发生械斗时，他们就能得到人们的帮助，以较大的力量战胜对方。③

位于巴尔干半岛距今4000年的瓦纳（Varna）遗址，属金石并用时代，发掘墓葬281座。位于墓地的中部，发现了7座大型墓，出土了大量代表墓主人社会地位的物品，应是当时的首领。有学者通过分析认为，当时社会各家族间存在着激烈的竞争，首领是通过竞争得来的。④西方学者柴尔德（Childe）总结了各

---

① 汪宁生：《铜鼓与"夸富宴"——民族考古学的实例研究之二》，《庆祝苏秉琦考古五十五年论文集》，文物出版社，1989年。

② 宋恩常：《云南少数民族社会与家庭形态调查研究》，云南大学历史研究所民族组，1975年。

③ 李坚尚、刘芳贤：《珞巴族的社会和文化》，四川民族出版社，1992年。

④ John Chapman, "Social Inequality on Bulgarian Tells and the Varna Problem," *The Social Archaeology of Houses*, Edited by Ross Samson, Edinburgh University Press, 1990.

地墓葬制度后指出，在社会结构相对稳定的阶段，墓葬内的随葬品数量相对较少；而在社会结构不稳定的时期，随葬品要丰富些，以此作为巩固其社会地位的一种方式。①大汶口文化晚期墓葬随葬品普遍比大汶口文化早、中期和稍晚的龙山文化丰富，或可说明当时的社会结构并不稳定。

如此看来，陵阳河大汶口文化时期社会首领的职位也是通过竞争获得的。他们死后均随葬较多的猪下颌骨，十几甚至近百件酒具，说明他们在经济上非常富有。这些猪、酒杯并非全为墓主人生前使用，有些也许是为获取威望而举办宴会专用的，死后作为财富的象征或社会地位的标志随葬身旁。

陵阳河的小型墓也分区埋葬，每区墓葬数仅在10座左右，年代大约跨越了早、中、晚阶段，每区墓葬所代表的应是本文称之为家庭的社会最小单位。他们在远离第Ⅰ墓区下葬。说明与埋在第Ⅰ区的人们不是一个集团。这之间又存在着经济、权力和威望的差异，可认为他们不属于一个阶层。小型墓绝大多数随葬品在10件以上，有些达30件，也有厚胎和薄胎高柄杯，近半数墓内随葬猪下颌骨，3座墓内均为4块，有的墓有石钺、斧、锛和装饰品。看来，上层人物并没有控制他们的经济资源。

据以上分析，陵阳河墓葬所反映的社会分层并没有超出阶层社会的范畴。社会首领是通过某种方式的竞争获得的。但考虑到社会首领只出在第Ⅰ区墓葬所代表的集团，这个集团的4个家庭垄断了首领位置。他们控制着族权、军事指挥权和宗教祭祀权，获得经济资源的机会更多些，他们构成了一个贵族阶层。这些又具备了阶级社会的某些特征。因此，或可认为，当时社会正处于由阶层社会向阶级社会过渡阶段。

---

① Childe, Vere Gordon, *Directional Change in Funerary Practices during 5000 Years*, Man 4, 1945, pp.13–19.

五

陵阳河被史学界视为那一区域的中心聚落。与陵阳河遗址相隔8公里的大朱家村遗址[①]和相距3公里的杭头遗址[②]，时代相同，文化面貌一致，但墓葬分布和规格上有些区别。第一，大朱家村至少分4个墓区，大型墓分布于中、小型墓都存在的两区内，杭头墓地也近似，这显然与大、中型墓集中在一区的陵阳河墓地有区别。第二，大型墓的规格比陵阳河稍低一点，随葬品也不如后者最大墓丰富，如大朱村中期最大的墓葬M02，坑长3.8米，宽2.6米，深1.3米，随葬陶器131件，猪下颌骨17块；中期大型墓M17，坑长3.30米，宽1.95米，残深0.20米，随葬陶器64件（其中薄胎高柄杯6件、厚胎高柄杯24件，刻有图画符号的大口尊1件）、石钺1件、猪下颌骨6块；大朱村晚期最大的墓葬M26，墓坑长3.85米，宽1.73米，随葬陶器52件（薄胎高柄杯12件、大口尊1件、角号1件），猪下颌骨4块，石斧、石镞、骨雕筒各1件。杭头晚期大型墓M8，长3.35米，宽2.95米，深1.40米，1棺1椁，随葬陶器59件（刻有图画符号的大口尊2件、厚胎高柄杯18件、薄胎高柄杯6件），玉钺1件，鳄鱼鳞板9块，猪下颌骨7块。

但是，杭头、大朱村大型墓葬随葬代表墓主人社会地位（首领）的物品一点儿也不比陵阳河逊色，目前还看不出陵阳河作为中心聚落的首领是用什么方式控制其他聚落的人群，包括这些首领的。或可以这么认为，当时聚落有大小之分，人口有多寡之别，陵阳河聚落比大朱村和杭头大、人口多，聚落首领的财富要多些，权力也大些；从社会分层程度角度而言，陵阳河的社会分层比大朱村、杭头更加明显些，这样也让首领权力大小、财富多寡不一。

（原文刊于《江汉考古》2001年1期）

①　山东省文物考古研究所等：《莒县大朱家村大汶口文化墓葬》，《考古学报》1991年第2期；苏兆庆、常兴照等：《山东莒县大朱家村大汶口墓地清理简报》，《史前研究》1989年辑刊。
②　山东省文物考古研究所、莒县博物馆：《山东莒县杭头遗址》，《考古》1988年第12期。

丹土与两城镇玉器研究

——兼论海岱地区史前玉器的几个问题

引　言

五莲丹土、日照两城镇是海岱地区东部沿海地区两个著名史前聚落，相隔不足4公里。它们以遗址规模大、出土玉器多而闻名于世。这两个遗址出土的玉器在海岱地区史前玉器中占有好几个第一，如是目前海岱地区出土玉器数量最多的史前遗址之一，有最扁薄的玉器（如厚仅0.2厘米的玉钺、玉刀），最长的玉钺（达30多厘米），最长的玉刀（50多厘米），直径最大的玉璇玑（达20多厘米），还发现了山东地区唯一的1件史前玉琮和刻有兽面纹的玉锛（圭）等。由于绝大多数玉器为村民在平整土地和挖土时发现，又被不同文物部门征集和收藏，迄今，学界还缺乏系统收集、整理和总体分析这些玉器的研究。目前，有关图录与论文中多把丹土和两城镇玉器定为龙山文化时期。两城镇遗址由于考古工作开展较早，考古资料也较多，该遗址主要为龙山文化遗存，1936年发掘的龙山文化墓葬M2内还出土了玉钺，玉器归于龙山文化时期应无多大问题。而最近的考古发掘资料表明，丹土遗址则包含着大汶口文化晚期和龙山文化等时期的遗存。笔者2001年在五莲县董家营遗址进行考古发掘，从大汶口文化中、晚期墓葬内清理出了一批玉石器，发掘期间又仔细观摩了五莲县博物馆馆藏的丹土等遗址历年来出土的玉石器。后又蒙刘延常先生惠允，有幸观摩了山东省文物考古研究院在丹土遗址发掘的玉器和其他材料。目前看来，丹土玉器的年代归属存在着问题，并影响了对海岱地区史前玉器的整体评价，因而有重新研究的必要。此外，丹土玉器与两城镇玉器的关系、玉器制作、玉料来源以及这种高精端产品在海岱地区史前社会中的运作方式与过程、在社会复杂化过程中所扮演的角色及以玉器为角度所反映的这两个聚落之间关系等诸问题均有深入讨论的必要。

一、海岱地区史前玉器的研究与各阶段发展特点

在分析丹土、两城镇玉器之前，首先回顾下海岱地区史前玉器[①]研究概况，其次简要介绍一下各阶段玉器的发展特点。

以山东行政区为中心的东方地区，考古上称为海岱文化区或东夷文化区。经过几十年的考古工作和研究，学界在该地区已初步构建起扁扁洞·后李—北辛—大汶口—龙山—岳石文化自新石器时代中期至青铜时代初期的发展谱系和序列。研究表明，自公元前6000年至前1500年，海岱文化区基本上是独立发展的，是中国古代六大文化区之一。近十几年来，学者们从不同角度对海岱地区的玉器进行了专门研究和叙述。在中国玉文化区系类型划分上，多数研究者把海岱区看作一个独立的玉文化区或亚文化区（系），并对海岱地区的玉器

---

① 由于绿松石器形小，多为耳坠饰品，出土数量多，分布范围广泛，本文提及的玉器基本不包括此类器物。

分布、分期、时代特征、来源以及与周围文化区玉器的关系，尤其是海岱地区在中国史前玉文化中的地位，对夏商时期玉器文化的影响，已做了相当深入的探讨。①自此，学界对海岱地区史前玉器诸方面有了基本了解。大致说来，有些研究者把海岱地区玉器作为一个独立系统②，还有学者认为应属于次生型的亚系统③，而有的学者认为自公元前3000年之后才有自己的玉器传统或工业④。把海岱地区玉器作为独立系统或亚系统的依据主要是它有自己特色的玉器种类，如各种形态的玉钺、齿状刃钺、戚、兽面纹玉锛（圭）、刀、冠形饰、璇玑（牙璧）、牙璋，并有工艺独特的镶嵌绿松石、刻纹和镂孔透雕等治玉技术。但也有学者把海岱地区玉器划归为涵盖整个东北和山东地区的东夷集团玉器⑤，或者早期属于东夷玉文化板块，晚期（相当于龙山文化时期，距今4400—4000年）

① 雍颖：《试探山东地区出土的新石器时代玉器分期与特征》，《辽海文物学刊》1996年第2期；《海岱地区出土新石器时代玉器研究》，《故宫学术季刊》第17卷第4期，2000年。袁永明：《辽海、海岱地区新石器时代文化比较研究——以玉器为中心》，北京大学考古文博学院，2003年博士学位论文。员雪梅：《燕辽、海岱、中原地区新石器时代玉器研究》，北京大学考古文博学院，2005年博士学位论文。邵望平：《海岱系玉器略说》，中国社会科学院考古研究所编：《中国考古学论丛——中国社会科学院考古研究所建所40周年纪念》，科学出版社，1993年。邵望平、高广仁：《从海岱系玉礼器的特征看三代礼制的多源一统性》，《浙江省文物考古研究所学刊（第二届中国古代玉器与传统文化学术讨论会专辑）》第六辑，杭州出版社，2004年。邵望平：《关于中国古代玉文化的几点思考》，《玉魂国魄——中国古代玉器与传统文化学术讨论会文集》，燕山出版社，2002年。

② 雍颖：《试探山东地区出土的新石器时代玉器分期与特征》，《辽海文物学刊》1996年第2期；《海岱地区出土新石器时代玉器研究》，《故宫学术季刊》17卷第4期，2000年。袁永明：《辽海、海岱地区新石器时代文化比较研究——以玉器为中心》，北京大学考古文博学院，2003年博士论文。

③ 黄翠梅：《中国新石器时代玉器文化谱系初探》，中国古代玉器与玉文化高级研讨会（北京），2000年。

④ 邵望平：《海岱系玉器略说》，中国社会科学院考古研究所编：《中国考古学论丛——中国社会科学院考古研究所建所40周年纪念》，科学出版社，1993年；邵望平、高广仁：《从海岱系玉礼器的特征看三代礼制的多源一统性》，《浙江省文物考古研究所学刊（第二届中国古代玉器与传统文化学术讨论会专辑》第六辑，杭州出版社，2004年。

⑤ 邓淑蘋：《试论新石器时代至汉代古玉的发展与演变》，《古玉别藏续集》，台北故宫博物院，1999年；《20世纪中国古代玉器考古研究的发展与成果》，《燕京学报》新第19期，北京大学出版社，2005年。

独立成海岱玉文化东夷玉亚板块。[1]学者们把海岱地区史前玉器归入东北地区玉文化系统是由于存在与东北地区相同或相近的玉璧、多联璧、环、瑗、璇玑、镯，等等。对于海岱地区史前玉料的来源研究，以往的学者认为就地取材，但最近对海岱等地区玉料的物理特征、矿物成分、化学成分和显微结构的分析表明，该地区的相当部分软玉原料可能来自辽宁岫岩。[2]

下文主要是参照近几年来的新发现和研究成果，把海岱地区玉器置于中国整个史前玉石器工业发展过程中，尤其是辽海、江淮、太湖和中原地区玉石器文化系统下考察。通过分析海岱地区不同时期玉器的种类、组合、形态、玉器制作和原料来源以及玉器在不同地区、不同聚落和不同等级墓葬（地）的呈现，来探讨海岱地区史前时期各阶段的玉器制作、控制、流通、分配等方式以及所表现的社会运作模式、过程与机制，并分析一下海岱地区对江淮、辽海、太湖等地区玉器种类、形态和玉料的引进与认同，玉器在社会各阶层的表现形式以及其在社会复杂化进程中所扮演的角色。

新石器中期的后李—北辛文化石器工业以磨盘、磨棒、斧、铲、盘状器、镰等为组合总体特征。长清月庄、滕州北辛、邳州大墩子等地均发现了这个时期的石器制作场，说明石器为当地制作的，但总体样式、组合特征、技术传统应属于中原磁山—裴李岗石器工业系统。相当于北辛文化时期的苏北灌云大伊山遗址[3]却开始出现石钺、锛、凿、刀组合以及玉玦、璜、珠等属于南方玉石

① 杨伯达：《中国史前玉文化板块论》，《巫玉之光——中国史前玉文化论考》，上海古籍出版社，2005年。

② 员雪梅：《燕辽、海岱、中原地区新石器时代玉器研究》，北京大学考古文博院，2005年博士论文。王时麒、于洸、员雪梅：《论古玉器原料产地探源的方法》。赵朝洪、员雪梅、徐世炼：《辽海地区新石器时代玉器原料产地的初步探讨》，杨伯达主编：《中国玉文化玉学论丛三编》（上、下），紫禁城出版社，2005年。

③ 连云港市博物馆：《江苏灌云大伊山新石器时代遗址第一次发掘报告》，《东南文化》1988年第2期；南京博物院等：《江苏灌云大伊山遗址1986年的发掘》，《文物》1991年第7期；吴荣清：《中国最早的石棺墓——大伊山遗址及其出土文物》，《龙语·文物艺术》（香港）1993年第19期。

器工业系统的产品，除了水晶质块是当地生产的外，其他玉石器应为由江淮地区的产品流通至此。在大汶口文化早期及中期前段，海岱地区玉石器工业以各种形态的钺、斧、锛、凿和少量刀为组合，就器物形式和技术系统而言，属于典型的北阴阳营—薛家岗玉石器工业系统[1]，之后仍为该传统的延续（下文玉石钺的演变轨迹也可证之），但受到南方的良渚文化玉石器工业系统的影响非常大，整体而言，归入后者玉石器文化系统也未尝不可，只是由于环境、经济形态的差异和原料问题，良渚文化许多有特色的石器种类，如耘田器、破土器、石犁和镰等不见于海岱地区而已。

大汶口文化时期（公元前4000—前2400年），海岱地区对外来玉器引进是有选择的。种类上多见装饰品，形态上以小型玉器类为主，少见大型器类。江淮地区常见的玉钺、刀、玦以及各类桥形、月牙形和条形璜（仅在新沂小徐庄大汶口文化早期遗址和萧县金寨见到这类璜）在海岱文化区腹地比较罕见。良渚文化典型的玉琮，形体较大的玉璧，冠形饰（梳）、镦、冒（在海岱地区以骨质和象牙质替之）等，以及随葬较多数量的琮、璧等埋葬习俗特征也不见于海岱区腹地的墓地内。[2]红山文化玉器中典型的箍形器、勾云形器、玉人、猪龙、龟、凤、鸟等动物类以及辽东半岛常见的玉斧、锛类基本不见于海岱地区。但江淮和太湖地区的小璧、小环、瑗、半圆形璜、管、圆饼饰、指环、筒形玉镯、臂环等在海岱地区较常见，红山文化的玉器，如小型截面呈扁薄椭圆体的玉璧、环、瑗、双连璧、三连璧和四连璧等，小河沿文化的玉璧、环[3]，

---

① 张弛：《大溪、北阴阳营和薛家岗的玉、石器工业》，北京大学考古学系编：《考古学研究（四）》，科学出版社，2000年。

② 由于良渚文化北侵已至淮河两岸的阜宁、涟水一带，苏北的花厅大汶口遗址、三里墩遗址和皖北的金寨遗址都出土了数量较多的典型良渚文化玉器，玉器在随葬品中的地位和比例高，但这在整个海岱地区只是特例。

③ 辽宁省文物考古研究所等：《大南沟——后红山文化墓地发掘报告》，科学出版社，1998年。该墓地出土的璧、环，周边扁薄、孔缘处较厚特点，这种璧、环常见于鲁东南地区的大汶口文化晚期墓葬内。

以及辽东半岛的玉璇玑①频繁出现在大汶口文化晚期墓葬内。海岱地区各地的大汶口文化中、晚期墓地内大都出土了良渚文化各类形态的镞形饰。此外，海岱地区还把从各地引进的多种器物，如江淮、太湖和辽海地区的多个小璧、小环、联璧组合成新的装饰品——项饰和头饰，在新沂花厅②、邹城野店③、泰安大汶口④高等级墓葬均有发现。野店M47内出土了由多个璧、环组成的臂饰；镞形饰除在头部、颈部做装饰品外，有些放在死者手旁、口内，像野店M62，还各有四五件镞形饰成组地摆放在一起，放在二层台上，看来，这些外来的玉器在功用上已经有所改造了。但较大型玉器类，如代表军事指挥权的玉钺等，除少量从江淮地区进口外，多是用本地各种各样的"美石"制作或仿制的。只有在大汶口文化晚期后段才有真正意义的玉钺（斧）。玉器矿料研究表明，有些玉料来自辽宁半岛的岫岩矿，有些来自南方地区，有些属于本地的"美石"类。这在不同阶段，比重不一。此外，大汶口文化时期墓葬内表达财富和社会地位、身份为成套的鼎、鬶、豆与各类杯如觚形杯、筒形杯、薄胎高柄杯、厚胎高柄杯等陶制炊器、盛食器、酒器，而酒器的比例随时代的发展愈来愈重，大汶口晚期甚至酿酒用的大瓮、罐、过滤器等也随葬在墓葬内。莒县陵阳河随葬薄胎和厚胎高柄杯占随葬陶器总数的45%，其中M17、M6分别随葬83、93件，占随葬陶器总数的55%—60%，M17随葬猪下颌骨的数量达33块，鬶15件。⑤看来，在多数墓葬内，玉制品并没有得到强调或凸显，这种情况只有到了龙山文化时期才有了改变。

---

①　刘俊勇：《辽东半岛玉牙璧初步研究》，杨伯达主编：《中国玉文化玉学论丛三编》（上、下），紫禁城出版社，2005年。

②　南京博物院编著：《花厅——新石器时代墓地发掘报告》，文物出版社，2003年。

③　山东省博物馆等：《邹县野店》，文物出版社，1985年。

④　山东省文物管理处、济南市博物馆：《大汶口——新石器时代墓葬发掘报告》，文物出版社，1974年。

⑤　王树明：《陵阳河墓地刍议》；山东省考古所：《山东莒县陵阳河大汶口文化墓葬发掘简报》，《史前研究》1987年第3期。

大汶口文化早期，苏皖地区玉石器工业崛起（可延续到大汶口文化中期前段），以凌家滩为代表的玉文化已经非常发达，对海岱地区玉器影响很大。北方地区玉器工业出现虽早，像兴隆洼文化、红山文化早期都出土了一定数量玉器，但目前还看不出对海岱地区的影响。这个时期，海岱地区玉器为装饰品为主，种类仅见小璧、小环、臂环饰（如环）、镯、璜，个别遗址有玦、斧、钺等，其中小璧、小环的数量最多，真正的玉质少，多美石类。其分布特点是，南部遗址出土多，愈向北部数量愈少，种类也少。安徽萧县金寨采集到数量较多的桥形璜、条形璜、月牙璜、刀形器、球、珠、管等[1]，新沂小徐庄22座墓[2]内有8座墓随葬玉器，占墓葬总数的36%以上，有钺、小璧、环、镯、璜、玦、双连璧（为早期偏晚或中期偏早）等十几件[3]。大墩子公布的186座墓葬内，随葬玉器的有39座，占墓葬总数的22%，但每墓仅随葬一二件玉器。[4]邳州刘林197座墓葬，据不完全统计，约15座（应包括所谓地层内出土的完整玉器），约占墓葬总数的7.5%，有小璧、环、璜形佩、镯等20余件。[5]野店42座墓内只有4座随葬，比例不足10%，玉器7件，种类有小璧、镯等。王因899座墓葬中[6]，只有21座墓随葬玉器（墓主人多数为女性），不足墓葬总数的3%，种类仅见镯形环、小璧、小环。大汶口46座早期墓葬内，有7座随葬玉器，比例为15%多一点，仅有臂环饰、瑗、镯、璜

---

① 安徽省萧县博物馆：《萧县金寨村发现一批新石器时代玉器》，《文物》1989年第4期。

② 程东辉、张浩林：《小徐庄遗址抢救发掘喜获成果》，《中国文物报》1999年8月22日。

③ 笔者于1999年秋在新沂市博物馆看到了这批材料，并做了详细记录和绘图。

④ 南京博物院：《江苏邳县四户镇大墩子遗址探掘报告》，《考古学报》1964年第2期；《江苏邳县大墩子第二次次发掘》，《考古学集刊》第一辑，1981年；《邳县大墩子第三次发掘简报》，《文物通讯》1976年第7期。

⑤ 江苏省文物工作队：《江苏邳县刘林新石器时代遗址第一次发掘》，《考古学报》1962年第1期；南京博物院：《江苏邳县刘林新石器时代遗址第二次发掘》，《考古学报》1965年第2期。

⑥ 中国社会科学院考古研究所编著：《山东王因——新石器时代遗址发掘报告》，科学出版社，2000年。

等8件。①若把这些数字用大样本总体成数检验，海岱南部的苏北、皖北地区，聚落等级较高的像小徐庄、金寨遗址，出土玉器数量、种类较多，而周围大墩子、刘林等级较次的聚落，玉器出土较少，小徐庄、金寨可能是江淮地区玉器北传的中转站，控制着玉器的贸易。在大汶口文化腹地各地区内，玉器数量递减，种类也少，玉器流通似为沿途的互惠贸易。就遗址和墓葬的规模，随葬品种类与数量多寡而言，大汶口、王因和野店这些聚落和墓地间已有了等级差异，但随葬玉器上看不出这种区别了。另外，在具有中心聚落等级的大汶口遗址，高级别墓葬如M1014、M2007、M2005、M2019、M2018、M2009随葬了几十件或上百件陶制炊器、盛食器、酒器，却不见玉器，说明上层人物并不认同这些来自远方的玉器，也未参与或主导玉器贸易活动。

因此，从这个时期玉器种类、质料、形体特征以及出土的环境和分布情况分析，存在着江淮地区玉器成品由南向北流通的趋向；在苏北、皖北地区，存在着个别聚落控制玉器的流通，但在海岱地区腹地，玉器数量递减，表现的是沿途的互惠贸易，但这些奢侈产品还得不到当地上层人物的认同。

大汶口文化中期和晚期前段，北方的红山文化玉器工业进入鼎盛时期，与其大体同时或稍后，良渚文化在继承了苏皖（凌家滩）玉器传统后，把玉器制作推向中国玉器工业的顶峰。海岱地区出土玉器的种类、形态、数量、玉料以及墓葬随葬玉器的情况发生了大变化，各类聚落墓葬内出土玉器的比例明显提高。主要玉器种类有各种形态的镞形饰、小璧、小环、瑗、环、筒形镯、多联璧、钺等。

就出土背景和玉器在整个海岱地区各类聚落分布情况而言，大体看出以下特点和规律。一是江苏和安徽北部地区花厅、涟水三里墩、金寨遗址内出土

---

① 山东省文物考古研究所：《大汶口续集——大汶口遗址第二、三次发掘报告》，科学出版社，1998年。

了大量良渚文化玉石钺、锛、刀、琮、大型璧、管形琮饰、璜、冠形饰、镞形饰、圆饼形饰、玉片，等等。花厅北区62座墓葬内，至少出土了500余件（组）（包括采集）玉器①，种类多，仅各类镞形器就达120余件，玉器数量占随葬品的30%多。花厅、金寨等聚落在良渚文化玉石器北传过程中具有中转站或集散地的作用。二是玉器集中出土于区域中心聚落的高等级墓葬内，如大汶口文化中心区域汶泗河流域的花厅②、金寨、野店、大汶口、章丘焦家③。花厅80%的玉器集中出土于10座超大型墓葬（其中8座有殉人），大汶口70%的玉器也出土于大型墓葬内。野店7座大汶口文化中、晚期大型墓葬M15、M22、M31、M47、M49、M51、M62的玉器之和占了出土玉器总量的90%以上。三是各区域中心聚落出土的玉器数量多，种类也多，随葬玉器的比例高。花厅北区包括儿童、被破坏的残墓62座中，有48座墓随葬玉器，约占80%，每座墓平均近10件（组）；野店41座墓内有10座随葬玉器，占总数的25%，仅玉环、璧类就达40余件；大汶口墓地133座墓，27座随葬玉器，占总数的20%多；焦家60%—70%墓葬随葬玉器，十几座大型墓内出土了上百件，种类有玉钺、各种璧、环、瑗、璜、镯、镞形饰等，钺类10余件，镞形饰近20件。而中小型聚落的墓地出土玉器比例低，数量和种类都少，质量差，出土情况复杂，而且在分布上，有向北、东、西逐渐递减的趋向。距花厅遗址较近的邳州大墩子156座墓内有43随葬玉器，占墓葬总数近29%，比例较高。邳州梁王城107座成人墓中，有17座随葬玉器，种类有锥形器、玉佩、环、珠等小型装饰品。④枣庄

---

① 花厅墓地地表水土流失严重，常出露随葬品，新沂市博物馆曾采集了48件玉器，应是被破坏墓的随葬品。见臧公珩：《新沂市博物馆藏花厅墓地出土文物》，《东南文化》1998年第3期。

② 学术界对花厅墓地性质争论较大，笔者从分期和墓葬排列角度分析，认为墓主人属于"大汶口人"，只是接受了良渚文化的传统。燕生东、春夏：《花厅墓地的分期与文化性质》，《刘敦愿先生纪念文集》，山东大学出版社，1998年。

③ 章丘市博物馆：《山东章丘市焦家遗址调查》，《考古》1998年第6期；最新资料见山东大学考古系2016、2017年的发掘。

④ 南京博物院等：《梁王城遗址发掘报告·史前卷》，文物出版社，2013年。

建新92座墓，只有8座墓随葬玉器，不足9%，玉器也只有8件，种类仅见镞形饰、小璧、璜、圆形饰[1]；西夏侯32座墓内5座随葬玉器，占15%多一点，种类有镞形器、臂环、小环和珠；兖州六里井18座成人墓中无一墓随葬玉器[2]；安徽蒙城尉迟寺刊布的87座成人墓内[3]，仅3座墓内随葬镞形器等玉器，不足4%；茌平尚庄[4]，17座墓内，有5座随葬玉器（墓葬数少，随葬玉器的比例无意义）；潍坊前埠下墓葬33座（其中M3内埋19具人骨，M12埋14具），仅4座墓出土玉器[5]；桓台李寨清理的数百座大汶口中、晚期墓葬内[6]，出土玉小璧、小环、镯和镞形饰等玉器仅10多件；呈子发现大汶口文化中期墓葬12座，由于有些合葬墓上下埋葬，并各有自己的随葬品，可算作21座，也只有4座随葬玉器[7]；广饶五村75座墓葬内有4墓葬随葬玉器，比例为5%多一点，出土镞形饰、小环、珠4件[8]。以良渚文化典型玉器镞形饰为例，也可以说明一下玉器的流动，花厅出土各种形态的镞形饰120余件（62座墓葬），野店发现10件（42座墓，但仅出自M62），大汶口有29件（133座墓葬），焦家近20件（不含最近发掘资料），建新有7件（92座墓），西夏侯发现6件（32座墓），尉迟寺有3件（66座墓），桓台李寨有5件（数百座），呈子有2件（21座），五村有1件（75座

①　山东省文物考古研究所等：《枣庄建新——新石器时代遗址发掘报告》，科学出版社，1996年。

②　国家文物局考古领队培训班：《兖州六里井——新石器时代遗址发掘报告》，科学出版社，1999年。

③　中国社会科学院考古研究所等：《蒙城尉迟寺——皖北新石器时代聚落遗存的发现与研究》《蒙城尉迟寺（第二部）》，科学出版社，2001年、2007年。

④　山东省文物考古研究所：《茌平尚庄新石器时代遗址》，《考古学报》1985年第4期。

⑤　山东省文物考古研究所等：《山东潍坊前埠下遗址发掘报告》，《山东省高速公路考古报告集1997》，科学出版社，2000年。

⑥　张连利等编：《山东淄博文物精粹》，山东画报出版社，2002年；桓台县博物馆陈列了李寨墓地的出土资料。

⑦　昌潍地区文物管理组等：《山东诸城呈子遗址发掘报告》，《考古学报》1980年第3期。

⑧　山东省文物考古研究所等：《广饶县五村遗址发掘报告》，张学海主编：《海岱考古》第一辑，山东大学出版社，1989年。

墓）。这些可以说明，一方面良渚文化玉器类的流布自南向北、向西、向东南逐步递减（当然，区域中心聚落出土的镞形器等玉器并不遵循这样的流通规律，且也发现了10厘米以上的镞形饰），另一方面还表现出多峰值的分布趋势。考虑到各区域中心聚落出土的玉器出土量都较大，又集中出自高等级墓葬内，说明些中心聚落的贵族控制着玉器流通和分配，但控制和分配也应是多渠道的、多种形式的。各区域玉器种类、形制类型与质料也有些不同，暗示玉器来源是多渠道的（当然以良渚文化玉器为主）。

此外，在中小型聚落墓地里，玉器多出自中小型墓，而不是规格较高的墓葬内。建新集中分布在B区和C大区的南部墓组内，而大型墓M39、M44、M42、M46、M60等并未随葬；西夏侯的玉器分布在西区墓葬的5座墓，也并非大型墓的随葬必需品；尚庄的玉器也主要出土于中小型墓内，如随葬玉镯的M26、M27等，较大型墓如M23、M25也未随葬玉器。说明这些聚落的大部分社群，主要是上层并没有认同玉器这种奢侈品。从另一侧面也说明，玉器有着不同的分配方式。就玉器角度而言，地域中心聚落对周围中小型聚落的控制并不强，或可说明中心聚落上层贵族对向次级聚落玉器的分配和控制上还不能成为连接他们之间关系的有效手段。

就目前发现的玉器形态、质料和来源而言，这个时期的玉器可分三类。一是来源于江淮和良渚文化的玉器，如各类镞形饰、筒形镯、剖面呈横长方形的璧、瑗、环、管形饰、几何形玉片饰、璜、钺、有段石锛以及少量的琮等，其数量最多，分布特点是海岱地区南部多，愈往北、东北、西部，数量和种类愈少，像花厅、金寨等聚落具有中转站和集散地的性质，区域中心聚落玉器数量和种类多，玉质好，应该控制着玉器的流通。二是来自辽海地区特别是红山文化玉器系统类，如用岫岩玉制作的双联璧、三联璧、四联璧、边缘有扉牙的小璧，孔缘和边缘磨成刃部的璧、环，以及少量岫岩玉质的镞形饰等。目前，虽然在汶泗河流域的中心聚落内发现的这类玉器数量较多，但种类并不占优势，分布上除了鲁东南（该地区大汶口文化中期的遗址发现少）发现数量较少外，鲁北（泰山、沂山北麓）（如前埠下、寿光后胡营、桓台前埠、焦家）、鲁中南（如大汶口、野店、曲阜尼山）以及苏北（花厅、小徐庄）、皖北（亳县富庄）等地都有发现，甚至长江沿岸的海安青墩、南京营盘山、含山凌家滩、黄梅塞墩等都出土了红山文化的璧、多联璧①，给人一种分布上比较分散的印象，还看不出红山文化玉器南下远距离运输、流通的途径、方式和过程，似乎也没有"中转站"或集散地性质的聚落。因此，目前还无法了解海岱地区史前人们是如何获得这些玉器的。前两类玉器从玉质、形体与分布特征来看，应是成品的流通和贸易。三是江淮地区和海岱地区早期玉器的孑遗及后续发展，以及用本地美石类制作或仿制的玉器，如条状璜，边缘薄如刃且孔缘厚直的璧、环、瑗，以及斧、钺等。

无论是成品的进口还本地的仿制，都是由区域中心聚落的贵族首领控制下的制作、流通和再分配。但低等层次聚落的上层人物或许并没有认同这种奢侈的玉制品，表达身份地位的仍是陶制酒器、盛食器以及石器，这也可说明在中心聚落上层贵族在向次级聚落的分配和控制过程中，玉器还不是连接他们之间关系的有效手段。

大汶口文化晚期后段（公元前2600—前2400年），辽海地区红山文化及其玉文化已经衰亡，大约在距今4800年前后，红山文化发展为小河沿文化，玉文化开始走下坡路，但小河沿文化如大南沟墓地仍出土了数量较多的玉石器，如镯、大型璧、瑗、环等②，与大汶口文化晚期器类非常相似。与此同时，靠近岫岩矿的辽东半岛史前玉器得到了充分发展③。良渚文化及其玉器工业也开始走向衰落，江淮北部良渚文化聚落消失，伴随玉器工业的消失，对海岱地区的玉器

---

① 雍颖：《海岱地区出土新石器时代玉器研究》，《故宫学术季刊》17卷第4期，2000年。

② 辽宁省文物考古研究所等：《大南沟——后红山文化墓地发掘报告》，科学出版社，1998年。

③ 周晓晶：《辽东半岛地区新石器玉器的初步研究》，《北方文物》1999年第1期。

等影响也明显减小。大体在这个时段，中原地区在吸收和继承了北方、南方、东方地区玉文化的基础上，以豫西、晋南为中心的庙底沟二期文化玉器工业开始崛起[1]，并在以后的龙山时期取代红山、良渚文化玉器工业，成为中国史前玉器工业的中心。但目前，该区与海岱地区玉器的互动关系还看不出清晰的过程和方式。

这个时期，海岱地区玉器也发生了变化。苏北、皖北、鲁中南等地区玉器数量、种类开始急剧减少，但鲁东南沿海地区的玉器却多了起来，并影响到泰山、沂山北麓。新出现了璇玑、方形玉璧等器类，镞形饰、玉钺数量增多，璧、环、瑗、厚重，器体较大，周缘为椭圆，孔缘为扁长方形，直径多超过10厘米。鲁东南沿海地区的墓葬内随葬玉器的比例高，玉器数量也多。胶州三里河66座墓有22座随葬玉器，占33%，出土玉器32件[2]；董家营45座内有10余座随葬玉器，占墓葬总数的25%以上；莒县陵阳河45座墓中[3]有22座出土玉器，占墓葬总数近50%

① 中国社会科学院考古研究所山西队等：《1978—1980年山西襄汾陶寺墓地发掘简报》，《考古》1983年第1期；《陶寺城址发现陶寺文化中期墓葬》，《考古》2003年第9期；《山西襄汾陶寺文化城址》，《2001中国重要考古发现》，文物出版社，2002年。高炜：《龙山时代中原玉器上看到的二种文化现象》，费孝通主编：《玉魂国魄》，燕山出版社，2002年；高炜：《陶寺文化玉器及相关问题》，香港中文大学中国考古艺术研究中心编：《东亚玉器》，1998年。山西省考古研究所等：《山西芮城清凉寺墓地玉器》，《考古与文物》2002年第5期。山西省考古研究所等：《山西芮城清凉寺新石器时代墓地》，《文物》2006年第3期。山西省临汾行署文化局等：《山西临汾下靳村陶寺文化墓地发掘报告》，《考古学报》1999年第4期。宋建忠：《山西临汾下靳墓地玉石器分析》，《古代文明》第2卷，文物出版社，2003年。中国社会科学院考古研究所等：《襄汾陶寺——1978—1985年考古发掘报告》，文物出版社，2015年。山西省考古研究所等：《清凉寺史前墓地》，文物出版社，2016年。

② 中国社会科学院考古研究所等：《胶县三里河》，文物出版社，1988年。

③ 王树明：《陵阳河墓地刍议》；山东省考古所：《山东莒县陵阳河大汶口文化墓葬发掘简报》，《史前研究》1987年第3期，原报告中把相当的玉器归为石质，笔者在莒县博物馆和山东省文物考古研究所对材料做了核对，莒县大朱村、杭头情况也如此。还可参见刘云涛编著：《莒县博物馆》，文物出版社，2015年；古方总主编，梁中合、佟佩华等主编：《中国出土玉器全集·4·山东卷》，科学出版社，2005年。

（按照发掘者公布材料，不一定准确），莒县大朱村①的40座内有6座出土玉器，占15%，安丘景芝镇6座墓，4墓出土玉器。玉器在各类聚落墓葬内的出土情况不太一样，在区域中心聚落的陵阳河，玉器也主要出自超大型墓M12、M24、M19、M25、M6内，玉器种类有钺、镦、大型璧、瑗、环、镞形饰、镯等，出土的玉璧直径16.5厘米，玉钺长26.7厘米，而中型墓出土的玉器多为装饰品。大朱村的玉器均出在6座大型墓内，还出土1件岫岩玉质钺。莒县杭头墓地②出土了玉钺、方形璧、管，均出土于2座大型墓葬内。临沂湖台③，玉器也只见于2座大型墓葬内，出土了玉钺2件、方形璧2件、镞形饰3件④。据初步分析，这些高等级墓的主人是当时的社会首领，玉器与棺椁葬具、带刻画符号的大口尊（曰）、牛角号以及数量较多的酒器、盛食器、猪下颌骨一样，成为社会身份、地位、权力和威望的象征⑤。而在小型聚落如三里河、董家营墓地，虽然随葬玉器的比例高，但董家营所有玉器（主要是饰件）出自女性墓葬内。三里河女性墓葬玉器的比例超过70%。这些均属于中小型墓，玉器表达的是性别，而非财富、社会地位等。但三里河有些较大型墓葬主要是男性墓内也随葬玉器，并与钺、斧、锛等武器、用具共出，看来，玉器在某些中小型聚落中也开始成为社会地位的象征了。

鲁东南沿海地区的玉器也可分为三类。第一类，这个时期汶泗河流域已经少见或不见的玉器，如镞形器、璇玑，大型璧、瑗与环的数量突然增多。据初步鉴定，相当部分镞形饰、璇玑、小璧、小环、管、长条形饰等属于岫岩玉制

① 苏兆庆等：《山东莒县大朱村大汶口文化墓地复查清理简报》，《史前研究》1989年辑刊；山东省文物考古研究所：《莒县大朱家村大汶口文化墓葬》，《考古学报》1991年第2期。

② 山东省文物考古研究所：《山东莒县杭头遗址》，《考古》1988年第12期。

③ 临沂市博物馆：《山东临沂湖台遗址及墓葬》，《文物资料丛刊》第10集，文物出版社，1987年。

④ 发掘者以及相关研究者把墓葬定为龙山文化早期，但墓葬内出土了背壶、盉等不见于龙山文化的大汶口文化晚期典型器物，因而时代可归为大汶口文化末期。

⑤ 燕生东等：《论陵阳河大汶口文化墓葬所反映的社会分层——从文化人类学和民族学角度说起》，《江汉考古》2001年第1期。

品。在分布上，以镞形饰为例，三里河发现20件（66座墓），景芝镇出土4件（6座墓），湖台发现了3件（4座墓），陵阳河出土了9件（45座墓），大朱村发现5件（40座墓），存在自北向南、向西（泰山、沂山北麓）逐步递减的趋向。第二类，南方良渚文化的玉器，仍占一定比例，如有些呈鸡骨白和杂色的镞形饰，陵阳河遗址采集的高台形、长方形、菱形、亚腰形玉片饰[①]，与浙江遂昌好川良渚文化墓地出土的相同[②]。杭头、湖台出土的方形玉璧可能是从玉琮上横截取下来的，丹土遗址还出土了良渚文化的玉琮。这些玉器应为良渚文化玉器的输入和改制。第三类，本地系统的玉石器也多了起来，如蛇纹岩、辉绿岩（有绿色斑块、斑点）、玛瑙质钺以及用当地美石类仿玉制的小璧、小环、瑗、管、镯等装饰品，钺类多出土于大型聚落中，后者在小型聚落中常见。

大连旅顺口区文家屯遗址，日本学者在20世纪20—40年代进行过多次调查，近年来，又做了复查，采集到大量与治玉有关的玉料、废料、半成品、成品和次品以及治玉工具玉钻（刻刀），有镞形饰、璇玑、小璧、小环、管、长条带孔玉饰等半成品、成品和废品以及大量璧、环、璇玑类管钻剩下的玉芯。玉质为岫岩玉。另外，还发现大批石镞、斧、锛的半成品、成品和废品。因此该地为治玉和制石场。1999年调查发现的陶器均为当地新石器时代遗存，但不见在该地区常见的龙山文化遗物，而且文家屯出土的玉器大多在海岱地区大汶口文化晚期常见。因此，该玉器制作场的时代主要在龙山文化早期及之前。[③]

由于文家屯玉器制作场生产的玉器品种和形态除部分为本地玉器系统外，

① 苏兆庆编：《古莒遗珍》，人民美术出版社，2003年；古方总主编，梁中合、佟佩华等主编：《中国出土玉器全集·4·山东卷》，科学出版社，2005年。
② 浙江省文物考古研究所等：《好川墓地》，文物出版社，2001年。
③ 〔日〕冈村秀典：《辽东新石器时代的玉器》；〔日〕冈村秀典、伊藤淳史：《文家屯踏查报告》；〔日〕宫本一夫、村野正景：《九州大学考古学研究室藏松永宪藏资料——文家屯遗址采集玉器、石器资料》，《中国沿海岸龙山时代的地域间交流》（日文）研究成果报告书，2002年3月。

相当部分属于海岱地区常见的玉器，如镜形器、璧、环、瑗、镯、管等，并且还制作出璇玑等这种新器形，这个时期，辽东半岛地区玉器种类、样式与海岱地区趋同，之前的本地系统各类玉斧、锛逐渐减少。说明靠近岫岩玉矿的当地人按照海岱地区玉器的式样（包括良渚式、海岱地区传统的玉器）制作玉器，或者说，这里部分玉器的制作可能是按海岱地区居民的需求，专门定做的。这些玉器产品，通过海路直接出口至山东的沿海地区。目前的考古资料说明，辽东半岛发现的海岱地区大汶口晚期如陶器等遗存并不多，文家屯等地出土的陶器主要是本地系统的，就这个层面而言，辽东半岛与海岱地区的关系与大汶口晚期和龙山时期相比并不密切。①这或可说明，海岱地区某些区域中心聚落首领还不能控制那里玉器的生产，只能控制着岫岩类玉器成品在海岱地区的流通、贸易和分配。但同时，鲁东南在几个大型聚落内也开始出现了贵族阶层控制下的若干个玉石器制作中心（下面将谈到），开始从辽东半岛进口较大的玉料块，在本地制作如钺类、大型璇玑、大型璧环类，只是数量不多。海岱地区的玉器制作场也主要利用当地"美石"制作玉钺、大型玉璧、筒形镯以及一些小璧、小环类，后者主要满足社会下层，如中小型聚落居民使用的需求。

龙山文化时期尤其在其中期，海岱地区玉器种类、组合、玉质、玉料来源、玉器制作方式，以及在不同等级聚落、同一聚落不同级别墓地的随葬玉器情况发生了巨大变化，这些将在以下章节专门叙述。

简要介绍海岱地区玉器发展过程和各阶段特点的目的是把丹土和两城镇玉器置于海岱地区整个玉器发展框架下考察，以便更好地把握它们的时代、性质及在海岱地区玉器发展中的地位。

---

① 佟伟华：《胶东半岛与辽东半岛原始文化的交流》，苏秉琦主编：《考古学文化论集2》，文物出版社，1989年。

二、海岱地区玉石钺等器物的分期

由于丹土、两城镇玉器种类中玉钺、璇玑和刀的数量较多，因此，先全面分析海岱地区出土的史前玉石钺、璇玑、刀等相关资料，并简要了解下它们的演变轨迹。

根据玉石钺平面形态特征，本文把其分为正方形（A型）、长方形（B型）、梯形（C型）和斜刃长方形（D型）四型。其中，又按照钺的宽窄、长短等特征，把B型分为4个亚型，C型分为8个亚型（图一、图二、图三、图四）。参照考古学界对大伊山类型、大汶口文化、龙山文化陶器、墓葬的分期研究成果，依据玉石钺出土单位（主要是墓葬）的时代、玉石钺的形态特征（如棱角、周缘、刃部和厚薄），可大体建构玉石钺从大伊山类型到大汶口、龙山文化各阶段的编年框架。A、B型玉石钺，大约分为大汶口文化早期、中期、晚期前段、晚期后段及龙山文化早中期五个阶段。C型钺数量最多，大体分为大伊山类型，大汶口早期、中期前段、中期后段、晚期前段、晚期后段和龙山早中期7个阶段。玉石钺的演变轨迹大体为，从顶端呈圆角，刃部外凸呈舌状，到棱角清楚，刃部外弧，发展到棱角分明，刃部微弧，最后变为平直刃。总体是由厚变薄，发展到大汶口晚期最为扁薄，在龙山早中期时期，又开始增厚（图一、图二、图三）。大汶口文化晚期，玉石钺开始出现平刃，龙山初期之后除个别厚重的钺为微弧刃外，平直刃的钺已成主流。龙山初期后钺的数量急剧减少，只有在高等级墓葬内出土些玉钺。斜刃钺即D型钺（图四）出现在大汶口文化早期后段（图四，1），中期数量也不多（图四，2），主要流行于大汶口文化晚期，龙山文化时期已经消失。大汶口文化中期开始出现玉钺，但也只出现在苏北的大墩子、花厅、小徐庄墓地内，大汶口文化晚期玉钺的数量明显增多，在鲁东南的莒县陵阳河、大朱村、临沂杭头墓地以及汶泗河流域的焦家、大汶口墓地都有大量出土。

玉石刀，也主要出土于墓葬，也主要流行大汶口文化和龙山文化时期，常见两三个孔，单孔少见。早期主要出土在王因墓地，中晚期在花厅、野店、大汶口、建新等墓地也有发现，刃部外弧明显到微弧，建新还出土1件斜弧刃的石刀，龙山文化为平刃或内弧刃（图五）。石刀的长宽之比较大，为宽长方形，与中原龙山文化和二里头文化玉石刀稍有不同。大汶口文化聚落内一般少见刀类工具。龙山文化时期墓葬出土的刀类为玉质，而居址内石刀的数量很多，只是尺寸远小于玉刀，又较厚重，平面呈宽长方形和扁长方形，还见半月形石刀，一般有两孔。目前，在泗水尹家城[①]和临朐朱封[②]各有一座墓葬内出土了玉刀。尹家城M139为龙山中期后段的小型墓葬，该刀右端一孔，左端和下端有刃部，顶端有锯割痕迹，似由一件玉钺改制而成（或为半成品），朱封龙山文化中期后段的超大型墓葬内，同出的还有若干件玉器（下文将讨论）。

目前，海岱地区正式发掘出土的史前玉璇玑（牙璧），主要分布在鲁东南、鲁北一带。山东共12件，其中三里河出土4件（图六：1、2），五莲董家营出土1件[③]（图六：3），丹土出土2件（见下），诸城前寨公布4件[④]（图六：4、5、6、11），平阴周河出土1件[⑤]（图六：10），其中7件为大汶口文化晚期，除了三里河有1件出自龙山文化中期晚段墓葬外，其余11件均为大汶口文化晚期。三里河那件龙山文化晚期璇玑尺寸小，小孔，齿牙较大，特征不明显，与中原地区

① 山东大学历史系考古专业教研室：《泗水尹家城》，文物出版社，1990年。
② 山东省文物考古研究所等：《山东临朐史前遗址普查简报》，《海岱考古》第一辑，山东大学出版社，1989年；中国社会科学院考古研究所山东工作队：《山东临朐朱封龙山文化墓葬》，《考古》1990年第7期；杜金鹏主编：《临朐西朱封龙山文化玉器研究》，科学出版社，2015年。
③ 燕生东等：《五莲县董家营新石器时代和战国、西汉遗址》，《中国考古学年鉴2002》，文物出版社，2003年。本文引用的玉石均为笔者发掘的资料。
④ 山东省博物馆、良渚博物馆编：《玉润东方：大汶口—龙山·良渚玉器文化展》，文物出版社，2014年。
⑤ 方辉主编：《远古神思：山东大学博物馆藏品精选》玉器类，青岛出版社，2016年。

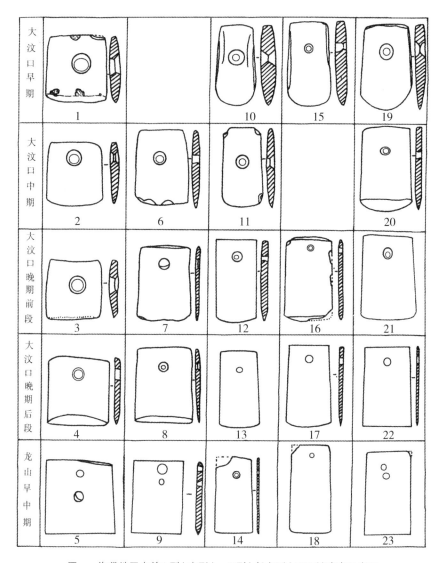

图一　海岱地区史前A型（方形）、B型（长方形）玉石钺演变示意图

注：1—5.A型Ⅰ—Ⅴ式（王因M2223：4.花厅M101：12.尉迟寺F33：63.三里河M286：1.朱封M203：16），6—9.Ba型Ⅰ—Ⅳ式（西夏侯M12：28.大朱村M24：1.陵阳河M19：2.朱封10：150），10—14.Bb型Ⅰ—Ⅴ式（王因M2376：9.西夏侯M8：3.焦家ZJ：13.陵阳河（采）、大范庄LD：206），15—18.Bc型Ⅰ—Ⅳ式（王因M2395：1.建新M17：1.董家营M1：1.朱封M203：15），19—23.Bd型Ⅰ—Ⅴ式（王因M208：1.西夏侯M2：1.陵阳河M24：4.董家营M4：1.朱封M203：17）（因排图需要，比例未统一）

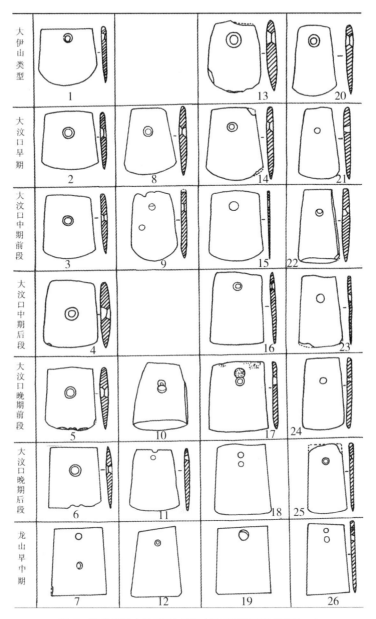

图二　海岱地区史前C型（梯形）玉石钺演变示意图（一）

注：1—7.Ca型Ⅰ—Ⅶ式（大伊山M28：3.王因M2278：3.花厅M101：13.前埠M23：3.三里河M133：1.焦家ZJ：40.两城镇M2），8—12.Cb型Ⅰ—Ⅴ式（野店M24：1.大汶口M12：6.三里河M127：3.焦家ZJ：6.两城镇（采）），13—19.Cc型Ⅰ—Ⅶ式（大伊山（采）、大墩子M273：3.野店50：1.三里河M248：1.朱村M07：12.陵阳河（采）、朱封M202：8）；20—26.Cd型Ⅰ—Ⅶ式（大伊山M13：2.大汶口（续）M2218：4.尹家城M45：4.董家营M16：3.大汶口M22：9.陵阳河M12：15.大范庄LD：117）（因排图需要，比例未统一）

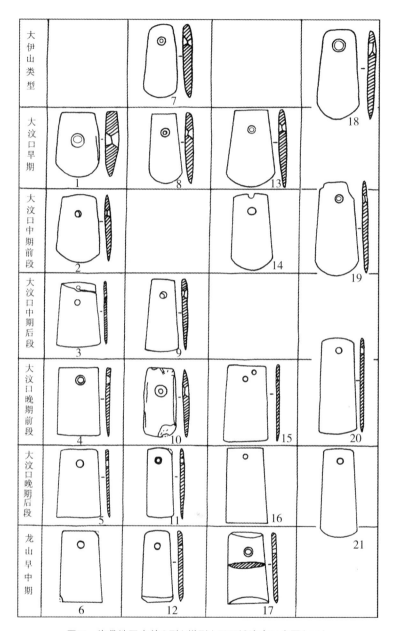

图三　海岱地区史前C型（梯形）玉石钺演变示意图（二）

注：1—6.Ce型Ⅰ—Ⅵ式（王因M179；8.大墩子M117；4.野店M50；51.大朱村M10；14.杭头M8；3.朱封10：149），7—12.Cf型Ⅰ—Ⅵ式［大伊山（采）、大汶口（续）M2002：03.花厅M46；12.西夏侯M10：1.大朱村M26；3.朱封10：142］，13—17.Cg型Ⅰ—Ⅴ式（王因M263；3.大墩子M60；1.花厅M50；18.大汶口M10：18.两城镇（采），18—21.Ch型Ⅰ—Ⅳ式（大伊山M37；1.大墩子M117：21.大汶口M117；3.莒县仕阳（采）（因排图需要，比例未统一）

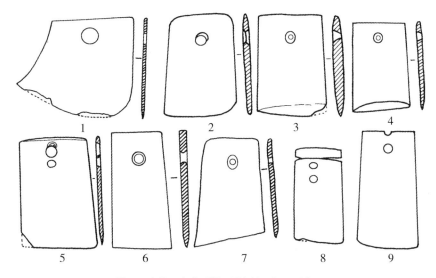

图四　大汶口文化时期D型（斜刃）玉石钺

注：1.小徐庄M16，2.大墩子M106：11，3.大朱村M9：5，4.陵阳河M6：149，5.大汶口M25：9，
6、7.董家营M7、M36：15，8、9.湖台M2：2、3，M1：3

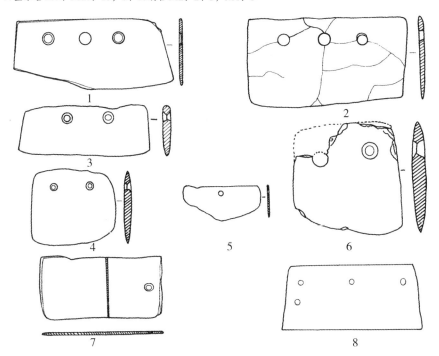

图五　海岱地区出土的史前玉石刀

注：1.王因M2406：4，2、3、4、5.花厅M42：13、M61：23、M20：18、M60：23，6.建新M47：2，
7.尹家城M139：11，8.朱封M202：6（比例未统一）

龙山文化时期的璇玑形态相差较大。在海阳司马台[①]、安丘老峒峪[②]（图六：8）、临朐朱封遗址[③]还采集到6件玉璇玑，可能出土于被破坏的墓葬。这三个遗址除有龙山文化堆积外，还有大汶口文化中、晚期堆积。玉璇玑的时代不能简单归入龙山文化，并把它们看作龙山文化的典型玉器。司马台和老峒峪那两件齿牙圆钝、短小，与三里河发现的大汶口晚期璇玑特征类似，时代也应相近。朱封那两件璇玑（图十四：15、16），齿牙肥大，边缘有扉牙，这类璇玑正式发掘品还未见到。但齿牙较大的特征在董家营（图六：3）、丹土大汶口文化晚期墓葬也有发现（图九：12）。辽东半岛出土史前璇玑数量较多，据统计近20件[④]，其中有部分出土于地层堆积，早于龙山文化时期和龙山文化早中期都有，仅四平山大汶口文化晚期、龙山文化早期积石冢[⑤]内就出土了9件（图六：7、9、12）。

目前，江淮东部地区发现了良渚文化各时期的遗存，在海安青墩、兴化蒋庄、阜宁陆庄等良渚文化墓地内出土了玉琮（图七：6、5）。淮河以北的涟水三里墩、花厅还出土了数件良渚文化的玉琮。方形玉镯在茌平尚庄大汶口晚期小型墓M27出土了一件（图七：1）[⑥]，学者多认为是仿制的良渚文化玉琮。方形玉璧在杭头大汶口文化晚期后段大型墓葬M8内出土了1件（图七：2），湖台大汶口文化末期大

① 王洪明：《山东海阳县史前遗址调查》，《考古》1985年第12期。2005年春，笔者勘察了司马台遗址，发现该遗址也有大汶口文化时期遗存。

② 郑岩、徐新华：《山东安丘老峒峪遗址再调查》，《考古》1992年第9期。

③ 山东省文物考古研究所等：《山东临朐史前遗址普查简报》，《海岱考古》第一辑，山东大学出版社，1989年；安志敏：《牙璧试析》，邓聪主编《东亚玉器》第1册，中国考古学艺术研究中心，1998年；杜金鹏主编：《临朐西朱封龙山文化玉器研究》，科学出版社，2015年；梁中和等：《西朱封大汶口、龙山文化古城》，见王永波等编著：《山东古城古国考略》，文物出版社，2016年。

④ 刘俊勇：《辽东半岛玉牙璧初步研究》，杨伯达主编：《中国玉文化玉学论丛三编》（上、下），紫禁城出版社，2005年；栾丰实：《牙璧研究》，《文物》2005年第7期。

⑤ 澄田正一等编：《辽东半岛四平山积石塚の研究》，柳原出版社株式会社，2008年。

⑥ 牟永杭、云希正编：《中国美术分类全集·中国玉器全集·1·原始文化卷》，河北美术出版社，1992年。

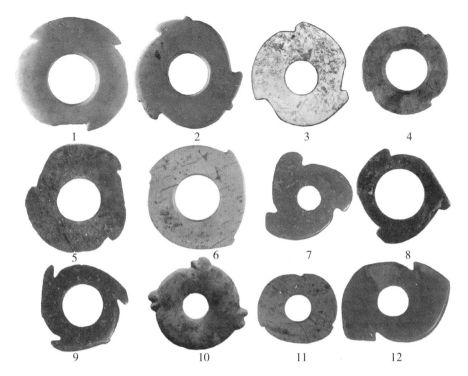

图六 山东地区与辽东半岛出土的史前玉璇玑

注：1、2.三里河 M273：1，M113：1，3.董家营 M29：2，4、5、6、11.前寨，7、9、12.四平山积石冢，8.老铜峪，10.周河（比例未统一）

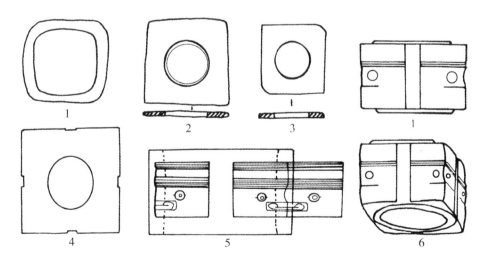

图七 大汶口文化时期的方形璧、镯及良渚文化的玉琮

注：1.镯（尚庄 M26：4），2.方形璧（杭头 M8：16），3、4.方形璧（湖台 M2：4，M1：1），5.琮 [阜宁陆庄（采）]，6.琮 [海安青墩（采）]

型墓内M1、M2也各出土了1件（图七：3、4）。红山文化和小河沿文化都发现了类似的方形玉璧，但时代远早于海岱地区的方形玉璧，形态也不一样，质料也非岫岩玉。海岱地区发现的方形玉璧，就形状分析，应是从玉琮上截取的横断面。

三、丹土玉器及其年代

丹土遗址位于五莲县东南42公里的潮河镇丹土村，该村因遗址暴露出大量红烧土而得名。东南距两城镇遗址仅4.5公里。1934年，中央研究院历史语言研究所考古组发现了该遗址。1954年，山东省文物管理处调查了该遗址[①]，报告称，遗址东西长480米，南北宽225米，面积10万平方米。1956年冬至第二年春的文物普查工作，曾征集到玉钺、刀、带扉牙环9件玉器。[②]1996年，杨波女士重新公布了这批材料（图九：1、4、5、8、13，图十一：1、3、6）。[③]1957年，刘敦愿先生调查了该遗址，采集到一批史前石器、陶器，并征集到1件残玉刀（图十一：2）。[④]1976年，五莲县博物馆收集到1件玉璇玑（图十：9）。[⑤]1978年，文物部门在一个坑内（墓葬？）发现了镶嵌绿松石的超大型玉钺、琮和筒形玉镯[⑥]（图九：6，图十：1、3）。八九十年代，村民取土，破坏了些墓葬，当

---

① 山东省文物管理处：《日照县两城镇等7个遗址初步勘查》，《文物参考资料》1955年第12期。

② 《山东文物选集普查部分》，文物出版社，1959年。

③ 杨波：《山东五莲县丹土遗址出土玉器》，《故宫文物月刊》14卷第2期，1996年。

④ 刘敦愿：《山东五莲、即墨县两处龙山文化遗址的调查》，《考古通讯》1958年第4期。

⑤ 吕常凌主编：《山东文物精萃》，山东美术出版社，1996年；刘振清主编：《中国地域文化大系·齐鲁文化——东方思想的摇篮》，山东美术出版社、香港商务印书馆，1997年。

⑥ 杜在忠：《论潍、淄流域的原始文化》，山东省《齐鲁考古丛刊》编辑部编：《山东史前文化论文集》，齐鲁书社，1986年。资料保存在县博物馆，玉琮和钺发表在各种图录上，参考吕常凌主编：《山东文物精萃》，山东美术出版社，1996年；杨波：《山东五莲县丹土遗址出土玉器》，《故宫文物月刊》14卷第2期，1996年；古方总主编，梁中合、佟佩华等主编：《中国出土玉器全集·4·山东卷》，科学出版社，2005年。

地文物部门陆续收集到一批玉钺、超大型玉刀、璇玑、鸟形饰、筒形镯、大型璧、小璧、环、瑗、五角形环形饰、球状指环、镞形饰等[①]（图九：2、7、9、12，图十：2、4—9，图十：4、5、7、8）。

山东省文物考古研究所等单位于1995、1996以及2000年春、秋进行了四次较大规模的田野工作[②]，清理面积超过1400平方米。2015年，为配合该遗址保护规划的编制，山东省文物考古研究所对丹土遗址进行了全面钻探，发现了大汶口文化晚期及龙山文化早期、中期的壕沟和城墙[③]，大汶口文化晚期壕沟平面略呈椭圆形，东西长400米，南北宽300米，壕沟宽10米，存深2.5米，壕沟环绕的面积约9.5万平方米。龙山早期城墙、环壕紧贴大汶口文化环壕向外扩修，东西长450米，南北宽300米，壕沟宽20米，深3米，壕沟环绕的面积约

---

① 这些玉器均藏于五莲县博物馆，本文引用的材料散见于赵洪新：《五莲艺术集锦》，山东省内部出版资料，2001年；苏兆庆：《古莒遗珍》，人民美术出版社，2003年；王家政主编，《日照文存·文物卷》，中国画报出版社，2004年；古方总主编，梁中合、佟佩华等主编：《中国出土玉器全集·4·山东卷》，科学出版社，2005年；郭公仕编著：《五莲文物荟萃》，齐鲁书社，2010年；山东省博物馆、良渚博物馆编：《玉润东方：大汶口—龙山·良渚玉器文化展》，文物出版社，2014年。

② 罗勋章：《五莲县丹土村新石器时代遗址》，《中国考古学年鉴1996》，文物出版社，1998年；刘延常：《五莲县丹土新石器时代遗址》，《中国考古学年鉴1997》，文物出版社，1999年；刘延常、王学良：《五莲县丹土大汶口文化、龙山文化城址和东周时期墓葬》，《中国考古学年鉴2001》，文物出版社，2002年；山东省文物考古研究所，《五莲丹土发现大汶口文化城址》，《中国文物报》2001年1月17日；刘延常：《五莲县丹土大汶口文化、龙山文化城址》，《山东重大考古新发现1990—2003年》，山东文化音像出版社，2003年。

③ 海岱地区的史前城墙非常复杂。凡上与其他所公布的龙山城墙一样，"夯土"多在壕沟内。不排除拓宽、疏浚时堆筑的坡壁。丹土壕沟内侧"城墙"上有成排的柱洞，如果是房址，当时的聚落布局规划就缺乏计划，因而是栅栏的可能性最大。比较清楚的是连云港藤花落遗址，据报道城墙存高1.2米，城壕宽7.5—8米，深却仅0.8米。城内还有路面和房子面，说明原来的壕沟深度也仅如此，这与其他壕沟深若干米不同，但"城墙上"保存排列有序的、成千上万的木桩，间距60—70厘米，或可说明该遗址环绕的是栅栏和浅的围沟（见林留根、李虎仁：《解剖龙山时代城址的布局结构——江苏连云港藤花落古城址》，中国文物报社等编：《中国年度十大考古新发现——2000年卷》，生活　读书　新知三联书店，2005年）。丹土遗址与之不同的是壕沟较深，还经过了多次清淤、拓宽。寿光边线王龙山"城墙"的基槽深3米左右，局部深4—5米，如此深的基槽在史前和历史时期的城墙是罕见的，也是环壕的可能性最大。

14万平方米，龙山中期城墙、壕沟（壕沟内堆满龙山中期的生活垃圾，其修挖时间应早，废弃在中期）向南部凸出，北、东、西部位在早期壕沟外扩修，东西长500米，南北宽400米，壕沟宽28米，深约3米，城墙、壕沟环绕的面积约27万平方米。聚落中北部发现了成片的红烧土和垫土堆积，说明这里为居住区，墓葬成片分布在居住区外围。通过多次勘探和发掘，曾把丹土遗址规模定为东西长约680米，南北宽490米，面积约33万平方米。最近的解剖与勘探材料表明，该遗址东西长约1000米，南北宽400米，面积达40万平方米（不含古洼地）。[1]山东大学与美国耶鲁大学等单位调查后，根据陶片、石器等遗物的分布，把丹土聚落的面积定为130.7万平方米。

历年来考古发掘和钻探，清理出城门通道、汇水池、蓄水池等重要遗迹，30余座大汶口晚期和龙山早期的墓葬，房址46座，灰坑160余个，以及成片的房屋垫土和基槽、柱洞等。在大汶口晚期墓葬内和地层堆积内还出土了玉璇玑（图十：11、12）、玉管、残玉片等。

此外，据介绍，国家博物馆曾征集和调拨了丹土遗址出土的大型玉璇玑、

图八　丹土遗址出土的大汶口文化晚期玉钺
注：1. Cd型钺，2. 异型钺，3. Cc型钺，4. Bd型钺

---

① 刘延常、赵国靖：《丹土大汶口——龙山古文化城》，王永波等编著：《山东古城古国考略》，文物出版社，2016年。

图九　丹土遗址出土的大汶口文化晚期玉钺、璇玑

注：1. Ca 型钺，2. A 型钺，3、4. Cc 型钺，5、7、9、10. D 型钺，6.Bd 型钺，8. Ce 型钺，11、12.璇玑，13. Cb 型钺（10、11 为 2000 年发掘品，余均为采集品）（比例未统一）

玉环和钺。但未见发表材料。

从调查和发掘的遗物主要是陶片、陶器以及聚落形态的演变分析，丹土聚落的鼎盛时期为主要是大汶口文化晚期后段[1]和龙山文化早期，之后开始衰落。

据不完全统计，目前，丹土出土的史前玉器多达50件以上。这些玉器绝大多数应出土于墓葬内。

根据玉石钺等的演变轨迹及丹土玉器出土背景和特征分析，可把丹土玉器分为两个年代组。第一组，30多件，包括所有的弧刃、斜弧刃钺、1件与玉琮同出的大型平刃钺、大型璧、小璧、瑗、五角形环、指环、镞形饰、琮、筒形镯、璇玑等（图八、九、十）。2件小璇玑（图九：10、11）出土于大汶口文化晚期M3009和地层堆积中。10多件钺，大体有A、Bd、Ca、Cb、Cc、Cd、D等七型和亚型（型式示意图见图一至四）。除3件（图八：3、4，图九：6）刃部略平直外，余均外弧或微弧。就刃部而言，A、B、C型钺有外弧刃明显（如图八：1，图九：3、9、12）者4件，余3件为微弧刃或接近平刃（图九：1、2、4），这些均为大汶口文化晚期前后段特征，但不排除个别还要早（如图八：1）。斜刃钺即D型4件，其中2件（图九：7、13）刃部外弧较大，但图九：7较厚重，另两件刃部微弧，时代可能有早晚。其中图九：5钺两侧有扉牙。上节介绍海岱地区的斜刃钺只发现于大汶口时期，这4件钺也应属于该时期。但从玉器厚度及刃部特征看，当属于大汶口文化晚期。此外，有件形态呈三角形、上部两侧有凹口的异型钺（图八：2），整体厚重，刃部外凸，像是改制的大汶口文化晚期玉钺。

截面呈细长方形大型璧、小型璧，截面中间厚、周缘薄的环、瑗，以及镞形饰、筒形玉镯、竹节形环（镯）、球状指环、五角形环（图十：2—13）等都是大汶口文化晚期常见的玉器，而基本不见于龙山时期。所见玉琮呈外方内

---

① 丹土遗址的清理面积虽大，田野发掘工作主要是解剖了城墙、壕沟、蓄水坑池，而生活区和垃圾倾倒区的清理材料并不多。目前只见大汶口晚期末段的材料，但从调查采集的陶器、玉石器而言，应存在大汶口文化晚期前段的遗存。

圆，单节，孔径6.6厘米、边宽7.3厘米（图十：1）。射平面为圆形，琮角为直角，纹样以较深的阴线槽和较浅的圆圈纹（单圈目）对称构成，属于良渚文化玉琮特点。良渚文化中晚期已占据了江淮下游地区，在海安青墩、阜宁陆庄和涟水三里墩良渚文化遗存内发现了玉琮，大汶口文化墓地花厅也出土了琮。典型良渚文化的单节琮（图七：5），一般为重圈目，短线眼角，阴线刻饰鼻翼、孔。单眼圈、无鼻翼的琮在海安青墩良渚文化遗址内也有发现（图七：6）[1]，丹土出土的这件琮与青墩玉琮最相似。越来越多的证据表明，良渚文化年代大体相当于大汶口文化中、晚期。[2]晋南[3]、陕北和甘青地区出土的庙底沟二期晚期和龙山文化的玉琮多为单节，但素面无纹，说明丹土出土的玉琮的时代要早于它们。与琮同出的还有一件筒形玉镯（图十：3），该器类在大汶口文化中晚墓葬内常见，而目前在龙山文化墓葬还未发现，其时代为大汶口晚期应无问题。同出的超大型Bd型玉钺（图九：6），长30.8厘米，宽18厘米，中部一孔镶嵌绿松石，该器与Bd型Ⅳ式接近。尽管刃部为平直，但平直刃玉石钺在大汶口文化晚期后段已出现，如大汶口M10：18（图三：16）、董家营M4：1（图一：22）。因此，琮、筒形镯、平直刃钺的时代应为大汶口文化晚期后段。

总之，第一组玉器的年代应属于大汶口文化晚期，主要是后段。

第二组玉器，约10件，包括1件平刃钺、3件刀、3件大型玉璇玑、2件大型带有扉牙和带领的环形饰、1件条形鸟首形饰（图十一：1—10）。平刃钺（图

---

①　南京博物院：《江苏海安青墩遗址》，《考古学报》1983年第2期。笔者把该遗址的良渚文化遗存分为早晚两期，采集的玉琮应属于晚期，参考燕生东：《海安青墩遗存再分析》，《东南文化》2004年第4期；图见南通博物馆：《海安县发现新石器时代遗址》，《南通历史文物参考资料》，1976年第2号；本文图来自田名利：《论淮宁镇地区新石器时代玉器初步研究》，北京大学考古文博学院，1999年。

②　如栾丰实：《再论良渚文化的年代》，《故宫学术季刊》第20卷第4期，2003年。

③　山西省考古研究所等：《山西芮城清凉寺新石器时代墓地》，《文物》2006年第3期；高炜：《陶寺文化玉器及相关问题》，香港中文大学中国考古艺术研究中心编：《东亚玉器》，1998年。

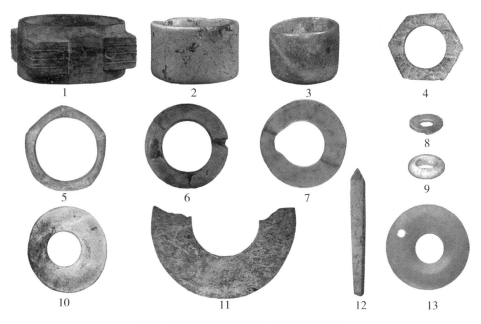

图十　丹土遗址出土的大汶口文化晚期玉器

注：1.琮，2、3.镯，4.六角形环（镯），5.竹节形环（镯），6、7.环，8.小璧，9.指环，10、13.瑗，11.大型璧，12.镞形饰

十一：1），弧顶，未开刃，较厚重，可能是一件未制作完毕的器物，但总体特征与第一组的钺有区别。

玉刀，形体较宽扁，其中一件未开刃（图十一：2），另一件为残器，从发表的线图看（笔者未见到实物），为弧刃。另外那件超大型刀，刃部斜直略内弧，顶部长48.2厘米，刃部长51厘米，宽18.6—22.8厘米，厚仅0.1—0.3厘米（图十一：4），是目前海岱地区发现的最大玉刀。如果那件残器为弧刃的话，时代可能稍早。另两件形状与龙山文化中期朱封玉刀（图五：8）、尹家城那件改制的玉刀（图五：7）、两城镇出土的刀不一样，时代应早于它们。并且那件超大型玉刀如此之薄，与第一组的玉钺风格相似。但迄今为止，还未发现大汶口文化晚期的该类玉石刀。因而，我们认为这三件玉刀的时代属于龙山文化初期甚至是大汶口文化末期的可能性较大。

海岱地区考古发现的玉璇玑主要发现于鲁东南、鲁北一带大汶口文化晚

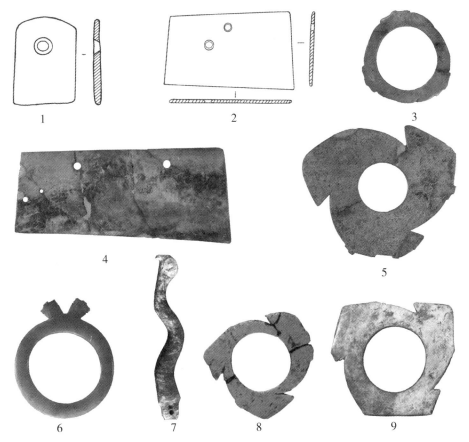

图十一 丹土遗址出土的龙山文化早期玉器
注：1.Ba型钺，2、4.刀，3.带扉牙环，6.带领环，5、8、9.璇玑，7.鸟形饰件

期遗址里，直径都在8厘米以下。能够确定龙山文化时期的也只有在三里河M203：9那件，该器制作粗糙，风格也偏早。调查品如朱封、老峒峪、司马台发现的璇玑直径在10厘米以上，但也未超过丹土的璇玑。有学者认为，大汶口文化的璇玑齿牙短，龙山文化时期的稍长、宽，而丹土、董家营等大汶口文化晚期墓葬出土的璇玑齿牙也较长、较宽（图六：3，图儿：12）。丹土出土的这3件大型玉璇玑齿牙较长、肥大，其中一件直径达22.5厘米（图十一：5），是目前所发现的器体中最大者。其中图十一：5、8这两件与朱封遗址出土的两件相似（图十四：15、16）。尤其那件超大型璇玑，两个齿牙边缘上有扉牙，其

中下部有两组，像足，左侧有一组，似喙，璇玑整体像一只鸟。该特征一方面
说明了璇玑上的扉牙最初表达是鸟足和喙，从而证明璇玑可能表达的是高度抽
象的鸟。另一方面从类型学上还可以证明该器形态早于朱封那两件璇玑。平面
呈方形，齿牙平直的那件璇玑（图十一：9），与芮城清凉寺墓地①出土的庙底
沟二期文化晚期玉璇玑非常类似，因而时代也不会相差太远。因此，丹土这3
件璇玑的年代应在大汶口文化晚期至龙山文化初期之间。

海岱地区大汶口文化中、晚期，还有一种小璧，其周缘外浮雕扉牙，呈花
状，也有学者称为牙璧（璇玑），野店出土2件，平阴周家1件②，花厅2件，焦
家1件。时代为大汶口中期或稍晚。这些璧尺寸较小，直径在3厘米左右。丹
土发现的两件玉环，外缘有扉牙和带领，但形体大，直径约8厘米，又是环类，
虽未发现同类器物（图十一：3、6），但时代也不会太晚。

条形鸟首形饰（图十一：7），长7.2厘米，尖喙，眼睛为浮雕的两层圆圈，
曲长颈，下钻两孔，似是安装或悬挂在某种东西上的饰物。该器在海岱地区非
常罕见。据介绍，它与那件超大型璇玑共出。

总之，第二组的玉器，尽管大多缺乏对比材料，但时代应不晚于龙山文化
中期，个别可能早至大汶口文化末期。

四、两城镇玉器及其年代

两城镇遗址位于日照市两城镇西北一条南北延伸的低岭之上，相当一部分
压在现代村舍下，是海岱地区考古工作开展最多的遗址之一。20世纪30年代
初，由王献唐先生发现。1934年，中央研究院历史语言研究所考古组调查了该

① 山西省考古研究所等：《山西芮城清凉寺新石器时代墓地》，《文物》2006年第3期。
② 山东大学考古系、山东大学博物馆编：《山东大学文物精品选》，齐鲁出版社，2002年。

遗址。1936年，在瓦屋村和大孤村进行了较大规模的发掘，仅在瓦屋村就开探沟52个，发掘面积366平方米。清理墓葬50座，并发现了大量与房屋建筑有关的柱洞、柱坑和红烧土，还有器物堆（有些在房屋内，有些在灰坑内）。出土了大量龙山文化的完整器物。[①]其中大孤堆M2还出土一件玉钺，最近刊布了这件玉器的图版（图十二：3）。[②]

　　1954年，山东省文物管理处又对该遗址进行了勘察，获一批陶器和石器。[③]1955年和1957年，山东大学刘敦愿先生对两城镇做了简单调查[④]，还从村民手中征集到玉刀（图十三：4）和钺各1件（图十二：5）。1958年，山东省文物管理处等单位对遗址进行了钻探和试掘，大体了解了各区的堆积情况。[⑤]值得一提的是，在龙山文化陶片上发现了兽面纹，这与采集到的玉锛上的纹饰相同。

　　1972年，刘敦愿先生公布了1963年在村民家看到的、后藏于山东省博物馆的两件玉器：刻兽面纹的锛（圭）和超大型刀（图十三：1、5）。[⑥]1988年，发表了村民捐献给山东大学的6件玉器[⑦]（图十二：2、5、6、7）。刘先生在文

　　① 尹达：《中国新石器时代》，生活·读书·新知三联书店，1955年；南京博物院：《日照两城镇陶器》，文物出版社，1985年。

　　② 杜正胜主编：《来自碧落与黄泉——中央研究院历史语言研究所文物精选》，"中研院"历史语言研究所，1998年。该书公布了M2平面图和玉钺彩照图。

　　③ 山东省文物管理处，《日照县两城镇等7个遗址初步勘查》，《文物参考资料》1955年第12期。

　　④ 刘敦愿：《读"日照县两城镇等7个遗址初步勘查"后的一些补充意见》，《文物参考资料》1956年第6期；《日照两城镇龙山文化遗址调查》，《考古学报》1958年第1期。

　　⑤ 山东省文物管理处：《山东日照两城镇遗址勘察纪要》，《考古》1960年第9期。

　　⑥ 刘敦愿：《记两城镇遗址发现的两件石器》，《考古》1972年第4期。关于山东玉器的材料介绍，几乎图录都有这两件玉器，如，山东省博物馆编，《山东省博物馆藏品选》，山东友谊出版社，1991年；牟永杭、云希正编：《中国美术分类全集，中国玉器全集·1·原始文化卷》，河北美术出版社，1992年；刘振清主编：《中国地域文化大系·齐鲁文化——东方思想的摇篮》，山东美术出版社、香港商务印书馆，1997年。

　　⑦ 刘敦愿：《有关日照两城镇玉坑玉器的资料》，《考古》1988年第2期。有关这些玉器的彩色图录见山东大学考古系、山东大学博物馆编：《山东大学文物精品选》，齐鲁出版社，2002年。

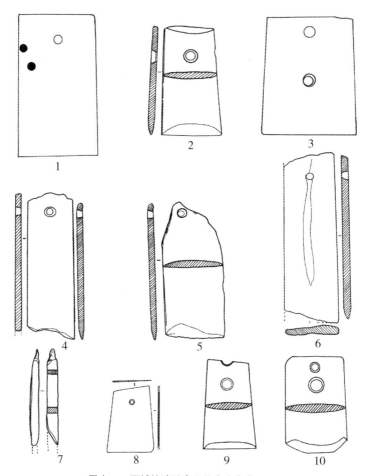

图十二　两城镇遗址出土的龙山文化玉器

注：1. Bd型钺，2、9. Cg型钺，3. Ca型钺，4、6. Ch型钺，5. Bc型钺，
7. 刻刀，8. Cb型钺，10. Bd型钺（3出自大孤堆M2，余为采集）

中还介绍了30年代发现的"玉坑"情况。据村民回忆，坑内出土过原料、半成品、成品，如长达40—50厘米的冬瓜形玉料，有三角形、长方形和不规则四边形等厚薄不等的半成品，还见穿孔玉钺等成品。文中还提及王献唐先生收藏的、后又散佚的那件玉钺，以及流散在社会上的一件镶嵌绿松石的三孔大型玉钺。这件钺（图十二：1）后被故宫博物院于1957年收藏。①

_____

① 日本放送出版协会编：《故宫博物院13，玉器》，NHK出版，1999年。

1986年，临沂、日照地区文物部门发表了80年代初在两城镇等遗址调查的陶器和石器资料，还发表了征集到的3件玉钺和带孔玉板（钺）[①]（图十二：4、9、10）。

1995年至今，山东大学考古系与美国学者在两城镇周围进行了10个季度的区域系统考古调查，摸清了两城镇遗址的面积以及周围龙山文化时期聚落的分布情况，并发掘了两城镇遗址[②]，清理面积达1400平方米。清理了一批房址、灰坑、窖穴和50余座墓葬，其中一座较大型墓葬内还发现玉珠（该墓一椁一棺，随葬器物40余件）。此外，还发现龙山文化不同时期的三圈壕沟，其中内壕沟环绕的聚落面积17万余平方米，中环壕内的面积约30万平方米，外环壕围绕的面积约60万平方米。[③]

最早公布的两城镇遗迹的面积为36万平方米。1954年，山东省文物管理处勘察后认为，面积约为99万平方米（南北长1100米，东西宽900米）。1958年，调查、钻探后公布的面积是55万平方米（南北长850米，东西宽650米）。最近山东大学考古系等单位系统考古调查后认为，地面陶片等遗物分布的范围约为256万平方米。详细钻探表明，包含壕沟占地和自然河道内龙山文化的生活垃圾堆积分布范围，两城镇龙山文化遗址的总面积为70多万平方米。

目前，已发表的两城镇玉器近20件，有钺、刻有兽面纹的锛、刀、刻刀（治玉工具）、璇玑等（图十二、十三），是海岱地区出土史前玉器最多的遗址之一。多数玉器应出土于被破坏的墓葬内。其中一件钺（图十二：3）还出土于龙山文化墓葬M2（1936年发掘）。从历年来发掘和调查的资料（主要是陶器）分析，该遗址的堆积主要属于龙山文化中期，龙山文化早期也较丰富，还有少

[①]　日照市图书馆、临沂地区文管会：《山东日照龙山文化遗址调查》，《考古》1986年第4期。

[②]　相关材料见中美两城地区联合考古队：《山东日照两城地区的考古调查》，《考古》1997年第4期；《山东日照地区系统区域调查的新收获》，《考古》2002年第5期；《山东日照市两城镇遗址1998—2001年发掘简报》，《考古》2004年第9期等。

[③]　中美联合考古队等：《两城镇——1998—2001年发掘报告》第五章，文物出版社，2016年。

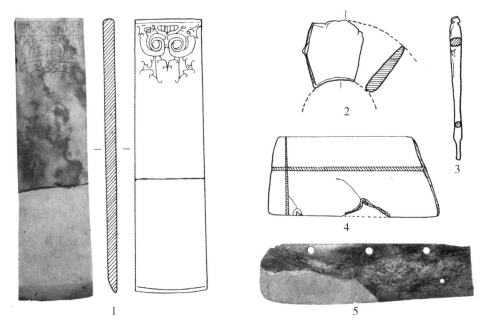

图十三　两城镇遗址出土的龙山文化玉器
1.锛（圭），2.璇玑（？），3.刻刀，4、5.刀。均为采集

量龙山文化晚期遗物。龙山文化早期后段、中期应是该聚落的繁荣期。因此，所出史前玉器应属于龙山文化时期。

目前所见到的玉钺有9件（图十二：1—6、8—10），大体分Bc、Bd、Ca、Cb、Cd、Cg、Ch等亚型。由玉石钺演变轨迹分析，这批玉钺的时代属于龙山时期。其中一件Cg型（图十二：9），原发表的线图为弧刃，笔者观摩了实物，发现其实际为平直刃。Bd型钺（图十二：10），原发表的线图为刃部外弧，笔者见的实物是刃部中部平直，两侧斜弧，似是一件改制的玉钺。除一件Ch型钺刃部、顶部残缺不清外，其他钺均为平直刃，因而可以说两城镇玉钺主体为平直刃，其总体特征与朱封龙山文化中期墓葬后段出土的玉钺（图十四：2、3、5）最为接近。因此，这批玉钺的主体部分，其年代多为龙山文化中期。

图十三：4为玉刀，未钻孔也未开刃，还不算成品，其形态与朱封龙山文化中期后段M202出土那件极其相似，也应同时。超大型刀（图十三：5），长

达48.7厘米，宽12—15厘米，是海岱地区同时期的最长玉刀之一，在全国也是罕见的。整体形态比较窄长，与丹土、朱封发现的刀不太相似，窄长型刀在西部龙山文化晚期和齐家文化常见，但两城镇这件又比西部发现的宽些，估计时代也应早些。所发现玉刻刀（图十二：7，图十三：3）还见于辽东半岛文家屯，在该遗址内与玉料、玉芯、成品、废品伴出，应是一种治玉工具。玉锛上兽面纹样（图十三：1）与龙山文化早、中期陶片上纹样一致。"介"字冠形兽面纹样式也见于陶寺龙山文化中期M22：135[1]和湖北钟祥六合石家河文化晚期遗址出土的透雕兽面形饰[2]，也与朱封M202出土的冠形饰图案相近（图十四：9），时代也相差不远。因此，可把这些玉器的时代定为龙山文化中期。

总之，两城镇玉器多属于龙山文化中期，这与该聚落的鼎盛阶段也是吻合的。

五、丹土与两城镇玉器之比较

丹土玉器中有相当部分属于大汶口文化晚期后段，因而就玉器种类、组合和形体特征上具有这个时代的区域特征，种类上如各种玉钺、琮、镞形饰、截面呈扁长方形的璧、环、瑗球状指环、筒形镯等。上文已提到该时期汶泗河流域出土的良渚文化类型的玉器明显减少，而在鲁东南仍存在一定数量，像镞形饰的数量有些增加，在陵阳河发现的台形、长方形、菱形和亚腰形玉片饰，应来自良渚文化，杭头、湖台还出土了类似截取玉琮的方形玉璧。除有些玉器，像璧、环、镞形饰质料为岫岩玉，属于辽东半岛玉器场模仿的产品外，那些受

① 中国社会科学院考古研究所山西队等：《陶寺城址发现陶寺文化中期墓葬》，《考古》2003年第9期。
② 荆州地区博物馆等：《钟祥六合遗址》，《江汉考古》1987年第2期。有些学者把这种兽面纹玉器看作山东龙山文化的代表，并研究了其转播路线，新的资料表明，这种样式也可能由中原地区向四周传播。

沁的玉器、玉器质料斑杂的器物多数可能来自良渚文化类玉器，但这个时期良渚文化已很快走向衰落，对海岱地区的影响也逐步减弱，这些玉器制品如何远距离贸易到达该地区，目前还不清楚。当然，也不排除本地仿制了良渚文化玉器。丹土玉器种类中玉钺数量较多，也是该地区大汶口文化晚期后段的特征，如陵阳河、大朱村、杭头、湖台等都有一定数量。这种以玉钺再加上刀、璇玑主为主体的组合一直延续到龙山文化时期。两城镇玉器也以钺、刀为组合特征，除了两城镇那种长条状钺（图十二：4、6）不见丹土等其他遗址外，二者钺类的形态非常相似，还都出土了1件镶嵌绿松石的玉钺。二者的玉器，如钺、刀等都是同时期的同类型中制作最为精美者，个体最大者。此外，丹土玉器明显比两城镇扁薄，两城镇璇玑少些。两城镇、尧王城还发现了龙山文化时期玉锛（圭），上面雕刻兽面纹，在海岱地区也是独一无二的。这种形态和种类的区别应是时代差异，或可反映前后发展关系。

仔细对比材质，丹土玉器明显较两城镇复杂。表一、表二是丹土、两城镇玉器颜色、质地和尺寸登记表。丹土玉器70%—80%受沁，而两城镇玉器仅个别受沁。丹土与两城镇遗址相隔很近，都属于粗砂质低矮丘陵地带，土壤、环境是一样的，出现这种情况可能是玉器质料的差异所致。丹土玉器的颜色非常庞杂，有赭褐色、青灰色、浅绿色、青绿色、灰黑色、黄绿色、黄褐色、灰绿色、绿色、浅黄绿色、黄白色、灰黄色等，玉器颜色、质料的庞杂说明玉料的来源也比较复杂。两城镇玉器以黄绿色为主，还有墨绿色、淡绿色、青绿色、青褐色等。二者虽都见黄绿色玉器、淡绿色、青绿色等，但丹土数量少。丹土出土的黄绿色、黄白色、浅绿色等有璇玑、小璧、小环、瑗等，与岫岩玉质色相同。上文已提及大汶口文化晚期后段，这些器类主要来自辽东半岛的玉制作场。两城镇玉器颜色、质地基本属于典型的岫岩玉，说明其玉料来自辽东半岛，这也是海岱地区龙山文化玉器的特点之一。

丹土玉器与该地区同时代玉器风格是一致的，包括部分玉器成品来自辽东半岛，部分玉器如琮、镞形饰、璧类、瑗类等来自南部的良渚文化。但主体部分，如各类钺、刀、大型璇玑、鸟形饰、带扉牙的带领环等应是本地或者说在该聚落制作的。一是尽管有些玉料属于岫岩玉，如个别大型璇玑、环、璧以及其他遗址发现的如大朱村出土的一件钺，但这些器物不见于辽东半岛，似是外来的原料，在本地加工的；二是如此扁薄的钺、刀以及带扉牙的钺（图九：5）及带领环（图十一：3、6）风格、特征不见于其他遗址，超大型玉刀和璇玑也是该聚落所独有的。看来，这些精品应是在本聚落加工制作的。

大汶口文化晚期后段，玉器出土比较集中的还有南部莒县、临沂一带的遗址。陵阳河、大朱村、杭头以及临沂湖台遗址，发现了蛇纹岩、辉绿色片麻岩（绿色斑块）、黄褐色玛瑙质钺以及齿刃钺，还有数量较多的白色（蛋白石？）大型璧、瑗、环、方形玉璧、圆台形（上窄下宽）镯等，玉器总体厚重，器体

表一　　　　　　　　　　　丹土遗址出土玉器一览表

名称	颜色（质地）	尺寸（厘米）	时代	图号
Cd型钺	青绿色，白色沁斑	长21.4、宽10.85	大汶口晚期	图八：1
Cc型钺	墨绿色，白色沁斑	长12.1、宽9.1、厚0.9	大汶口晚期	图八：3
Bd型钺	墨绿色，灰色沁斑	长15.8、宽9.6、厚1.1	大汶口晚期	图八：4
异型钺	墨绿色，局部受沁呈白色	长13.5、宽2.3—6.5、厚0.3—1.2	大汶口晚期	图八：2
A型钺	黄褐色	长11.75、宽10.7、厚0.3—0.5	大汶口晚期	图九：2
Bd型钺	青灰色，局部赭褐，受沁呈白色	长30.8、宽18、厚0.3	大汶口晚期	图九：6
Ca型钺	浅绿色，局部赭褐，受沁呈白色	长11.2、宽10.4、厚0.2—0.3	大汶口晚期	图九：1
Cb型钺	青绿色	较厚	大汶口晚期	图九：13
Cc型钺	灰黑色	长14.7、宽7、厚0.6	大汶口晚期	图九：3
Cc型钺	黄绿色，局部受沁呈白色	长11、宽8.4、厚0.2—0.4	大汶口晚期	图九：4

（续表）

名称	颜色（质地）	尺寸（厘米）	时代	图号
Ce型钺	青灰色，受沁呈白色	较厚	大汶口晚期	图九：8
D型钺	黄褐色，局部受沁呈白色	长16.7、宽13.5、厚0.2—0.3	大汶口晚期	图九：5
D型钺	灰绿色，布满绿色沁斑	长30、宽13、厚0.8	大汶口晚期	图九：7
D型钺	不清	长16、宽12	大汶口晚期	图九：9
D型钺	黄褐色，局部受沁呈白色	长13.3、宽6.9、厚0.2—04	大汶口晚期	图九：10
璇玑	灰绿色，受沁呈白色	直径约3.5，孔径1.3	大汶口晚期	图九：11
璇玑	灰绿色，受沁呈白色	直径3.6，孔径1.2	大汶口晚期	图九：12
琮	灰绿色，受沁呈白色	边宽7.3，孔径6.6，高3.5	大汶口晚期	图十：1
镯	受沁呈白色	直径7.7，高4.8厘米	大汶口晚期	图十：2
镯	绿色，局部呈白色	直径7、高5、厚0.5	大汶口晚期	图十：3
镞形饰	表面受沁呈黄白色	长8.25	大汶口晚期	图十：12
六角环	黄褐色，有沁斑	外径9.15、内径5.1	大汶口晚期	图十：4
竹节环	浅黄色，有沁斑	外径7.5、内径5.6	大汶口晚期	图十：5
环	黄白色，有沁斑	直径2.8厘米	大汶口晚期	图十：6
环	灰白色	外径7、内径3.2—3.7	大汶口晚期	图十：7
小璧	黄绿色，有沁斑	直径较小	大汶口晚期	图十：8
大型璧	墨绿色，有沁斑	直径14.3、厚0.5	大汶口晚期	图十：11
瑗	受沁呈黄白色	外径2.1、内径0.9	大汶口晚期	图十：10
瑗	白绿色	外径2.2、内径0.7	大汶口晚期	图十：13
Ba型钺	灰黄色，局部受沁呈白色	长5.3、宽3.9、厚0.4	龙山早期	图十一：1
刀	浅绿色，受沁呈白色	长12.9、宽7、厚0.2—0.4	龙山早期	图十一：2
刀	灰褐色，受沁呈白色、黄白色	背部48.2，刃部51，宽18.6—22.8，厚0.1—0.3	龙山早期	图十一：4
刀	不清	残	龙山早期	

（续表）

名称	颜色（质地）	尺寸（厘米）	时代	图号
璇玑	黄绿色，受沁呈白色	外径22.5，孔径17.2，厚0.5	龙山早期	图十一：5
璇玑	受沁呈灰白色，局部为黄绿色	外径10.15，孔径6.1，厚0.7	龙山早期	图十一：8
璇玑	浅黄绿色，表面受沁呈白色	外径12.71，孔径6.6，厚0.7	龙山早期	图十一：9
鸟形饰	浅黄绿色，局部受沁呈白色	长7.2	龙山早期	图十一：7
扉牙环	受沁呈白色	外径8.1	龙山早期	图十一：3
带领环	黄白色	外径8	龙山早期	图十一：6

表二　　　　　　　　　　　　　　　两城镇遗址出土玉器一览表

名称	颜色（质地）	尺寸（厘米）	图版号
Cb型玉钺	深黄绿色，局部受沁呈白色	长21.5、宽9.6、厚0.9	图十二：8
Ch型玉钺	深绿色，局部有沁斑	长15、宽10、厚1.3	图十二：6
Ch型玉钺	黄绿色	长11.3、宽8.5、厚0.7	图十二：4
Bc型玉钺	不清	长12.7、宽7—8.5、厚0.3	图十二：5
Bd型玉钺	淡绿色	长27、宽16、厚1	图十二：1
Ca型玉钺	黄绿色，有黑色斑线	长17.2、宽10—9.5、厚09	图十二：3
Cg型玉钺	墨绿色	长14、宽8.3—6.7、厚1	图十二：9
Cg型玉钺	青褐色，局部有白色沁斑	存长22、宽7、厚0.9	图十二：2
Bd型玉钺	青黑色	存长30、宽10.2—9.5、厚09	图十二：10
刻刀	黄绿色，局部有褐色斑	存长9.2、宽0.35、厚0.6	图十二：7
刻刀	黄绿色	长9.4、宽1.4、厚0.2—0.4	图十三：3
璇玑（？）	黄绿色	存长4、宽3—4	图十三：2
锛（圭）	黄绿色，大部受沁呈白色	长18、宽4.5—4.9、厚0.6—0.85	图十三：1
玉刀	墨绿色，局部有赭斑	上长21、下长26、宽12.4、厚0.2—0.5	图十三：4
玉刀	青绿色，大部有褐沁	长48.7，宽12—15，厚0.5	图十三：5

较大，与丹土一带的玉器存在一定差别，说明那里也有一个玉石器制作中心。

总体而言，大汶口文化晚期这两个玉石器制作中心利用本地美石类制作的玉器，就数量而言已超过了外地来的成品。

六、以丹土—两城镇等为代表的龙山文化玉器特点

先介绍一下龙山文化时期各地玉石器工业和海岱地区玉器出土情况，再详细分析丹土—两城镇玉器类原料来源、玉器制作、控制等情况。

龙山文化时期，以豫西、晋南和陕北为中心的中原地区延续了庙底沟二期文化时期的玉石器工业，并向前发展，成为史前末期中国玉器工业的中心，后又直接发展为夏商玉文化。江汉地区、甘青地区的玉器可以明显看到其影响，无论玉器种类、组合还是形态，都与中原地区玉器有趋同倾向，甚至可以说这两个地区的治玉业是中原玉器工业的分支。海岱地区的玉器也见到了中原文化玉器的影子，如圭（锛）、兽面纹样，可能还有璋（如果海岱地区发现的玉璋属于龙山文化的话）。

随着良渚文化玉石工业的消失，海岱地区龙山文化时期石器工业发生了大变化，钺类工具逐渐退出，石锛、石凿小型化，新出现器类如石铲、长方形带孔石刀、石镰等数量增多。就形态、技术而言，海岱地区开始有自己独立的石器工业（当然也与中原石器工业趋同）。

与此同时，龙山文化墓葬内随葬玉石器的习俗发生了变化。据发表资料，呈子清理了87座、尹家城65座、三里河98座、两城镇上百座、胶州赵家庄60余座、日照尧王城39座、临淄董褚10余座、兖州西吴寺9座、董家营3座（包括1座大型），枣庄二疏城近10座（也有1座大型墓），除三里河、尹家城和二疏城龙山文化初期各有1座随葬石钺外，到了龙山文化中期一般墓葬内不再随葬石钺。而在大汶口文化中、晚期各地区不同等级的聚落内，男性普遍随葬石

钺，据统计，有近30%的男性随葬钺类工具，在整个墓地也占10%—20%。大
汶口文化早期石钺曾是砍伐树木的一种工具，之后成为一种武器，一般随葬在
男性墓葬内。大约在大汶口文化晚期，又变成军事指挥权的象征，钺的质料开
始多为玉质，且出土于高等级墓葬内。[①]

　　龙山文化墓葬随葬玉器的数量更少，在清理的500余座墓葬内，除两城镇、
朱封、袁家等高级别的墓葬随葬玉器数量较多外，其他墓地基本不见玉器，随
葬玉器比例极低。其随葬玉器的情况与大汶口文化中晚期迥然有别。尤其是像
尹家城发现的5座有带有棺椁的超大型墓葬都未随葬玉器，像董家营、赵家庄
和二疏城发现的大型墓也如是。说明不仅一般聚落的普通人物不能拥有玉器，
就是这些聚落的贵族也得不到玉制品。

　　这里有必要谈谈三里河3座、尹家城1座龙山文化时期小型墓内出土玉器的
情况。尹家城M139，在尹家城整个墓地属于小型，所随葬玉刀像是改制的大汶
口文化晚期的玉钺（弧刃），也可能是墓主人收藏的大汶口文化玉器。三里河
M118、M244属于龙山文化中期的小型墓，玉器放在墓主人口中，前者是1件残
破的镞形器，它是大汶口文化中晚期的典型玉器；后者是1件残破的璜形器，这
种器物出现在大汶口文化早、中期。M208属于龙山文化中期后段的小型墓，随
葬玉器有12件，分别是璇玑1件、鸟形饰3件、玉珠4件、璜1件、钻芯1件、几
何形饰件2件。璇玑，形体特征属于大汶口文化晚期、龙山文化初期特征，璜在
海岱地区只发现在大汶口文化早、中期，大汶口文化晚期和整个龙山文化时期并
未发现，出土废料玉芯似是属于璧类或璇玑类，两件饰品像是改制的残玉器，这
批玉器的钻孔为琢制，而不是龙山文化时期的管钻。这说明这批玉器时代庞杂，
当然不能代表龙山文化时代的治玉水平，也不能把它们归入龙山文化的玉器。这

---

　　① 燕生东：《海岱地区史前墓葬出土工具所反映的两性分工》，《齐鲁文博——山东省首
届文物科学报告月文集》，齐鲁书社，2002年。

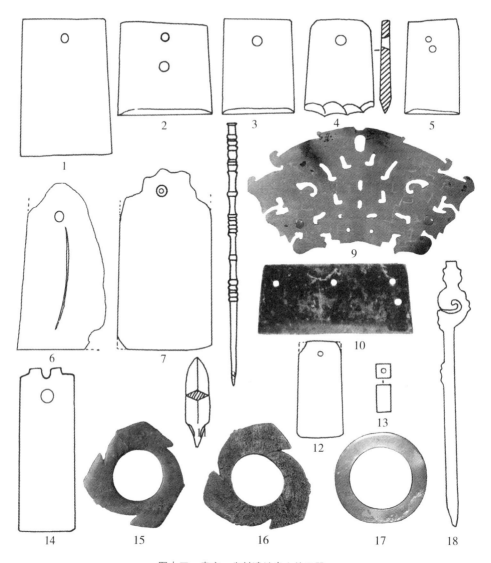

图十四　袁家、朱封遗址出土的玉器

注：1.钺（袁家），2—5.钺（朱封M203：16、M202：8、采10：201、M203：17），6.钺（袁家），7、12.钺（朱封M202：7、M203：15），8、18.簪（朱封M202：2、3），9.冠形饰（朱封202：1），10.刀（朱封202：6），11.矛（朱封采10：174），13.方形饰（袁家），14.钺（袁家），15、16.璇玑（朱封采、采10：160），17.瑗（袁家）

4座墓随葬玉器可能反映的是墓主人收集"古物"的一种嗜好，也不能显示其社会地位。

丹土、两城镇和大范庄的玉器还不能了解其出土背景，但昌乐袁家[①]、临朐朱封墓地[②]可帮助我们了解这个时期大型墓葬随葬和出土玉器情况。袁家位于昌乐西部，西距临朐朱封遗址约20公里，已清理墓葬3座，加之被破坏的墓葬10座左右。墓葬属于长超过3米，宽2米的大型墓，有本质棺椁葬具，随葬陶器数量少，但普遍随葬玉器。相当部分数量的钺、璇玑等已流失。山东省文物考古研究所和昌乐县文管所发掘和收集的玉器有钺3件、瑗2件、方形饰件4件（图十四：1、6、13、14）。从伴出的陶器而言，年代为龙山文化早期。

朱封清理的3座超大型墓葬，在海岱地区是首屈一指的，在全国也是罕见的。M1长4.4米，宽2.5米，深1.8米（可能只清理了二层台部分，而墓坑圹并未发现），葬具为双椁单棺，有边箱、脚箱，随葬精美陶容器35件，还有1件黄绿色玉管饰。M202，长6.68米，残宽2.20—3.15米（复原宽超过4米）、深2—2.1米，一棺一椁，随葬品近50件（陶器23件），其中，玉器有冠形饰1件、簪2件、钺2件、刀1件（图十四：9、8、18、3、7、10），还有绿松石项链和供镶嵌用的近千片绿松石，以及6件石镞和若干鳄鱼骨板。M203，长6.30—6.44米，宽4.10—4.55米，深1.48—1.72米，双椁单棺，随葬陶容器50件，石、骨镞18件，玉钺3件（图十四：2、5、12），瑗1件（图十四：17），绿松

---

①　魏成敏：《昌乐县袁家龙山文化墓地》，《中国考古学年鉴1999》，文物出版社，2001年；李学训、郑秀云：《昌乐县袁家庄龙山文化玉器墓》，潍坊市文博学会遍：《文博研究》第一辑，潍坊新闻出版局，2000年；古方总主编，梁中合、佟佩华等主编：《中国出土玉器全集·4·山东卷》，科学出版社，2005年，该书公布了一件长方形玉钺。

②　见山东省文物考古研究所等：《山东临朐史前遗址普查简报》，《临朐县西朱封龙山文化重椁墓的清理》，《海岱考古》第一辑，山东大学出版社，1989年；中国社会科学院考古研究所山东工作队：《山东临朐朱封龙山文化墓葬》，《考古》1990年第7期，该文发表的玉器图较少，玉刀图见李曰训：《朱封龙山文化大墓》，宿白主编：《中华人民共和国重大考古发现》，文物出版社，1999年；其他玉器照片见韩榕：《临朐朱封龙山文化墓葬出土玉器及相关问题》，邓聪主编：《东亚玉器》第1、3卷，中国考古学艺术研究中心，1998年；采集的璇玑图见安志敏：《牙璧试析》，邓聪主编：《东亚玉器》第1卷，中国考古学艺术研究中心，1998年；最新公布的玉器照片和线图见杜金鹏主编：《临朐西朱封龙山文化玉器研究》，科学出版社，2015年。

石片100件。此外，采集到的玉器有大型璇玑3件、矛1件、钺4件（图十四：15、16、11、4，图一：9，图三：6）、环1件，这些应出自被破坏的墓葬。

从出土的陶器分析，这三座墓的年代相当于龙山文化中期后段。出土的玉器，如兽面状冠形饰、浮雕三个人面像的簪、竹节纹簪，系首次发现。发现的玉钺基本平直刃。而M202：7、M203：15（图十四：7、12），颜色为灰绿、黄绿，但呈斑块状结构，玉质差，顶部与刃部缺失，刃部略弧。从形体而言，不同于其他玉钺，质料与同出的玉器也明显有别。从类型学排比，时代也早些。不排除这两件玉器是大汶口文化晚期或龙山文化初期遗留的可能。

朱封、袁家超大型墓葬，与大汶口文化晚期后段的同类墓随葬上百件陶器相比，数量大幅度减少，陶容器尤其是酒器的比例明显下降，玉器数量明显上升。袁家似乎已经以玉器为主，朱封两墓分别随葬了3件和2件玉钺（后者配1刀），这在之前也是不见的。可以说龙山文化中期，海岱地区埋葬习俗发生了大变化，高等级墓葬内凸显棺椁制度（尹家城、二疏城等地的超大型墓内也是棺椁齐备），玉器在中心聚落的高等级墓随葬品中地位已变得非常重要。

袁家、朱封、丹土、两城镇，可能还有大范庄，龙山文化时期，只有地域中心聚落的高等级贵族墓地内出土玉器，说明随葬玉器集中在有限的地区流通，只限于社会中高等级阶层享用，如果说这个时期玉器使用和制作受到了严格控制，也未尝不可。

表三　　　　　　　　　　　　袁家、朱封遗址出土玉器一览表

名称	颜色（质地）	尺寸（厘米）	出土单位	图版号
钺	黄白色，有褐斑	未测	袁家被盗墓葬	图十四：1
钺	墨绿色	未测	袁家被盗墓葬	图十四：6
钺	乳白色	长19.7、宽7、厚1.1	袁家M1	图十四：14
瑗	黄绿色	未测	袁家被盗墓葬	图十四：17
瑗	黄白色	未测	袁家被盗墓葬	

（续表）

名称	颜色（质地）	尺寸（厘米）	出土单位	图版号
方形饰（4件）	受沁呈白色	未测	袁家被盗墓葬	图十四：13
钺	黄绿色，有斑块	长13.1、宽7.2、厚0.8	朱封M202：7	图十四：7
钺	黄绿色	长10.3、宽8、厚0.8	朱封M202：8	图十四：3
钺	墨绿色，部分泛黄	长15—15.9、宽8.5—9、厚0.8	朱封M203：17	图十四：5
钺	黄白色	长12.3—12.9、宽12.2—12.9、厚0.6	朱封M203：16	图十四：2
钺	灰绿色，墨色斑块	长19.5—19.8、宽9—9.6、厚0.5	朱封M203：15	图十四：12
瑗	浅白色、淡绿色	外径9、内径6、厚0.5	朱封M203：18	图十四：17
环	淡黄色、黄绿色	外径12.8、内径10	朱封10：178	
冠形饰	黄白色，褐斑	高4.5、宽9、厚0.4	朱封M202：1	图十四：9
簪	墨绿色，褐斑	长19.5	朱封M202：2	图十四：8
簪	乳白色	长10.3	朱封M203：3	图十四：18
刀	墨绿色	长21.7—23.7、宽10.6、厚0.7—0.8	朱封M202：6	图十四：10
钺	墨绿色	长14、宽10.4	朱封10：201	图十四：4
钺	青灰色	长15.2、宽9.2	朱封10：149	
钺	墨绿色	长14.8、宽10.2	朱封10：150	
矛	墨绿色	长10.4、宽2.8	朱封10：174	图十四：12
璇玑	黄绿色	外径10.4、内径6	朱封10：160	图十四：15
璇玑	浅绿色，受沁	外径12、内径6	朱封采集	图十四：16
璇玑（残）	浅绿色		朱封采集	
管饰	黄绿色	长2.2	朱封M1：48	

表三是袁家和朱封墓地出土玉器颜色、质地和尺寸登记表。从表上看，朱封玉器颜色有黄绿、淡黄、黄白、墨绿、淡绿、乳白等，两城镇玉器颜色有黄绿、深黄绿、淡绿、墨绿、青绿、青黑等，除后者少见乳白色、黄白色外，余均为二者共有。据研究，岫岩透闪石软玉的基本色调有白色、黄白色、黄绿

色、绿色、青色和黑色，其中以黄绿、绿和黄白为主色调，而黑色、青色和白色较少。[1]袁家、朱封与两城镇玉器颜色正好与之吻合。矿物成分、化学成分、物理性质和结构学的分析也证明了这一点。[2]可以认为，袁家、朱封、两城镇玉器绝大多数属于岫岩玉。

在辽东半岛聚落和积石冢内普遍发现了大汶口文化晚期，龙山文化早、中期陶器与玉器等遗物（未见龙山文化晚期遗存），与以前相比，辽东半岛与海岱地区关系更加密切，有学者甚至认为该地区已成为龙山文化的分布区了。[3]辽东半岛流行的积石冢墓葬虽然也不见于海岱地区，但二者关系密切是可以肯定的，不排除那里存在着海岱地区的移民。但这个时期，积石冢墓葬内出土了小璇玑、小璧、小环之类玉器，遗址内的玉斧、锛类仍属于本地玉器系统，而这些玉器品种和形态已经基本不见或罕见于海岱地区了。并且海岱地区的主要玉器类也不见于辽东半岛。虽然这时期海岱地区的玉质料来自辽东半岛岫岩一带，但海岱地区发现的以丹土—两城镇、袁家—朱封类为代表的玉器，应是本地制作的。因而可以说，海岱地区是从辽东半岛进口的原料，这显然与前期海岱地区以进口玉器成品为主不一样。海岱地区文化在辽东半岛的发展甚至向北移民，可能就是为了获取（交换）玉料。

就玉器种类、形体，还可以把丹土—两城镇龙山玉器与袁家—朱封玉器进行对比。同类器物中如璇玑、钺类、刀类，前者比后者尺寸明显大些（表一、表二、表三）。两城镇玉器中长条形钺（Ch型）、圭（锛，尧王城也出土

---

① 赵朝洪、员雪梅、徐世炼：《辽海地区新石器时代玉器原料产地的初步探讨》，杨伯达主编：《中国玉文化玉学论丛三编》（上、下），紫禁城出版社，2005年。

② 员雪梅：《燕辽、海岱、中原地区新石器时代玉器研究》，北京大学考古文博院，2005年博士学位论文；王时麒、于洸、员雪梅：《论古玉器原料产地探源的方法》，杨伯达主编：《中国玉文化玉学论丛三编》（上、下），紫禁城出版社，2005年。

③ 如栾丰实：《辽东半岛南部地区的原始文化》，《海岱地区考古研究》，山东大学出版社，1997年；王青：《试论山东龙山文化郭家村类型》，《考古》1995年第1期。

1件）及线刻兽面纹工艺，目前也只见于丹土—两城镇玉器类。而袁家—朱封玉器类中的有肩钺、齿刃钺、冠形饰、浮雕人面像和竹节纹的簪、绿松石管项饰、用上百件绿松石镶嵌的物品也是其他地区不见的。两城镇一个坑内还出土了治玉工具、玉坯料、半成品等，采集的玉器中还有刀的半成品，也就是说，两城镇存在玉器作坊。如果把临沂大范庄[①]、沂南罗圈峪[②]等地出土的玉璋看作龙山文化时代的话[③]，那里也应有自己的治玉场。目前看来，龙山文化时期至少已有三个玉器制作中心。袁家—朱封、丹土—两城镇、罗圈峪—大范庄龙山文化类不同风格玉器的存在，说明玉器的制作和控制是多中心的，而一般聚落都不出土玉器和仿制的石器产品。如此看来，这个时期玉器的控制是相当严格的。

如果说以丹土为代表的大汶口文化晚期后段玉器和两城镇、袁家—朱封为代表的龙山文化玉器标志着海岱地区开始有自己的玉器工业的话，那么也应是之前玉器——南方良渚文化和东北玉器加工技术传统和样式的延续。玉料基本上是从北方进口的，玉器制作、享用则被牢牢控制在若干个区域中心的贵族手中，治玉业已成为贵族手工业经济的重要组成部分。

总之，海岱地区龙山时期玉器基本延续了以前的种类、样式，但又有一些变化，装饰品的种类和数量减少，象征军事特权的礼器，如钺、刀、锛（圭）、

---

① 冯沂：《山东临沂市大范庄遗址调查》，《华夏考古》2004年第1期。

② 于秋伟等：《山东沂南县发现一组玉、石器》，《考古》1998年第3期；《山东沂南新发现的牙璋和玉器》，《故宫文物月刊》第15卷第11期，1998年。

③ 大范庄出土了若干件大型玉钺和璋，从形态和玉质分析，前者属于龙山文化没问题。海岱地区发现的被定为龙山文化时期的璋，其实没有一件属于考古发掘品。大范庄遗址包含大汶口文化晚期、龙山文化和岳石文化时期的遗存。罗圈峪玉器的时代也非常复杂，如筒形镯、镟形饰、钺等只典型的大汶口文化玉器，另外同出的小型锛、凿，既有大汶口文化时期的，可能又有龙山文化时期的。在五莲上万家沟、海阳司马台出土的璋，情况也如是。总之，海岱地区出土的8件璋，还不能肯定属于龙山文化时期。尽管有学者认为璋起源于山东，但也有学者认为属于华西玉器的东传，时代为龙山文化末期和二里头文化时期，见邓淑蘋：《由院藏三星堆文化牙璋谈起》，《故宫文物月刊》第17卷第2期，1999年。

镞，可能还有璋，得到了突出和强调（同时棺椁制度也如是），玉器也只集中出现在地域中心聚落遗址的高等级贵族墓葬内，其地位取代了海岱地区传统陶制酒器、盛食器和炊器。玉器原料来源也只有一个产地了——辽东半岛北部的岫岩。玉器原料、制品，包括制作过程，被中心聚落的贵族阶层牢牢控制，并成为贵族手工业的重要组成部分。但这种玉器的集中化致使中小型聚落的贵族也无法获取玉器和原料。海岱地区龙山时期（尤其龙山中期），丹土—两城镇、袁家—朱封、罗圈峪—大范庄玉器其形态种类、形态、尺寸的差别，说明当时存在着多个玉器制作、控制中心。

七、丹土与两城镇中心聚落的关系

据最近的考古系统调查，研究者根据遗址的分布、面积大小把该地区龙山文化聚落分为4个等级，丹土与两城镇遗址同时，并同属于两城镇这个一级中心聚落下的二级聚落。两城镇遗址规模巨大，发现了在海岱地区比较长的壕沟和数量较多、制作精美、形制硕大的玉制品，应是该地区龙山文化时期的中心聚落。通过上文的分析，丹土玉器的年代大部分属于大汶口文化晚期后段，部分属于龙山文化初期，而两城镇玉器多属于龙山文化早中期，丹土与两城镇的玉器不是同时代关系而是前后传承关系。由于丹土玉器在海岱地区大汶口晚期后段所占的独一无二的地位，加之在丹土遗址发现了大汶口文化晚期后段的环壕和带有刻画符号的大口尊（符号与莒县陵阳河一带有差别）、兽面纹蛋壳陶杯（纹样与两城镇遗址出土不同）等重要遗迹和遗物，可以肯定丹土是大汶口文化晚期后段至龙山文化初期该区域的中心聚落。因此，就玉器这个角度而言，结合已有的考古发现，可以认为，作为中心聚落功能的丹土只是在大汶口文化晚期后段和龙山文化初期，而龙山文化早期偏晚到中期，两城镇在该区域才具有中心聚落的性质。另外，该区域的系统考古调查发现龙山文化遗址多达199处（不排除人口的迁移导致该地区龙山文化人口集中，社会发展，经济繁荣），发现的大汶口文化晚期后段遗址只有4处，这似乎与丹土这个中心聚落的地位极不相称。但是，中原地区、海岱地区的遗址等不同时期文化埋藏往往高度重合，鲁东南沿海地区，如原定为龙山文化时代的丹土、董家营、胶南河头[①]、尧王城、胶州赵家庄[②]、诸城薛家庄[③]等遗址，在最近的考古发掘后，都发现了大汶口文化中、晚期的遗存。显然，陶片等遗物的出露是以遗址破坏程度为前提的。因此，那些未发掘的龙山文化遗址下部也有大汶口文化遗存的可能。如此说来，以地面采集的陶片等遗物来断定一个遗址的年代、性质和功能，以陶片等遗物的分布来确定一个遗址面积大小，以遗址规模大小划分聚落等级，这种田野作业方式，在中原、海岱等地区应考虑其局限性。

（原文刊于《东方考古》第3集，略有增删）

---

① 兰玉富等：《胶南市河头新石器时代至宋元遗址》，《中国考古学年鉴2003》，文物出版社，2004年。

② 燕生东等：《山东胶州赵家庄先秦聚落考古获重要收获》，《中国文物报》2006年4月28日第1版。

③ 兰玉富等：《诸城市薛家庄新石器时代和汉代遗址》，《中国考古学年鉴2002》，文物出版社，2003年。

东部沿海在中国早期海洋文明发展中的地位

　　本文中的东部沿海地区是指河北沧州东部、山东和江苏淮河以北滨海区域。这里海岸线长约4000公里，约占全国海岸总线的五分之一多。从地质构造上看，分为淤泥淤沙质的古今黄河三角洲、莱州湾南岸、盐城沿海地区以及沙质基岩质的胶东半岛、鲁东南与连云港沿海地区。胶东半岛凸出于黄海、渤海之间，向北有链条状分布的庙岛群岛连接辽东半岛，向东与朝鲜半岛隔海相望，东南同日本列岛也相距不远，很早就有人员往来和文化交流。东部浅海地区鱼虾类资源非常丰富，有"百鱼之乡"之称，新石器时代较早时期就出现了近海渔业文化；古今黄河三角洲、莱州湾与苏北沿岸地区海滩平坦、广阔，有适合大规模盐业生产的海水和地下卤水等制盐原料，历来为我国海盐生产重要基地，产生了发达的盐业文化；胶东半岛、鲁东南与连云港海岸线蜿蜒曲折，港湾岬角交错，岛屿罗列，为天然优良港口的集中地，是古代人口迁徙、文化交流和物资流动的重要枢纽。东部沿海一带还属于黄河下游、古济水下游和淮河下游地区，与夏、商、西周王朝控制的核心区域黄河中游、济水中上游、渭河流域距离最近，甚至连成一片，因而这里就很容易成为商周王朝最早接触到海洋和开发利用海洋资源的地方。胶东半岛山岛其间、海滨空阔、天地无际，是易生缥缈幻觉的环境，成为中国海上仙人思想的起源地和古代神仙修炼之圣地；出现于战国晚期齐国、位于东部沿海的四时主、阳主、阴主、月主、日主神祠还成为秦汉帝国野外祭祀的重要场所。这些构成了中国早期海洋文明的主体。

一、中国早期近海渔盐文化发祥地之一

近海渔业文化与盐业文化是我国新石器时代海洋文化的主要内容。东部沿海地区为中国早期近海渔盐文化重要发祥地。

东部临海地区目前发现最早的新石器时代遗址属于7000年前的青莲岗文化大伊山类型，目前，已在连云港大村、朝阳、二涧村、藤花落以及灌云大伊山类型发现了这时期聚落，或可说明当时居民对海洋已有了一定认识。来源于青莲岗文化大伊山类型[1]、距今7000—6000年的胶东半岛地区白石村文化至大汶口文化早期[2]已属于典型的近海渔业文化，出现了一批具有特色海洋文化特质的生产和生活用具。居民以粟、稻种植为后盾，捕捞采集浅海水域的鱼类、牡蛎、蛤、螺和扇贝类作为蛋白质的主要来源。就全国沿海地区而言，此时，胶东半岛沿海地区高地和河流入海口的河汊子两侧散布着上百处村落，是同时期人口最多、村落最为集中密集的区域，也是近海渔业文化最为发达的地区。[3]

大汶口文化晚期和龙山文化早中期（距今4600—4100年），胶州湾和日照等滨海渔业文化得到了充分发展。北到胶州三里河、南至连云港藤花落等范围内出

---

[1]　燕生东：《顺山集文化与大伊山类型》，《东南文化》2018年第1期。
[2]　烟台市博物馆：《烟台白石村遗址发掘报告》，《胶东考古》，文物出版社，2000年。
[3]　李步青、王锡平：《胶东半岛新石器文化初论》，《考古》1988年第1期；中国社会科学院考古研究所：《胶东半岛贝丘遗址环境考古》，社会科学文献出版社，1999年。

现了一批与海洋文化有关的聚落遗址。沿海居民依托发达的水稻种植业[1]，从近海捕捞鳓鱼、黑鲷、梭鱼、蓝点马鲛，在滩涂地上采集牡蛎、毛蚶、文蛤、青蛤、四角蛤蜊、脉红螺、中国耳螺、疣荔枝螺、纵带滩栖螺、锈凹螺、乌贼、海胆、鳌等作为生计的补充。在三里河遗址大汶口墓葬发现随葬海鱼（骨）、疣荔枝螺和蛤壳习俗，反映的是与海洋有关的某种信仰。[2]此时，鲁东南滨海及相邻内陆地区经济社会文化高速发展，聚落数量和人口规模急剧增加，出现了日照两城镇、尧王城，连云港藤花落等高等级的大型聚落，社会分化严重，还出现了玉制礼器和图像符号。这里成为海岱地区史前文明形成和发展的核心区之一。显然，该地区社会文化快速发展应离不开海洋资源（包括海盐）的开发。

目前，莱州湾南岸滩涂地上考古发现了近30处4000年前的龙山文化时期遗址，这些遗址规模都不大，堆积薄，所见遗存主要为烧土、草木灰和白色块状物堆积，出土陶器主要为熬煮工具夹砂陶罐和鼎。这些遗址应属于当时制盐聚落。滨海滩涂地上数量较多的制盐聚落及与之相关聚落的同时出现，显示龙山时期盐业生产已初具规模化、专业化。滨海地区规模化的盐业生产，促进了内陆腹地如潍淄河流域聚落分化、人口数量增多、社会分工及原始文明的出现。[3]就目前盐业考古资料而言，早期规模化的滨海制盐业最早出现于龙山文化时代的渤海南岸地区。

二、跨海与海外文化交流的重要枢纽

跨海及与海外文化交流为海洋文明的重要特质，东方沿海地区很早以来就

---

[1] 靳桂云：《龙山文化居民食物结构研究》，《文史哲》2013年第2期。

[2] 成庆丰：《三里河遗址出土的鱼骨、鱼鳞鉴定报告》，齐钟彦：《三里河遗址出土的贝壳等鉴定报告》，见《胶县三里河》，文物出版社，1988年。

[3] 燕生东：《莱州湾南岸地区发现的龙山时期制盐遗址》，《考古》2015年第12期。

是文化交流的枢纽。主要表现在：

1. 史前稻作北传海外的重要一环

朝鲜半岛和日本列岛居民历来以稻米为主食，其稻作来源问题一直受到海内外学界的关注。世界水稻种植起源于万年前的长江中下游以南地区已得到学界认可。稻作如何传播到朝鲜半岛和日本列岛？国内学者曾提出了稻作的传播从长江下游→山东半岛→辽东半岛→朝鲜半岛→日本九州再到本州以陆路为主，兼有短程海路的弧形路线[①]；日本学者认为，始于公元前1500年以后的朝鲜半岛稻作农业从山东半岛直接传播过来，而公元前300年之后的日本列岛弥生时代稻作来自朝鲜半岛。[②]看来，东部沿海地区应为史前稻作北传的重要一环。

近几年来，考古工作者在苏北、鲁东南以及胶东半岛沿海地区，如连云港二涧村、藤花落，日照尧王城、两城镇、东海峪、前水沟，胶南丁家柳沟，五莲丹土，诸城薛家庄，莒县陵阳河、马庄，胶州赵家庄、西庵，栖霞县杨家圈等大汶口文化和龙山文化遗址通过浮选发现了大量稻米、稻秆、稻叶遗存，并在这些遗址文化堆积层里发现了大量水稻植硅体。[③]此外，辽东半岛龙山时期的多个遗址内也发现了稻米遗存和水稻的植硅体。[④]在胶州赵家庄等龙山文化时期遗址清理出了包含蓄水坑、水沟、田块、田埂的稻田遗存[⑤]，显示了当时水稻种植情况。据研究，龙山文化时期鲁东南沿海居民饮食结构中，食用稻米的比例

---

① 严文明：《东亚文明的明——中国义明起源的探索》，《农业发生与文明起源》，科学出版社，2000年。

② 宫本一夫：《东北亚地区农耕的形成与扩散》，《东方考古》第1集，科学出版社，2004年。

③ 靳桂云等：《山东新石器时代稻遗存考古的新成果》，《东方考古》第5集，科学出版社，2009年。

④ 靳桂云等：《辽东半岛南部农业考古调查报告——植硅体证据》，《东方考古》第6集，科学出版社，2009年。

⑤ 燕生东、靳桂云等：《山东胶州赵家庄龙山时期稻田的发现及其意义》，《中国文物报》2007年11月16日第5版。

远高于内陆地区。[①]这些为稻作农业从山东半岛经海路到辽东半岛、朝鲜半岛，再经海路传入日本列岛提供了考古证据。

2. 史前岫岩玉南下之桥头堡

先秦时期人们就把玉器作为美德、财富、权力和宗教信仰的载体。产自辽宁鞍山岫岩的岫岩玉，为我国古代的四大名玉之一。岫岩玉分为透闪石玉和蛇纹石玉，颜色丰富多彩，有黄白、深绿、灰绿、浅绿、黄绿、灰绿、黄褐、棕褐、暗红、蜡黄、白、黄白、绿白、灰白、墨绿等。[②]辽东半岛文家屯等多个地方还发现了史前制玉作坊遗存。

距今5000—4200年的大汶口文化晚期和龙山文化早中期，东方地区玉文化发展进入了鼎盛阶段，形成了海岱玉文化圈，与东南地区良渚文化为代表的太湖玉文化圈以及以山西芮城清凉寺、襄汾陶寺为代表的中原玉文化圈，形成了三足鼎立。东方即海岱地区10多个中心聚落内出土了数量较多的表达身份、地位和社会等级标志的玉器，玉器种类主要有钺、刀、圭、璇玑、镞形饰、瑗、环、筒形镯等。其中，胶东半岛、鲁东南沿海及相邻地区出土玉器数量最多，质量最为精美，形体也硕大。这些玉器颜色以黄绿、绿、墨绿和黄白为主色调，与岫岩玉色调基本完全一致。海岱地区的玉料主要来自辽宁中东部的岫岩玉。[③]岫岩玉是如何传播到东部地区的呢？沿海地区的遗址如烟台桃村、龙口薛家、栖霞杨家圈、海阳司马台、招远老店、胶州三里河、五莲丹土、日照两城镇和尧王城等都出土了大量玉器。从传播路线看，玉器或玉料从辽东半岛经海运进入胶东半岛和沿海地区，再向西传播，沿途在昌乐袁家、临朐西朱封和济南焦家等形成当地的制玉中心，向南流动到鲁中南地区，在泰安大汶口、邹城野店、

---

① 靳桂云：《龙山文化居民食物结构研究》，《文史哲》2013年第2期。

② 王时麒、赵朝洪等编：《中国岫岩玉》第五章"岫岩玉古代开发利用历史的考察与研究"，科学出版社，2007年。

③ 燕生东、高明奎等：《丹土与两城镇玉器研究——兼论海岱地区史前玉器的几个问题》，《东方考古》第3集，科学出版社，2007年。

新沂花厅等发展成当地的制玉中心；玉器由胶东半岛沿海地区直接向西南传播，在莒县陵阳河、杭头、大朱村，临沂湖台、大范庄等地发展成当地的制玉中心。而江苏和安徽等省份出土的岫岩玉器（料）也多是由山东沿海流通过去的。

3. 古代居民跨海迁徙与文化互动之地

辽东半岛与胶东半岛隔海相望，很早就有人群和文化往来，史前稻作文化的北传和玉料南下肯定包含着人员迁徙。距今6000年前后，辽东半岛的郭家村、吴家村、小朱山等遗址出土的部分陶器和石器制品等来自胶东半岛的大汶口文化，而在胶东半岛沿海岛屿上的众多遗址，如北庄、大钦东村和北城等也发现了来自辽东半岛的拍印几何纹饰筒形罐。可见当时的文化交流状况。辽东半岛发现了距今4600年至3500年的大汶口文化晚期、山东龙山文化早中期与岳石文化的聚落和积石冢，说明这一阶段曾有大批移民跨海迁居辽东半岛。

东部沿海地区还是周汉时期吴国、越国人大规模北迁和南方吴越文化北传之地。早在东周时期，吴国、越国等东南临海国家就已在鲁东南沿海一带活动。如吴之"舟师"自海入齐，被齐国部队打败（《左传·哀公十年》）；范蠡曾"浮海入齐"，耕于海畔（《史记·越勾践世家》）。东汉以来的文献，如《越绝书》《水经·潍水注》《后汉书·郡国志》等还记载了越国勾践由海上徙都于琅琊，后历八主二百四十（四）年。[①]东周、秦汉时期，东海、黄海至渤海一带有一条著名的"并海"航道，秦始皇、秦二世、汉武帝沿海东巡、祭祀、寻不死之药走的就是这条航道。其中，胶南琅琊还是著名海港之一。秦始皇四次东巡至海边，如二十八年："于是乃并渤海以东，过黄、垂，穷成山，登芝罘……南登琅琊"；三十七年："……还过吴，从江上乘渡。并海上，北至琅琊。……自琅琊北至荣成山，……至芝罘……遂并海西。"秦二世元年东巡郡

---

① 蒙文通：《越史丛考》越人迁徙考篇，人民出版社1980年版；辛德勇：《越王勾践徙都琅邪事析义》，《文史》2010年第1期。

县，"到碣石，并海，南至会稽，而尽刻始皇所立刻石……"(《史记·秦始皇本纪》)汉武帝九次行于东部海上，如元封元年，"上遂东巡海上，行礼祠八神"；元封五年，"巡南郡，至江陵而东，……浮江，……过彭蠡，……北至琅邪，并海上"(《史记·孝武本纪》)。

在江苏连云港、赣榆，鲁东南日照、胶南、胶州、黄岛沿海地区与胶东半岛东部地区的青岛城阳、即墨、海阳等沿海县市，及相邻的东海、新沂、诸城、五莲、莒县、莒南、沂南、栖霞、莱西等内陆地区，还发现了上千座西汉中晚期的"土墩墓"①，尤其是胶南琅邪周围、日照地区和连云港数量最多，分布最为集中。这些墓葬多位于丘陵和低矮山上，呈连续排列。一个"土墩"封土内掩埋几座墓葬，甚至几十座墓葬。②这些墓内随葬了来自江浙闽地区的通过海洋运输而来数以万计的原始瓷器(南方系釉陶)、印纹硬陶、漆器以及丝绸等物品。这类"土墩墓"与江浙一带东周时期越人的土墩墓结构完全相同，其墓主人很可能为经"并海"航道迁来的越人后裔。这次跨海大移民不仅促进了沿海社会经济的发展，也丰富了汉代海洋文化的内涵。

4. 我国海外文化交流的最早区域之一

战国文献《管子·揆度》提及齐国利用"发(族)、朝鲜(族)之文皮(虎豹之皮)"，《管子·轻重甲》还说把发族和朝鲜族使用所产的文皮与綖服作为币帛，若齐国用铜金购买文皮，八千里之外的发族和朝鲜族就会前来进行贸易。栖霞金山、昌乐岳家河、新泰周家庄还出土了来自朝鲜西北部和我国东北部的战国时期曲刃短剑。③看来，东周时期，齐国就同朝鲜半岛就有贸易往来。《史记·秦始皇本纪》等文献还记录了秦代(可能早至战国末期)"齐人徐福东

---

① 燕生东：《山东沿海地区早期历史文物资源及相关问题》，《齐鲁文化研究》第9辑，泰山出版社，2010年。

② 山东省文物考古研究所：《山东日照海曲汉墓(M106)发掘简报》，《文物》2010年第1期。

③ 王青：《〈管子〉"发、朝鲜之文皮"的考古学探索——兼论东周时期齐国与海北的贸易和交通》，《东方考古》第11集，科学出版社，2014年。

渡"史实。以徐福为代表的东部沿海居民通过海路应到达过朝鲜半岛西部海岸、济州岛与日本九州,以至于后世这些地区留下了相关文献记载和故事传说。徐福因此在日本曾被奉为农耕神、医药神、桑蚕神。周汉时期齐地与日本弥生人骨体质人类学和牙齿人类学研究也表明,日本国北部九州及山口县发现的弥生人来源于中国大陆,包括山东地区。[1]位于东部沿海地区居民较早开通了远海航线,利用航海方式与朝鲜半岛、日本列岛进行人员、经济、文化往来,最终开启了中国大陆跨境海外文化交流和远洋贸易的大门,也标志着中国早期海外文化交流进入了新阶段。基于此,有学者提出在周汉时期山东半岛与朝鲜半岛、日本列岛存在着"东方海上丝绸之路"。[2]

三、商周王朝最早直接接触海洋和开发海洋资源的区域

夏王朝与商王朝早期的控制范围以河南中西部、晋南陕东为核心,最强盛时势力范围可达周边地区。但东夷和淮夷族群占据着整个东方沿海地区,夏王朝与商王朝初期未能直接触及海洋和开发海洋资源。

至商代中期,商王朝势力向东扩张达到最高峰,东北部已至渤海南岸内陆腹地,东部至山东潍河、白浪河、沭河东岸,向南至连云港海岸以及淮河下游南侧的盐城一带。[3]苏北连云港、盐城一带以及鲁东南沿海黄海之滨成为商王朝中期唯一通向和直接接触到海洋的地方。[4]这阶段,商王朝控制范围内所见的贝螺类,大部分应来自这一带。晚商即殷墟时期,商文化和商势力在鲁南、苏北退缩,而在古今黄河三角洲和莱州湾南岸地区涌现了大量晚商文化聚落。周

---

① 韩康信、松下孝幸:《山东临淄周—汉汉代人骨体质特征研究与西日本弥生时代人骨比较概报》,《考古》1997年第4期。

② 刘凤鸣:《山东半岛与古代中韩关系》,中华书局,2010年。

③ 燕生东、丁燕杰:《商文化前期在东方地区发展的特点》,《中原文物》2016年第6期。

④ 燕生东:《江苏地区的商文化》,《东南文化》2011年第6期。

初，周王朝把翦商第一功臣、姻亲姜姓太公望分封到古济水下游地区和淄河中下游地区，建立齐国。分封在这一地区的邦国还有姜姓纪、逄等。在周王朝诸多封国内，只有齐、纪、逄以及燕国疆域濒临渤海西岸和南岸。

商周王朝势力为何来到滨海滩涂地上呢？古今黄河三角洲和莱州湾南岸地区为我国著名的"鱼盐之地"。这里不仅有海水、潟湖之水、盐碱土，还有储藏丰富、盐度远大于海水、容易获取的浅层地下卤水制盐原料[1]；这一带光照充足，风多且大，降水稀少，蒸发量很高；滩涂地上生长着柽柳、茅草、芦苇等煮盐使用的燃料，非常有利于盐业生产。这里属泥沙质海底，海水浅，盐度低，水温高，加上河流从内陆地区带来的腐殖质，利于浮游生物生长，这些浮游生物又是鱼虾的天然饵料，因此，这里成为鱼虾和蛤螺贝类优良的洄游、索饵、栖息和繁殖场所。[2]

最近，文物考古部门在黄河三角洲和莱州湾沿岸发现了10多个规模巨大的晚商和西周早期盐业聚落群遗址，数百处单个盐业聚落，清理出盐井、盐池、盐灶以及煮盐工具陶盔形器等（见下）。来自殷都及周边地区的王室成员、官员、军队，如醜、薄姑、戎、并、卤、戍宁等族氏或首领居住在沿海及相邻内陆地区。这里成为商王朝晚期重点拓展和经略的区域，也成为商王朝的统辖区和控制区。据调查，渤海西岸和南岸地区形成于距今6000—4000年的贝壳堤上堆积着成千上万吨海贝，浅海和滩涂地上生长着青蛤、文蛤、毛蚶、海扇、笋螺科（杜氏笋螺、近平点笋螺）、纵带锥螺、纵肋织纹螺、脉红螺、托氏琱螺、扁玉螺、多形滩栖螺等。[3]海贝螺类因其质地坚硬、光泽鲜亮、纹理多变，深

---

① 韩有松等：《中国北方沿海地区第四纪地下卤水》，科学出版社，1994年。

② 燕生东：《商周时期渤海南岸地区的盐业》第二章"环境与资源"，文物出版社，2013年。

③ 苏盛伟：《渤海湾西岸全新世贝壳堤古环境重建》，吉林大学2012年硕士学位论文；刘志杰：《鲁北贝壳滩脊沉积与发育演化研究》，中国海洋大学2004年硕士学位论文；山东大学东方考古研究中心等：《山东寿光北部沿海环境考古报告》，《华夏考古》2005年第4期。

受商周时期人们的喜爱。包含螺类、蛤类、蚶类等海贝在商周王朝被视为贵重物品，可作为货币，也是人与车马上的重要装饰品。安阳殷墟等地出土了数万件以上的海贝类，据鉴定和研究，除了做货币使用的宝贝科外，其他螺类、蛤类、蚶类均见于渤海湾和莱州湾及沿岸。[①]此外，安阳殷墟出土的鲸（骨）和鲻鱼[②]，也应来自冀东和鲁北沿海。

通过海盐和渔业资源开发和利用，鲁北和冀东沿海地区连接了中央王朝，并形成了与中原地区商周王朝连为一体的社会经济网络。[③]看来，古今黄河三角洲和莱州湾南岸地区不仅成为晚商王朝控制的、唯一接触和通向海洋的地方，也是能直接开发利用海洋资源的区域。而西周王朝通过东封齐、纪、燕等邦国于此，认识和了解海洋，并开发利用沿海的盐业和渔业（含贝螺类）资源。

四、商周时期海盐生产中心

食盐是人们必需的生活和生产物资，中国古代还将盐视为一种国家控制的重要战略物资及赋税最主要的来源之一。古代人们利用海水和卤水熬制食盐，并向内陆地区输送食盐，是早期海洋文明的主要表现之一。传说中的炎黄时期，宿（夙）沙氏就在东部沿海发明了煮海为盐。先秦《禹贡》《战国策·齐策》《战国策·赵策》《管子·轻重》《管子·地数》《管子·海王》等就提到了东部沿海地区的"青州贡盐""幽州鱼盐""北海之盐""渠展之盐""东莱鱼盐""齐国鱼盐之地三百""齐之海隅鱼盐之地"等。齐国、燕国富国强兵依靠的就是这些鱼盐资源。考古发现表明，龙山文化时期，莱州湾南岸出现了规模化制盐；

---

①　钟柏生：《史语所所藏殷墟海贝及其相关问题初探》，《"中研院"历史语言研究所集刊》第64卷3本，1991年。

②　杨钟健、刘东生：《安阳殷墟之哺乳动物群补遗》，伍献文：《记殷墟出土之鱼骨》，《中国考古学报》第四册，1949年。

③　燕生东：《商周时期渤海南岸地区的盐业》第八章"结语"，文物出版社，2013年。

商代晚期，莱州湾南岸和古今黄河三角洲还成为商王朝的盐业生产中心；齐国的盐业生产基地，中国最早的食盐官营之地。

1.古今黄河三角洲和莱州湾南岸是商王朝晚期的制盐中心

晚商时期，商王朝政治、经济、文化中心固定在豫北安阳一带。较前一段相比，商王朝势力和文化在西、北、南部大范围退缩。其控制范围，西部仅在郑州、荥阳一带，西北部太行山以西在浮山、灵石等，北部退缩在晋东南，河北唐河、定州一线，南界仅到河南信阳罗山县、安徽颍上县一带。唯在东方地区商王朝发展最为稳定。聚落和人口数量急剧增多，中心聚落和高等级聚落大量出现，文化面貌与殷墟文化关系也最为密切，这里成为商王朝后期重点经略的地区。①

近年来，文物考古部门在东至昌邑、西至广饶、北至河北的盐山、海兴滨海平原横跨250余公里范围内发现和确定了昌邑东利渔，潍坊滨海开发区央子，寿光巨淀湖、双王城、大荒北央、王家庄子，广饶东赵、东北坞、南河崖、坡家庄，东营刘集、刘庄，利津洋江、南望参，沾化杨家以及庆云齐周务等近20处晚商时期大型盐业聚落群，单个盐业聚落总数近500处。每一盐业聚落群的面积从上百平方公里、数十平方公里至十几平方公里不等，规模非常大。经过详细发掘和钻探，每处盐业聚落规模在4000—6000平方米，为一个制盐作坊，个别在1万平方米左右，包含2—4个制盐作坊，非常有规律，这显然存在着统一规制。考古已清理了由地下卤水坑井、沉淀池、蒸发池、储卤坑、盐灶、盐棚等组成的多个完整制盐作坊单元，所见单体盐灶面积就达三四十平方米，每灶一次煮盐就达上千斤。整个渤海南岸地区年产量在数十万斤以上，数量是相当惊人的。②

---

① 燕生东：《晚商文化在东方地区分布态势与周初东封》，《考古与文物》2016年第5期。
② 燕生东：《渤海南岸地区商周时期的盐业》第四、五章，文物出版社，2013年。

考古研究表明，环绕盐业聚落群内侧的咸淡水两侧的同时期聚落为盐工夏季、冬季定居地及生产煮盐工具地方；内陆腹地尤其是古济水、古黄河、古漯水、徒骇河两岸出现了400多处晚商时期聚落，这里居民为盐工提供生活和生产物资，并承担盐制品向内陆运输；那些出土青铜容礼器的几十处高等级聚落则负责盐业生产的管理以及生产和生活物资的调配与运输。总之，鲁北、冀东沿海及相邻内陆地区晚商文化聚落数量多、分布密集，人口空前增多，社会、经济与文化繁荣发展，与滨海大规模盐业生产密切相关；来自商王朝的一些王族、族群和封国驻扎该地，由他们组织、管理操控着盐业生产、相关物资的物流和盐制品的外运。这些充分说明，古今黄河三角洲和莱州湾南岸地区为殷墟时期商王朝直接控制的盐业生产中心。①

2. 中国最早的食盐官营之地

古今黄河三角洲和莱州湾南岸地区素以盐业发达闻名于天下。《左传》《战国策》《管子》等文献从不同角度记录了周代该地区著名产盐之地、制盐方式、盐业生产规模、盐业管理制度及制盐业在当时社会发展中的地位。据《管子·轻重》等记载，东周时期，齐国还发生了中国盐政史上的一次革命：齐国率先实行了"食盐官营"，包括食盐的民产、官征收、食盐官府专运专销、按人口卖盐征税等制度。食盐除了在本地消费外，齐国还通过黄河和济水源源不断运向中原地区的梁（魏）、赵、宋、卫等国进行贸易。②

近十年来，考古部门在莱州市海仓、西大宋，昌邑市唐央、火道、辛庄、廒里、东利渔，潍坊滨海开发区西利渔、烽台、固堤场、韩家庙子，寿光市单家庄、王家庄、官台、大荒北央，广饶县东马楼、南河崖，东营刘集、利津南望参、洋江，沾化杨家，无棣邢家山子，海兴杨埕、黄骅郛堤等长达300多公

---

① 燕生东：《渤海南岸地区商周时期的盐业》第六章，文物出版社，2013年。
② 郭正忠：《中国盐政史》古代篇，人民出版社，1999年。

里范围内发现了30多处东周盐业聚落群，上千处制盐作坊。每处制盐作坊均有成组的地下卤水盐井和盐灶，所见煮盐工具陶圜底罐（瓮）形态较大，数量极多。就制盐规模、年产量、制盐原料、制盐工艺、制盐季节、生产管理和食盐运销区域而言，齐地北部沿海地区的考古发现与周汉文献所记载的齐国盐政和盐业情况是基本一致的。这些考古新发现为认识齐国盐业生产、食盐官营制度以及中国沿海早期盐业文化内容提供了资料依据。[①]

五、中国仙人思想的起源地与秦汉王朝野祀中心

周汉时期流行的海上方术神仙思想曾是我国早期海洋文明的重要内容。胶东半岛与连云港一带为中国海上仙人思想的起源地和主要信仰区。胶东半岛山海相连、岛山并一，海滨空阔、天地无际，碧波浩淼、烟雾缥缈，还常出现神奇变幻的海市蜃楼场景，催生了海上方术神仙思想。人们由此还建构出神仙居住的海外神山蓬莱、方丈和瀛洲。齐威王、齐宣王曾派人到这三座神山求仙（史记·封禅书》）。战国时期，齐国邹子阴阳学说与海上方术神仙思想相结合，开启了天师道教之先河。[②]东部沿海地区的方术仙人思想还深中秦始皇、汉武帝之心意，这里成为他们东巡求仙、找不死药的主要目的地和场所。[③]秦始皇于二十八年，"南登琅琊，大乐之，留三月"，迁黔首三万，筑琅琊台，修御道，刻石颂德，遣徐福出海寻仙、求长生不老药（《史记·秦始皇本纪》）；汉武帝于元封元年，"令言海中神山者数千人求蓬莱神人。……留宿海上，与方士传车及间使求神仙人以

---

① 燕生东、田永德等：《渤海南岸地区发现的东周时期盐业遗存》，《中国国家博物馆馆刊》2011年第9期。

② 严耕望：《战国学术地理与人才分布》，《严耕望史学论文选集》（上），中华书局，2006年。

③ 周振鹤：《假如齐国统一了天下》《秦始皇东巡探踪》，《随无涯之旅》，生活·读书·新知三联书店，2003年。

千数"，元封二年"公孙卿言见神人东莱山。……遂至东莱，……复遣方士求神人采药以千数"（《汉书·郊祀志》）。汉武帝为见东莱山神人，于元封元年、元封二年以及征和四年亲临东莱；为冀遇海上仙人，在元封元年、五年，太初元年望祀蓬莱。①汉武帝在胶东半岛一带还建立了一批仙人神祠。

东部沿海地区在战国晚期及秦汉时期成为国家野外祭祀的重要场所。阴阳五行学说中关于天、地、人的宇宙构建还同海上方术仙人思想的结合导致齐国对八主神的信仰和祭祀②，其中有5个神主祠位于沿海地区，如胶南琅琊台的四时主祠、荣成成山头的日主祠、烟台芝罘岛上的阳主祠、龙口莱山的月主祠、莱州三山岛上的阴主祠。秦始皇三次亲临阳主词、日主祠、四时主祠等祭祀，并在芝罘岛、成山头、琅琊台刻石颂德；汉武帝至少三次，元封元年"东巡海上，行礼祠八神"，太始四年"东幸琅玡，礼日成山，登芝罘，浮海，用事八神、延年"（《汉书·郊祀志》）。秦始皇、秦二世和汉武帝还在这些神祠庙山上大兴土木工程，兴建了许多祭祀建筑。文物考古部门在这些神主祠遗址内发现了秦汉时期高大夯土台、建筑基址、大型建筑构件（瓦当、板瓦、筒瓦、铺地砖和地下水管道）、祭祀场所以及成组玉制祭器（玉璧、圭和觿）等遗存。所见板瓦长宽和瓦当直径之大均创中国秦汉时期之最。③西汉时期，武帝和宣帝在东部沿海地区创建了一批新神祠（包括仙人神祠），如万里沙祠、芝罘山祠、参山八神祠、莱君祠、海水祠、莱王祠、崂山太一祠、仙人祠、凡山祠、环山祠、天室山祠、三户山祠等，在胶东半岛形成了一个祭祀圈。④这些场所成为国家野外祭祀的重要组成部分。秦汉时期位于东部沿海地区的国家级野外祭祀，如对日、月、天、地神崇拜与祭祀，最终成为国家宗教郊祀制的组成部分。⑤

---

① 田天：《秦汉国家祭祀史稿》，生活·读书·新知三联书店，2015年。

②③ 王睿：《"八主"祭祀研究》，2011年北京大学中国语言学系博士学位论文。

④ 李零：《秦汉祠畤统考》，《中国方术续考》，东方出版社，2000年。

⑤ 王睿：《"八主"祭祀研究》，2011年北京大学中国语言学系博士学位论文，第76—89页。

莱州湾南岸地区龙山文化时期
盐业与区域社会发展

一

　　莱州湾，西起山东省广饶县支脉河口（一说今黄河入海口），东至莱州市虎头崖（一说三山岛），岸线全长120多公里，是山东省最大的海湾。莱州湾南岸地带主要包括了昌邑、潍坊市滨海经济开发区（原潍坊市寒亭区）、寿光、广饶等县市的北和西北部滨海平原。滨海平原的南界大体为今天的咸淡水分界线一带（图一），即全新世大海侵盛期海水到达范围。滨海平原宽30—40公里，海拔在6米以下，面积超过4000平方公里，地貌形态自海岸至内地呈条带状分布，依次为潮滩、海积平原以及海、河积平原，向南与冲洪积平原和泰沂山地相连。[①]发源于泰沂山地的淄河、新塌河、弥河、丹河、白浪河、虞河、潍河和胶莱河由南向北流入莱州湾（图一），古济水、大清河以及金元明清时期

---

① 中国海湾志编纂委员会：《中国海湾志》第三分册《莱州湾》，海洋出版社，1991年。

修挖的小清河自西向东也流入莱州湾。

莱州湾南岸地带广泛分布着滨海盐土，土壤严重盐渍化，加之地势平洼，潜水位高，排水困难，淡水资源又匮乏，海拔4米以下的地带还常遭受渤海潮水侵袭，因而，这一带非常不适合人们长期定居和农耕活动。但是，这里制盐原料比较丰富，不仅有潟湖咸水、盐碱土以及取之不尽、用之不竭的海水，还有储藏丰富、盐度远大于海水、容易获取的浅层地下卤水。此外，该地区地质、地貌、气候与植物资源也有便于晒盐、煮盐。滨海平原面积广阔、地势平坦，土质结构致密，渗透率小，是开滩建场的理想土层；这里四季分明，风多且大，光照充足，年蒸发量是年降水量（年平均降水量在600毫米以下，而山东省平均约为800毫米）的四倍左右；生长在滨海平原和河岸上的柽柳、茅草、芦苇等植物还是煮盐所需的较佳燃料。总体而言，这一带非常利于盐业生产。[①]因而，莱州湾南岸地区自古至今都是我国重要的盐业生产基地之一。

盐是人类身体正常运转必不可少的矿物质，用盐腌制鱼肉和蔬菜类还是早期人们保存动物蛋白质和蔬菜的主要方式。可以说，食盐是人们必需的生活物资。东周以来，中国各王朝还将盐视为一种国家控制的重要战略物资、赋税最主要的来源，因而多施行严格的食盐专营专卖制度。如此看来，盐业生产在古代社会不仅是一项特殊的经济生产活动，还是一项重要的政治活动。

众所周知，人们的食物构成一旦以谷类和蔬菜为主，那么补充盐分就成为生活的必需。龙山文化时期是莱州湾南岸内陆地区农耕聚落数量急剧增多，经济、社会、文化和人口高速发展的阶段，达到了先秦时期该地区第一个发展顶峰。龙山文化时期人们如何制作食盐，内陆居民如何获得食盐，是考古工作者必须要关注的问题。

莱州湾南岸地区系统的大规模田野调查工作始于2003年。2007年之后，在

---

① 燕生东：《商周时期渤海南岸地区的盐业》第二章，文物出版社，2013年。

"中华文明探源工程"（2）重大项目"技术与经济研究"以及教育部人文社会科学重点研究基地重大课题"鲁北沿海地区先秦盐业考古研究"等项目支持下，配合南水北调东线山东东段工程建设与全国第三次文物普查工作，北京大学中国考古学研究中心、山东省文物考古研究所、山东大学考古系、山东师范大学齐鲁文化研究院等单位对莱州湾滨海平原进行了多年的田野考古调查和发掘工作。系统调查累计面积超过1000平方公里①，发现了龙山文化时期、殷墟时期至西周早期、东周时期、汉魏及元明时期的上千处盐业遗存②，并在配合基本建设工程和教学实习中大规模发掘了多处商周时期、两汉、魏晋及元明时期盐业遗址③，累积清理面积上万平方米。殷墟时期至西周早期、东周时期及元明时期盐业遗址群规模大，考古工作多，研究也深入，学界对当时的制盐原料（均为地下卤水）、制卤方式、煮盐工艺流程以及盐业生产规模与生产性质已有了基本认识。

本文主要介绍并分析在莱州湾滨海平原上发现的龙山文化时期制盐遗存，并对盐业兴起与区域社会发展问题做些初步讨论。

二

就分布而言，莱州湾南岸滨海平原上所见龙山文化遗址可分为两大区域

---

① 盐业遗址调查方法可参见燕生东：《渤海南岸地区先秦盐业考古方法及主要收获》，《东方考古》第7集，科学出版社，2010年。

② 部分资料参见鲁北沿海地区先秦盐业考古课题组：《鲁北沿海地区先秦盐业遗址2007年调查简报》，《文物》2012年第7期；燕生东、田永德等：《渤海南岸地区发现的东周时期盐业遗存》，《中国国家博物馆馆刊》2011年第9期；燕生东：《莱州湾沿岸地区发现的龙山及元明时期盐业遗存》，佟柱臣纪念文集编委会编：《无限悠悠远古情——佟柱臣先生纪念文集》，科学出版社，2014年。

③ 部分资料见山东省文物考古研究所、北京大学中国考古学研究中心等：《山东寿光市双王城盐业遗址2008年的发掘》，山东大学考古系、山东省文物考古研究所等：《山东东营市南河崖西周煮盐遗址》，《考古》2010年第3期。

（图一）。第一区域的遗址多位于距今海岸线在15—30公里范围内。目前，经多年的系统田野调查工作，已在该区域发现了12处龙山文化时期遗址，分别为广饶县丁庄北、东赵5号遗址，寿光市郭井子、杨庄、清水泊农场、西宅科、牛头东、牛头东北及双王城09、SL27、SL31遗址，潍坊市滨海经济开发区韩家庙子21号遗址等[①]（图一）。

第二区域的遗址位于咸淡水分界线两侧，距今海岸线约30—40公里，目前

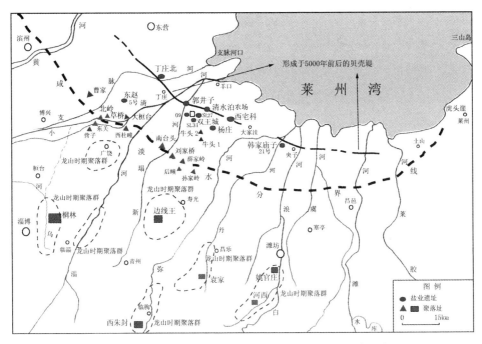

图一　莱州湾滨南岸地区龙山时期盐业聚落与内陆聚落群分布示意图

① 寿光县博物馆：《寿光县古遗址调查报告》，《海岱考古》第一辑，山东大学出版社，1989年；山东大学东方考古研究中心、寿光市博物馆：《山东寿光市北部沿海环境考古报告》，《华夏考古》2005年第4期；燕生东、兰玉富：《2007年鲁北沿海地区先秦盐业考古工作的主要收获》，北京大学震旦古代文明研究中心编：《古代文明研究通讯》总36期，2008年；山东大学盐业考古队：《山东北部小清河下游2010年盐业考古调查简报》，《华夏考古》2012年第3期；燕生东、曹斌、赵金：《山东广饶县东赵盐业遗址群调查简报》，《海岱考古》第七辑，科学出版社，2014年；2009、2010、2016年，笔者在潍坊市滨海经济开发区韩家庙子（编号21号遗址）、寿光市杨庄北、牛头等地又发现了5处龙山时期盐业遗址。

在该区已发现博兴县曹家，广饶东关、北岭、草桥、营子、大桓台、西杜疃，寿光南台头、刘家桥、后疃、薛家岭、孙家岭等共12处遗址（图一）。

三

第一区域遗址在位置分布、规模、堆积和遗迹特点、出土遗物、时代延续等方面比较特殊。

首先，在空间分布上有以下三个特点。其一是多集中于一条东西向的贝壳堤之上或两侧，像郭井子、清水泊农场、西宅科等遗址就直接坐落在贝壳堤之上，丁庄北、韩家庙子等遗址距贝壳堤也只有数百米。这条贝壳堤形成于距今5000年前后，大约经广饶王署埠—沙台崖—寿光郭井子—王家庄北—潍坊市滨海经济开发区韩家庙子—央子—昌邑火道—平度新河一带。[①]一方面，由于贝壳堤为当时最大海潮所到范围，一般的海潮难以波及该区域；另一方面，因贝壳堤底板和两侧的黏土、板结的贝壳层阻挡了地下咸水的上泛，雨水进入贝壳和粗砂层中就会很快渗出和聚集，形成了所谓的一眼眼淡水泉或水坑。尽管水量并不大，但这在淡水极度匮乏的滨海平原一带，成为人们饮用水的主要来源之一。其二是这些遗址均坐落在浅层地下卤水分布区域之上。据研究，地下卤水最上部为潜水含卤层，底板埋深0—22米，形成于全新世，盐度（波美度）一般在6—10度，是海水的2—3倍（渤海湾海水浓度为3波美度以下）。[②]考古和文献资料证实，自晚商至明清时期，莱州湾南岸地区人们就提取地下卤水熬煮或晒制食盐。目前，该地区仍抽取地下卤水来晒制原盐。此外，该地春、秋两

---

① 该条贝壳堤，学者多认为形成于距今4500年前。最近，该地区贝壳堤的[14]C测年数据经校正后，大多提前了500年左右，比如全新世最早的贝壳堤形成于距今7000—6000年间，这样与原来认识的海侵、海退时间差别较大，本文结合考古资料，采取了折中方案。见王宏等著：《环渤海海岸带[14]C数据集（Ⅰ、Ⅱ）》《第四纪研究》2004年24卷第6期；2005年25卷第2期。

② 孔庆友等编：《山东矿床》山东地下卤水矿床章节，山东科学技术出版社，2006年。

季，气候干燥，地下卤水上升到地表土壤，经过强烈蒸发过程，引起盐分向表层土上泛，周而复始，地表上就集聚了大量白色盐碱土。文献记载，中国东部沿海地区古代居民还曾扫收和浇淋盐碱土，制成高浓度的卤水后再熬煮食盐。[①]其三是这些遗址所在区域除了杨庄遗址外，还都是殷墟时期、西周早期、东周时期、汉魏及宋元时期制盐作坊群所在地，甚至附近还存在着现代盐场。如东赵5号遗址周围存在着殷墟时期、东周时期和元明时期盐业遗址群；双王城09、SL27和SL31号遗址就处于殷墟时期至西周早期及元明时期规模巨大的制盐作坊群中心地带；郭井子龙山文化堆积之上就有东周时期制盐遗存，西北部、东南部为大荒北央周代盐业遗址群，西部500米为现代盐场；清水泊农场遗址南部为东周时期制盐作坊群和元明清时期官台盐场所在地，周围也存在着多处现代盐场；牛头东北遗址上有殷墟时期制盐作坊；韩家庙子21号遗址四周为殷墟时期、东周、元明清时期制盐作坊群及当代盐场所在地。换句话说，这些龙山文化遗址及周围还是历史时期和当今的盐场所在地。

其次，这些聚落遗址在规模、堆积、遗迹、遗物等方面与内陆聚落相比，也很有特点。目前滨海平原上的遗址规模，大者上千平方米，多数在数百平方米。如郭井子遗址，文物部门在20世纪80年代初就做过多次调查[②]，后经过试掘，曾报道该遗址面积17000万平方米，时代包含了龙山文化、东周时期[③]，经详细调查，龙山文化时期遗存分布范围仅集中遗址中东部，面积上千平方米。韩家庙子21号遗址规模仅五六百平方米。双王城09、SL27号遗址面积均在400平方米左右。双王城SL31号遗址暴露充分，东西长约40米，南北宽不足30米，面积较大，但仅有1200平方米。丁庄北遗址面积最大，约1800平方米。

---

① 参见潘吉星编著：《天工开物校注及研究》，巴蜀书社，1989年。

② 寿光县博物馆：《寿光县古遗址调查报告》，《海岱考古》第一辑，山东大学出版社，1989年。

③ 山东大学东方考古研究中心、寿光市博物馆：《山东寿光市北部沿海环境考古报告》，《华夏考古》2005年第4期。

　　这些遗址文化堆积较薄，厚度均不超过0.5米，所见遗迹主要是包含大量草木灰、烧土和白色块状物的堆积。双王城SL31号遗址中部还见到3处成片的灰土和白色块状物等遗迹（调查时暂定为灰坑堆积），每片面积约3平方米，灰土堆积厚0.3米。双王城SL27遗址所见烧土堆积面积较大，约10平方米，烧土内夹杂着数量较多的白色块状物，白色陶鼎、罐碎片。丁庄北可见有几十厘米厚的灰土堆积。东赵5号遗址南部现代水沟南侧有被掘出的草灰土堆积，厚达1米以上，堆积内包含着成片和成堆的白色块状物、陶片、蚌壳、兽骨等。

　　这些遗址出露的遗物不太丰富，所见遗物主要是陶片，有少许的文蛤、毛蛤等动物遗骸，西宅科还发现了截面呈菱形的石镞。个别遗址如双王城SL31号遗址在一片灰土堆积内还采集到数量较多的动物遗骸，经鉴定，除麋鹿角外，还有栖息在沿海浅滩与内陆淡水域的文蛤、青蛤、毛蛤、毛蚶、蟹、丽蚌等遗骸[①]，该堆积属于当时的生活垃圾。

　　再次，这些遗址出土陶器（片）也有特点，陶质陶色上，主要为夹砂灰（黑）陶和夹砂红褐陶，少部分泥质灰陶和黑陶。器形中，夹砂鼎和罐的数量最多，占陶器总量的70%左右。这两类器外表多存有二次受火痕迹，部分器内壁表面还粘有白色垢状物，与商周时期煮盐工具盔形器和大口罐内壁残留物完全相同，说明这两种器物主要作为熬煮器使用。其他器类除器盖数量略多外，还有钵、碗、杯、盆、高领瓮、壶、甗等，数量不很多。寿光双王城SL31遗址经过多次调查，其中2007年对地表出露的龙山时期陶片做了全面采集。所见陶片中以夹砂灰陶和红褐陶为主，器形主要有鼎、罐、器盖（图二），还有少量的泥质黑陶、灰陶，器形有杯、瓮、盆，部分陶片上内外壁有白色垢状物（图二：7、8）。2008年，在该遗址还对一片灰土堆积进行了清理，并采集了所有遗物，陶片中除两件黑陶杯外，另8件全为夹砂鼎和罐，时代为龙山文

---

　　①　动物遗骸由山东大学东方考古研究中心宋艳波博士鉴定。

化中期后段。双王城SL27遗址所见陶片均为夹砂红褐陶和灰褐陶，器形为鼎和罐，时代为龙山文化晚期前段。郭井子遗址所采集陶片以夹砂及夹贝壳屑（？）灰陶、黑陶、褐陶为主，有少量泥质黑陶、灰陶。器形有夹砂陶鼎4件、夹贝蚌灰陶罐3件、泥质黑陶鼓腹壶（腹径34.8厘米，存高34.8厘米）2件、鬶、黑陶豆、三足杯、薄胎黑陶杯、带把杯和器盖各1件，时代分属龙山文化早期后段和晚期前段。牛头东和东北的两处遗址，出土陶器有鼎、罐、杯等，时代为龙山文化中期后段。丁庄北遗址出土陶器有夹砂鼎口沿、腹部6件，鼎足4件，夹砂陶罐3件，夹砂器盖5件，泥质灰陶瓮1件，泥质黑陶壶形杯1件，泥质陶钵（碗）3件，时代属于龙山文化早期后段。西宅科北遗址所采集

图二　寿光双王城SL31遗址出土的陶罐、鼎碎片

注：1.夹砂红褐陶罐底（07SL31：7），2、3.夹砂灰黑陶器盖（07SL31：8、9），4.夹砂灰褐陶罐（鼎）腹片（07SL31：6），5.夹砂灰褐陶罐（罐）口沿（07SL31：1），6.夹砂灰褐陶鼎口沿（07SL31：2），7.泥质灰陶罐腹片（07SL31：10），8.夹砂红褐陶鼎（罐）口沿（07SL31：3），9.夹砂红陶鼎（罐）腹片（07SL31：5），10.夹砂灰褐色鼎（罐）口沿（07SL31：4）

陶片较少，仅见泥质磨光黑陶鼎、泥质灰褐陶壶；清水泊农场西遗址所见陶器为夹蚌末黑陶盆形鼎、泥质黑陶盆，这两处遗址时代为龙山文化早期后段。韩家庙子21号遗址所见的龙山文化陶片均为夹砂陶器，颜色为灰色、灰黑和灰褐色，器形均为陶鼎和罐，数量至少在9件以上，时代为龙山文化晚期前段。东赵5号遗址所见陶片器胎较薄，在0.3厘米以下，烧制火候不高。陶片可能受地下咸水长期浸泡的原因，内外壁均受到不同程度粉化，可辨器形有夹砂罐（鼎）、甗、器盖以及泥质罐、杯等，时代为龙山文化晚期前段。牛头东、牛头东北遗址出土的陶鼎、罐等，时代为龙山文化中期。

最后，关于这些遗址的年代，每处遗址延续时间都不太长，大体属于某一期或某一期的一段，如郭井子、清水泊农场西、西宅科北及丁庄北等为龙山文化早期后段，双王城09、SL31遗址、杨庄遗址、牛头东、牛头东北遗址为龙山文化中期后段，双王城SL27号遗址及东赵5号、韩家庙子21号遗址则属于龙山文化晚期前段。每处遗存延续时间较短，这与殷墟时期、西周早期及元明时期每个盐业遗址存续情况完全相同。

总之，位于滨海平原第一区域的龙山文化聚落分布在浅层地下卤水分布地带上与盐碱土比较集中地区，地下卤水和盐碱土资源是绝佳的制盐原料。该地带还是商周时期及以后各朝代的制盐场所。这些聚落与同时期内陆聚落相比，遗址规模不大，堆积薄，遗迹主要是草木灰、烧土和白色块状物堆积，文化遗物不太丰富，每处聚落延续时间较短，多为某一期的某段，遗址出土陶器中，夹砂陶鼎、罐数量偏多，内部多附着白色垢状物，应当是熬煮的结果，非常有特点。双王城商周时期盐业遗址出土的白色块状物和煮盐工具内壁上的白色垢状物，经科学分析，主要为熬煮盐析出的碳酸钙、碳酸镁等碳酸盐类，这些白色块状物还是判断盐业遗址的主要化学证据。[①]这些情况与内陆地区同时代农耕

① 崔剑锋等：《山东寿光市双王城遗址古代制盐工艺的几个问题》，《考古》2010年第3期。

聚落形态相比，差异较大。虽然陶器类型均常见于内陆地区，也未见专门制作的、特殊形态的煮盐用具（殷墟时期为形体较小的圜底罐或称之为盔形器，东周时期为形体较大的、内壁拍印几何纹样的圜底罐和圜底瓮），但是，就该地区所见遗存特点而言，滨海平原上第一区域的龙山文化遗址应是当时人们制盐活动所遗留的。

目前看来，当时煮盐工具应是夹砂陶鼎、罐，而煮盐原料不外乎盐碱土、地下卤水，也不排除是滞留在陆地上的海水或者潟湖水。当然，这一时期详细的制盐工艺流程等问题还需要进一步做些田野考古工作。需要指出的是，滨海产盐之地，地势低洼，淡水和食物较为匮乏，夏季雨水集中，易发生洪涝灾害，冬季则寒冷多风，非常不适合人们长期定居生活。所见龙山文化时期制盐遗址文化堆积薄，延续时间短，建筑与生活垃圾（如生活用陶器、动物遗骸等遗物）及各类生产工具（如石器、骨角器与蚌器）较罕见，反映出人们在此居住和生活时间不太长。看来，当时制盐活动属于季节性。

四

第二区域所发现的龙山文化时期聚落与第一区聚落相比，更靠近内陆腹地些。这些遗址上多有殷墟时期至西周早期聚落遗存。据分析，这些商周时期聚落曾是盐工盛夏、秋季与冬季定居地，煮盐工具盔形器生产制作地以及盐制品外运的中转站。[1]目前所见第二区域内的12处聚落遗址就分布而言，可分两部分。一部分为咸淡水分界线北侧（即靠海一侧）的遗址，有曹家、大桓台[2]、草

---

[1]　燕生东：《商周时期渤海南岸地区的盐业》第六章，文物出版社，2013年。

[2]　王建国、刘桂芹：《柏寝台钻探记录》，张万春：《漫话柏寝台》，中国文史出版社，2005年。

桥①和南台头4处遗址。这些遗址多为高地或台子，面积不大，约上百或上千平方米，所见主要是包含白色块状物的草木灰和烧土堆积，出土陶片可辨器形主要为夹砂鼎和罐，部分器物内壁还附着白色垢状物。聚落延续时间也不太长，草桥遗址为龙山文化早期，大桓台、南台头为龙山文化中期，南台头为中期，曹家为龙山文化晚期前段。聚落特点与第一区聚落完全相同，性质也应相同。看来，这里的居民也可能以制盐为主。

另一部分为咸淡水分界线南侧即靠近内陆一侧的遗址，有东关、营子②、北岭、西杜瞳③、刘家桥、薛家岭、后瞳、孙家岭8处遗址。这些遗址规模较大，均为数万平方米；文化堆积厚，多在1米以上，所见遗存（如窖穴、灰坑及房屋建筑有关的草拌泥烧土块、柱洞）和遗物（如陶器、石器、骨角器、蚌器等）与内陆腹地农耕聚落完全相同；这些遗址出土的陶器种类繁多，形态多样，如夹砂（夹蚌）陶中有罐形鼎、盆形鼎、甗、鬶、大口罐、中口罐、小口罐、双耳罐、带流匜、小口瓮等；泥质黑陶、灰陶的数量较多，常见器类有盆形鼎、大口瓮、高领壶、豆、平底盆、三足盆、大口鼓腹盆，平底盘、圈足盘、环足盘、平底盒、三足盒、高柄杯、单耳杯、双耳杯、筒形杯、觯形杯、罐形杯等。遗址时代延续时间长，大体从龙山文化早期延续至晚期前段，表现的是长期稳定的、连续发展的聚落形态。此外，薛家岭、后瞳、北岭等遗址还存在大汶口文化时期遗存。这一带的聚落北部紧邻同时期的制盐场所，或与之交错分布，出土的遗物中有来自滨海滩涂地的文蛤、毛蛤等，这些说明这里的聚落与制盐聚落有一定关系。甚至说，这些聚落可能是龙山文化时期盐工夏季、冬季定居地。部分居民虽然可能不直接从事制盐活动，但可能为滨海盐业生产提

---

① 侯青孔：《乐安故城遗址》，张万春：《漫话柏寝台》，中国文史出版社，2005年。

② 山东省文物考古研究所、广饶县博物馆：《山东广饶县新石器时代遗址调查》，《考古》1985年第9期。

③ 广饶县博物馆：《山东广饶西杜瞳遗址调查》，《考古与文物》1995年第1期。

供生活物资、煮盐工具，并负责食盐外运。

此外，就空间分布而言，这些聚落主要集中分布于广饶中北部和寿光中部。广饶中北部共有东关、营子、北岭和西杜疃4处聚落，其北部与大桓台、草桥、曹家、东赵5号等制盐聚落相邻或相连，显示它们之间关系更密切些。寿光中北部咸淡水分界线南侧的刘家桥、薛家岭、后疃和孙家岭有4处聚落，相距也比较集中，其北部相隔不远有双王城、郭井子、杨庄等7处制盐聚落，它们之间应存在着一定关系（图一）。

五

目前，莱州湾滨海平原上已确定龙山文化时期制盐聚落16处，但是未发现的数量肯定更多。莱州湾滨海平原虽多未被晚期淤土淤沙覆盖，古代盐业遗址暴露较充分，但考虑到龙山文化时期遗存规模小，多为数百平方米，大者也不超过两千平方米，文化堆积薄，陶器等遗物出露较少，常规调查方法如以50米为间距进行徒步勘察也很难发现这种类型的遗存。此外，已有的田野调查工作主要围绕着已知的商周时期以来盐业遗存为线索展开，系统调查面积也不够多，仅上千平方公里，至少还有2000多平方公里区域没有经过系统调查，特别是目前所见商周时期盐业遗址群分布区域（大体在东西贝壳堤两侧）以南与咸淡水分界线以北之间的上千平方公里范围内未曾做过系统调查，这里可能埋藏着数量较多的龙山文化时期制盐聚落。如是，莱州湾滨海平原上还有相当多的龙山文化时期盐业遗址未被发现。同样，在咸淡水分界线南侧一带，考古调查工作也较少，还有一定数量的、与盐业生产有关的聚落遗址未被发现。

滨海平原上数量较多的龙山文化时期制盐聚落和咸淡水分界线南侧与盐业生产有关聚落表明，当时已有特定的、数量较多的人群专门从事盐业生产。看来，此时盐业生产规模还是相当大的。咸淡水分界线南侧发现的同时期聚落显示，有一定数量的居民专门为滨海制盐业提供生产工具和日常用品，并负责食盐向内陆外运，这些聚落还可能是连接滨海平原与内陆地区聚落的桥梁。就目前的考古资料而言，莱州湾沿岸地区龙山文化时期的制盐业规模较大，表现的是一种专业化的、分工明确的盐业生产。

六

龙山文化时期的滨海平原为什么突然出现规模化、专门化的盐业生成呢？

目前，据不完全统计，附近内陆地区的博兴、广饶、寿光、青州、临淄、寒亭、昌邑、昌乐等一带已发现了400多处同时期农耕聚落。[1]仅在淄河中游、乌河上游150平方公里内系统调查就发现51处龙山文化时期聚落[2]，这些聚落遗址时代绝大多数从龙山文化早期延续至晚期早段，表现了稳定性很强的农耕聚落。而该区域大汶口文化时期聚落发现了不足100处，这些聚落有大汶口文化早期的，也有中期和晚期阶段的。大汶口文化前后延续时间达两千多年，龙山文化只有四五百年，换句话说，大汶口文化聚落数量应当是龙山文化时期的十倍以上才算正常。此外，就聚落延续性与文化面貌而言，该地龙山文化时期基本不是本地大汶口文化的自然延续[3]，更像是外地居民在短时间内迁入的结果。此时，莱州湾南岸内陆地区经济、社会、文化和人口处于高速发展阶段，达到了该地区先秦时期聚落数量和人口规模的第一高峰期值。

目前，乌河、淄河、白浪河、丹河、弥河、孝妇河流域以及广饶县、寿光

---

[1] 国家文物局主编：《中国文物地图集山东分册》博兴、广饶、寿光、青州、临淄、寒亭、昌邑、昌乐等县市调查材料，中国地图出版社，2008年。另见第三次全国文物普查材料。

[2] 山东省文物考古研究所、北京大学考古文博学院：《临淄桐林遗址聚落形态研究考古报告》，《海岱考古》第五辑，科学出版社，2012年。

[3] 孙波：《再论大汶口文化向龙山文化的过渡》，北京大学中国考古学研究中心等编：《古代文明》第6卷，文物出版社，2007年。

市中南部出现了若干处龙山文化时期聚落群(图一),每处有几十聚落,聚落与聚落之间距离仅有数公里。聚落间分化明显,每处聚落群内有规模四五万平方米的一般聚落和十几万平方米的中型聚落,也有一处超大型高等级聚落。像乌河上游的桐林聚落,中心面积达四五十万平方米,堆积厚、遗物丰富,核心地区还围以城墙和壕沟,城内面积达20万平方米,四周围绕着8处聚落,总面积超过230万平方米;城内还出土过精致的、其他聚落罕见的大型陶甗、陶壶、陶瓮、黑陶豆、黑陶杯,以及被称为列鼎、列盆、列罐的"礼器"。桐林附近有丰富石料矿床,发现了大型石器制造场,应为周围聚落居民供应石器工具。这说明,桐林城凭着聚落资源和经济、文化优势,吸纳和集聚了更多外来聚落的人口住在城外。丹河上游的袁家[①]和弥河中游的西朱封[②]还分别发现了带有棺椁葬具的大型墓葬,棺椁内边箱里放置了非常精美的黑陶和玉器。所见玉器,形体硕大、颜色鲜亮、材质坚硬、制作精良、种类繁多,有象征军事指挥权的钺、多孔刀、镞,有可能为神鸟崇拜的璇玑,有兽面纹冠形饰、绿松石项链等,显示该地区有发达的玉器制作业。[③]西朱封墓内还见鳄鱼皮鼓。这些墓被学者称为原始古国性质的王墓。[④]看来,每处聚落群呈现出的情势为具有社会分工与社会分化明显、文明化程度较高的原始古国。

据研究,山东地区龙山文化早期阶段聚落人均占地面积244平方米,晚期阶段为149平方米。[⑤]以此推算,莱州南岸相邻的内陆地区龙山文化时期同时人

① 李学训等:《昌乐县袁家庄龙山文化玉器墓》,《文博研究》第一辑,潍坊新闻出版局,2000年。

② 山东省文物考古研究所等:《山东临朐史前遗址普查简报》,《临朐县西朱封龙山文化重椁墓的清理》,《海岱考古》第一辑,山东大学出版社,1989年;中国社会科学院考古研究所山东工作队:《山东临朐朱封龙山文化墓葬》,《考古》1990年第7期。

③ 燕生东、高明奎等:《丹土与两城镇玉器研究——兼论海岱地区史前玉器的几个问题》,《东方考古》第3集,科学出版社,2006年。

④ 严文明:《中国王墓的出现》,《考古与文物》1996年第1期。

⑤ 王建华:《黄河中下游地区史前人口研究》第三章,科学出版社,2011年。

口应在10万以上。人们每天需要食用多少盐才能维持基本生存需要，学者们有不同的估计[①]，世界卫生组织建议一般人群每日食盐量平均为6—8克。若按最低6克计算，莱州湾南岸内陆腹地龙山时期居民每年需要食盐至少22万公斤，数量是相当惊人的。看来，当时在滨海平原存在着数量较多的人群为内陆地区居民生产食盐不是偶然的。换句话说，当时的社会发展需要，催生了滨海平原上盐业资源的开发，而沿海盐业资源的规模化开发和利用，又推动了与相邻内陆聚落与人口数量增多、社会分工的出现、文明化程度的提高。

在滨海平原上进行规模化盐业生产，盐工们需要粮食等生活物资，也需要煮盐工具；生产的食盐还要向内陆运输，食盐也需进行二次分配，这些都就需要有人专门协调、管理和操作。从空间分布而言（图一），内陆腹地如广饶中南部，寿光中南部聚落群与咸淡水分界线南侧聚落群、滨海平原上已发现的制盐聚落群大体相连，显示这些聚落群之间可能存在着直接关系，或可说明内陆腹地有些聚落直接或间接控制、管理了滨海平原的盐业。

（原文以《莱州湾南岸地区发现的龙山时期制盐遗存》为名刊于《考古》2015年第12期，略有增删）

[①] 每日0.7克、3克、0.5—4克、8—10克、15克、5—20克，都有学者提出过，参见陈伯桢：《中国早期盐的使用及其社会意义的转变》，《新史学》第十七卷第四期，2006年。据战国晚期文献《管子·海王》篇记载"终月，大男食盐五升少半，大女食盐三升少半，吾子食盐二升少半"，实测齐量每升盐约440克，成年男子每天食盐近80克，明显略高，可参见燕生东：《从盐业考古新发现看〈管子·轻重〉篇》，《古代文明》第9卷，文物出版社，2013年。

桓台西南部龙山文化、晚商时期的聚落

引　言

目前，从聚落考古角度探讨或诠释某区域文明化进程大体有三类田野作业方法和叙述方式。

第一类，带着西方特有的问题意识，使用西方理论话语和叙述范式，把先验的理论假设，比如从文化人类学的酋邦、国家定义而演绎出的聚落等级层次模式，应用到中国的田野实践。最终目的是验证或补充西方聚落理论模式和通则。通过系统的考古调查，尽可能地获得各时期遗址（聚落）的数量、面积及其空间分布等信息。以地面采集到的遗物，主要是陶片的分布范围确定聚落规模，由聚落规模划分聚落等级结构和性质。强调的是聚落等级层次的分类及其与酋邦、国家管理等级方式的契合（对应）问题，并以此探讨其聚落分布模式及其演变，尤其是某区域文明化进程中聚落形态的变化。目前，相关工作基本上是围绕已知都城或重要遗址周围的区域聚落考古调查，如以

二里头、偃师商城为中心的伊洛河地区[①]，以殷墟、洹北商城为中心的洹河流
域区域[②]和以丹土、两城镇遗址为中心的日照两城地区考古调查及聚落形态研
究[③]。单不论这些理论模式是否适用于中国考古实际，就工作方法而言，也可
斟酌。黄河、长江中下游地区，古代有着高度发展（达）的农业经济，不同
时期遗址重合率高，聚落形成过程复杂，通过地面调查获取遗址的相关信息
取决于遗迹、遗物的破坏程度。用简单的地面调查来获取遗址的数量、规模、
年代、性质、功能等信息在中原地区有一定难度。由于获得的遗址数量是不
可靠的，遗址面积也是相对的，以不可靠的遗址数量和规模划分聚落等级结
构，显然具有简单化倾向。

第二类是以先秦文献对商周国家（城邦）聚落景观记载，如都、邑（有围
墙的邑）、聚或田（无围墙的邑）等级划分的叙述或想象[④]，作为先秦尤其是史
前聚落研究表述的依据以及划分聚落等级层次和追求的标准，侧重的是聚落
有无城墙、聚落是否成群分布，突出的是聚落政治功能，聚落的面积大小并
不是决定聚落等级层次的唯一或主要指标。[⑤]就文献依据而言，这样的聚落等
级结构也只是中原地区的一种记载，并且这种模式在商周时期的具体呈现仍
需大量考古支持，至于能否普及全国各地并延伸至整个新石器时代也是可商
榷的。

---

① 陈星灿等：《中国文明腹地的社会复杂化进程——伊洛河地区的聚落形态研究》，《考古学报》2003年第2期。

② 中美洹河流域考古队：《洹河流域区域考古研究初步报告》，《考古》1998年第10期。

③ 中美两城地区联合考古队：《山东日照两城地区的考古调查》，《考古》1997年第4期；《山东日照地区系统区域调查的新收获》，《考古》2002年第5期。

④ 杜正胜：《考古学与中国古代史》，《考古》1992年第4期；《中原国家的起源及早期的发展》《从村落到国家》，《古代社会与国家》，允晨文化实业股份有限公司，1992年。

⑤ 比如张学海：《中国史前聚落时空关系宏观研究——苏秉琦学术思想在山东考古的再实践》《东方文明的摇篮》，宿白主编：《苏秉琦与当代中国考古学》，科学出版社，2001年；《论东夷文明的诞生与发展》，《古代文明》第1卷，2002年；相关论述还可见：《张学海考古论集》，学苑出版社，1999年。

第三类是聚落考古要建立在考古学区系类型研究成果的基础上，重视各地区聚落特点。聚落等级结构的构建要考虑各地区聚落形态的差异，因而表现在具体的田野工作方法上也要灵活多样。通过大量和大规模的考古发掘与研究，在了解某地区文化编年、文化面貌、堆积形成过程特点的基础上再进行区域聚落考古作业。强调遗址内聚落布局、功能区域的划分以及聚落间表现在社会组织、政治、经济、宗教、文化等方面的差异（分化）和内在关系。如湖北天门石家河遗址群的考古工作[①]、长江中下游地区史前聚落[②]和中国史前城址的研究[③]。

我们在桓台西南部的聚落考古也遵循后者的工作思路，只是在遗址面积、堆积性质的确认以及聚落内布局上更多地利用了钻探手段。此外，对某些聚落的认识也经过了反复的田野工作。

一、桓台县位置与环境

桓台县位于泰沂山脉以北，小清河以南，地处山前洪冲积与黄泛冲积平原的交接处，总面积510平方公里（图一、二）。东、西部分别与临淄、博兴、邹平相连。地势南高北低，由西南向东北倾斜，略呈微波状，海拔5.7—29.5米。陈庄镇、田庄镇、耿桥镇以南分布着缓岗和微斜平地（平原），以北至小清河之南则为湖洼地。缓岗集中分布于西南部，占全县面积5.5%，呈东西、南北条带分布，海拔15—29米，当地村民多称之为阜、高岗或山。微斜平地（平原）占全县面积49.4%，海拔10—15米。湖洼地占全县面积45.1%，海拔

①　石家河考古队（赵辉、张弛）：《石家河遗址群调查报告》，《南方民族考古》第五辑，1992年。

②　张弛：《长江中下游地区史前聚落研究》，文物出版社，2003年。

③　赵辉、魏峻：《中国新石器时代城址的发现与研究》，《古代文明》第1卷，文物出版社，2002年。

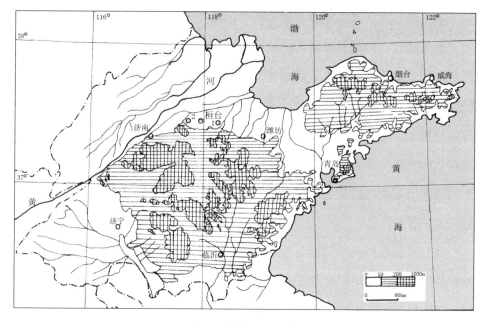

图一　桓台位置示意图

注：1.桐林遗址，2.丁公遗址

在10米左右。适宜种植五谷的褐土（立黄土）、潮褐土、潮土（两合土）和砂礓黑土分布在缓岗和平原地带，湿潮土和盐化湖土则集中在湖洼地带。

桓台境内属黄河流域小清河水系，小清河自西向北穿过其北境；发源于南部山区的乌河、东猪龙河、西猪龙河、孝妇河自东至西穿过境内腹地注入马踏湖、小清河（图二）。境内地下水蓄量大，埋藏较浅。

桓台县现属暖温带季风型大陆性气候区，年平均温度11.8℃—12.9℃，年平均降水量为586.4毫米，具有温度适中、光照充足、热量较多、雨水集中、半干旱半湿润的特点。

桓台县境内地势平坦，气候适宜，水资源丰富，土地肥沃，土地利用率、垦殖数较高，农业发达，素有"鲁中粮仓"之称，是北方地区最早的吨粮县（即亩产超1000公斤）。属于山前平原的桓台南部地区为古代东西交通要道。考古勘察和发掘表明，目前所发现的先秦时代遗址在主要集中于桓台西南部缓岗（高阜）和平原地带（图二）。

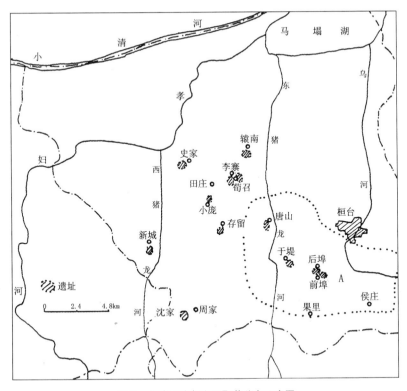

图二 桓台西南部主要聚落分布示意图

注：A为系统调查区

二、考古工作概况

桓台县是著名的建筑之乡，位于西南部的高岗地上密集分布着许多砖厂。村民挖坑取土，常发现古代遗物，但同时也严重破坏了古遗址。

20世纪70年代初，文物部门就在田庄镇小庞村发现了龙山文化、商周时期遗存。1978年，原惠民地区文管所钻探了该遗址，初步了解了遗址的文化内涵及各时期遗存的分布情况。80年代末，全省文物普查工作，基本搞清了桓台县古遗址分布规律：商周及以前的遗址多见于桓台西南部的缓岗地带，东周之后的遗址则一般分布在平原地带和北部的洼地。在文物、遗迹暴露较多的西南地区，发现了唐山、前埠、后埠、李寨、史家、辕南、新城戏马台、存留、沈家西等新石器时代和夏商周时期遗址（图二）。

20世纪60年代中期以来，史家、唐山、荀召等遗址内陆续出土过商周时期青铜器。1980年，济南市博物馆还征集到出自史家遗址的商代铜觚、铜爵，前者铸铭（含徽氏符号）8个，后者2个。[①]1987年，文物部门在荀召遗址清理了1座商末周初墓，获青铜鼎、觚、觯、戈各1件，铃4件。有学者根据铜觯上的"叔龟"族徽，推测荀召遗址为周初迁商奄君的都城，并以此认为这一带是商代薄姑国的活动中心。[②]1989年，距唐山遗址东南部300米之外的桓台至新城公路扩修，发现商代墓葬，桓台博物馆征集到2件带铭文的铜爵，其中1件也有"龟"形族徽符号。

桓台地区文物考古工作引起学界的关注是史家遗址的大规模考古发掘。1995年冬季至1997年秋季，淄博市和桓台县文物部门为配合基本建设工程，揭露面积近1400平方米，发现龙山文化、岳石文化、晚商时期的城墙、环壕及岳石文化木构架祭祀器物坑（水井）等重要遗迹，其中木构架器物坑内（井）出土完整陶罐、壶等上百余件以及刻有5个符号的卜骨。还清理了晚商时期水井、灰坑、窖穴、墓葬、乱葬坑、葬猪坑等遗迹。出土青铜器、玉器、卜骨、卜甲、陶器等数百件。[③]其间，文物部门还分别发掘了李寨、唐山等遗址。

史家等遗址的发掘成果还促成了殷商文明国际学术讨论会在桓台的召开。会上，部分学者对史家商代遗址的性质与殷商文化的关系、岳石文化木构祭祀坑（井）的功能进行了研究。[④]

[①] 韩明：《山东长清、桓台发现商代青铜器》，《文物》1982年第1期。

[②] 常兴照、张光明：《商奄、薄姑钩沉》，《管子学刊》1989年第2期。

[③] 光明、龙国等：《桓台史家遗址发掘获重大成果》，《中国文物报》1997年5月18日；淄博市文物局等：《山东桓台县史家遗址岳石文化木构架祭祀器物坑的发掘》，《考古》1997年第11期；张光明：《山东桓台史家遗址发掘收获的再认识》，《夏商周文明研究——97山东桓台中国殷商文明国际学术讨论会》，中国文联出版社，1999年。

[④] 张光明、姜永利主编：《夏商周文明研究——97山东桓台中国殷商文明国际学术讨论会》，中国文联出版社，1999年。

考虑到砖厂取土对遗址的严重破坏，结合史家等遗址的重要发现，1997年春季，山东省文物考古研究所与桓台县博物馆组成考古队对史家、李寨、唐山、荀召、小庞等遗址进行了考古调查和钻探，目的是了解这几处遗址的规模、保存情况、文化堆积内涵和重要遗迹的分布情况，为制定遗址的下一步文物保护规划提供资料。考古队仔细观察自然沟壑两侧、取土坑断崖上暴露出的遗迹、遗物，并以此为线索，对相关重要遗迹进行了调查和跟踪钻探；对保存较好的区域，以100×100平方米为单位划分探区，区内采用10×10平方米探孔网普探，对重要地段和重要遗迹则采取重点钻探。通过这次调查、钻探工作，初步摸清了这些聚落内遗迹单位如房址（居住区）、灰坑、窖穴（窖藏区）、墓地等分布情况。此外，还在史家、唐山、李寨遗址发现了早期壕沟等重要遗迹，大体了解了壕沟的形状，保存长度、宽度、深度以及沟内堆积状况，并改变了史家等遗址有城墙的看法。

之后，为配合基本建设，桓台县等文物部门还先后大规模抢救发掘了李寨和唐山遗址，并试掘了后埠和新城戏马台遗址。在李寨遗址发掘了上百座大汶口文化中、晚期墓葬，清理出龙山文化的房址、窖穴、灰坑、水井、陶窑、墓葬以及晚商时期的陶窑、长方形窖穴等；在唐山遗址发现了岳石文化灰坑，晚商时期房址、水井、窖穴和大型取土坑等遗迹；在后埠遗址发掘了龙山文化墓葬，在新城戏马台遗址还发现了龙山文化、晚商时期堆积。这些文物抢救发掘工作，获取了一大批大汶口、龙山、岳石文化和商周时期的文物。

在1997年春季工作基础上，2000年冬季，山东省文物考古研究所调查和钻探了果里镇后埠、前埠遗址，并在后埠遗址发现了龙山文化时期的壕沟。

次年春季，山东省文物考古研究所以鲁北夏商周时期义化、聚落与齐国早期都城课题研究的开展为契机，专门成立考古工作队，对桓台县西南部的重要遗址又进行了一系列田野考古工作。

首先，考古工作队在桓台南部唐山、果里、侯庄乡镇一带100公里范围内进行了系统考古调查。学习、参考了国内外考古调查的有效方法，并依照传统的考古调查方法和经验，充分利用高岗上断崖、现代河流两侧断面、水沟、取土坑剖面，并尽可能依靠钻探手段，获取更多的遗址相关信息。调查工作新发现古遗址近20处，但只有1处时代属于商代，其余为东周以后。通过这次详细的考古调查，进一步掌握了桓台西南部古遗址的分布规律，即西周之前的聚落分布在缓坡高岗上，东周、两汉时期聚落多位于平原地带，墓地则在高岗地带。同时也证实，田庄、唐山、桓台、果里一带150多平方公里范围内的龙山、商代遗址可能基本被发现，目前所掌握的龙山、晚商时期聚落数目与原实际数应大体一致。

其次，为了解后埠、唐山、李寨等遗址内壕沟年代、形成过程，考古工作队对这些壕沟进行了重点解剖；为认识该地区龙山、晚商时期文化面貌、分期以及聚落堆积过程、特点，重点发掘了保存较好的前埠遗址，揭露面积300平方米，在唐山遗址西部开探方4个，发掘面积100平方米。这些田野发掘工作，清理出了一系列重要聚落遗迹，并获得一批相关遗物。

最后，在发掘了前埠、后埠、唐山等遗址，获得了该地区龙山、商代遗迹堆积特点的认识后，考古工作队还对唐山遗址保存较好的南半部进行了地面系统考古调查，目的通过地面调查结合钻探形式，了解其聚落遗迹布局情况。村民为种植果树，以大约4米为间距下挖树坑和水沟，地表、沟坎暴露出大量龙山、商代的灰土、烧土、陶片、兽骨等，透露出了灰坑、灰沟、取土坑、窖穴等遗迹的分布信息，对此做了详细观察、记录、分析和标本采集。同时，考古工作队对唐山遗址北部断崖上暴露的遗迹也进行了调查、测绘，在局部断面还进行了铲刮。此外，在解剖李寨龙山文化壕沟期间，还详细调查了荀召等遗址。

2004年春，桓台县博物馆在壕沟以外东南部清理商代残墓两座，获陶簋2件。

在资料整理过程中，分别于2003年夏、2004年、2005年春三次到桓台博物馆仔细观摩了历年来考古发掘和调查的遗物，还于2005年春对辕南、小庞、苟召、新城戏马台遗址就文化堆积情况、年代等做了考古调查、钻探和核对。

三、考古学文化分期与聚落演变

目前，在桓台西南部发现的最早遗存属于大汶口文化中、晚期，共有遗址2个，李寨和前埠遗址。在李寨清理大汶口文化中、晚期墓葬数百座，获大量玉石、陶、蚌器等。陶器中双耳壶最有特点，彩陶、彩绘的数量也明显多于同时代的墓地和遗址，彩陶颜色为黑底红彩、红（黄）底黑彩两种，纹饰中的树木（叶）纹、鸟纹、交叉几何纹、倒"8"字形纹以及其他地区已消失的以圆点、弧线组合的纹饰，不见于其他地区。这些陶器及彩陶所反映出的地域特色说明当地有自己的陶器产品系统。此外，在前埠遗址还征集到大汶口文化末期的陶鼎、鬶、杯和玉璧，清理晚商时期灰坑时也发现这个时期的红陶钵残片。

龙山文化时期聚落数量突然多了起来，在桓台西南部已发现11处（图二、表一），聚落发展相对稳定，文化堆积厚，遗迹多，调查采集、发掘到的遗物也非常丰富，尤其陶器数量最多。就陶器形态演变而言，桓台西南部的龙山文化，贯穿了龙山文化的整个发展过程。目前，考古界已能把龙山文化的陶器编年划分为4期（段）、6期（段）、9期（段）等。根据该地区聚落变迁情况，本文把该地区龙山文化分为早、中、晚期（图三、图四、图五）。这二期也大体代表着龙山文化在鲁北潍淄河流域整个发展过程。就陶器群、制器风格而言，与西部丁公遗址、东部桐林遗址所见陶器相同。但该区的陶器与丁公、桐林相比，同类器物形态稍小，质地略差，火候、硬度偏低，颜色不太纯正。当然，这一区域内各聚落内的陶器也存在差别，如李寨出土的陶器与前埠、后埠、唐山和史家等相比，质量较好，黑陶偏多，器胎薄，火候较高。

该地区商周遗址内基本上都发现有岳石文化的陶片，发现的岳石文化遗址

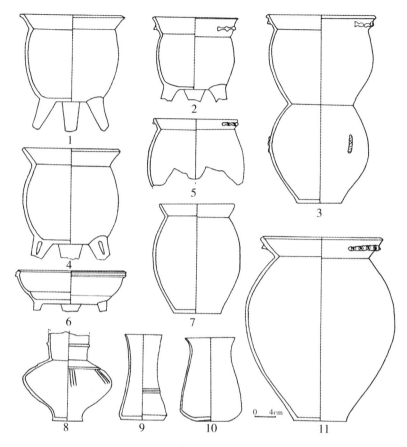

图三　龙山文化早期陶器

注：1、2、4、5.鼎（前埠H118②：2、前埠H106②：1、前埠H157：1、前埠H118②：5），3.甗（前埠H118②：4），6.三足盘（前埠H106②：2），7、11.罐（前埠H118②：1、前埠H106③：1），8.高颈壶（前埠H118②：3），9、10.杯（前埠H118②：6、7）

虽多，但多被晚期遗存所破坏，堆积薄，遗迹也少，出土物不太丰富。曾报道在史家、唐山等遗址发现这个时期的壕沟（具体分析见下节），史家遗址清理一口木构架水井（祭祀坑）[①]，非常有特色，木构架呈"井"形，用长条形木材交叉叠架而成，整个井保存有29层，深3.7米。井内出土汲水工具有完整陶罐、

_____

① 栾丰实：《简论桓台史家岳石文化木构遗迹》，《齐鲁文博——山东省首届文物科学报告月文集》，齐鲁书社，2002年。

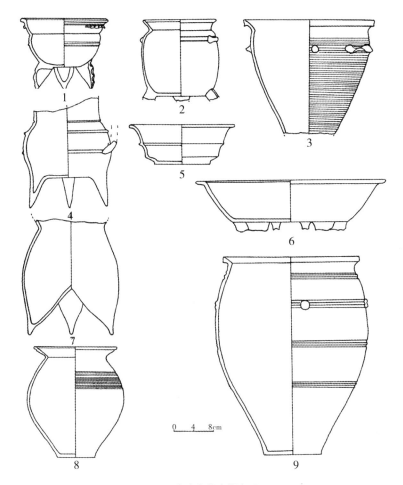

图四　龙山文化中期陶器

注：1、2.鼎（前埠H151③：1、前埠H150：1），3、7.甗（前埠H150：3、4），4.鬶（前埠H150：5），5.盘（前埠H150：2），6.三足盆（前埠H151③：2），8.罐（前埠H151④：1），9.瓮（前埠H151：1）

壶百余件，还出土了1件刻有5个符号的卜骨。唐山遗址南部还发现一段岳石文化的夯土遗迹和沟状堆积。调查和发掘出来的陶器有甗、鬲、尊、豆、罐、盉以及彩绘卷云纹豆、器盖等。桓台西南部发现的岳石文化遗存大多属于岳石文化中晚期。岳石文化的突然繁荣，应存在着某种特殊性。

晚商时期是该地区聚落另一个发展高峰时期，已发现聚落11处（图二、表一）。这个时期聚落稳定，文化堆积厚、遗迹、遗物丰富，延续时间长。参照

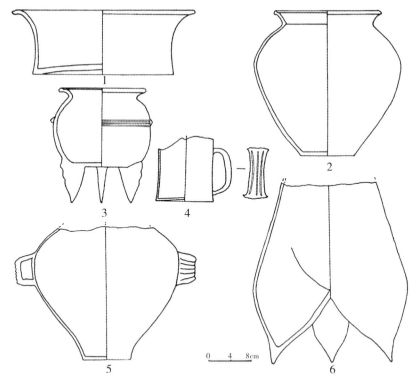

图五 龙山文化晚期陶器

注：1.平底盆（后埠H183②：1），2.罐（后埠H183②：2），3.鼎（前埠H159：1），4.带把杯（后埠H183②：3），5.贯耳罐（前埠H159⑧：1），6.甗（前埠H140：1）

殷墟商文化陶器编年，根据前埠、唐山、史家商代遗址内灰坑、窖穴堆积的叠压、打破关系所提供的线索，以陶器演变为标准，可把该地区的商文化划分为连续发展的四个时期（图六、图七、图八），这四个阶段基本上代表了殷商文化在本地区发展的全过程。就各期的陶鬲、甗、假腹豆、浅盘豆、盘、圜底罐、盆形器、簋、盆、甑等，以及卜骨、卜甲特征而言，本文划分的殷商第一期（图六），大体相当于邹衡先生商文化分期的第Ⅷ组、殷墟文化第一期[①]，部分遗存相当于《殷墟发掘报告》中的第一期[②]，个别遗存还相当于洹北花园庄晚期，

---

① 邹衡：《试论殷墟文化分期》《试论夏文化》，《夏商周考古学论文集》，文物出版社，1980年。

② 中国社会科学院考古研究所：《殷墟发掘报告（1958—1961）》，文物出版社，1987年。

即新界定的"中商文化"第三期晚段。[1]该地殷商第二期（图七）与殷墟二期的陶器相近，时代应相同。第三、四期（图八）则大体相当于殷墟第三、四期。该地区殷商文化第一、二、三、四期，还大体相当于目前学者划分的山东商文化陶器编年中的4—7段（期）。[2]在李寨、张店黄土崖、临淄田旺西路、济南大辛庄、历城卢家寨、邹平丁公等遗址都发现了晚商时期陶窑，说明陶器主要是本地生产制作的。至于盉形器，可能来自东部沿海产盐区。陶器样式基本上是以殷商文化中心——殷都（今安阳）陶器为蓝本制作的，而没有见到潍河以东常见的当

表一　　　　　　　桓台西南部龙山、晚商时期主要聚落统计

遗址名称	面积（平方米）	龙山	晚商		备注
史家	25万	晚期	一、二、三、四		商代壕沟
李寨	40万	早期	一、二、三、四		
唐山	50万	早、中、晚	一、二、三、四		商代壕沟
前埠	7.5（36）万	早、中、晚	一、二、三、四		
后埠	10万	早、中、晚			
小庞	2.4（0.8）万	早、？	一、二、三、四		保护范围
新城	1.2万	？、中期、？	一、二、三、四		
存留	3万	不清	？、三、四		
辕南	2万—3万	不清	不清		
沈家	36万	不清	一、二、三、四		
于堤	4万—5万		一、二、三、四		
苟召	108（9）万	？	？		

　　注：该表所列面积为地面调查后得出，本文数字来自文物部门的调查上报或有关文章，仅供参考

---

　　① 中国社会科学院考古研究所安阳工作队：《河南安阳市洹北花园庄遗址1997年发掘简报》，《考古》1998年第19期，《河南安阳市洹北商城的勘察与试掘》，《考古》2003年第5期；唐际根：《中商文化研究》；《考古学报》1999年第4期。

　　② 徐基：《山东地区商文化研究综述》，宿白主编：《苏秉琦与当代中国考古学》，科学出版社，2001年；陈淑卿：《山东地区商文化编年与类型研究》，《华夏考古》2003年第1期。

地陶器。殷商时期这种陶器形态上的"标准化"，加之出土青铜器种类、形态、纹饰、铭文、族徽、庙号，以及卜骨、卜甲的攻治方法、钻凿形态、占卜方式与商王畿地区的一致性，充分展示了当地晚商文化与殷商文化关系的密切性。

西周时期，聚落发展情况比较复杂。大体而言，晚商聚落多延续到西周初期，如经过发掘的唐山、史家、前埠等遗址。在唐山聚落的壕沟仍在使用。陶

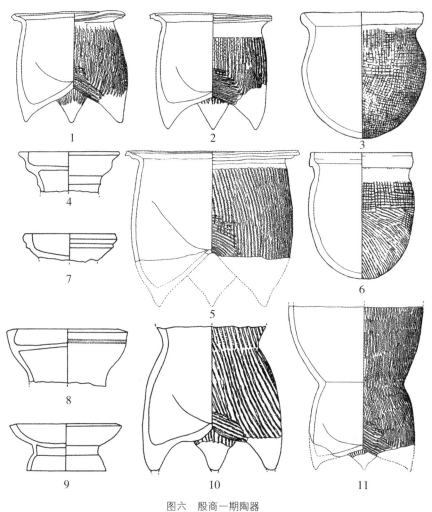

图六　殷商一期陶器

注：1、2、5.鬲（唐山H122④：1，H122③：1，前埠J2⑤：10），3、6.盔形器（前埠J2⑤：9、11），4、7、8.豆（唐山H122：1，H122④：4、3），9.盘（唐山H122③：3），10、11.甗（唐山H122③：2，前埠J2⑤：12）

器中以殷商式器物为主，还有部分周式、土著式器物（如红褐色素面鬲、甗等）。西周中期以后聚落数锐减，唐山等聚落的壕沟已废弃，聚落中心已南移，遗迹、遗物也不太丰富。其他遗址内还未发现西周中、晚期的遗迹、遗物。出土陶器中周式器物已占绝对优势，本地传统陶器产品基本消失。

延至东周、西汉时期，聚落、墓地遍布桓台境内的缓坡高岗、平原、洼地，分布密集，这应与该区域属于齐国中心范围有关。但系统的考古调查、发掘工作少，所获资料不多，目前还难以梳理出其聚落布局特点。

桓台西南部作为一个区域进行聚落考察的原因，一是地势稍高，地表未被

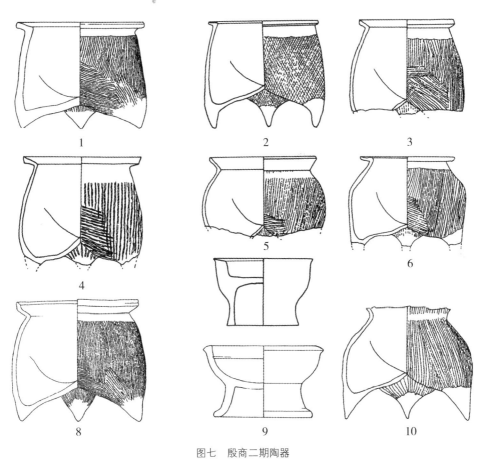

图七　殷商二期陶器

注：1—6、8.鬲（前埠H129：1、前埠H104：1、前埠H104：2、前埠H129：3、前埠H129⑧：1、前埠H129：4），7.豆（前埠H129：5），9.盘（前埠H129：6），10.甗（前埠H129：07）

晚期淤土覆盖，遗址得到了充分暴露。二是通过几十年来的考古田野工作，遗址的数量、分布情况已基本搞清，在田庄、唐山和果里乡镇150平方公里范围内发现龙山文化、晚商时期聚落9处，平均每16平方公里就有1处，形成一个密集的聚落群。三是多数遗址虽受到很大破坏，造成了不可挽回的损失，但从另一个角度而言，遗迹、遗物得到充分暴露和出土，有利于加深对遗址诸层面的了解。四是文物考古部门的大量田野工作，获取了大批考古材料，对龙山文化时期与商代遗址的年代、文化面貌和堆积性质、聚落布局等有了大致了解。五是考古工作自始至终紧紧围绕聚落形态研究这个课题，并运用聚落考古的理念来指导田野调查、发掘和整理工作。

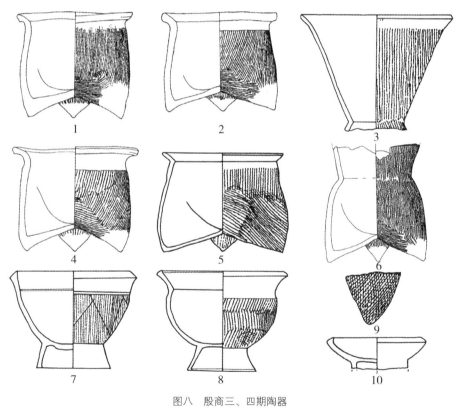

图八　殷商三、四期陶器

注：1、2、4、5.鬲（前埠H112：1、前埠H132：1、前埠H120：1、唐山采），3、6.甗（前埠H112：2、前埠H132：2），7、8.簋（唐山04M2：1、唐山04M1：1），9.鬲足（前埠H106：1），10.豆（前埠H105：1）

四、龙山文化、晚商时期聚落

1. 前埠与后埠遗址

果里镇后埠、前埠村东、西部有一个东西向的高岗地，长1公里多，海拔21—23.9米，高出周围4—7米。前、后埠遗址分别位于东、西两个相隔500米的高岗上（图九）。

（1）前埠遗址

位于东部高岗上。遗址西缘建有民房，东南部被工厂破坏。村民整修耕地时曾移走遗址中部的文化堆积，北部地表可见移动后的遗物。就钻探和地表采集标本分析，晚商时期遗址面积有6万平方米（实际可能小些），龙山文化只分布在遗址中心，面积不超过4万平方米，大汶口文化遗存的中心位于东部。整个遗址集中分布在高岗顶部海拔22—23米。考古工作队在遗址中心开方14个，实际揭露面积300平方米（图九）。

龙山文化时期聚落已被商代聚落和东周、两汉、明清时期墓葬所破坏。发

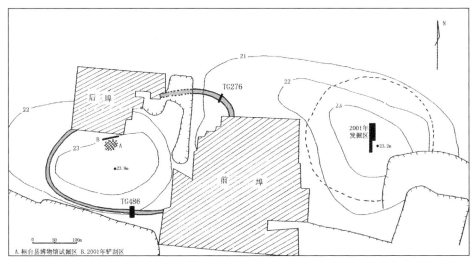

图九　前埠、后埠遗址平面图

掘区内龙山文化时期遗存只在北、南部的7个探方里保留下来，比较支离破碎。清理房基2处、墓葬6座、窖穴与灰坑22个。

聚落遗存可分两大片。南片在T7081、T7082、T7083内，发现了龙山文化早期与房屋、院落有关的活动面及其垫土（编号F1），面积25平方米。活动面中部有约10平方米的烧土面，残存两个柱洞。垫土厚约0.6米，可分2层，为黄褐色粉沙土，经过加工，比较坚硬。龙山文化早期墓葬4座，位于活动面的南部、中部和西北部，打破垫土或开口于上部垫土下。灰坑、窖穴12个，分布于活动面周缘，时代分属龙山文化各期。北片的房基（编号F2）、窖穴、灰坑、墓葬分布在T7184、T7185、T7186内，整体以F2为中心。F2仅存垫土和零散的柱洞，垫土残存面积15平方米，厚0.5米，可分2层，为坚硬的灰褐色粉沙土。发现10个深浅不一的柱洞，其中3个底部以夯打的碎陶片为柱础，一个柱洞内还有一件完整器盖。柱洞分布看不出规律，可能分属于不同层位、不同时段的房址。房基北、南部发现2座龙山文化早期墓葬和10个不同期段的窖穴、灰坑。

所见窖穴、灰坑以圆形口最多，个别为椭圆形、不规则形。坑壁、底部经特意加工，光滑平整。坑口直径大者2.5米以上，一般在1.5米上下，多数深度在1米以内。窖穴、灰坑废弃后填满生活垃圾，内包含大量草木灰和烧土块，出土陶片的数量也较多，相当部分能够拼合成完整器物。出土动物遗骸中以鹿、猪骨骼为大宗。出土陶器（片）的形态特征表明，该遗址经历了龙山文化早、中、晚期。

龙山文化早期墓葬6座，分布在房址周围，比较疏散。均为小型墓，土坑竖穴，东西向，头向东，未见葬具，随葬品置于脚部，有陶鼎、罐、豆、壶、杯、器盖等（图十）。陶器器形小，质地差，生活垃圾中未曾见到同类器，应属于明器类。

发掘的遗迹、遗物显示，前埠遗址是一个包含房址、墓葬、窖穴、灰坑和生活垃圾，历经龙山文化各期段的完整聚落单位。

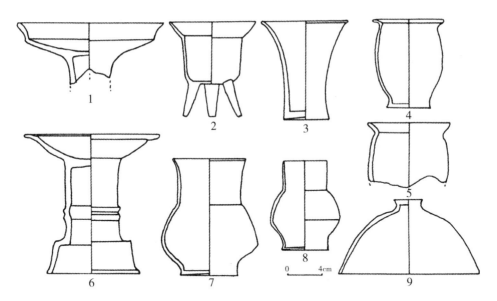

图十 前埠龙山文化墓葬随葬陶器

注：1、6.豆（M116：1、M112：4），2.鼎（M115：1），3.筒形杯（M115：2），4、5.罐（M115：3、M113：5），6、7、8.壶（M116：2、M113：2），9.器盖（M113：3）

在180平方米范围内发现晚商时期窖穴、灰坑31个。窖穴、灰坑分布集中、密集，关系复杂，在T7185、7186和7187探方内竟有22个，这说明发掘区域内为储藏区。窖穴、灰坑平面呈圆形和椭圆形，剖面形状有袋状、筒状两种，周壁规整、底部平滑、坚硬，经过特意加工，H122底部还铺有草席和木板。大者直径2—4米，一般1—2米，由于晚期的破坏，大部分窖穴较浅，不足0.50米，保存较好者深1.50米以上。窖穴废弃后填满生产、生活垃圾，出土大量陶器（片）、石片、动物遗骸等。H132内中部还埋藏一个完整人骨架以及零散的肢骨、脊椎骨、肋骨等。从出土陶器（片）特点分析，窖穴、灰坑的时代经历了殷商一期至四期。

H129是位于西部四个探方的大型灰坑，清理长度20米，宽度6米，中间深达3米，一般深2米，锅状底，底部凹凸不平，有些部位还有一些圆形、椭圆形小坑。东部填土堆积剖面形状近似垂直，堆积由东及西倾斜，并逐渐变薄。中部堆积大体共分9层，主要为灰土和灰黑土，掺杂大量草木灰。中间第4层为淤土淤沙层，说明坑内还积过水。灰坑内出土大量陶片（器）。陶器的形态无明显变化，灰坑堆积应是在短期内形成的。此坑系不断取土形成，后变为垃圾倾倒场所。

J1位于发掘区南部，平面呈长方形，长1.75米，宽1米，存深6.40米，壁上有8对脚窝。水井内使用堆积较薄，也未见淘井现象，底部只发现1件汲水工具陶盔形器，水井填土内出土陶器（片）年代为殷商第一期。考虑到该区域为窖藏区、取土区和垃圾倾倒场所，因而水井的使用年代较短。

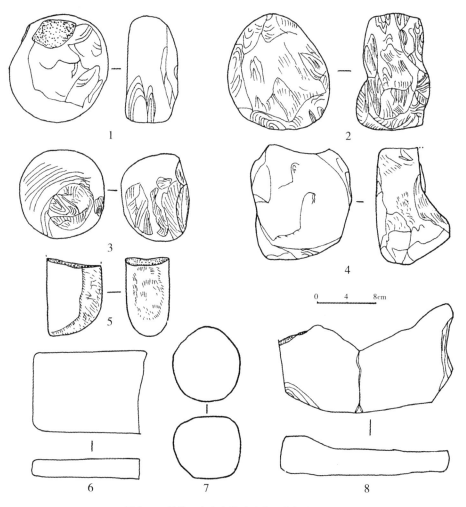

图十一　前埠、唐山商代遗址出土的部分石器

注：1—4.石球（锤）（前埠J2：14、前埠J2：15、前埠H129：10、前埠H192：1），5.条状石锤（前埠H129：11），6、8.研磨器（前埠H112：7、前埠H127：1），7.石球（唐山H122④：10）

前埠32个商代灰坑、窖穴、大型取土坑、1口水井内填土堆积仅出土10余件碎小的卜骨、卜甲。灰坑和窖穴充填物出土动物遗存共641件[①]，包括骨器20件、角器4件、蚌器11件，卜骨6件、卜甲8件。可鉴定标本数为611件，代表了至少55个个体。种类包括猪、牛、羊、狗、麋鹿、斑鹿、獐、兔子、鸟、龟、文蛤、蚬、多瘤丽蚌、剑状矛蚌、丽蚌、细纹丽蚌等。

生活、生产垃圾中还出土了一些石制品以及与石器制作有关的工具。石制品有成品、半成品、次品、原料、废料、脚料等上百件，成品有刀、斧、镞等。与制作石器有关的工具有石球（锤）、条状石锤、研磨器（磨盘）（图十一）、砺石等。石球（锤）上存有使用时的崩碴；研磨器（磨盘）一面有倾斜磨面；砺石质料为坚硬的花岗岩，形体硕大，较为光滑的一面还保留砸击痕。石制品质料有砂岩、石灰岩、花岗岩和石英岩等，时代包含了晚商各阶段。这些显示，前埠聚落应有相应的石器制作场。前埠附近无石料来源，距南部最近的山地、丘陵也有15公里之远，石料应来源于南部山区。

（2）后埠遗址

位于西部的高岗，遗址中心在海拔22米以上的范围内。遗址中心范围东西大约长280、南北宽200米，面积近6万平方米。与前埠龙山聚落相隔仅400余米。遗址北部、东部被后埠、前埠村占压。桓台县博物馆在北部曾做过试掘，发现过龙山文化墓葬。我们在发掘区北部的断崖上进行了铲刮、钻探，铲刮长度约35米（图九）。此处龙山文化堆积厚达2.6米以上，大体可分13个不同堆积层次，采集的标本有分属于龙山文化早、中、晚三期的陶鼎、罐、杯、鬶、甗、盆、器盖等残片。

大约在龙山文化中期晚段，后埠开始出现壕沟。壕沟把聚落中心围护起

---

① 宋艳波、燕生东等：《桓台唐山、前埠遗址出土的动物遗存》，《东方考古》第5集，科学出版社，2009年。

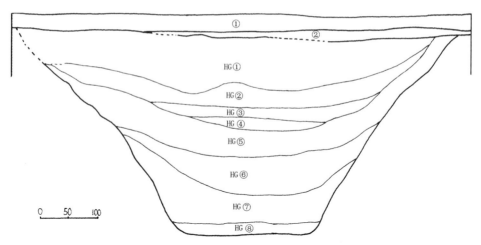

图十二　后埠龙山文化壕沟剖面图（TG486西壁）

注：①表土，②黄色粉砂土。HG：①深灰褐色黏土，HG：②灰褐色黏土，HG：③浅灰褐色黏土，HG：④深灰褐色黏土，HG：⑤黄褐色粉砂土，HG：⑥浅黄褐色黏土，HG：⑦灰褐色黏土，HG：⑧浅灰色淤土

来，并向东扩展，与前埠龙山聚落仅距250米。壕沟平面呈椭圆形，东西长450米，南北宽260米，壕沟总长约1200米，壕沟围护起来的聚落面积近10万平方米。我们分别在南部、东北部壕沟进行了解剖，探沟编号为TG276、TG486。TG486（图十二）处壕沟宽7.5米，存深3.3米，底部较平、壁坡斜直，沟内堆积共分8层，最下一层为0.20米厚的浅灰色淤土，余为黄褐色、灰褐色、黑褐色黏土、粉沙土，质地纯净，包含极少量的草木灰、烧土粒和碎陶片。可辨陶器有龙山文化中期晚段的鼎、罐等。此处壕沟以西150米范围内文化堆积和陶片等遗物较少。T276处靠近居住区，壕沟宽度为7米，深约2.5米，底部较平，保留挖土痕迹，壁坡较缓。沟内填土分为5层，最下一层为灰色淤土，余4层为包含大量陶片、草木灰和烧土的生活垃圾。壕沟外侧南部有龙山文化晚期窖穴H183打破壕沟及填土。H183，口径1.3—1.5米，直壁、平底，深2米，填土分3层，为灰褐色粉沙土，系包含大量陶片（器）、草木灰的生活垃圾。陶片片径大，多能拼对，有鼎、罐、盆、杯等龙山文化器形。这些说明，壕沟开挖后不久就废弃，人们向内倾倒生活垃圾，到龙山文化晚期还在上修挖窖穴。

以上说明，后埠龙山文化聚落是一个包含壕沟、窖穴、灰坑、墓葬、生活垃圾堆积，并与前埠龙山文化聚落同时并存的完整聚落单位。

2.李寨遗址

位于田庄镇李寨村西南海拔14.8米的高岗上，距小庞、辕南遗址只有1.5公里，西北距史家遗址约3公里。村民房屋等建设深入遗址东部，北部、南部砖厂的两个巨大取土坑破坏了遗址北缘、南缘。1996年至2000年，桓台县文物部门在遗址西部进行了抢救性发掘，揭露面积达上万平方米。1997年春和2001年夏，山东省文物考古研究所对遗址进行了详细钻探并对西部壕沟进行了解剖（01TG1）（图十三）。

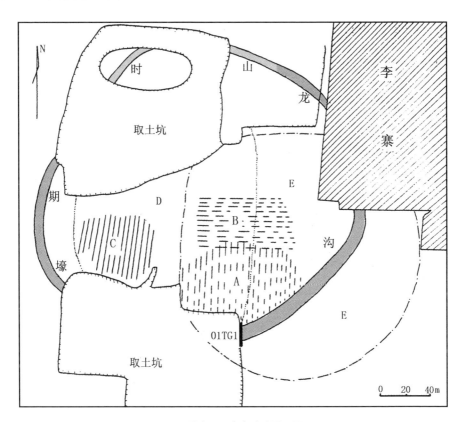

图十三 李寨遗址平面图

注：A.大汶口文化墓地 B.龙山文化时期烧土堆积分布区 C.龙山文化时期灰坑、窖穴、陶窑、水井分布区 D.桓台博物馆发掘区 E.商文化遗存分布区

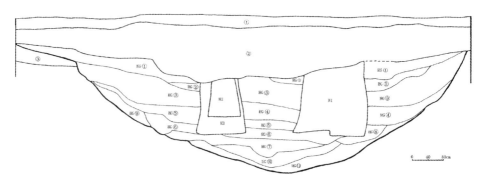

图十四　李寨龙山文化壕沟剖面图（01TG1东壁）

注：H1、H2、H3为商代窖穴。①表土，②黑色黏淤土，③浅黄色粉沙土。HG：①黄褐色粉沙土，HG：②灰褐色粉沙土，HG：③黄褐色粉沙土，HG：④深黄色粉沙土，HG：⑤黄褐色粉沙土，HG：⑥灰土，HG：⑦浅黄色粉沙土，HG：⑧黄色粉沙土，HG：⑨浅黄色淤土，HG：⑩深褐色黏淤土，HG：⑪深黄色淤土

龙山文化壕沟平面形状大体呈圆形，周长近800米，遗址东西长260米，南北宽240米，壕沟围护起来的面积超过5万平方米（图十三）。解剖的南部壕沟宽度为11.5米，深约3米，锅状底，外壁较陡，内壁稍缓（图十四）。沟内堆积下部有三层的淤土，厚0.6米。包含物较少，有少量的蚌壳、兽骨等，上部为厚达2米的生活垃圾，可分8层，出土大量陶片、蚌片、烧土等。壕沟废弃后，商代在内修挖窖穴（H1、2、3），到汉代时期，壕沟内的地势仍然较低，长期积水，还形成了厚达1.2米黑色黏土堆积。壕沟内龙山堆积出土的陶片（器）除部分大汶口文化的大口尊、鼎、瓮、罐碎片外，大部为龙山文化早期的鼎、豆、盆、甗、器盖等，与壕沟以内龙山遗迹内出土的陶器相同，时代也一致。

壕沟以内的西半部的聚落布局比较清晰。东部的烧土堆积较多，可能与倒塌的房屋建筑有关，这里为居住区。西部发现了窖穴、灰坑、水井、陶窑以及零乱的墓葬，其中水井、陶窑分布又比较集中，已发现水井达8口，横穴窑9座，有些陶窑内还保留未取走的陶器，有各种黑陶杯等。水井内除发现完整的汲水器罐、壶外，还出土数量较多的完整器筒形杯、壶形杯、单耳杯、觯形杯、豆、圈足盘、平底盆等，与陶窑及生产垃圾出土的陶器相同，说明这里的

水井除提供生活用水外，还可能提供生产用水比如制作陶器等。结合窑址、水井、生产垃圾堆积分析，聚落西部似为制陶作坊区。

李寨出土的陶器与前埠、后埠、唐山、小庞等遗址出土的陶器相比，黑陶数量多，质量好，器壁薄，硬度、火候都高。这一方面说明李寨村落可能以烧制质量上乘的黑陶为主，另一方面说明周围遗址出土的这类陶器可能基本上出自李寨。另外，在1件带根部鹿角上发现了8个刻画符号。这些均表明李寨龙山遗存具有某些特殊性。

从发掘到的商代遗存和断崖暴露的窖穴、陶片分析，商代聚落分布于龙山文化聚落的东南部（图十三），东西、南北长约为190米，面积近4万平方米。已发现了长方形房基、窖穴、灰坑和陶窑。清理的1座陶窑保存较好，为竖穴式，出土的陶鬲、口沿为殷商二期。龙山文化壕沟内的3座商代窖穴，均为圆形，袋状，平底，周壁、底部经加工，平整光滑，比较坚硬。商代遗迹内出土了殷商一至四期的陶鬲、甗、甑、簋、豆、盆、圜底罐、盔形器等。

3. 唐山遗址 [①]

位于唐山镇唐山村西部的高岗上。遗址中心位于高岗的最高处，海拔19—23.4米，高出周围4米以上。遗址北半部被砖厂取土破坏。遗址东南距于堤遗址仅2.5公里，西距存留遗址3公里；西北至李寨、小庞遗址3.5公里。自20世纪80年代后，文物部门对遗址曾做过多次调查、钻探和发掘工作。桓台县文物部门在遗址中、西部揭露面积近万平方米。2001年春季，山东省文物考古研究所在遗址西部清理面积100平方米（TG102），在壕沟西南部、东部开探沟三条，分别为TG101、TG1和TG2，面积达75平方米，在东部断崖上，铲刮长度累计超过150米（图十五）。

---

① 唐山遗址是包含龙山、岳石、商代、西周、东周、两汉等时代的遗存，面积超过50万平方米，各时代的聚落中心不一，本文我们所说唐山遗址仅指龙山文化、商代聚落范围。其他遗址也如此。

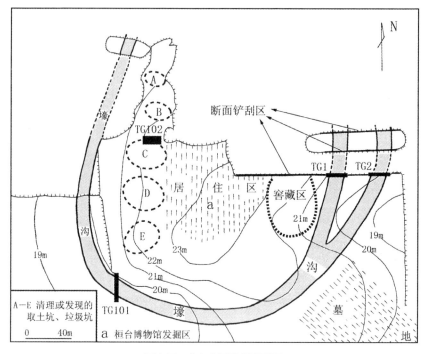

图十五　唐山商周遗址平面图

　　龙山文化遗存主要分布在高岗地的中部和西部，南北长150米，东西宽100米，保存面积约1万平方米，聚落多被后期岳石文化、商周时期遗存和汉代墓葬所破坏。发现的遗迹主要是灰坑和窖穴。在遗址中心采集到大量陶片（器），有鼎、甗、鬶、鬲、罐、豆、盆、盘、器盖等，时代经历了整个龙山文化发展阶段。

　　商代壕沟大体位于海拔20米以上的范围内，只保存南半部。壕沟平面大体呈椭圆形，保存长度550米。南北存长240米，复原长度在340米左右，东西长220米，壕沟以内残存面积近3万平方米，估计原聚落面积6万平方米左右（图十五）。在西南部（TG101）、东部（TG1）解剖的探沟表明，TG101处有不同时期壕沟7条，编号G101—7，其中G101条为西周早期，TG1处有壕沟6条，编号HG1—6（图十六），系不断疏浚和拓宽由内向外清淤、扩修而成。TG101处，保存较好的G102，宽8.3米，深3.8米，G105、107最深近4米。壕沟底部近平，内、外坡壁陡直，个别地方近似垂直。TG1处（图十六），保存较好的HG1最宽，达14米，其他复原宽度在8米上下，HG1、2、4、6最深约5米。平底，HG1外坡壁斜直，HG1、2、3内壁稍缓，而HG4、5、6内坡壁陡直。在下挖疏浚、向外拓宽过程时，往往在前一个沟的内壁坡堆放黄色沙土、经过加工使之坚硬，有的经过层层夯打，如HG2的壁坡，形成新沟的内壁。由于遗址位于高岗地的中心，中部高，四周低，聚落内的自然和文化堆积很容易流入壕沟内，因而沟内填（淤）土由内向外倾斜，内侧厚，外侧薄。填土上部多为灰土和灰白色淤土、淤沙，下部多黄色或黄褐色粉沙土，质地纯净，包含物较少。出土陶片非常碎小，以龙山、岳石陶片为主，商代陶片次之，有鬲、甗口沿、足部等。

此外，西周初期的壕沟在南部是紧靠商代壕沟向南扩修，在东部是在商代壕沟以东25米处新挖而成。

从调查、钻探、发掘的材料分析，商代壕沟以内的布局大体比较清楚，中部文化堆积最厚，一般在2米左右，发现成层的烧土堆积、夯土、水井、方形窖穴等遗迹，说明这里是居住区。南部、东部堆积薄，但发现较多的圆形、椭圆形灰坑和窖穴，这里应是储藏区。西部的灰坑、灰沟大且深，在遗址西部清理的H122，清理长度为10米，宽5米，锅状底，深3.5米，钻探长近20米，宽15米左右，坑内填土堆积大体分为6层，为生活垃圾，包含大量草木灰、陶片（器）兽骨、卜骨、卜甲等，出土的陶器均为殷商一期。桓台县博物馆在西北部清理的两个大灰坑，平面呈不规则形状，长度超过20米，宽度约8米，底部凹凸不平，底部周缘因取土还形成一些圆形、椭圆形小坑。填土堆积、出土物种类与H122近似，但时代为殷商三、四期。在西南部调查时也发现了这种类型的灰坑、灰沟，时代为殷商二期。说明聚落西部为建筑取土区和生活、生产垃圾倾倒区。在壕沟外东南部发现完整的青铜爵、陶簋以及人骨，桓台县博物馆还清理了2座残墓，说明该区域为晚商时期的墓地。

唐山遗址出土了大量殷商时期陶器（片），有鬲、甗、甑、假腹豆、浅盘豆、

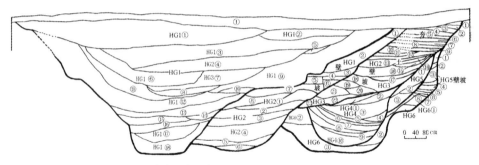

图十六 唐山商代壕沟剖面图（TG1南壁）

注：表土。HG1：①黑色黏淤土、②硬质灰土、③松软灰土、④灰白淤土、⑤硬质灰土⑥黄黑五花淤土、⑦灰白淤土、⑧黄褐色淤土、⑨硬质灰土、⑩灰黄褐色淤土、⑪黄土、⑫硬质黑土、⑬黑灰土、⑭灰黄土、⑮黄褐色土、⑯黑褐色土、⑰黄色粉沙土、⑱浅黄色粉沙土；HG1壁坡：①黄褐色粉沙土、②灰褐色土、③—⑧黄土（以软硬程度划分）。HG2：①黄黑土、②黄褐色土、③黄色粉沙土、④灰黄土、⑤黄黑土、⑥黄色粉沙土；HG2壁坡：①—⑰黄褐色夯土，HG2⑱、⑲、⑳、21、22、23黄土。HG4：①黄色粉沙土、②灰黄五花土、③—⑩黄色粉沙土；HG5壁坡：①灰黑土、②黄褐色粉沙土、③黄色粉沙土；HG5壁坡：①—③黄土、④—⑥黄灰土、⑦—⑧灰褐色土（以软硬程度划分）。HG6：①黄黑土、②黄色粉沙土、③黄褐色粉沙土

盘、圜底罐、盆形器、罐、瓮、簋、盆等。H122出土石器20余件，均为成品，有斧、舌形铲、刀、镰、镞、石球等，其中石镞的数量最多。骨器铲、镞数量比较多，也有特色。生活垃圾堆积内出土了大量的兽骨、蚌片、螺壳、龟甲以及卜骨、卜甲等。仅H122，据不完全统计，以牛骨、猪骨最多，其中，牛头骨4个，角9个（图十七），下颌骨6个，股骨12块以及肱骨、胫骨、掌骨、蹠骨（图十八）、脊椎、肋骨等数百件，猪头骨8个，下颌骨41个以及肩胛骨、肢骨、脊椎骨等上百件。此外，狗、貉的数量也较多，计狗头骨、下颌骨17个，貉7个。还见羊骨、鹿骨、鹿角、龟甲壳等。如唐山遗址出土动物骨骼形态较硕大，前埠比较碎小；前埠遗迹清理面积和垃圾体积超过唐山H122，但唐山所获动物遗存数量远远多于前埠，H129清理的面积和容积多于也唐山H122，但出土动物还不及唐山H122的一半。从动物提供肉量最多的哺乳动物最小个体数，如牛、猪、羊、麋鹿、斑鹿、狗、獐的总数来看，唐山H122有63头（只），多于前埠的40头（只），远超过H129的24头（只）。就牛、猪发现的最小个体数而言，唐山也远多于前埠，牛、猪不仅为人们提供了肉量，而且也是各类祭祀活动的牺牲。从哺乳类动物提供的

图十七　唐山遗址H122出土黄牛角

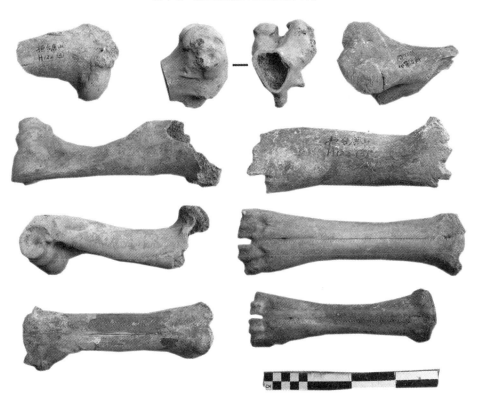

图十八　唐山遗址H122出土黄牛肢骨

肉量分析，前埠所有遗迹出土的仅是唐山的51%，若唐山H122与前埠H129相比，大体在相同时间内，唐山居民消费的肉量是前埠居民的3倍。可见，唐山聚落居民在单位时间内消费肉食量（或者机会）远高（多）于前埠。两个聚落居民的肉食结构，唐山主要是猪和牛，二者占了96%，野生动物的比例很低，占4%左右。而前埠居民食用猪肉量远远超过牛肉，居民所消费猪肉是牛肉的3倍多，猪肉有绝对重要的地位，野生动物斑鹿、麋鹿和獐之和，所占比例接近8%，也高于唐山。[①]

4. 史家遗址

位于田庄镇史家村西南的一个高埠上，南部被史家、高楼村民房占压，北部被砖厂破坏，面积25万（一说30万）平方米，中心范围面积为5万—6万平方米。遗址以东2—4公里内有辕南、李寨和小庞遗址。1995、1996、1997年三年的发掘面积近1400平方米。壕沟位于遗址西南部，平面形状呈椭圆形。西南部保存长度60余米，西北长约160米，西部壕沟复原长220米，南壕沟长约200米，推测总长度超过800平方米。壕沟围护起来的聚落面积在4万—5万平方米。壕沟上部存宽约8米，底宽4米，深约3米，底部平整，沟壁倾斜，沿壁有多次修挖痕迹。沟内填土上部为浅灰褐色粉沙土，部分地段较硬，似夯土层，下部为灰黑色淤土。环壕以内发现殷商时期房基、水井、窖穴、灰坑、乱葬坑、葬猪坑等，水井、灰坑内还出土完整圜底罐、盉形器等，埋猪坑4个，可能与祭祀有关。还在一坑内发现被肢解的人骨架。遗迹内出土了大量殷商时期的陶器、卜骨、卜甲以及牛、猪、狗骨骼等。壕沟以外北部为晚商时期墓地，曾清理过几座墓葬，历年来发现的青铜礼器均出于该地。

史家遗址在最早的报道中有龙山文化、岳石文化、殷商时期的壕沟和城墙，经钻探、试掘后确定只有壕沟。据介绍，壕沟内堆积分三期，下层为龙山文化

---

① 宋艳波、燕生东等：《桓台唐山、前埠遗址出土的动物遗存》，《东方考古》第5集，科学出版社，2009年。

图十九　桓台史家出土的部分青铜器

注：1.父辛爵，2.举禹（？）父戊鼎，3.爵，4.祖戊爵，5.父癸觚，6、7.觚及圈足内壁上铭文"戍宁无寿作祖戊彝"，8.父辛鱼觯，9.觚

晚期，中层属于岳石文化时期，上层属于商代。这明显不符合壕沟的修挖、使用、废弃过程（原理）。从壕沟打破龙山文化的井、灰坑和地层堆积，壕沟属于龙山文化晚期的可能性极小。另外，史家发现的殷商时期重要遗迹、遗物还与唐山遗址完全相同。因此，史家壕沟年代属于晚商时期的可能性最大。

据介绍，出自史家的商代青铜容器有几十件，种类有鼎、觚、爵、觯等（图十九），带铭文和徽识符号者十几件，庙号有父癸、祖戊、大戊、父辛、文乙、文丁等，族徽有举、命（？）、箕、鱼等，其中一件觚上有"戍宁无寿作祖戊彝"长铭。[①]目前看来，在商代，只有都邑类遗址内出土的青铜器才带有若干类族徽符号，一般中心聚落仅一两类。因而，这些带有族徽符号的青铜器全出

---

① 韩明：《山东长清、桓台发现商代青铜器》，《文物》1982年第1期；王宇信：《山东桓台史家〈戍宁觚〉的再认识及其启示》，《夏商周文明研究——97山东桓台中国殷商文明国际学术讨论会》，中国文联出版社，1999年。

自史家聚落可能性不大，似乎来自不同聚落。

龙山文化堆积主要分布在遗址南部，主要遗迹有灰坑（窖穴）6个，水井2口。出土陶器（片）有鼎、罐、盆、杯、鬻、盘等，年代属于龙山文化晚期。

5.旬召遗址

位于田庄镇荀召村东的隆起高地，海拔16.9米，高于周围地表3—5米。西距李寨遗址仅四五百米。遗址西半部被村庄占压，中心被砖厂破坏。最初的调查材料面积为9万平方米，时代为周、两汉时期。1987年发现一座商末周初的墓葬后，考古工作者重新调查，公布的面积为108万平方米，年代提至龙山文化和晚商时期。考古工作队于1997、2001、2005年春进行了三次调查，发现砖厂取土分拣出来的陶片均属于东周以后，四周断崖上也未见龙山文化和晚商时期的堆积和遗物。看来，第一次调查获得的面积较为准确。根据史家、唐山、于堤遗址晚商时期墓地位于居住区以外的情况，荀召的墓地极有可能与李寨殷商时期聚落属于一个整体。但李寨遗址未见商代壕沟，所见遗迹、遗物与史家、唐山遗址相比，也不是一个聚落等级层次，不可能存在出土青铜礼器的墓葬。荀召墓地的清理者把其时代定为周初，从发表的青铜觯来看，属于西周早期没问题。荀召墓地青铜器出土的"族徽"符号与唐山商代符号相同，或可说明荀召西周墓地与唐山聚落有一定关系。由此，有文章提及的荀召遗址面积达上百万平方米，并有龙山文化和晚商时期遗存，应该包含了李寨遗址。荀召遗址本身可能没有龙山文化和晚商时期，也应不是当时的中心聚落。

6.小庞遗址

位于田庄镇小庞村北100米。遗址中心海拔17米，高于周围2米。遗址东部被砖厂取土破坏。保护范围面积为2.4万平方米。文化堆积中心厚、四周薄，一般厚0.5—2米，个别达4米。文化堆积除东周、两汉外，主要是龙山文化、晚商时期。1997、2005年进行了调查、钻探。龙山文化、晚商时期的堆积主要分布在遗址的高台地上，被现在墓地占压。断崖、取土坑上，暴露出大量灰坑，但调查和钻探未发现壕沟等重要遗迹。采集的龙山文化陶片主要有凿形鼎足、灰黑陶鼎、罐腹片、白陶足鬶、甗，时代为龙山文化早期，商代遗物有鬲与甗口沿、足部，假腹豆、罐等残片，时代为殷商一至四期。

7. 于堤遗址

位于唐山镇于堤村西部海拔21米的缓坡岗地上。西北距唐山遗址、东距前埠遗址均2.5公里。经调查和钻探，东西长200米，南北宽150米（不含墓地范围），面积3万平方米。文化层堆积厚0.40—2米。遗址中心有一砖厂，取土后形成洼地，四周陶片遍地，有鬲、甗、盆、罐、簋、豆等器形。窑厂东部断面上暴露一坑（半地穴式房址？），长4.50米，深0.20—0.50米，壁面抹泥，个别地方经过烧烤，出土陶豆、鬲以及蚌、螺壳等。在遗址西部钻探，多处发现墓葬填土堆积，还探出人骨，说明该处为墓地。从见到的陶片（器）而言，遗址经历了整个殷商时期。

8. 存留遗址

位于新城镇存留村南20米的台地上，海拔17米。面积3万平方米，文化堆积厚0.50—1.5米。遗址断面发现龙山灰坑等遗迹，采集到龙山文化的鼎、罐、器盖等残片。晚商时期陶器有鬲口沿和足部，曾采集到1件完整陶簋，可能出自墓葬内。

9. 新城戏马台遗址

位于新城镇南部古县衙建筑上，高出周围5米。保存面积为1.2万平方米。西部断面上的文化层厚度达6—7米，龙山文化、岳石文化、殷商时期堆积厚度约3米，有灰坑、房址、生活垃圾等遗迹。采集到了龙山文化中、晚期的鼎足、甗腰、豆盘、盆口沿等，殷商时期的鬲口沿、鬲足、甗箅、瓮、盆、豆口沿等，还有装饰云雷纹的陶盆（罐）腹部。桓台博物馆在遗址南部试掘，还发现了晚商时期的卜骨、卜甲。从出土物特征看，该遗址其商代堆积也延续了整个殷商时期。该聚落东距、小庞、史家、存留等晚商时期聚落距离较远，达5公里之多，之间是否还有同时代聚落，待以后详细的考古工作解答。

10. 沈家遗址

位于周家镇沈家村西的高埠上，村民整地取土已下挖了1米多。遗址东西长1200米，南北宽300米，面积有36万平方米，文化堆积厚度有0.3—2米。发现灰坑、窑壁等遗迹，地表采集到龙山文化的鼎、罐、盆、器盖等，殷商时期各期段的鬲足、鬲口沿等，还有岳石、周、汉文化时期的遗物。沈家与于堤、唐山、存留聚落远达7公里多，之间未能详细调查，还应有同时期聚落存在的可能。

11. 辕南遗址

位于田庄镇辕南村内，已被村庄占压。南距李寨遗址仅1.5公里，西距史家遗址3.5公里，调查面积3万平方米（300米×100米），文化堆积厚0.20—1.5米。地表采集到龙山文化鼎足、豆柄、黑陶片以及晚商时期的鬲足，具体期别不清。

五、龙山文化聚落特点

1. 聚落分布密集，田庄、唐山、果里镇150公里范围内已发现龙山文化聚落8处，前埠、后埠仅隔400米，李寨、小庞、史家、辕南、存留、唐山等同时期聚落间距也只有2—4公里，小于定居聚落的取食开发领地半径约5公里的标准①，说明聚落之间有某种特殊关系维系在一起。除个别聚落在龙山文化时期发生了迁移外，多数聚落延续了整个龙山时期，聚落稳定性较强。

2. 每个聚落（村落）单元包含房屋、水井、窖穴、灰坑、墓葬以及生产、生活垃圾堆积，部分遗址内还有防御性设施壕沟，个别有陶窑等，表现的是完整的生产与生活聚落单位。尽管没有揭露出一个较完整聚落，但对其内部布局情况也有了大概了解：以房屋、院落为中心成片分布，每片包含房址、院落、

---

① E.S.希格斯等著，焦天龙译：《史前经济：一种领地研究方法》，《当代国外考古学理论与方法》，三秦出版社，1991年。

窖穴、灰坑、垃圾堆积以及散布于房屋周围的墓葬，个别聚落还有生产作坊（如制陶）。这也是海岱地区龙山文化聚落的共性。

3.就聚落面积而言，看不出聚落差异，但聚落间的一些遗迹、遗物却不同。目前只有李寨、后埠聚落发现有壕沟环绕，其他同时期聚落，如唐山、史家、前埠、小庞等聚落则未见壕沟，说明它们之间有区别。李寨壕沟总长超过800米，前埠超过1200米。使用木、骨、石工具，修挖宽7—11米，深3米以上，总长数百米甚至上千米的壕沟，非本村落的居民所能承担，可能动用了周围村落的劳力。因此，这种聚落中的差异应是不同聚落等级层次的反映。李寨遗址还发现刻有8个符号的鹿角。该遗址出土的陶器与前埠、后埠、唐山、小庞等相比，黑陶多，器胎薄，火候高，质地硬，质量较好，说明不同等级聚落间的陶器等器物也是有区别的。李寨发现成片的陶窑以及可能与制陶用水有关的水井，西部比李寨聚落等级高的丁公遗址也发现成片的陶窑，这两个聚落应存在着规模较大的制陶作坊，可能专门烧制泥制黑陶等陶器精品。换句话说，较高层次的聚落已经控制了一些重要日常用品的生产。

4.李寨、前埠的壕沟修挖不久后，就开始向沟内倾倒生产、生活垃圾，也没有进行过清淤、疏浚工作，暗示这一防御性的公共设施一直处于无人管理状态，这与唐山等晚商时期壕沟相比截然不同，说明该地区龙山时期壕沟更具有象征意义，其社会与政治等功能大于防御功能。

5.可把该地区的龙山文化聚落群置于邹平丁公[①]、临淄桐林[②]龙山文化聚落

---

①　山东大学历史系考古专业等：《山东邹平丁公遗址试掘简报》，《考古》1989年第5期；《山东邹平丁公遗址第二、三次发掘简报》，《考古》1992年6期；《山东邹平丁公遗址第四、五次发掘简报》，《考古》1993年第4期。

②　魏成敏：《临淄田旺龙山文化城址》，《中国考古学年鉴（1993）》，文物出版社，1995年；孙波：《淄博市桐林新石器时代至战国时期遗址》，《中国考古学年鉴（2003）》，文物出版社，2004年；北京大学考古文博学院：《2003年度山东临淄桐林遗址的调查发掘》，《古代文明研究通讯》第20期，2004年。

框架内进行考察。丁公聚落面积20余万平方米，并有夯土城墙、壕沟，仅城内面积就有10多万平方米，还发现刻有11字的陶文书。整个桐林聚落面积达200多万平方米，聚落中部也发现夯土城墙和壕沟，城内面积200多万平方米，出土过大型甗、盆、罐、壶、瓮，以及被称为列鼎、列盆、列罐（瓮）的"礼器"。桓台西南部龙山时期聚落群中，李寨遗址出土的陶器质量最好，但与丁公、桐林相比，显得器形小，质地差，火候、硬度低。丁公、桐林聚落均显示出一个区域中心的特质。桓台西南部东距桐林，西距丁公均有15公里左右，就聚落规模、重要遗迹城墙、壕沟、陶器质量以及其他聚落罕见的特殊文物，如陶文书、超大型甗、列鼎、列盆等而言，桓台西南部龙山时代聚落应属是中、小型聚落，代表的是当时的基层社会。

6.与西部丁公、东部桐林作为地区中心自龙山文化早期延续至晚期表现出的聚落稳定性相比，桓台西南部龙山文化聚落具有不稳定性。一方面是某些聚落的消失，而另一些聚落的出现问题，说明村落可以自由搬迁（包括全部或部分人口的搬迁），如李寨、小庞等聚落只存在于早期，而史家等是在龙山文化晚期新出现的聚落，显示基层社会具有一定的流动性；另一方面是壕沟在一些聚落的出现问题，李寨龙山早期壕沟连同聚落发生了迁移，后埠聚落发展到龙山文化中期稍晚开始出现壕沟，但到晚期就废弃了，反映了聚落等级具有可移动性，或可说明当时聚落间存在着某种竞争。这也充分说明桓台西南部龙山文化时期两级聚落层次以及所反映两级组织的界限并不那么绝对和明确。

六、殷商时期聚落特点

1.分布密集程度与龙山文化时期一样，但聚落间距更加有规律，约2—3公里，这与邹平、博兴、临淄、寿光南部同时期的聚落分布情况是一致的，显示出聚落分布上一定的规划。

2.聚落规模都不大，聚落面积（不含墓地）在3万—6万平方米，每个聚落都包含房子、水井、灰坑、窖穴、墓地以及生产、生活垃圾堆积，个别聚落有壕沟、陶窑、石器制作场。聚落内布局有明显的规划，一般分为居住区、窖藏区、取土区、垃圾倾倒区以及可能还有专门的制陶、制石作坊区，墓地则位于居住区一侧，如史家在壕沟外北部、唐山在壕沟外东南部、于堤在居住区西部。

3.经过详细考古工作的遗址，年代都包含了殷墟文化一至四期，特殊功能和较高等级的聚落也未发生过更替，说明当时聚落发展是稳定的，其所代表的社会组织建构也是稳固的。

4.就规模大小而言，桓台西南部晚商时期聚落间看不出差异，区分不出等级层次来。但就发现的遗迹、遗物而言，有很大的不同。史家、唐山聚落有壕沟围护，壕沟的修挖以及经常化的疏浚、拓宽工作非本村落的居民所能承担，应动用了周围村落的劳力。唐山、史家还发现随葬青铜礼器的墓葬，青铜礼器上见铭文和族徽符号。唐山、史家出土卜骨、卜甲的数量也多于其他聚落，生活垃圾中发现动物遗骸数量也多，种类以牛、猪、狗、龟甲为主。这些明显不见于或不同于前埠、李寨、小庞、于堤等聚落。唐山、史家聚落的居民生活在有壕沟环绕的村落内，享用着王朝或邦国的赏赐的青铜礼器，控制着更多的占卜、祭祀行为（权），使用着来自其他村落生产的陶器、石器等，消费了比一般村落更多的肉食和牺牲（如牛、猪），其身份明显高于周围小庞、李寨、存留、前埠、于堤等村落的居民。唐山、史家聚落直线距离才7公里，在政治、经济、文化、祭祀特权等级上完全相同，年代上又同时，看来，一个像史家、唐山区域中心所统辖的范围不很大，可能只有几十平方公里内的数个村落。

唐山、史家较高层次聚落具有更多的政治、文化、宗教祭祀功能，低层次的聚落如前埠、李寨还具有专门制作石器、烧制陶器等经济方面的功能，说明聚落间在功能上也存在着差异。这种聚落间功能的区别与政治、文化、经济、宗教祭祀相关的等级差异应是密切相关的。

5.唐山晚商时期壕沟的反复疏浚、拓宽，一方面说明聚落位于高岗上，壕沟内侧高外部低，来自聚落的自然和文化堆积很容易流入壕沟内；另一方面说明这种重要的公共设施受到很大重视，有统一的管理。

6.目前，在博兴利代、东关，临淄桐林、于家，潍坊姚官庄，青州肖家，寿光董家、丁家店子等遗址发现了中商遗存，显示该时期商人基本上控制了潍河以西地区。殷墟时期，商文化东进的势头虽然减弱，在东线某些区域可能收缩，如潍坊会泉庄[①]、昌乐后于留、潍坊姚官庄遗址发现了东方土著文化——岳石文化的后续遗存，但博兴寨卜、东关、店子，广饶西杜疃[②]、临淄褚家、齐鲁乙烯、青州苏埠屯、肖家，寿光南台头、宫家等地发现了大量殷商各阶段聚落、墓地，莱州湾南岸西部和黄河三角洲地区还有规模巨大、商王朝直接控制的制盐作坊群。这些说明，潍河、白浪河以西仍是商王朝的控制范围。桓台西部商代聚落群距商王朝东部边境线还有100多公里。上述遗址中所发现的物质遗存如陶器、青铜器、卜骨、卜甲等及精神文化领域如族徽符号、占卜宗教行为等与殷商文化一致，史家铜觚的"戍宁无寿作祖戊彝"铭文之"戍"是指受商王之命镇守某地。[③]这些表明，桓台一带包含周边地区应是商王朝直接控制的领土。因而，桓台西南部晚商聚落结构所代表的社会组织很可能是商王朝社会内的一种常态，是商王朝中央（王畿）地区社会组织构建的移植，而不是"边境线"上的一种特殊形式。

---

① 山东省文物考古研究所等：《山东潍坊会泉庄遗址发掘报告》，《山东省高速公路考古报告集》（1997年），科学出版社，2000年。

② 广饶县博物馆：《山东广饶西杜疃遗址调查》，《考古与文物》1995年第1期。

③ 严志斌：《商代的"戍"》，宋镇豪等主编：《纪念殷墟YH127甲骨坑南京室内发掘70周年论文集》，文物出版社，2008年。

济南大辛庄遗址发现了殷商时期甲骨文和贵族墓地[①]，青州苏埠屯[②]清理出仅次于商王陵的4个墓道大墓和一批双墓道与单墓道的贵族墓葬，发现车马坑和殉人，出土了一大批带亚"醜"青铜礼器、车马器和玉器。长清兴复河（小屯）[③]发现了一批带有"举"字族徽和"亚"字（内字不识）符号的青铜器以及车马器、玉器等。苏埠屯、兴复河出土的青铜容器中，代表高规格身份的方形礼器占一定比例。就聚落面积、墓葬的规格（墓道、殉人、带有车马坑等）、青铜器的质量、数量、形态以及车马器、玉器等而言，史家、唐山聚落是不能相比的。因此，大辛庄、苏埠屯和兴复河应是更高层次的中心性聚落，甚至是封国（方国）都邑及其墓地。如此看来，以史家、唐山聚落以及所统辖的次级村落所代表的两级社会构建应是商王朝的基层社会。

杜正胜先生通过对先秦文献和甲骨文的梳理，认为夏代至商代早期是城邦联盟，武丁时期，国力强盛，逐渐进入"封建城邦"。他根据甲骨文中商王朝某"邦国"中有十或数十个邑，边鄙有田、邑的记载，以及帝乙、帝辛东征人（夷）方时在攸国境内所过邑名记录所透露的信息，大体复原了晚商时期邦国内的聚落景观：以筑有城墙国都为中心几十里内分布着许多农庄（基层）村落——邑、田。据先秦文献记载，人口比较密集，并建有防卫工事围墙者为邑，人口稀疏，无围墙者为田。[④]每个农庄邑社大体有三五十家的规模。春秋之前，

---

①　山东大学东方考古研究中心等：《济南市大辛庄遗址出土商代甲骨文》，《考古》2003年第6期；《"大辛庄甲骨文与商代考古"笔谈》，李伯谦、方辉等：《文史哲》2003年第4期；山东大学东方考古研究中心等：《济南市大辛庄商代居址与墓葬》，《考古》2004年第7期。

②　祁延霈：《山东益都苏埠屯出土铜器调查记》，《中国考古学报》第二册，1947年；山东省博物馆：《山东益都苏埠屯第一号奴隶殉葬墓》，《文物》1972年第8期；殷之彝，《山东益都苏埠屯墓地和"亚醜"铜器》，《考古学报》1977年第2期；山东省文物考古研究所等：《青州市苏埠屯商代墓发掘报告》，《海岱考古》第一辑，山东大学出版社，1989年。

③　山东省博物馆：《山东长清出土的青铜器》，《文物》1964年第4期。

④　杜正胜：《夏商时代的国家形态》上篇"卜辞所见的城邦形态"，《古代社会与国家》，允晨文化实业股份有限公司，1992年。

都邑之外，邑是最基层的聚落单位，其上并没有更大的单位统摄。①

　　桓台西南部的商代聚落很像是甲骨文和古文献记载的"邑、田"，每个农庄邑和田有人口三五十家与桓台发现的晚商聚落面积3万—6万平方米的规模是大体一致的。唐山、史家较高等级层次聚落，也只有壕沟，没见夯土墙，这与文献记载有出入。毕竟，修建夯土城墙是一项较大的系统工程，需要一定工程技术、人力、物力资源的投入以及完善的社会协调和支配机制作为保障，有夯土城墙的邑应该不是常例。另外，桓台西南部晚商聚落等级结构代表的是有一个较高聚落层次统摄若干村落的两级组织，这样的组织构建与周代的可能是有区别的。

（原文刊于《东方考古》第2集，略有补充）

---

① 杜正胜，《周代城邦》，台北联经出版公司，1979年。

"夷夏东西"格局下的岳石文化

一、引言

史学界曾对以山东地区为核心的东方地区（即海岱地区）古代族群及其历史给予了特别的关注。蒙文通先生把中国古代民族分为河洛、海岱和江汉三大民族，海岱民族即东夷族。[1]徐旭生先生曾将中国古代部族划分为华夏、东夷及苗蛮三大集团，东夷集团主要包含了太皞、少皞及蚩尤的九黎族团。[2]傅斯年先生在《夷夏东西说》一文中把东夷历史提到了与华夏历史等同的高度。他认为在三代及前期，中国主要存在着东、西方两个不同的系统，夷与商属于东系，夏与周属于西系，两系时而争斗，时而混合。从某种程度而言，夏商周三代史就是东西对峙史，在夏代为夷夏之争，夷东而夏西；在商代为夏商之争，商东

---

① 蒙文通：《古史甄微》，商务印书馆，1933年。
② 徐旭生：《中国古史的传说时代》，广西师范大学出版社，2003年。

而夏西；在周代初期商奄在东而周人居西。[①]东夷族首领虞舜，还是华夏族群认同的"五帝"之一，以"孝""明德""中道"（见清华简《保训篇》）而闻名于后世。

夏初，东夷族势力较强，夷夏关系紧密。夏初夷族人皋陶、伯益曾辅佐大禹成功治水。禹让位于伯益，后为夏启所夺（或伯益让位于夏启）。夏代早期，东夷人后羿代替太康，掌握了夏王朝政权，出现了著名的"后羿代夏"事件。后来夏帝少康在逃亡和复兴中还依靠了东夷族的多支力量才复国、中兴。夏代中、晚期，东夷势力仍然很强大，与夏族时战时和，成为夏王朝外部的主要对手之一。后来商族与夷族联盟，灭掉夏王朝。一直到商初，夷族与商族关系还比较友好。

海岱地区存在着扁扁洞·后李—北辛—大汶口—龙山—岳石文化、从公元前8000年到前1500年的史前至青铜时代初期文化发展序列[②]，是中国新石器时代和青铜器时代早期自成体系、独立发展的六（或八）大文化区之一，也是中国早期文化发展脉络最为清晰、文化谱系最为完整、基本文化面貌最为稳定的区域。大约公元前2300年后，燕辽地区红山文化与小河沿文化、江浙地区良渚文化、两湖地区石家河文化相继衰落，各地方文明发展进程发生了转折，而以河南、山西和陕西为中心的黄河中游地区形成了"以中原为中心的历史趋势"。[③]此时，唯有海岱地区龙山文化持续发展，并迅速进入鼎盛时期，与中原文化区、甘青文化区首次形成"夷夏东西"对峙格局。相当于夏代早期阶段的龙山文化末期，海岱地区文化、经济、政治重心已由鲁东南沿海地区、鲁中部、鲁北、苏北地区转到了鲁西、鲁西北平原及豫东、皖北地区。

---

① 傅斯年：《夷夏东西说》，《民族与古代中国史》，河北教育出版社，2002年。

② 参见山东省文物考古研究所编：《山东20世纪的考古发现和研究》绪言篇，科学出版社，2005年。

③ 赵辉：《以中原为中心的历史趋势的形成》，《文物》2000年第1期。

聚落分布上也与中原地区同时期聚落连成一片，文化面貌也与豫东地区趋于一致。这一时期，海岱地区人群大规模西迁，相当部分族群逐步融入华夏族群，东西方文化深度融合，为华夏族的出现以及夏王朝文明的诞生、发展奠定了社会与文化基础。①

当前有学者提出，夏文化经历了以登封王城岗为代表的河南龙山文化晚期遗存—新砦期遗存—二里头文化三大阶段。②新砦期遗存为后羿代夏及稍后的夏文化，二里头文化为少康中兴以来的"夏文化"。新砦期出现了相当数量的具有东方龙山文化因素的成组酒器如陶鬹、陶盉，各类陶质筒形杯、单耳杯、觯形杯、罐形杯（夏代中期以后、商代，这些陶容礼器如鼎、盉、鬹、瓬、爵等多制作为青铜器）；种类较多的高足鼎，如侧三角罐形鼎、子母口瓮形鼎等；以及子母口贯耳平底瓬、圈足瓬、圈足盘等。玉刀、玉钺、玉戚等礼器以及器物上的兽面纹也来自东方地区。③酒器（鬹、盉、瓬）、玉质礼器等后来还成为二里头文化的主干。这些间接证明了文献记载的夏初发生的"后羿代夏"确有其事。

目前，越来越多的学者认为，东方地区的岳石文化在时代上进入了夏代中晚期、早商时期，属于早期青铜时代，整个社会发展水平约与以二里头文化为代表的夏文化相当，在夷夏、夷商东西对峙中，曾经占有非常重要的一席。东夷人创造的岳石文化与夏族创造的二里头文化并驾齐驱，后又与商族创造的下七垣文化（先商文化）、二里岗下层文化（早商文化）形成了三驾马车逐鹿中原

---

① 燕生东：《海岱地区早期文明化进程特点》，《海岱学刊》2015年第2期（总第16辑），齐鲁书社，2015年。

② 李伯谦：《新砦遗址发掘与夏文化三个发展阶段的提出》，《文明探源与三代考古论集》，文物出版社，2011年；李伯谦：《二里头类型的文化性质与族属问题》，《文物》1986年第6期。

③ 北京大学震旦古代文明研究中心等编：《新密新砦——1999－2000年田野考古发掘报告》第四章，文物出版社，2008年；河南省文物考古研究所编著：《禹州瓦店》，世界图书出版公司，2004年。

的局面。①

比起龙山文化时期的鼎盛阶段，岳石文化陶器种类和器形都有较大变化，比如，相对龙山文化时期轮制薄而黑的精致陶器而言，岳石文化的陶器显得略为粗厚；就器形种类而言，岳石文化鼎类急剧减少，酒器中各类陶杯、盉、鬶等器物消失，因而，部分学者提出了岳石文化衰落之说。岳石文化发现较晚，小规模试掘工作多，大规模发掘工作却少，且已有考古工作多集中在小型聚落遗址上，代表岳石文化较高水平的物质遗存发现较少，所以给人落败的印象。但是，目前看来，岳石文化曾是分布范围最广的夏代地域文化，在与诸文化关系中处于主导地位。此外，岳石文化还因其超前的成套石质农业生产工具、先进的城墙夯筑技术与青铜器冶炼技术等而闻名。

二、分布范围最广的夏代地域文化

夏代中晚期，黄河中下游地区存在着三支同时期文化，以山东省为中心的东方地区的岳石文化，被认为东夷文化；以河南省郑洛地区为核心即中原地区的二里头文化，被称为夏文化；以豫北、冀南地区为中心的下七垣文化，被称为先商文化。这样在黄河中下游地区就形成了夷夏、夷商东西对峙格局。此外，还有长江下游宁镇地区的点将台文化、燕山南北的夏家店下层文化。其中，岳石文化的分布范围最大（图一）。

聊城权寺，茌平梁庄、南陈庄、东一甲、李孝堂，阳谷红埠堆、黑埠堆、黑土坑等遗址均发现了岳石文化遗存。②最近，经考古发掘的鲁北乐陵县尹家遗

---

① 叶文宪：《新夷夏东西说》，《中国史研究》2002年第3期。该文提出史前无东夷，夏代才有东夷，岳石文化才是真正意义上的东夷文化。本文采用该观点。

② 陈昆麟等：《聊城、茌平古文化遗址调查简报》，《考古与文物》1998年第1期；孙淮生等：《山东阳谷、东阿县古文化遗址调查》，《华夏考古》1996年第4期。

址[①]，发现了以岳石文化为主、先商文化为辅的混合遗存，在阳信县、庆云县多个遗址内也存在着岳石文化遗存。以上说明，岳石文化西北部分界线大体在今河北与山东省分界处。

辽东半岛双砣子二期遗存所见陶器如舌状足鼎、袋足无实足鬲、子母口鼓腹罐、平底或圈足或三足子母口尊、浅盘豆、圈足碗、蘑菇纽器盖以及半月形双孔石刀均属于典型的岳石文化遗存[②]；庙岛群岛上发现了北城、后口、大口等多个岳石文化遗址，说明此时岳石文化通过庙岛群岛跨海到达了辽东半岛南部地区，岳石文化的东北界应位于这一带。

岳石文化的西部边界已进入豫东的兰考、杞县、太康一线以东及安徽西北一带，目前所见聚落数量达到20多处。遗址主要有杞县鹿台岗，鹿邑栾台，夏邑清凉寺、三里堌堆、马头，民权牛牧岗、李岗、吴岗，商丘平台寺、坞墙，柘城山台寺、旧北门、孟庄、王马寺、大毛，虞城杜集，永城明阳寺、造律台等。[③]其中菏泽安丘堌堆[④]、定陶十里铺，河南鹿邑县栾台[⑤]、夏邑县清凉山[⑥]，安徽太河倪丘孤堆等岳石文化遗址还进行过考古发掘。说明这一带岳石文化分布比较广泛。而杞县鹿台岗[⑦]等遗址，岳石文化叠压在先商文化下七垣文化或二里头文化之下，说明河南开封地区是夏族文化、商族文化和东夷文化交错地带。

<hr>

① 山东省文物考古研究院：《乐陵尹家遗址发掘报告》，《海岱考古》第十辑，科学出版社，2017年。

② 中国社会科学院考古研究所编著：《双砣子与岗上——辽东史前文化的发现和研究》，科学出版社，1996年。

③ 郑州大学历史学院考古系等编著：《民权牛牧岗与豫东考古》下篇三"豫东考古研究"，科学出版社，2013年。

④ 北京大学考古系商周组等：《山东菏泽安丘堌堆遗址1984年发掘报告》，北京大学考古文博学院等编：《考古学研究》（八），科学出版社，2011年。

⑤ 河南省文物研究所：《河南鹿邑栾台遗址发掘简报》，《华夏考古》1989年第1期。

⑥ 北京大学考古学系、商丘地区文管会：《河南夏邑清凉山遗址发掘报告》，北京大学考古系编：《考古学研究》（四），科学出版社，2000年。

⑦ 郑州大学文博学院等编：《豫东杞县发掘报告》，科学出版社，2000年。

安徽省境内淮河中游以北地区的宿州杨堡、芦城孜、南城孜等都发现过岳石文化的聚落址，看来，淮河中游以北地区已成为岳石文化的分布区。淮河中游以南、长江以北的安徽寿县斗鸡台①、丁家古堆、青莲寺，肥西塘岗②，合肥烟大古堆，长丰古城，霍邱红墩寺等多个遗址发现了单纯的岳石文化遗存，如腰部带附加堆纹陶甗、扁圆（状）足陶鼎、平底和圈足子母口陶尊、子母口陶瓮、小口陶瓮、浅盘陶豆、大口陶罐、平底和圈足陶碗以及半月形石刀等，说明岳石文化在安徽境内江淮地区分布广泛。③而江苏镇江马迹山④、南京牛头岗等遗址内还发现了数较多的岳石文化典型遗存，如子母口陶尊、盂、大口罐、蘑菇形纽器盖以及半月形石刀。看来，岳石文化某一阶段已越过长江，扩张至南京、镇江一带。

东南江淮地区高邮周邶墩龙山文化之上为岳石文化。⑤苏北地区泗洪后陈、沭阳万北、灌云大伊山、连云港藤花落以及赣榆下庙墩、青墩庙、庙台子等数十处遗址都发现了典型岳石文化遗存。看来，岳石文化的东南边界已到黄海之滨。

总之，岳石文化分布范围东北已越过庙岛群岛，到达辽东半岛，北至河北与山东省交界处，西至豫东西部兰考、杞县、太康与皖西北，南部越过淮河，到达长江，东南至黄海之滨，面积在25万至30万平方公里之间，是当时分布范围最广、面积最大的一支夏代文化。

而以二里头遗址为代表的夏文化（即二里头文化）以伊洛地区为中心，东部

---

①　北京大学考古系商周组等：《安徽省霍邱、六安、寿县考古调查试掘报告》，北京大学考古系编：《考古学研究》（三），科学出版社，1997年。

②　安徽省文物考古研究所：《安徽肥西两塘岗遗址发掘》，《东南文化》2007年第1期。

③　张小雷：《略论安徽地区的岳石文化遗存》，《东南文化》2016年第4期。

④　镇江博物馆：《镇江市马迹山遗址的发掘》，《文物》1983年第11期。

⑤　南京博物院考古研究所等：《苏高邮周邶墩遗址发掘报告》，《考古学报》1997年第4期；田名利：《试论宁镇地区的岳石文化因素》，《东南文化》1996年第1期。

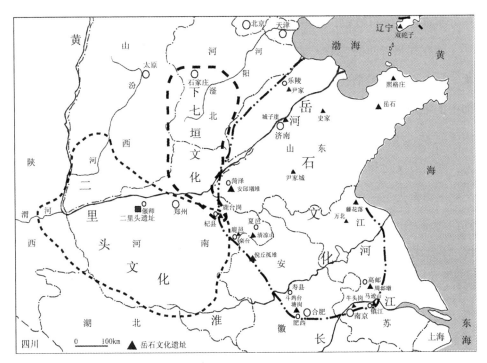

图一　岳石文化、二里头文化和下七垣文化分布示意图

至开封一带，南部越过南阳、驻马店至鄂豫交界处，西至陕西华县、商州一带，西北至山西临汾、晋城及河南新乡，分布范围也不过18万平方公里。主要分布在冀南豫北地区的先商文化即下七垣文化，西至晋冀交界，东、东南与岳石文化分布区相邻，南与二里头文化北界相接，分布面积也只有6万平方公里左右。

三、岳石文化与周边文化关系占主导地位

岳石文化的地位和成就还体现在与周边文化关系上，岳石文化多占有主导地位。

1. 岳石文化与二里头文化的关系

考古新发现表明，岳石文化与二里头文化的分界线大致在今河南中东部杞县、民权、睢县一带，可以说是岳石文化已向西伸入二里头文化分布区。在这

一分布重叠区，可以说，你中有我，我中有你。

而在郑州以西的二里头文化核心区域，发现了一定数量的东方地区文化因素，如二里头等多个遗址内发现半月形双孔石刀，陶器中的褐陶、灰褐陶，纹饰中的细绳纹、篦刮纹，器形中的素面甗、夹砂中口罐、夹砂大口罐、卷沿深弧腹盆、浅盘细柄豆、蘑菇纽器盖等均具有典型岳石文化风格。有学者认为，在岳石文化和二里头文化相互交流、影响的趋向中，以岳石文化对二里头文化的影响为主，典型的岳石文化因素不仅深入二里头文化分布区的腹地，并且在墓葬内出现。在夏王朝晚期都城二里头遗址内宫城址以东和作坊区内都发现了外表有篦状刮痕的夹砂灰陶、红褐陶深腹罐、陶甗等具有岳石文化特征的陶器。相反，二里头文化对岳石文化的影响，在地域上仅限于豫东、鲁西南一带，这一带岳石文化遗址出现了花边陶小罐、深腹圜底陶罐、陶斝等，但二里头文化始终未进入鲁中南、鲁东南、鲁北、胶东地区等岳石文化的腹地，在影响趋向上处于次要地位。[①]

但是，岳石文化分布区内的酒器陶斝以及临沂大范庄、沂南罗圈峪、五莲上万家沟、海阳司马台等发现的玉石牙璋（一种兵器，可能是一种礼器），有学者认为其可能来自二里头文化系统内。[②]这或许说明，二里头文化的礼制对岳石文化上层存在着一定影响。

据周汉文献，夏王朝建国后的一个相当长的时期内，东方夷人势力仍较为强大，成为夏王朝的最大威胁，甚至曾夺取夏王朝的政权。《左传》襄公四年、《左传》哀公元年提到了东夷人后羿代替太康，掌握了政权，即史书上的"后羿代夏"故事。夏帝太康丧德，东夷族来自穷石的后羿取而代之，"因夏民以代夏政"。后来，后羿好田猎而不修国政，东夷族寒浞施计杀之，并取其王

---

① 栾丰实：《东夷考古》，山东大学出版社，1996年，第330—332页。

② 邓淑萍：《出院藏三星堆文化牙璋谈起》，《故宫文物月刊》17卷第2期，1999年。

位。寒浞封其子浇于过，封豷于戈，并让浇灭掉斟灌，攻打斟鄩。浇与过灭夏后相，后相妃乃为有缗国之女（东夷族一支），逃到有仍氏（国），生下少康。少康在有仍氏（国）为庖正，后被迫逃奔有虞氏（国），在虞思帮助下"有田一成，有众一旅"。有仍氏、有虞氏均为东夷族群一支。而来自东夷族另一支有鬲氏的靡灭浇及豷，辅助少康中兴。少康最终借用东方众族力灭掉过、戈，"复禹之绩，祀夏配天，不失旧物"。看来，夏帝少康在逃亡和复兴中还依靠了多支东夷族的力量。

少康中兴后，夏王朝的势力日渐强盛，仍然倾全力经营东方，并同那里的夷人发生时战时和的复杂关系。[①]东方诸夷也屡次被征讨，东夷族或宾服于夏，甚至受其爵命，但仍是夏王朝最强大的敌对力量。

如古本《竹书纪年》载：

> 后少康即位，方夷来宾。
>
> （帝杼）柏杼子征于东海及王寿，得一狐九尾。
>
> （后芬）三年，九夷来御（服御），曰畎夷、于夷、方夷、黄夷、白夷、赤夷、玄夷、风夷、阳夷。
>
> 后荒即位，元年，以玄珪宾于河，命九东狩于海，获大鸟。
>
> 后泄二十一年，命畎夷、白夷、赤夷、玄夷、风夷、阳夷。
>
> 帝泄二十一年，加畎夷等爵命。
>
> 后发即位，元年，诸夷宾于王门，再保庸会于上池，诸夷入舞[②]。

这些残存记录显示了夏王朝晚期的对外主要为与东夷族的关系，东夷与

---

① 严文明：《夏代的东方》，《史前考古论集》，科学出版社，1998年。

② 方诗铭、王修龄：《古本竹书纪年辑证》（修订本），上海古籍出版社，2005年，第8、9、11、13、15页。

夏族时战时和，成为夏王朝外部的主要对手。就中原王朝华夏民族记载角度而言，东夷族在多数时间内归附于夏王朝，但东夷族受到夏王朝反复攻打征伐，始终未被彻底征服，也从一侧面说明夷人势力的强大。这种状况无论从时间上还是地域上及文化分布态势上都与岳石文化和二里头文化的存在格局相吻合，从考古学文化上为"夷夏东西说"提供了新的证据。

2. 岳石文化与先商文化的关系

较同二里头文化的关系相比，岳石文化与下七垣文化（即先商文化）关系密切多了。岳石文化的西北界，大体相当于今山东省与河南省、河北省的分界线，这里与下七垣文化相邻；而在西部即豫东地区，与下七垣文化交错分布，同一个遗址如杞具鹿台岗遗址内既有先商文化下七垣文化堆积，又有岳石文化堆积。在这些不同文化交错地带，下七垣文化遗存中包含着大量岳石文化因素，同样，岳石文化中也存留有较多的先商文化因素。

鲁西北、鲁北甚至胶东岳石文化分布区（如平度岳石村遗址），陶器群中有相当数量器物腹部拍印绳纹风格应来自下七垣文化，器物中的卷沿细绳纹鬲、绳纹罐、绳纹瓮、平口鼓腹瓮和蛋形瓮等也来自下七垣文化。鲁西南岳石文化遗址（如定陶十里铺、菏泽安丘堌堆）中所见下七垣文化因素普遍较多些。

冀中、冀南、豫北地区磁县南城、正定西房头、永年何庄、容城白龙、临城补要村、安阳漳邓、辉县孟庄、淇县宋窑等下七垣文化遗址内普遍见有岳石文化因素，如半月形石刀、尊形器、带凸棱纹碗形浅盘豆、侈口束颈鼓腹盂、腰部带附加堆纹袋足甗、大口夹砂罐、卷沿斜弧腹夹砂盆、斜壁平底盆、高圈足簋、蘑菇纽器盖等。部分泥质陶为磨光灰陶或黑陶，这是岳石文化的制陶风格。先商文化常见的浅腹碗形豆器表外壁微有凸棱，是岳石文化陶器习见的作风。下七垣文化发现的多数陶甗，其细腰、甗腰和裆部饰附加堆纹，总体形态和胎质较厚，属于岳石文化的特征。卷沿鼓腹盆和斜壁平底盆在岳石文化和先商文化中都占有一定比例，其陶质较细，表面磨光，唇外加贴边都是岳石文化传统。^①值得一提的是，在下七垣文化的腹地冀南磁县南城等遗址和墓地内还集中出土了数量较多的岳石文化短颈、圆鼓腹、圜底、锥足陶鼎等器物^②，冀中北的容城白龙遗址在四个灰坑内集中出土了岳石文化的素面甗、豆、盂、盆、罐等^③，可能存在着岳石文化人群向西北迁移的现象。

岳石文化在夏末也呈现出向西发展的态势，到达杞县、民权、睢县一线，甚至一度进入郑州地区（考古学者认为这里曾是商汤都城所在地），与二里头文化、下七垣文化形成了混合体文化——郑州南关外先商文化（也有学者看之为商初文化）遗存，这里的深弧腹圆锥足鼎、素面鬲、素面甗、袋足无实足根且腰部一圈附加堆纹的绳纹鬲、大口夹砂罐、夹砂陶斝等明显属于岳石文化因素。^④

总之，岳石文化和先商文化属于双向性流动发展，相互影响、相互融合；而在先商文化中发现的岳石文化因素似乎更多一些。

先秦文献中商先王昭明、相土及商汤曾迁都于东夷族居住区。《左传》定公四年记载，"取于相土之东都以会王之东蒐"，杜预注东都"为汤沐邑，王东巡狩，以助祭泰山"。王国维先生认为，相土之东都在泗水北部的东岳泰山之下。^⑤关于商先王昭明所迁商，相土所居商丘，商汤所居亳，学界多认为在今豫东商丘、鲁西南一带。这从另一个角度也可以看出夷族、商族的密切关系。

夏末商初，东夷集团的向背不仅影响着夏王朝的安危，也影响着商王朝的

①　山东文物考古研究所编著：《山东20世纪的考古发现和研究》第四章第一节，科学出版社，2005年。

②　石磊等：《河北磁县南城遗址浅析》，北京大学震旦古代文明研究中心等编：《早期夏文化与先商文化研究论文集》，科学出版社，2012年。

③　保北考古队：《河北省容城县白龙遗址试掘简报》，《文物春秋》1989年第3期；徐昭峰：《试论岳石文化北向发展态势》，《考古与文物》2012年第2期。

④　河南省文物考古研究所编著：《郑州商城——1953—1985年考古发掘报告》第四章，文物出版社，2001年。

⑤　王国维：《说自契至成汤八迁》，《观堂集林》，中华书局，1999年。

建立。夏桀屡屡用兵东方，诸侯多叛夏，商族首领商汤趁此机会兵进鲁西南和豫东地区，在景山与东方盟国——主要是东夷族会盟，共商灭夏大计，这就是《左传》上说的"商汤有景亳之命"。会中宣誓，商汤是秉承天意征伐夏桀，目的是让百姓脱离暴政与苦难。景亳之会实际上是商族与东夷集团联盟大会，商夷联军成为灭夏的主力。关于景亳之地，学者根据文献记录，多认为在今曹县一带。商汤后来得到3000诸侯的拥护，取得了天下共主的地位，并一举灭掉了夏王朝。豫东地区发现了先商文化、岳石文化、二里头文化，鲁西南菏泽地区岳石文化中发现了先商文化因素，这为夷商关系提供了考古证据。[①]在郑州南关外遗存发现数量较多的岳石文化遗存可能就是商夷联盟的证据。[②]周汉文献记录商汤还纳今曹县境内的有莘国之女为妇，以有莘国之伊尹为相，结成政治联盟。[③]这也说明商汤曾通过与东夷族政治联姻来强化自己的势力。

3. 岳石文化与早商文化的关系

偃师商城二里岗下层时期出土了少量岳石文化因素的陶器，在宫城址内外皆有发现。郑州商城二里岗下层时期也发现了岳石文化的陶鼎、大口罐等。同时，岳石文化里少的陶斝，应来自商文化。但二里岗上层商文化中的岳石文化因素几乎很少看到，至于白家庄期郑州小双桥遗址内集中出土了数十件以上岳石文化典型方孔石镰、锄形器以及夹砂褐陶素面罐、泥质磨光黑陶盆等，学者多认为与仲丁征蓝夷有关。

早商阶段的二里岗下层文化时期，商文化的东界仅到达豫东西部一带。稍

---

① 田昌五、方辉：《"景亳之会"的考古学观察》，《夏商周文明研究》，中国文联出版社，1999年。

② 参见杜金鹏：《郑州南关外下层文化渊源及其相关问题》，《考古》1990年第2期；栾丰实：《试论岳石文化与郑州地区早期商文化的关系——兼论商族起源问题》，《华夏考古》1994年第4期。

③ 张学海：《从考古发现谈鲁西南地区古史传说的几个问题》，《中原文物》1996年第1期。

晚时期，在柘城县孟庄、鹿邑县栾台、夏邑县清凉山等遗址发现了这个时期的房址、灰坑和墓葬，出土了一批二里岗下层晚段典型器物，说明早商文化和势力已经到达或影响到鲁豫皖交界区。而相邻的鲁西南菏泽、聊城西部地区，距离郑州商城虽然近些，但并没发现该阶段商文化遗存，仍是岳石文化分布区域。这显示，商代初期，商文化尚未深入岳石文化分布区内，换句话说，商王朝并未侵入东方地区，商人与东夷族群还可能和平共处。商王朝建立之后的一段时间内，一直未对东方用兵，与东夷族可能继续保持联盟关系。如此看来，在商王朝初期，东方地区尚未纳入其统治版图，东方地区还是岳石文化的天下，属东夷集团所有。此时，岳石文化与商文化仍处于东西对峙局面。

到了二里岗上层文化时期，商王朝大规模东扩，其势力东界到达东部至潍河、白浪河、沭河、连云港海岸以及淮河下游南侧的盐城一带。此时，东方地区的岳石文化大部被商文化取代，岳石文化也随之结束。①

4. 岳石文化与点将台文化的关系

点将台文化是长江下游宁镇地区夏代至商代初期的青铜文化②，年代上与岳石文化大体同时。点将台文化中的核心部分如素面甗、素面鬲、锥足鼎以及腹部表面有篦状刮痕等都可以在岳石文化中寻到它们的母体或雏形；点将台文化陶器群中尊形器、子母口鼓腹罐、舌状三足罐、盘形豆、子母口蘑菇纽盖、腰裆部加饰泥条附加堆纹的夹砂褐陶甗，以及数量较多的半月形双孔石刀，均属于岳石文化的典型器物，显然来自北方的岳石文化。而在点将台文化分布区内如镇江马迹山、南京牛头岗甚至发现了典型的岳石文化遗存，说明在某个阶段，岳石文化还进入过点将台文化分布区的腹地。目前，岳石文化腹地中还未见到点将台文化因素。可见岳石文化对其的影响是占主导地位的。

---

① 燕生东：《商文化前期在东方地区的发展特点》，《中原文物》2016年第6期。

② 张敏：《宁镇地区青铜文化研究》，高崇文、安田喜宪主编：《长汗流域青铜文化研究》，科学出版社，2002年。

5.岳石文化与夏家店下层文化的关系

夏家店下层文化分布于辽西、内蒙古东南部、冀北和京津地区，其时代约与岳石文化相当。岳石文化和夏家店下层文化均处于早期青铜时代，出土镞、刀、锥、耳环、指环等青铜小件。其中双翼式铜镞为两个文化的共同器物。岳石文化同夏家店下层文化在陶器、石器、骨器等方面也存在一些相似的因素。夏家店下层文化陶器中的子母口器盖、斜壁平底盆，石器中的半月形双孔石刀、棱形穿孔石刀、长方形扁薄单面刃石铲等均为岳石文化的典型器物。在夏家店下层文化分布区的唐山大城山遗址以及迁安境内的一些遗址都出土了具有典型岳石文化特征的夹砂大口罐、施附加堆纹的甗腰等。而岳石文化中所发现的陶器上的彩绘，如红、白、黄色的夔形纹、卷云纹以及其他几何形纹；绘法以朱彩勾边，内填白彩等，无论颜色，还是纹样，都与夏家店下层文化相似，学界都把这些因素归结为受夏家店下层文化的影响。

岳石文化和夏家店下层文化之间的关系，学术界存在较大分歧。有的学者认为，岳石文化是夏家店文化南进后形成的；更多学者认为，二者是相互独立并有不同来源和发展去向的地域文化，只是关系比较密切而已。

四、岳石文化发展的辉煌成就

岳石文化同二里头文化（夏文化）相比，在各方面还有不小差距。如夏文化的偃师二里头遗址，面积达三四百万平方米，为大型都邑型聚落，多被学术界认为是夏王朝晚期都城。这里发现了多座不同时期的大型宫殿、大型墓葬、冶铜作坊、绿松石作坊及若干条道路，出土了青铜容礼器、兵器、铜质与石质乐器、漆器、原始瓷器以及玉制礼器等贵族用高精端器物。此外，在新郑望京楼、郑州东赵、荥阳大师姑、平顶山蒲城店还发现了多处二里头文化时期城址，面积在数万、数十万和上百万平方米不等。而岳石文化发现比较晚，考古工作严重不足，不仅未见到夏文化二里头、望京楼、大师姑那样的聚落，缺少高精端器物，就是相对于海岱地区大汶口文化和龙山文化的资料来讲，岳石文化资料也较少，因而对于岳石文化的经济形态和社会状况的综合分析还有相当大的难度。但从农业生产工具、青铜冶炼、城墙夯筑技术、占卜形式等方面可窥视出岳石文化整体发展水平还是相当高的。

1. 超前的成套农业生产用具

除位于长江下游地区的良渚文化出现过包含翻掘土、田间管理、农作物收割工具在内的成套的石制农具外，中国其他区域新石器时期与青铜时代初期农业生产工具均为石制、骨制、蚌制用具混制组合。但岳石文化时期，农业生产工具和生产工艺有了较大改进，出现了一套新型的石制农业生产工具[①]，有砍伐地表灌木的亚腰形石斧，有掘土、翻土工具舌形石铲、方孔石镢，有清理杂草和松动土壤的石锄，有收割工具石镰和半月形石刀（图二）。有学者认为，翻（掘）土方孔石镢、松土除草石锄和收割半月形双孔石刀是我国历史上石器农具绝无仅有的器形，农具方面发生了重要的变革，与战国时期出现的铁镢、铁锄、双孔铁刀有着惊人相似之处。

砍伐树木的石斧在新石器时代各个文化区比较常见。翻土工具石铲及收割工具石镰曾见于海岱地区的北辛文化、中原地区的裴李岗文化。但大汶口文化不见石铲，只有骨铲、蚌铲等，收割工具多蚌质，龙山文化时期才出现石质石镰、刀，包含初耕、中耕、收割成套的农耕石质工具还是第一次出现。岳石文化当时每个劳动环节都有相应的石制工具，分工细致，可极大地提高劳动生产率和粮食产量。

岳石文化的亚腰石斧更有利于捆绑木柄，使用起来更为便捷。所见舌形石铲平面呈长方形或梯形，器身扁薄，一面刃，易于挖掘；有的顶端出肩，便

---

① 任相宏：《岳石文化的农具》，《考古》1995年第10期。

于安柄捆扎。竖长方形石镢和横长方形石锄是岳石文化中特有的农具，平面为扁平长方形，中间或偏上部位有一长方形孔。器长大的有30厘米者，小的也有仅10厘米者；器身多二面刃，也有的四面刃，有的上下打磨成凹缺。石镢刃部有的为弧刃，有的呈双齿状，像是后世的铁质耒类工具。镢和锄上的长方形孔和凹缺均是便于安装、固定、捆绑木柄。其作用一是延长了力臂，相对减轻了人的劳动强度；二是加大了人力的控制范围，提高了生产效益；三是可直立劳动，扩大了人的视野，便于人与人之间的协作。石刀有半月形和长方形两

图二　岳石文化的石制农具

注：1、2、3.石镢（1.泗水尹家城；2、3.广饶营子），4.石锄（临淄桐林），5、6、7.半月形石刀（薛城临城二村、平度岳石村、泗水尹家城），8.亚腰石斧（枣庄匡山腰）

种，一般为双孔、单面刃。特别是半月形双孔石刀是岳石文化的典型工具。半月形易于人们把刀背放置于手心；双孔便于人们穿绳套牢大拇指相对固定在手中。以上这些农业生产工具展现了那时农业的整个生产过程。石铲和石镢应主要是挖土、起垄、点播的工具；石锄是松土除草的工具；石镰和石刀是收割的工具。特别要提到的石锄是目前见到的最早的中耕管理工具，反映了岳石文化时期的人们对于农作物生长规律和田间管理的认识有了较大程度的提高，标志着农业生产水平进入了一个新的阶段。[①]

岳石文化聚落遗址内普遍出土炭化的粟、黍。最近，牟平照格庄、龙口楼子庄、临淄桐林、江苏连云港藤花落、辽宁大连市大嘴子遗址等都发现了岳石文化时期的炭化稻米以及水稻的植硅体稻谷遗存。这些说明，岳石文化时期仍同大汶口文化中晚期、龙山文化时期一样，属于旱作和稻作混合农业。

2. 发达的制铜业

青铜冶炼业是古代社会生产力飞跃发展的一个标志。牟平照格庄、泗水尹家城、青州郝家庄、龙口楼子庄、夏邑清凉山、杞县鹿台岗等岳石文化遗址均发现了青铜器。青铜器的种类有兵器、手工工具、用具及少量容礼器，如双翼镞、方体斜刃凿、窄斜刃三角形和斜长刃刀、三棱形锥、圆锥形钻、圆形环等，值得特别一提的是青州郝家庄遗址还发现有青铜容器的残片。仅泗水尹家城遗址就发现了各种青铜器工具14件。岳石文化中所见青铜器中，青铜镞的数量最多，表明青铜冶炼业已运用到捕猎和战争这种需求大、一次性的消耗领域，从这个侧面可以看出其生产能力和社会储存量之大。据科技鉴定和分析，岳石文化的青铜器分为铅青铜、锡青铜等，器物在铸造后进行了刃部、脊部或

---

① 徐基：《岳石文化生产力状况的初步分析》，《纪念山东大学考古专业20周年论文集》，山东大学出版社，1992年；山东省文物考古研究所编著：《山东20世纪的考古发现和研究》第四章第一节，科学出版社，2005年。

整体的锻打，有冷锻，也有热锻，说明当时制作工艺的多样性。[1]青铜容器的出现，说明当时还出现了合范工艺，青铜制作达到较高水平。毫无疑问，岳石文化已进入了早期青铜时代。

与二里头文化内发现数量较多的青铜容礼器、兵器、工具相比，岳石文化发现的青铜器种类少，数量不多，因而，有学者认为岳石文化相对落后些。但需要指出的是，青铜器不同于石器、陶器、骨器等其他用具破损后即可丢弃不用，青铜器废弃后可以被回炉重做，因而在一般居住址中较难见到，所见只能是一些不慎遗失的小体器物，如手工工具和镞等。目前发现的岳石文化青铜器制品均出土于一般聚落内，这应与考古工作的局限有关。岳石文化在20世纪80年代才被辨识出来，且目前已发掘的岳石文化遗址几乎皆属居住址和一般聚落，对那些带有夯土墙的城址没有进行大规模发掘，大、中型墓葬还未发现，即便小型墓亦发掘极少。在大型聚落和高等级墓葬中应该有更多的青铜器存在，所以目前所发现的青铜器还不能反映岳石文化的全貌。既然多处遗址发现有小体青铜器，说明青铜器的铸造比较普遍和发

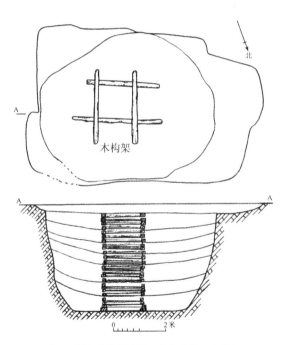

图三 桓台史家遗址岳石文化水井及木构架

---

① 北京科技大学冶金史研究室：《山东泗水县尹家城遗址出土岳石文化铜器鉴定报告》，见山东大学历史考古专业研究室编：《泗水尹家城》，文物出版社，1990年。

达。所以，就青铜器而言，有学者认为岳石文化整个社会发展水平也不低于二里头文化。[①]

值得一提的是，桓台史家遗址发现的岳石文化一口坑井，坑井位于遗址高阜的最高处，东西长9.05米，宽7米，存深4米，复原深度7.32米；坑中间建有木构井架，系上下27层长条木板交叉叠架而成。木架四角交叉处有简单的卯榫结构，木构架长1.62米，宽1.55米，整体高3.7米，其规模宏大，结构复杂，建造精细；所用木头为方木，四面刨平，木板经过刨平加工，非常工整、光滑，每条木板长2.9—3.3米，宽0.06—0.1米，厚0.06—0.15米（图三）。加工如此规整的木板使用的应是青铜质工具。[②]

3. 先进的城墙建筑技术

岳石文化时期的建筑能力和技术水平主要体现在修建版筑城墙上，代表了夏代和商初城墙夯筑的最高技术水平。章丘城子崖岳石文化城址总面积17万平方米（图四），已发现两道夯土城圈。城墙现存高度2—3米，高大规整。从断面上看，城墙构筑方式是基槽夯筑和版筑。其程序为：首先在预定的地段下挖一圈底基槽，因地势起伏，宽度和深度略有不同，大约宽12—15米，深1.2—1.5米。从已解剖的探沟观察，有的基槽修筑在生土上，有的修筑在龙山文化时期城墙或文化堆积上。其次用生黄土（部分用灰土）层层夯筑。城墙夯筑方式较山东龙山文化时期已有了很大进步，主要表现在：一是出现了版筑技术，即在墙体的内外两侧架板挡土夯筑，形成比较陡直的城墙内外壁，在城址两墙北段，发现城墙基槽内侧保存完好的版筑痕迹。从痕迹上分析，有的采用木板做挡板，有的用藤排做挡板。城墙从下至上有收有分，由龙山文化时期的斜坡状变为近90度的陡直墙壁，易守难攻，坚固耐用。二是出现了集束棍夯筑技

---

① 刘绪：《商王朝对东方经略的考古学观察》（韩文），《考古学探究》第14号，2012年。

② 淄博市文物局等：《山东桓台史家遗址岳石文化木构架祭祀器物坑的发掘》，《考古》1997年第11期。

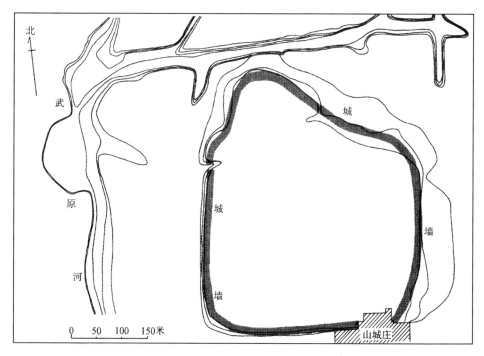

图四　章丘城子崖岳石文化城墙平面示意图[*]

术，即在夯筑过程中，把数根细木棍捆成一束，增加夯具的重量和面积，以提高夯筑的质量和劳动效率，夯窝清晰、密集，直径3厘米左右。三是夯层规整，厚薄均匀，厚12—15厘米，每层间有灰土隔层，以解决黄胶土粘夯的问题，夯土硬度较高。[①]最新的考古资料表明，章丘榆林、邹平丁公和临淄桐林遗址也发现了岳石文化时期的城墙和壕沟。

4. 最早的骨刻文

受西部龙山文化的影响，在山东龙山文化晚期就出现了占卜工具，茌平尚

---

① 张学海：《城子崖遗址又有重大发现，龙山岳石周代城址重见天日》，《中国文物报》1990年7月26日第1版；孙波等：《考古圣地结新果——城子崖遗址考古在中华文明探源工程中的最新进展》，《中国文物报》2014年6月20日第6版。

* 据严文明《龙山时代城址的初步研究》图七改绘，见严文明：《农业发生与文明发展》，科学出版社，2000年。

庄和章丘城子崖遗址出土过完整的有灼痕、排列有序的猪肩胛骨、鹿肩胛骨。岳石文化遗址，如泗水尹家城、桓台史家、牟平照格庄等地也发现了卜骨。尤其是史家遗址出土的卜骨，系鹿（羊）肩胛骨，无任何修整痕迹，具有早期卜骨的特征。肩胛骨两面有灼痕和刻字符，据辨识，共刻有8个字体，可隶字有"六""卜""幸"三字。据研究，出土这件卜辞的木构井坑时代为岳石文化晚期，相当于商代早期，但在年代上明显早于安阳殷墟所出甲骨文。可以说，史家遗址出土的岳石文化骨刻文可能是目前我国发现的最早的甲骨文之一。[①]

总之，成套的石制农业生产工具、先进的版筑城墙工艺、凝结着高技术含量的青铜器铸造技术以及可能是文字或接近于文字的骨刻卜辞的出现，充分展现了岳石文化相当高的发展水平。

（原文刊于《海岱学刊》2016年第2期，总第18辑，略有增删）

---

① 淄博市文物局等：《山东桓台史家遗址岳石文化木构架祭祀器物坑的发掘》，《考古》1997年第11期。

第三编

商文化在东方地区的扩张

商文化前期在东方地区的发展特点

一、引言

以今山东省为中心，包含豫东、皖北、苏北部分的东方地区（即海岱地区），在夏代中晚期至商初为岳石文化分布区，大约商代早期之末，商文化和商王朝势力进入该地区。自此之后，东方地区西部就逐渐纳入殷商文明体系，并成为商王朝东土范围。学者们曾详细探讨了商文化东进方式和过程：商代早期（主要是二里岗上层时期）抵达今津浦铁路线两侧，并渐次取代了本地的岳石文化；晚商特别是武丁时期，势力范围向东迅速扩大，山东大部分地区、江苏淮北至黄海之滨已纳入了商王朝的版图；其间，济南大辛庄和滕州前掌大曾是殷商王朝在鲁北、鲁南的两大中心。学界还根据与郑州商城等商文化尤其是陶器形态与颜色的相同/相异程度，参照文献中相关古国的记录，把东方地区较早期的商文化划分了若干个地方类型，如济南与鲁北地区因保留有浓厚的土著文化因素被称之为大辛庄（学者还多把其看作商文化在东方地区地方类型的代表）、大辛庄"鲁北"小区，鲁南苏北地区则有安丘堌堆、潘庙、高皇庙、薛城等类型。①

商文化在东方地区的发展过程实际上涉及商王朝的东部疆域、商王朝在东方经略方式及夷商关系等诸问题。近年来，周边地区商文化发展进程的新认识、莱州湾沿岸与黄河三角洲地区规模巨大的殷墟时期盐业遗址群新发现②、鲁东南地区商文化遗存资料的公布③以及东方地区商文化与非商文化众多遗址的发掘，为学界重新审视商文化在东方地区的发展进程与特点提供了契机。

关于商文化与商势力在周边地区发展进程与特点，最近，刘绪等先生从考古学文化发展角度综括为三个阶段：郑州二里岗下层为第一阶段（大体相当于商代早期），二里岗上层至殷墟第一期为第二阶段（大体相当于商代中期），殷墟第二至四期是第三阶段（大体相当于商代晚期）。商文化在第二阶段向外扩张达到最顶峰，而在第三阶段，商文化在北方、西方、南方，东南部地区势力均已退缩，唯东方地区保持着强盛发展劲头。④就目前考古发现资料而言，三

---

① 可参以下论文、论著：任相宏：《泰沂山脉北侧商文化遗存之管见》，张光明等主编：《夏商周文明研究——97山东桓台中国殷商文明国际学术讨论会》，中国文联出版社，1997年；任相宏：《从泰沂山脉北侧的商文化遗存看商人东征》，《中国文物报》1997年11月23日第3版；王立新：《早商文化研究》有关东方地区部分，高等教育出版社，1998年；唐际根：《中商文化研究》，《考古学报》1999年第4期；徐基：《山东商代考古研究的新进展》，三代文明研究委员会编：《三代文明研究》（一），科学出版社，1999年；高广仁：《海岱区的商代文化遗存》，《考古学报》2000年第2期；陈淑卿：《山东地区商文化编年与类型研究》，《华夏考古》2003年第1期；中国社会科学院考古研究所：《中国考古学·夏商卷》有关东方地区部分，中国社会科学出版社，2003年；高广仁、邵望平：《海岱文化与齐鲁文明》第六章"商代东土的方国文明"，江苏教育出版社，2005年；邵望平：《商王朝东土的夷商融合》，山东大学东方考古研究中心编：《东方考古》第4集，科学出版社，2008年；方辉：《商王朝经略东方的考古学观察》，荆志淳等编：《多维视域——商王朝与中国早期文明研究》，科学出版社，2009年。

② 燕生东：《商周时期渤海南岸地区的盐业》，文物出版社，2013年。

③ 刘延常等：《鲁东南地区商代文化遗存调查与研究》，《东方考古》第11集，科学出版社，2014年。

④ 刘绪：《商文化在北方的进退》《商文化在西方的兴衰》《商文化在东方的拓展》，刘绪：《夏商周考古探研》，科学出版社，2014年。

大阶段划分也基本反映了东方地区商文化东进过程。但考虑商文化在东方地区具体发展特点及各区域聚落分布状况，本文在阶段划分上做一调整和合并：二里岗下层为第一阶段，二里岗上层至殷墟一期前段为第二阶段，殷墟一期后段，第二、三期前段为第三阶段，第三期后段至殷墟四期（部分可能到了周初）为第四阶段。为叙述方便，第一、二阶段即本文所提及的商代前期，第三、四阶段属于商代后期（见本书《商文化后期在东方地区的发展情势》一文）。

二、商文化第一阶段在东方地区发展过程及特点

第一阶段，商汤灭夏，商人由冀南、豫北、豫东向郑洛地区一带迁移，商王朝政治文化中心也迁至河南郑州和偃师一带。此时，商文化与夏文化（即二里头文化）基本融为一体，并在其分布范围基础上略有扩大。具体而言，西部到达了今陕西省关中东部（耀州、西安、蓝田、华州等）和陕南商州北部、山西省西南部临汾、运城一带，北部到达山西省南部晋城、河北省南部洺河流域[1]，南部至驻马店一带和汉水流域的邓州、淅川地区，大体在鄂豫交界处，稍晚时期可能已跨过湖北省的长江南岸，东南则至安徽省淮河南部的寿县、霍邱一线[2]（图一）。

本阶段，商文化的东界仅到达豫东商丘西部、周口一带。柘城县孟庄遗址发现了这个时期的房址、灰坑和墓葬，M5出土的卷沿、斜腹、细高锥足陶鬲，卷沿上出现折棱的双唇陶鬲，深腹、粗柄、矮圈足豆，卷沿、深腹、圈足簋，小口罐等[3]均为二里岗下层文化晚段典型器物；鹿邑县栾台遗址第四期遗存主

---

①　张翠莲：《商文化的北界》，《考古》2016年第4期。

②　曹斌：《从商文化看商王朝的南土》，《中原文物》2011年第4期。

③　中国社会科学院考古研究所河南一队等：《河南柘城孟庄商代遗址》，《考古学报》1982年第1期。

要为二里岗下层时期，如圆唇、卷沿、深腹、薄胎、细绳纹陶鬲（H57：1）、折沿、鼓腹陶盆（H57:3）等。①夏邑县清凉山遗址那几件归入岳石文化的陶器，如圆唇、卷沿、束颈、薄胎、细绳纹鬲（T1⑥：216、227）；圆唇折沿、薄胎、细绳纹、鼓腹锥足鬲（T1⑥:220）也为二里岗下层文化晚段典型器物。②这些足以说明，第一阶段晚期商文化和势力已经到达或影响到鲁豫皖交界区。该地区在夏代晚期曾属于下七垣文化（先商文化）、岳石文化（东夷文化）、二里头文化（夏文化）交错分布地带，至商代早期偏晚已属于商文化分布范围。而相邻的鲁西南菏泽、聊城西部地区，距离郑州商城虽然近些，但并没发现该阶段商文化遗存，仍是岳石文化分布区域。这显示，商代初期，商文化尚未深入岳石文化分布区内，换句话说，商王朝并未侵入东方地区，商人与东夷族群还可能和平共处。这或许与夏末商初商族曾同东夷族结盟（如"景亳之会"）联合对抗夏族有关。如此看来，在商王朝初期，东方地区尚未纳入其统治版图，东方地区还是岳石文化的天下，属东夷集团所有。此时，岳石文化与商文化仍处于东西对峙局面。

需要说明的是，济南大辛庄遗址出土的斜方唇、卷沿、高实足尖的素面陶鬲（2J2：8）和素面陶甗（6G24：10、91）③与当地岳石文化同类器物有一定差别，就整体形态而言，很像是模仿二里岗下层文化晚段的绳纹陶鬲、绳纹陶甗。大辛庄H690出土的斜方唇卷沿斜腹、尖实足细绳纹薄胎鬲，圆唇素面鬲，卷沿、深弧腹圈足盆（簋）与刻槽带流绳纹盆④，年代也明显偏早。章丘城子崖一座岳

---

① 河南省文物研究所：《河南省鹿邑栾台遗址发掘简报》，《华夏考古》1989年第1期。

② 北京大学考古学系、商丘地区文管会：《河南夏邑清凉山遗址发掘报告》，北京大学考古系编：《考古学研究》（四），科学出版社，2000年。

③ 山东大学东方考古研究中心：《大辛庄遗址1984年秋试掘报告》，《东方考古》第4集，科学出版社，2008年。

④ 山东大学东方考古研究中心等：《济南市大辛庄商代居址与墓葬》，《考古》2004年第7期。刻槽带流绳纹盆多见于二里岗下层文化时期。

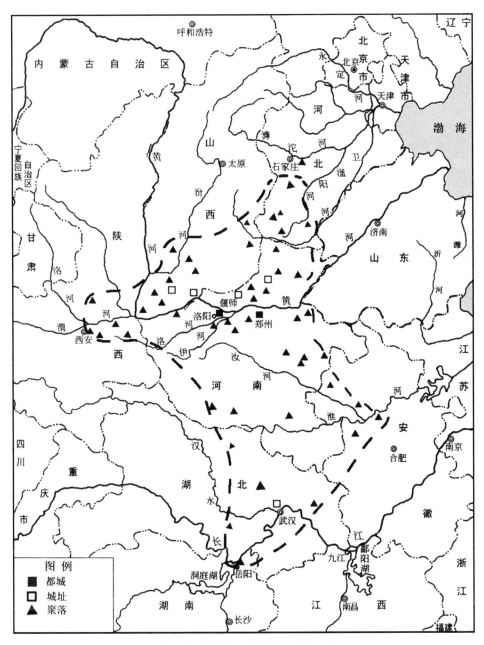

图一　商文化第一阶段分布范围示意图

石文化墓葬内出土1件二里岗下层时期末段的假腹豆（圈足盘）。如是，第一阶段末期商文化和势力可能影响了济南地区。

三、商文化第二阶段在东方地区发展过程及特点

1. 本阶段商文化在周边发展概况

第二阶段时间跨度较长，早期阶段商王朝政治文化中心仍位于河南中部的郑州和偃师，仲丁即位后都城多次迁徙，如仲丁迁嚣（隞）、河亶甲迁相，祖乙居庇，祖乙迁邢，南庚居奄，盘庚迁殷[1]，其中心曾移至河南北部、河北南部和山东中南部。这一阶段属于商王朝势力最强盛和文化最发达时期，向外扩张范围也最为广阔（图二）。因此，刘绪先生就认为，此时，传统上早期中国区域首次实现了文化上的统一，商文化统一了黄河中下游地区、淮河流域和长江中下游大部地区；东方地区的岳石文化，北方地区的东太堡文化、夏家店下层文化，江淮中部地区的斗鸡台文化，宁镇地区的点将台文化以及湖南北部、江西北部的地方文化部分或大部分融入商文化，或被商文化所取代。[2]

这一阶段，商文化和势力在西部边界略有扩张，已到了关中西部的周原一带和陕南商洛地区，对汉中地区（城固、洋县）的地方青铜文化产生了重大影响。北部，商文化扩张较大，已至晋中，甚至可抵滹沱河流域的晋北忻州地区；在太行山以东，本阶段商文化发展也相当迅速，最北到达太行山北端易县、涿州及华北平原北部的保定地区。商文化继续往南扩张，已越过安徽霍山，到达安庆一带，并在强盛时期到达湖南省石门皂市—岳阳铜鼓山一线，甚至推进到了江西樟树市附近，其影响力已到达了江西中部、江苏南京及以南地

---

① 邹衡：《夏商周考古学论文集》第四篇，文物出版社，1980年。

② 刘绪：《商文化在东方的拓展》，《夏商周考古探研》，科学出版社，2014年。

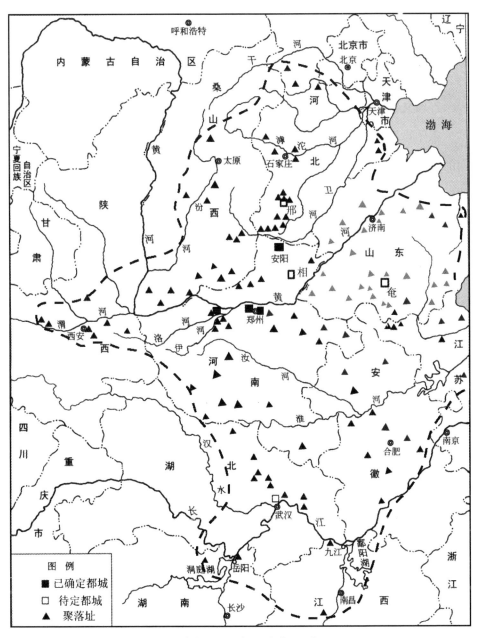

图二　商文化第二阶段分布范围示意图

区（如江宁点将台、镇江丹徒赵家窑、镇江句容城头山、南京北阴阳营、南京牛头岗、常州金坛新浮等都发现了受商文化影响的遗存）；东南部则扩张至江苏省盐城和连云港一带（图二）。

该阶段，商文化在东方地区扩张达到了鼎盛时期，聚落数量也较多。

2. 商文化东界

东界的北部。河北省沧州倪杨屯①、孟村高窑庄②遗址分别出土过该阶段晚期的方唇、卷沿、薄胎、锥状实足陶鬲，假腹豆等。鲁北博兴利代、东关，临淄桐林、于家，青州萧家，寿光董家营、丁家店子等遗址在历年的调查和发掘中也发现了该阶段中、晚期的陶器、铜器等遗存。20世纪50年代末，在潍坊市白浪河上游姚官庄遗址③曾发现两件该阶段中晚期陶簋，一件簋，沿唇下垂，弧腹下垂，圈足有"十"字镂空；另一件为平卷沿，腹较直，高圈足。潍河东岸的昌邑山阳遗址④出土了这个阶段晚期的锥状鬲足和簋口沿。说明商文化已经到达了沧州、孟村、惠民、博兴、临淄、寿光、潍坊及潍河东岸一带。但是广袤的滨海平原上未见到这一阶段遗存，显示商王朝还无从此处接触海洋，直接开发海洋资源（图二）。

东界的中部。目前在鲁东南沂水县西黄庄、何奎村、姑子顶、大匡庄、五山，莒南县虎园水库、墩后、王家坊等遗址内出土了该阶段中、晚期的陶鬲、甗足、盆、罐、瓮、簋、假腹豆残片以及铜觚、爵等⑤，说明此时商文化已经到

---

① 沧州市文物保护管理所、沧县文化馆：《河北沧县倪杨屯商代遗址调查简报》，《考古》1993年第2期。

② 沧州地区文管所：《孟村回族自治县高窑庄遗址调查简报》，《文物春秋》1993年第3期。

③ 材料现藏于山东省文物考古研究院。

④ 昌邑市博物馆编：《昌邑古迹通览》，科学出版社，2012年。笔者曾于2013年查看过这批材料。

⑤ 参见刘延常等：《鲁东南地区商代文化遗存调查与研究》，《东方考古》第11集，科学出版社，2014年。就目前考古发现而言，该地区未见殷墟二、三、四期文化遗存，文中所提及的晚商文化材料，大部分可归入中商阶段，部分已进入西周早期。

达沂水、沂南、莒南一线（图二），大体在今沭河东岸。1995年以来，中美日照地区联合考古队在鲁东南沿海地区（日照市东港区、岚山区、五莲县、青岛胶南）2000多平方公里范围内进行了全覆盖式考古调查，除在日照市两城镇联合村、前竹村、西里铺等遗址内出土过少量疑似商文化陶鬲足等外，始终未见到典型商文化聚落，这或许说明商王朝势力没控制鲁东南沿海一带。

东距今海岸10多公里的连云港大村遗址在1960年发现的一座残墓内[1]，出土了大型、中型铜鼎4件、甗3件。简报及相关文章均把其定为西周早期。所见鼎，折沿立耳、深弧腹下垂、圜底、柱足中空、口沿下条带状兽面纹、鼎足上有饕餮纹、足外侧饰有凸起的钩云形扉棱；腹上所铸花纹简洁、疏朗、清晰，器胎也较薄。铜甗甑部，宽折沿、腹部斜直略外鼓、腹上部饰两道凸弦纹；鬲部高裆、中空足。这些都是在中商第三期晚段即第二阶段晚期的特征，整体风格与安阳三家村窖藏，新干大洋洲商代大墓出土同类器物相似，时代也应相近。[2]大村商文化铜器墓的发现说明，本阶段商王朝势力已到达黄海之滨了。

连云港西北、西部的峄城二疏城、邳州梁王城及徐州丘湾、焦庄、高皇庙等遗址还进行过这时期的发掘，清理出这个时期的灰坑、房址、墓葬，出土了陶器、石器及卜骨等遗存，说明商文化聚落在这一地区还有相当数量分布。

东界的南部。江苏沭阳万北遗址清理墓葬11座，随葬陶鬲、甗、罐、簋、豆、瓴等，还有青铜戈、矛等兵器以及铲、锛等用具。墓葬内有殉人、殉狗，有腰坑，时代大体为商文化第二阶段晚期。[3]

位于淮河下游江苏盐城西部9公里的龙岗遗址，发现18件完整陶器、石器集中放在一起，可能是墓葬的随葬品或窖藏。简报把这批遗存时代定为殷墟二

---

[1]　江苏省文物工作队：《江苏新海连市大村遗址勘查记》，《考古》1961年第6期；图见《江苏省出土文物选集》图版78、79，文物出版社，1963年。

[2]　燕生东：《江苏地区的商文化》，《东南文化》2011年第6期。

[3]　谷建祥、尹增淮：《江苏沭阳万北遗址试掘的初步收获》，《东南文化》1988年第2期。

期。①所见陶器种类有鬲、甗、豆、簋、盆、罐、贯耳壶及高塔形器盖等，均属于商文化典型陶器。鬲的口沿和足虽残破，但斜腹和弧腹、高裆、腹上拍印中细绳纹遗迹胎体较薄都是年代较早的特征；圆唇、卷沿、鼓腹、高裆足甗，卷沿、深盘、粗柄和细柄假腹豆，卷沿、深腹盆，卷沿、侈口、鼓腹、圈足簋，贯耳圈足壶，直口、瘦长腹、平底内凹、绳纹罐，塔形器盖等时代相当于商文化第二阶段中期。看来，本阶段中、晚期商文化已到淮河南岸、黄海之滨了。

这两处遗址西北部的沭阳县马墩②、洪泽施庄、土城遗址③等遗址出土了这一阶段的假腹豆、高锥状鬲足、绳纹罐、小口瓮等商文化陶器。

总之，本阶段商文化分布范围东北部已到达渤海南岸内陆腹地，东部至潍河、白浪河和沭河一线，向南至连云港海岸以及淮河下游南侧的盐城一带（图二）。

3. 聚落分布特点与中心聚落

包含菏泽、济宁西部的鲁西南地区以及豫东商丘、周口地区，距商王朝都城和核心地区郑州商城、偃师商城、小双桥等最近，历史文献记录也显示殷商人在该区域活动较多。这里应是商人在东部最早到达的地区，也是重点经略区域之一。尽管这里古代遗址多被后世淤土淤沙覆盖，只在地势稍高的堌堆上发现遗址，但目前就已发现该阶段聚落上百处。这些聚落可划分出若干聚落群。是东方地区发现商文化聚落最多的区域。只是限于环境和考古发掘工作较少原因，还没发现带有城邑性质和区域中心的高等级聚落。

豫东、鲁西南东部的古泗水流域（即今鲁中南、鲁南的兖州、泗水、平邑、曲阜、济宁、邹城、滕州、枣庄以及徐州、皖北等）发现的这阶段聚落较多，

---

① 王爱东：《盐城首次出土一批商代文物》，《中国文物报》1996年9月29日；盐城市博物馆（韩明芳）：《江苏盐城市龙岗商代墓葬》，《考古》2001年第9期。

② 江苏沭阳考古队：《淮阴沭阳县考古调查》，《东南文化》1988年第2期。

③ 尹增淮、裴安年：《江苏洪泽县考古调查》，《东南文化》1992年第2期。

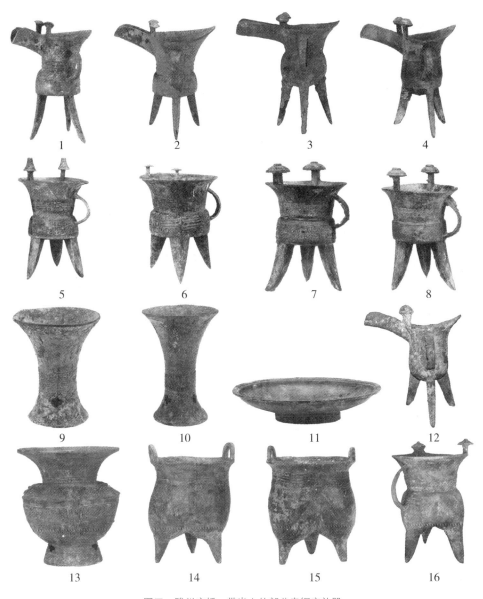

图三　滕州官桥一带出土的部分青铜容礼器

注：1—4、12.爵，5—8、16.斝，9、10.觚，11.盘，13.尊，14、15.鬲（2、5、14.轩辕庄，4、8、10.前掌大，7、9、12.吕楼，1、3、6、11、13、14、16.大康留）

经考古发掘的遗址数量也最多，有济宁凤凰台、潘庙、玉皇顶，邹城南关，泗水尹家城、天齐庙，曲阜林家，滕州前掌大、尤楼、西康留、庄里西，铜山丘湾，徐州焦庄，邳州梁王城，峄城二疏城等10余处。在滕州官桥周围20多平方公里范围内就发现了前掌大、吕楼、尤楼、轩辕庄、大康留、西康留、东康留、北辛、后黄庄、望河庄、高庄、坝上等10多处遗址。前掌大、西康留、大康留、吕楼、尤楼、轩辕庄等聚落间相隔仅1—4公里。其中前掌大、吕楼、轩辕庄、大康留等清理的墓葬内都出土过成组的青铜容礼器和玉器（如柄形饰），青铜容礼器有鼎、鬲、瓿、斝、爵、尊、盘等（图三）数十件，年代包含了第二阶段各个时期①，是东方地区出土本阶段青铜容礼器最多的地区。如此看来，这里应是商文化和商势力在东方地区最大、最重要的中心之一。

文献记载了商王南庚迁奄、阳甲居奄之地、盘庚自奄迁于殷（北蒙）之事。《太平御览》卷八十三皇王部引《纪年》："南庚更自庇迁于奄，阳甲即位，居奄"；《太平御览》卷八十三皇王部引《纪年》："盘庚旬自奄迁自北蒙，曰殷"；《水经注·洹水注》引《竹书纪年》"盘庚即位，自奄迁至北蒙，曰殷"；《尚书·盘庚》正义与《尚书·祖乙书序》正义引《汲冢古文》："盘庚自奄迁于殷。"奄曾作为商王南庚、阳甲的都城，后来盘庚才从奄迁至殷（北蒙）。奄地，学界则多认为在今曲阜一带。商奄在周初曾参加武庚叛乱，后被周公所灭，其地遂成为鲁国伯禽所封之处。《左传》定公四年："因商奄之民，命以伯禽而封于少暤之墟"，杜预注："商奄，国名"；《后汉书·郡国志》鲁国下注："古奄国。"几十年来的考古钻探、发掘工作表明，在曲阜鲁国故城内未见周代早、中期的遗存，也未发现商代第二阶段乃至商代晚期的遗存，这些说明这里

---

① 滕州市博物馆：《山东滕州市发现商代青铜器》，《文物》1993年第4期；滕州市博物馆：《山东滕州市薛河下游出土的商代青铜器》，《考古》1996年第5期；燕生东、王琦：《泗水流域的商代——史学与考古学的多重建构》，《东方考古》第4集，科学出版社，2008年；山东省博物馆等：《惟薛有序，于斯千年——古薛国历史文化展》，浙江人民美术出版社，2016年。

既不是鲁国初封之地，也不是商奄都城，但商奄所在地应不出鲁中南的曲阜、兖州、汶上等一带。商王朝把都城迁徙鲁中南地区，显示出该地区的重要性以及商势力在这一带的强大；而南庚、阳甲定都于此，也必将促进本区域人口聚集、聚落增多、文化发展。这应是鲁西南和鲁中南地区发现这一阶段聚落遗址数量多，出土青铜礼器较多的主要原因。

鲁东南地区发现的聚落数量也较多，仅目前的考古调查就达50处以上。就时代而言，多数聚落略晚于豫东、鲁西南和鲁中南地区。莒南虎园水库等遗址还出土了这个时期的铜爵和觚等礼器，看来这一带也存在高等级聚落。

值得关注的是，连云港大村残墓出土的青铜鼎，最大的那件口径48厘米，通高55厘米，另一件口径39厘米，通高40.2厘米，小的那件口径29.2厘米，通高32.3厘米；三件甗，通高分别为49厘米、52.3厘米、53.5厘米，形体硕大。该墓与济南大辛庄M139（见下）出土的铜器规格相近，墓主人的身份等级比较高，说明这一带也应有级别相当高的中心聚落。苏北连云港一带又是商王朝第二阶段唯一通向（接触）海洋的地方，大村遗址作为目前发现商王朝距海岸线最近的一处高等级聚落，其意义非同寻常。

济南地区发现的这个时期聚落也较多，其中出土精美青铜容礼器和聚落规模较大者有长清前坪、济南大辛庄遗址；章丘榆林遗址还发现了壕沟，它们应属于高等级聚落，为该区域的重要中心之一。考古工作较多的大辛庄遗址，是该地区乃至整个鲁北地区最早的商文化聚落之一。属于第二阶段的面积在30万至40万平方米之间，这也是目前东方地区发现的面积最大聚落。据系统田野调查，大辛庄遗址周围90多平方公里内没有发现同时期的聚落遗址。[①] 这种聚落布局和人口高度集中与鲁中南地区滕州官桥一带呈散状性分布不太一样。此外，这里商文

---

① 方辉、钱益汇等：《济南市小清河流域区域系统考古调查》，山东大学东方考古研究中心编：《东方考古》第2集，科学出版社，2005年。

化还与当地文化共存，显示了大辛庄聚落地位与性质的特殊性。

大辛庄遗址经过了近10次大规模考古发掘，清理面积上万平方米，为东方地区发掘面积最多的商代遗址。就目前公布的资料看，遗址西北部为建筑居住区、窖穴区，中部为墓葬区，东部、南部为取土与垃圾倾倒区等，聚落内部功能区划比较明显。清理的商文化第二阶段墓葬达数十座，排列比较有规律，包含了这一阶段的各时期。历年来，墓葬出土了一大批青铜器（图四）、原始瓷器、玉器、黄金箔片等高精端物品。①属于这一阶段前期的M106，长3.2米，宽2.2米，深2.17米，葬具有棺椁，墓内有4具殉人。随葬品达40余件，仅铜容礼器就有11件，其中，觚3件、爵2件、斝2件、尊2件和提梁卣1件；还出土玉戈、钺、圭、戚、璜、柄形饰等19件。②属于该阶段晚期的M139，长3.22米，宽2.24米，存深1.57米，有木棺椁葬具，棺内铺有朱砂，二层台上发现殉人3具。随葬铜器14件，包括圆鼎、盉各2件，罍、卣、觯、爵各1件；其中1件圆鼎口径约40厘米，高近55厘米，器形硕大，纹饰繁缛。1件代表军事指挥权的大型青铜钺，宽24—30.6厘米，高29.5厘米，是同时期形体较大的钺。另外，还见大型石磬、玉簪、玉柄形器、金箔残片等贵重物品。该墓为东方地区目前发现的规格最高的墓葬之一。③

鲁北、河北沧州地区发现的这时期聚落数量最少，年代上也稍晚于大辛庄等商文化最早期，聚落分布上较零散，单个聚落规模也不大，文化堆积单薄，延续时间不长，人口数量似乎不会太多。目前考古发现而言，青州肖家和沧州倪杨屯遗址堆积厚些，规模稍大些，肖家遗址面积约10万平方米。肖家和倪杨屯还出土了青铜鼎以及象征军事指挥权的青铜钺，该聚落应是本区域的中心之

---

① 参见王兴华等：《2010年度济南大辛庄遗址第二次考古发掘取得重要收获》，《中国文物报》2011年4月15日。

② 山东大学东方考古研究中心等：《济南市大辛庄商代居址与墓葬》，《考古》2004年第7期。

③ 山东大学历史文化学院考古系等：《济南大辛庄遗址139号商代墓葬》，《考古》2010年第10期。

图四　济南大辛庄墓地出土的部分青铜礼器

注：1、5、9.鼎（M139：1、2010年发掘、11M5：3），2、6.尊（M139：3、M106：5），3.提梁卣（M139：7），4.觯（M139：12），7、8.斝（M106：9、4），8、10.觚（M106：4、11M5：5），11.爵（11M5：4），12.钺（M139：6）

一。看来，本阶段该地区还不是商王朝重点经营的地方。

总之，靠近商王朝政治经济中心的豫东、鲁西南，古泗水流域今鲁中南、鲁南以及济南周围成为当时东方地区的中心。这里聚落分布密集，聚落和人口数量最多，应是商王朝在东方地区经略的重点。

4.文化特点

就本阶段与当时商王朝都畿地区文化关系而言，豫东、鲁西南最为密切，其次为鲁中南、苏北及鲁东南地区，上述地区属于较为典型的商文化区。所见房屋、窖穴修挖、修建方式与技术，墓葬埋葬习俗如腰坑、殉狗、殉人及随葬品组合，出土遗物中陶器、石器、骨器、铜器、玉器、原始瓷器以及卜骨、卜甲的种类和形体特征，与商王朝都畿地区相同或相近，而与当地岳石文化或后续文化相比，不是原本地文化的延续或者外来文化同本地文化的混合体，而是一种替代关系。

但在济南地区的大辛庄遗址，除了占主体的商文化因素，还保存着一定数量的当地文化即岳石文化因素或其后续文化。[①]具体而言，一是模仿的商文化陶器器类，如高实足鬲、甗与形状为商文化陶器，但陶色为红褐色，器表没有拍印的绳纹，而为素面，还存有因加固陶胎留下来按压和刮削等制陶痕迹；二是像鼎，空足鬲、甗，大口、中口夹砂罐，卷沿、腹上拍印横细绳纹的盆以及尊形器、浅盘豆、蘑菇形器盖等器类，夹砂陶器多素面，外表保留了制陶过程的刮削痕迹，这些为典型的东方地区制陶工艺和技术特征。石器中还有半月形石刀。这些陶器和石器均属于岳石文化或其后续文化器物。在济南地区（可能只局限于大辛庄聚落），该阶段商文化与当地文化共存，大辛庄又是区域中心聚落，这种现象显得尤为特殊，其社会背景值得深究。

四、结语

就目前考古资料而言，商文化第一阶段末期的东界仅到达豫东地区的西部，可能影响了过鲁豫皖交接区，此时，东方地区尚未纳入其统治版图，岳石文化与商文化仍处于东西对峙局面。商文化第二阶段向东扩张达到最高峰，分布范围东北部已至渤海南岸内陆腹地，东部至潍河、白浪河、沭河东岸，向南

---

① 山东大学东方考古研究中心：《大辛庄遗址1984年秋试掘报告》，徐基、陈淑卿：《论岳石文化的终结——兼谈大辛庄商文化第二类遗存的性质》，《东方考古》第4集，科学出版社，2008年。

至连云港海岸以及淮河下游南侧的盐城一带。靠近商王朝政治经济中心的豫东、鲁西南，鲁中南、鲁南及济南地区，发现的聚落分布密集，聚落和人口数量最多，应是商王朝在东方地区重点经略的区域，而鲁北与鲁东南地区可能不是商王朝重点经营的地方。那些出土成组青铜礼器、规模较大、等级较高的聚落，如滕州官桥一带、济南大辛庄、长清前坪、莒南虎园、连云港大村等，为各区域的中心聚落，而大村还是商王朝距海岸线最近的一处高等级聚落。就考古学文化而言，豫东、鲁西南、鲁中南、鲁南、鲁东南和苏北地区商代前期与商王朝都畿地区文化关系密切，属于较为典型的商文化系统。唯有规模最大、人口高度集中、等级较高的中心聚落大辛庄，商文化与当地文化共存，显示了其地位与性质的特殊性。当然，商王朝前期在周边地区发展情况和东方地区在商王朝的重要地位相比，商代前期，整个东方地区还不属于商王朝重点拓展和关注的地方。

（原文刊于《中原文物》2016年第6期）

商文化后期在东方地区的发展情势

前文对商文化前期在东方地区的发展特点进行过初步分析，本文根据出土的新材料与最新认识，对商文化后期在东方地区即海岱地区发展情况再做一简单探讨。

一、商文化第三阶段在东方地区发展过程及特点

1. 商文化在周边发展概况

商文化第三、四阶段（关于商文化发展阶段划分，见本书《商文化前期在东方地区的发展特点》），商王朝政治、经济、文化中心固定在豫北安阳一带（今殷墟），其势力在西、北、南部大范围退缩。西部仅在郑州、荥阳一带，而在郑州以西、晋西南、晋南未见这个时期商文化聚落；西北部太行山以西在浮山、灵石等县有零星、插花式分布。北部退缩在晋东南、河北唐河、定州、沧州北一线；南界仅保留在信阳罗山县、安徽颍上县一带；中部

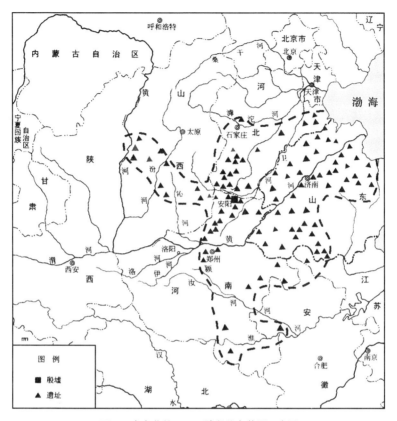

图一　商文化第三、四阶段分布范围示意图

荣阳、正阳等县发现了呈插花式分布的聚落和墓地，整体分布格局呈南北条状伸向南方[①]（图一）。从全国范围看，与商文化第二阶段相比，从本阶段开始，商文化与势力在西、北、南部大范围退缩，唯在东方地区发展较为稳定（图一），同时聚落和人口数量急剧增多。但具体到东方地区某区域、商文化东界、聚落分布状况以及文化发展特点也出现了一系列变化。

2. 商文化东界

同第二阶段相比，第三阶段商文化的东界发生了一些变化。

---

① 曹斌：《从商文化看商王朝的南土》，《中原文物》2011年第4期；刘绪：《商文化在北方的进退》《商文化在西方的兴衰》《商文化在东方的拓展》，刘绪：《夏商周考古探研》，科学出版社，2014年；张翠莲：《商文化的北界》，《考古》2016年第4期。

其一，鲁北与沧州东部滨海平原即古今黄河三角洲、莱州湾南岸地区出现了大量盐业聚落群（见下）。这里还成为商王朝能够直接控制的、唯一接触和通向海洋的地方。

其二，东界北部，潍河与白浪河之间及其东部出现了岳石文化后续文化会泉庄类型，该地商文分布范围稍微向西退缩，已退至丹水两岸。

位于丹水两岸的韩家庙子发现4处商代盐业遗址。就采集的煮盐工具陶盔形器和生活器皿绳纹陶鬲、甗、罐、盆等而言，属于商文化，年代相当于殷墟文化一期后段、二期和三期前段。沂源东南部的东安遗址出土了殷墟二、三期的小口绳纹陶罐及鬲足、盆残片。莱芜城子村出土一组铜爵、斝等，可能为墓葬内随葬品，时代为殷墟二期晚段。[①]这说明此时商文化东界的北部在丹水、沂

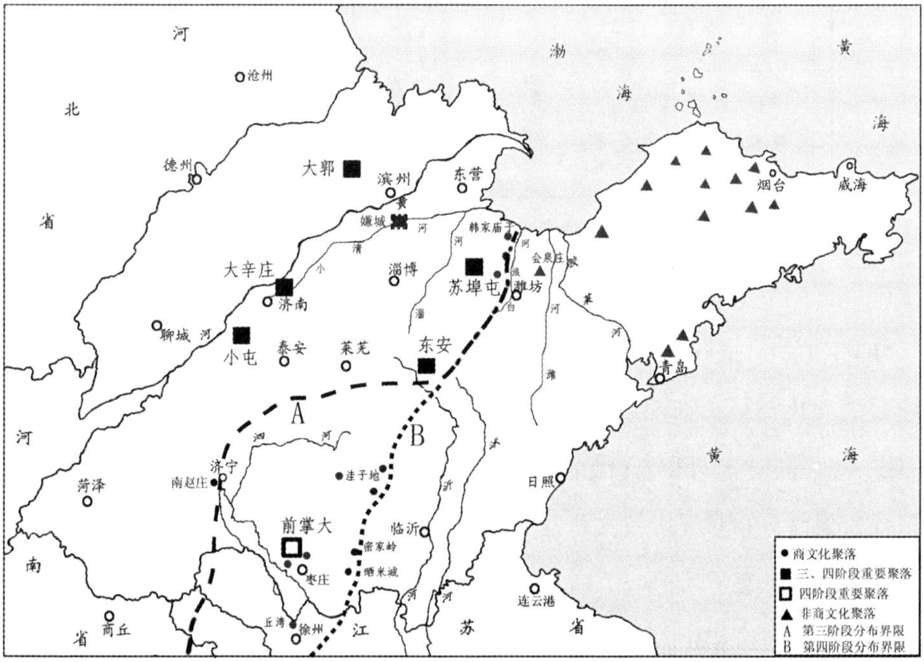

图二　商文化第三、四阶段在东方地区分布范围示意图

① 徐波、李翠霞：《山东省莱芜市出土商周青铜器概述》，《中国国家博物馆馆刊》2016年第11期。

源南部、莱芜东南（图二）。

其三，东界中南部商文化向西退缩，大体在古泗水流域西侧。考古发掘表明，济宁凤凰台、潘庙、玉皇顶，泗水尹家城、天齐庙，曲阜林家，滕州前掌大、尤楼、庄里西，铜山丘湾，徐州焦庄，邳州梁王城，峄城二疏城等商文化第二阶段聚落都没延续到这一时期。鲁东南、徐州、连云港地区也未见这个时期的遗存，这些显示，本阶段商势力已退出了这一带。而位于济宁市区西南部的南赵庄遗址[①]，出土的盘口陶鬲口沿，实足较高的鬲、甗足，尖（圆）唇、唇面外斜、敛口浅盘豆，口沿断面呈"T"形、敞口、斜直深腹、矮圈足、腹内外壁有弦纹的陶簋，都属于第三阶段典型器物。菏泽安丘堌堆、菏泽牡丹尧王城、定陶十里铺、梁山青堌堆、鹿邑栾台[②]、夏邑清凉山[③]、民权牛牧岗[④]、杞县鹿台岗[⑤]、虞城马庄与柘城山台寺[⑥]等众多遗址也都发现了本阶段的遗存。看来，鲁西南、豫东东部地区仍是本阶段商文化重要分布区。

大体而言，这个阶段，商文化东北界至渤海南岸滨海平原，东界至丹水、沂源南部、莱芜、新泰、济宁、商丘一线。其东界南部比上一阶段相比，有大范围后缩（图二）。

3. 聚落分布特点

本阶段聚落分布与前一阶段相比，有以下变化。

一是豫东、鲁西南菏泽、济宁西部地区商文化和聚落持续发展。目前已发现这个时期聚落遗址超过 250 处，聚落和人口数量较前一段有一定增

① 济宁市博物馆：《山东济宁市南赵庄商代遗址调查》，《考古》1993年第11期。

② 河南省文物研究所：《河南省鹿邑栾台遗址发掘简报》，《华夏考古》1989年第1期。

③ 北京大学考古学系、商丘地区文管会：《河南夏邑清凉山遗址发掘报告》，北京大学考古系编：《考古学研究》（四），科学出版社，2000年。

④ 郑州大学历史学院考古系等编著：《民权牛牧岗与豫东考古》，科学出版社，2013年。

⑤ 郑州大学文博学院等编：《豫东杞县发掘报告》，科学出版社，2000年。

⑥ 中国社会科学院考古研究所等编：《豫东考古报告》，科学出版社，2017年。

长①，但就文化面貌而言，同都畿地区商文化关系稍微疏远（见下）。如是，这里可能不再是商王朝关注的重点。

二是在沧州东部、鲁北沿海地区（古今黄河三角洲和莱州湾南岸）发现了十多个规模巨大的盐业聚落群，四五百处单个盐业聚落。目前，滨海平原上的这一阶段（还包括第四阶段）的盐业聚落群分布范围非常广大，东至寒亭的丹水，向西经寒亭、寿光、广饶，向北过小清河，经东营、利津、沾化、无棣、庆云等县市，最北至河北的海兴、黄骅一带，横跨250余公里。盐业聚落多以群的形式出现，每群大约由几十处盐业聚落（制盐作坊）组成。每一聚落群的面积从上百平方公里、数十平方公里至十几平方公里不等，规模非常宏大。经过详细发掘和钻探，每一处盐业聚落规模一般在4000—6000平方米，为一个制盐作坊，个别在10000平方米左右，包含2—4个制盐作坊，非常有规律，这显然存在着统一规制。围绕着盐业聚落群内侧即咸淡水分界线周围还发现了相当数量的同时期盐工定居聚落群②，单个聚落面积在10000—20000平方米。

三是与滨海平原出现大规模盐业聚落群的同时，内陆腹地的沧州、鲁西北、鲁北等地区的聚落骤然增加至400处以上，人口数量明显增多，经济与文化空前繁荣。聚落数量是商文化第二阶段的十倍以上，达到甚至超过该地社会发展高峰期的龙山文化时期。该地区短时间内集聚了大量聚落和人口，应是外来人员在短时间内由周围地区集中迁入的结果。

四是沧州东部、鲁北沿海地区成为商王朝直接控制的、唯一的产盐之地与唯一能通往海洋之地方。基于沿海平原上盐业资源和海洋资源（贝类、蛤类、螺类、海扇类、鱼虾类等）的开发，与之相邻的咸淡水分界线和内陆腹地的聚

---

① 郑州大学历史学院考古系编：《民权牛牧岗与豫东考古》下编四"豫东地区考古学文化面貌"，科学出版社，2013年；黄铭崇、林农尧等：《晚商文化的分布及其意义——以山东地区为例的初步探讨》，陈光祖主编：《东亚考古学的再思——张光直先生逝世十周年纪念文集》，"中研院"历史语言研究所，2013年。

② 燕生东：《商周时期渤海南岸的盐业》第三、四、五章，文物出版社，2013年。

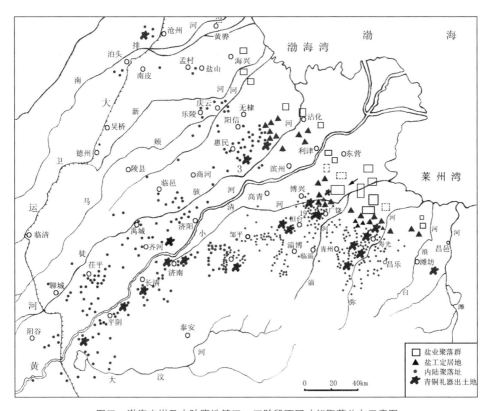

图三　渤海南岸及内陆腹地第三、四阶段不同功能聚落分布示意图

落与人口空前增多，社会、经济与文化得到了长足发展，在其辐射下，潍坊、淄博、滨州、济南、德州、聊城及沧州西南部，商文化也迅速发展起来，聚落和人口数量显著增多。商文化第三、四阶段（即殷墟时期），沧州沿海、鲁北沿海和内陆腹地在短时间内就形成了以沿海盐业与盐工定居地为导向的聚落分布格局（图三）。来自商王朝的一些王族、族氏，可能还有些封国驻地大都布局在这一核心区域内。此时，鲁北、沧州沿海及相邻内陆腹地成了东方甚至整个商王朝境内人口最为密集，经济、文化最为发达的地区之一。[1]

① 鲁北沿海地区先秦盐业考古课题组：《鲁北沿海地区先秦盐业遗址 2007 年调查简报》，《文物》2012 年第 7 期；燕生东：《商周时期渤海南岸的盐业》第七、八章，文物出版社，2013 年。

4.聚落布局有明显规划、中心聚落大量涌现

考古工作较多的鲁北、鲁西北及沧州地区，已发现的聚落达数百处。这些聚落大体划分为十几群，每群的规模比较大，往往在上百平方公里或数百平方公里不等，聚落之间间距在3公里左右，比较有规律，显示出聚落分布上有一定的规划。聚落规模一般不大，面积（不含墓地）多在30000—60000平方米间，每个聚落都包含房址、水井、灰坑、窖穴、墓地以及生产、生活垃圾堆积，说明当时有一定的规制。[①]聚落内功能布局多有明显的划分（图四），一般分为居住区、窖藏区、取土区、垃圾倾倒区，部分聚落还有专门的制陶、制石、制骨作坊区。墓地则多位于居住区一侧或环壕外围，如济南大辛庄的墓地在居住区东部、中南部，桓台史家在壕沟外北部，桓台唐山在壕沟外东南部，桓台于堤在居住区西部，滨城兰家位于居住区东部。在桓台李寨、淄博黄土崖、临淄田旺西路、历城卢家寨、济南大辛庄、邹平丁公等聚落还发现了陶窑，有些成组成排出现，显示有一定生产规模。卢家寨遗址一座陶窑内还发现烧好未取走的满窑陶鬲，数量达50多件。[②]大约每七八处聚落围绕一个中心聚落，中心聚落多有壕沟围护，有随葬青铜礼器的墓葬；中心聚落出土的牛骨、卜骨、卜甲数量超过一般聚落。

目前所见出土青铜容礼器、兵器（往往为贵族墓葬出土）或有环壕的中心聚落主要有沧州倪杨屯，惠民大郭，滨城兰家，博兴寨卞，桓台唐山、史家，广饶花官、西华村，寿光桑家庄、边线王，青州于家、涝洼，临淄范家，沂源东安，济南大辛庄、刘家，长清小屯、崮山，齐河郝家，平阴洪范，莱芜城子等，高等级聚落数量明显多于第二阶段。多数青铜器上还有不同的徽识符号，说明各个聚落群隶属于不同族氏（图五）。青铜器的族徽符号多与安阳殷墟及

---

① 燕生东、魏成敏等：《桓台西南部龙山、晚商时期的聚落》，《东方考古》第2集，科学出版社，2006年。

② 《孙村卢家寨商代陶窑的发掘》，李铭主编：《济南考古图记》，济南出版社，2016年。

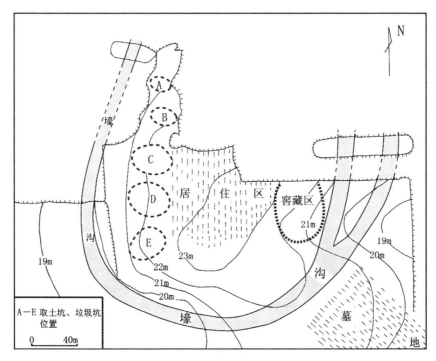

图四　桓台唐山环壕聚落及布局示意图

周边地区所见相同，显示东方地区的贵族群体多是从殷都（今安阳殷墟）及周
边地区迁来的。经过考古工作较为详细的遗址（主要是鲁北地区、济南地区），
年代还都包含了商文化第三、四阶段及西周早期，特殊功能和较高等级的聚落
也未发生过更替，说明当时的聚落发展是稳定的、连续性的，其所代表的社会
组织建构也应是稳固的。

　　显然，第三阶段，也包括第四阶段，沧州东部和鲁北沿海地区及相邻的内
陆腹地成为商王朝重点拓展、重点经营的区域。

　　唐山遗址位于海拔 19—23.4 米高岗上，周围三公里内分布着于堤、存留、
李寨、小庞等四处同时期聚落。壕沟平面大体呈椭圆形，南北复原长度在 340
米左右，东西长 220 米，壕沟环绕的聚落复原面积 60000 平方米左右（图四）。
壕沟系不断疏浚和拓宽由内向外清淤、扩修而成。在下挖疏浚、向外拓宽过
程时，往往在前一个壕沟的内壁坡堆放黄色沙土、经过加工使之坚硬，有的

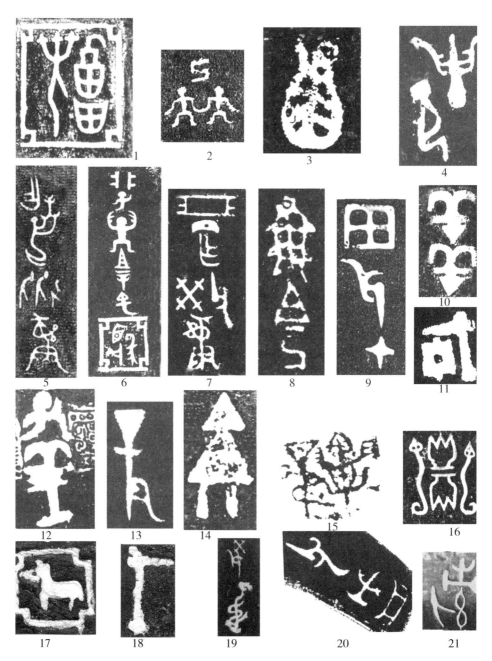

图五　鲁北及济南地区第三、四阶段青铜器上的部分族徽符号

注：1、5、16.青州苏埠屯，2.寿光古城，3.滨城兰家，4、17.济南刘家，6、14.长清小屯，7.章丘洞溪，8.青州涝洼，9.长清崮山，10.桓台史家，11.惠民大郭，12.平阴洪范，13、21.济南大辛庄，15.桓台荀召，18.莱芜城子，19.新泰府前大街，20.邹平长山

经过层层夯打，形成新沟的内壁坡。壕沟环绕起来的聚落布局大体比较清楚，中部文化堆积最厚，一般在2米左右，发现成层的烧土堆积、夯土、水井、方形窖穴等遗迹，说明这里是居住区；东部堆积薄，但发现较多的圆形、椭圆形灰坑和窖穴，这里应是储藏区；居住区西部的灰坑、灰沟大且深，这里应为建筑取土区以及生活、生产垃圾倾倒区。在壕沟外东南部发现过完整的青铜爵、陶簋以及人骨，曾清理过数座墓葬，说明该地域为墓地。所见青铜器上有徽识符号。

史家位于田庄镇史家村西南的一个高阜上，与唐山相距不足8公里。遗址以东2—4公里内有三处同时期聚落。所见壕沟平面形状呈椭圆形。西部壕沟复原长220米，南壕沟长约200米，总长度超过800平方米。壕沟围护起来的聚落面积在40000—50000平方米。壕沟上部存宽约8米，底宽4米，深约3米，底部平整，沟壁倾斜，壁坡也有多次修挖痕迹。壕沟围护起来的区域内发现了房基、水井、窖穴、灰坑、乱葬坑、葬猪坑等。出土了大量陶器、卜骨、卜甲以及牛、猪、狗骨骼等。壕沟外北部发现了墓地，历年来出土青铜容礼器数十件，时代从殷墟一期到四期，种类有鼎、瓿、爵、觯等，带铭文者十几件，多为日名和族徽符号。其中一件殷墟二、三期之间的瓿圈足内壁上有"戍宁无寿作祖戊彝"长铭，学者考证，戍宁系商王朝镇守东方地区的军事官员。

临淄范家也为环壕的聚落，规模与史家、唐山相差无几，壕沟内也发现夯土，壕沟位间隔很近的两圈，可能同时，也可能不同时期修挖，使用时代有前后。唐山、史家和范家这三处聚落等级较高，应该是区域中心。

本阶段大辛庄聚落大体延续第二阶段的超大规模，但有些缩小，遗址西部和南部就不见这个时期遗存，聚落面积从40多万减至20万平方米左右。聚落内布局也发生了变化，遗址中部为居住区，窖藏区，甚至可能还有制铜作坊区，南部为随葬青铜器的贵族墓地，东部为平民墓地。墓葬方向也出现变化，上一阶段偏向正南，这一阶段主要为西南方向。此外，本阶段文化面貌与殷墟文化趋同，已不见岳石文化或其后续文化。大辛庄发现的遗迹有夯土建筑房址、制铜作坊、陶窑、水井、窖穴和近百座墓葬。大型房址为面积达250多平方米的回廊式夯土台基。高级贵族墓多有腰坑，有殉人和大量殉狗，随葬青铜容礼器。该阶段的高等级物品主要有青铜器、卜骨、卜甲、白陶器等。大辛庄遗址出土的殷墟二期晚段龟甲卜辞，这是殷墟之外第三个地点出土，也是东方地区唯一一处。[①]所见制铜作坊遗迹，内出土了觚范，这也是除殷墟和周原地区外为数不多的发现。这些充分说明了商文化第三阶段大辛庄仍是本区域的重要聚落之一。

5. 文化特点

该阶段文化与前一阶段相比，发生了一些变化。

第一，商文化与当地文化二元对立。殷墟时期，在商文化分布圈以东的胶莱平原、鲁东沿海地区、胶东半岛存在着当地考古学文化（应是岳石文化后续）会泉庄与芝水二期类型。[②]胶莱平原及鲁东南沿海地区这个文化类型聚落分布较散，数量较少，规模不大，面积在数万平方米，堆积也薄。但在胶东半岛西北部发现的聚落数量多些，已发现三四十处，形成了多个聚落群。一般聚落规模在30000平方米左右，大型聚落在10万—20万平方米。龙口市楼子庄遗址与员外刘家、台上李家、大陈庄等遗址连成一片，面积在数十万平方米以上，规模较大。该遗址所见灰坑和窖穴普遍规模较大，还存有炭化黍的窖穴、埋有

① 山东大学东方考古研究中心等：《济南市大辛庄遗址出土商代甲骨文》，《考古》2003年第6期；山东大学东方考古研究中心等：《济南市大辛庄商代居址与墓葬》，《考古》2004年第7期；王兴华等：《2010年度济南大辛庄遗址第二次考古发掘取得重要收获》，济南市考古研究所编：《济南考古》，科学出版社，2013年。

② 山东省文物考古研究所等：《山东潍坊会泉庄遗址发掘报告》，《山东省高速公路考古报告集（1997）》，科学出版社，2000年；北京大学考古实习队、烟台市博物馆：《烟台芝水遗址发掘报告》，《胶东考古》，文物出版社，2000年；青岛市文物保护考古研究所等：《李沧区古城顶遗址2010年度发掘简报》，青岛市文物保护考古研究所编著：《青岛考古》（二），科学出版社，2015年。

人骨的灰坑、埋有家马的祭祀坑及大型沟坑[①]，应为高等级聚落。会泉庄与芝水二期文化类型有自己的制陶业，陶胎壁通过刮削使之变薄，陶坯经拍打加固后，器表多被抹平或刮削，未留下什么特殊印痕或纹饰，形成了通常所说的素面陶。陶器的掺和料多为云母及分选较好的细沙粒，个别为蚌片末。器物群主要有鬲、甗、圈足盆、豆、实足碗、圈足晚、钵、簋、罐、瓮等（图六）。具体到某些器物，如鬲，多有乳状实足根，以"罕式鬲"最有特点，即上半部制成罐状，鬲足分制，手制，然后再拼接而成，器壁非常薄，分段连接的凹痕很明显。来自岳石文化传统的筒腹形鬲和斜腹无实足根鬲（包括甗的鬲部）很有特点；甗类器类发达，也比较有特点，甑部与鬲部相接处的腰部多有一周附加

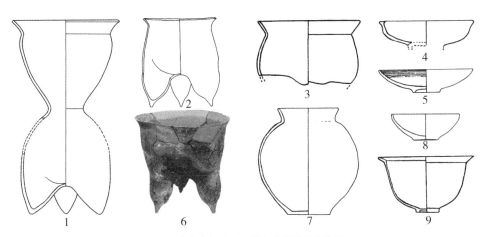

图六　会泉庄与芝水二期文化类型部分陶器

注：1.甗（青岛古城顶H39：3），2、6.鬲（昌乐后于刘H52：1、长岛珍珠门），3.大口罐（寒亭会泉庄H1：1），4.豆（烟台芝水H11：8），5.圈足碗（烟台芝水H1：6），7.小口瓮（烟台芝水1424④：28），8.实足碗（青岛古城顶H39：2），9.圈足盆（寒亭会泉庄H4：7）

① 刘延常：《珍珠门文化初探》，《华夏考古》2001年第4期；王富强等：《胶东地区周代地方文化遗存研究》，中国考古学会编辑：《中国考古学会第十五次年会论文集（2012）》，文物出版社，2013年。作者所谓的"珍珠门文化"分布范围包含了整个鲁北和胶东半岛地区，其时代为晚商至西周早中期。笔者认为，所认定的"珍珠门文化"包含了商文化、周文化和当地文化，文化面貌极其芜杂；而分布在潍河以东的会泉庄以及胶东半岛的芝水二期遗存未见商文化和周文化因素，文化面貌比较单纯，可单独划出，其时代为殷墟时期；珍珠门文化只分布在胶东半岛，时代为西周早、中期。

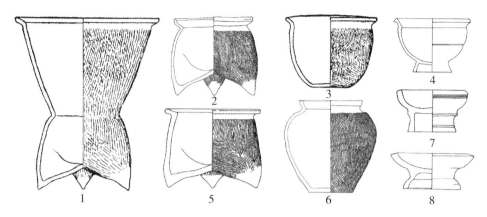

图七　鲁北地区商文化第三阶段部分陶器

注：1.甗（邹平丁公H36：2），2、5.鬲（桓台前埠H129：1、H129③：1），3.盆（邹平丁公M23：1），4.簋（滨州兰家BLSZ：22），6.瓮（阳信李屋H46：1），7.豆（滨州兰家BLSZ：9），8.圈足盘（桓台唐山H122③：3）

堆纹。陶器多是在氧化焰环境下烧成的（可能与使用敞口窑烧制有关），因而烧出的陶器器表颜色多呈红或红褐。无论制陶和烧造方法，还是器物种类与形态，都与晚商文化的制陶业及产品迥然有别。不唯陶器如此，像是石器中长条形、直背、弧刃、双孔或多孔石刀等物质遗存也不见于商文化圈。鲁北地区商文化和白浪河以东的当地文化遗存基本上互不见于对方的物质文化遗存，甚至与商文化聚落相隔数公里的会泉庄遗址[①]内，也见不到商文化的影响。看来，该阶段的商文化与当地文化不是融合，而是二元对立。

第二，大辛庄遗址在这阶段，岳石文化或其后续文化因素消失，同商文化关系密切，埋葬习俗如腰坑、殉狗、殉人、棺椁及随葬品组合[②]，陶器无论种类，还是其形态与纹饰样式都与殷墟同类器物基本一致。济南大辛庄发现的龟甲卜辞，从字体、文法及占卜形式而言也都属于典型的殷墟卜辞系统。而鲁北、河

[①]　山东省文物考古研究所、寒亭区文物管理所：《山东潍坊会泉庄遗址发掘报告》，山东文物考古研究所编著：《山东省高速公路考古报告集（1997）》，科学出版社，2000年。

[②]　胡进驻：《殷墟晚商墓葬研究》第四章，北京师范大学出版社，2010年；郜向平：《商系墓葬研究》第五章，科学出版社，2011年。

北沧州一带，陶器种类如鬲、甗、盆、豆、盘、簋、瓮（图七）、罐及形态特征与殷墟各期相同或相近，属于典型晚商文化系统（而学者常提及的鲁北地区与商文化"共存"的红褐色素面陶鬲、甗、簋，其时代已属于西周早期）。

第三，鲁西南菏泽、豫东地区从第二阶段延续下来的聚落，其物质文化如陶器，与安阳殷商文化的关系较为疏远，如部分陶鬲、甗外沿唇陡直，形成盘口，仍保留着二里岗文化时期的器物特征；鬲、甗多为宽厚唇、盘口，器胎非常厚重，胎体内的掺和料为粗砂器物外表颜色呈红褐，腹上拍印的粗绳纹也较粗。[1]这或许说明商王朝对该区域控制能力开始减弱。

二、商文化第四阶段在东方地区分布及特点

与第三阶段相比，东界的南部略有扩展，东方地区商文化和聚落也有些变化。

1. 商文化东界

东界的北半部，滨海平原上制盐聚落和相邻内陆腹地一直延续至殷墟四期和西周早期。与第三阶段相比，东界的北半部未发生变化。

东界的南半部，第四阶段，商王朝多次征伐夷方，商人大规模东迁，如鲁中南、鲁南和苏北地区泗水流域东侧，又出现了商文化，在泗水张庄、寺台，邹城南关、西丁村、小西韦，滕州前掌大、后黄庄，平邑洼子地，费县双丘，兰陵高尧、晒米城、密家岭，铜山丘湾，沭阳万北等遗址都出土了该阶段青铜容礼器、车马器、兵器和陶器等。看来，殷商王朝势力重新出现在古泗水以东[2]、沂水以西地区（图二）。

---

① 宋豫秦：《论鲁西南地区的商文化》，《华夏考古》1988年第1期。
② 燕生东、王琦：《泗水流域的商代——史学与考古学的多重建构》，《东方考古》第4集，科学出版社，2008年。

2. 聚落分布特点

其一，第四阶段，鲁北及沧州东部沿海平原上的盐业聚落群仍在延续发展（图三），规模巨大的制盐作坊群仍在从事规模化食盐生产，商王朝仍在本地区开发利用海洋资源，内陆腹地的聚落也持续发展。这一区域仍是商王朝重点经营的地方。第三阶段的中心聚落仍在延续，新出土青铜容礼器的聚落较上阶段成倍增长，铜器上发现的族徽符号数量增多（图五）。目前发现的这类聚落有沧州倪杨屯，滨城兰家，惠民大郭，博兴寨卞，桓台唐山、史家、句召，广饶花官、西华村，寿光古城、桑家庄，坊子院上，青州苏埠屯、于家、涝洼，临淄范家、官道，临朐北菠萝，沂源东安，章丘涧溪，邹平长山，济南大辛庄、刘家，长清小屯、崮山、孝里，平阴洪范，齐河郝庄，新泰府前大街，莱芜城子，等等。而从墓地（聚落）规模、墓葬规格、殉人、随葬铜器及聚落发现的其他特殊遗存等显示出的等级程度而言，还有凌驾于这些区域中心聚落之上的更大、更高的高等级聚落，如苏埠屯、大郭、贤城、东安、小屯、大辛庄、刘家等。

其二，本阶段古泗水流域东侧聚落数量突然增多，这里又成为商王朝在东方地区经略的重要区域。出土成组青铜容礼器（部分至西周早期）的聚落和墓地数量较多。如泗水张庄窖坦堆、寺台，平邑洼子地，兖州李宫，邹城西丁村、南关化肥厂、南关砖瓦厂、小西韦，兰陵东高尧、晒米城、密家岭，滕州庄里西、种寨、金庄、辛绪、龙坦堆、后黄庄、大韩、前掌大、后掌大、陆家林、于屯，枣庄薛城兴仁，费县双丘，江苏沭阳万北等都出土过成组铜容器，多数铜器上有族徽符号（图八）。看来，一批来自外地的族群在短时间迁移到本区域。毫无疑问，这些出土成组成群铜礼器的聚落，等级较高，应是各个区域的中心聚落。当然也出现了等级更高的前掌大聚落。

3. 高等级聚落数量增多

该阶段出现了比区域中心聚落之上的更大、更高的高等级聚落，如大辛庄、刘家、小屯、大郭、贤城、东安等。

图八　古泗水流域东侧第四阶段青铜器上的部分族徽符号

注：1.滕州后黄庄，2、3、7、8、12、13、17、18.滕州前掌大，4.兰陵东高尧，5.泗水张庄窑堌堆，6.邹城小西韦，9.滕州级索龙堌堆，11.滕州大韩，14.邹城西丁村，15.费县（传出），16.兰陵晒米城，19.滕州种寨，20、21.邹城南关，22.兖州李宫

本阶段大辛庄维持在第三阶段的规模或者略有缩小，高等级墓葬还是集中于中南部。M225，墓室长3.3，宽1.86米，葬具为一棺一椁，随葬青铜容礼器鼎2件、瓿1件、爵1件、觯1件，兵器戈3件、矛3件等，还有工具以及玉钺等。其中，觯、鼎纹饰复杂、制作精美。铜鼎、爵上有"索"字族徽符号（图五：21）。M226，墓室长4.12米，宽2.2米，存深4.45米，葬具为一椁一棺，随葬青铜容礼器有鼎2件、瓿2件、爵2件、斝1件、罍1件、簋1件、卣1件，兵器矛6件、戈8件，还有工具及玉器。铜双鸮卣，造型逼真生动，做工精美。M74，墓室长4.16米，宽2.04米，存深3.5米，腰坑及二层台上殉有21条狗，葬具为一椁一棺，随葬铜鼎、瓿、爵各1件，铃2件，玉柄形器1件。高等级墓葬M72出土铜爵上有"𡕥"字族徽符号[1]（图五：13）。这里可能就是"𡕥"族、"索"族之墓地。据介绍，目前在大辛庄还发现一个"子"族氏符号，说明这里居住着至少三个族群。[2]一个聚落多个族群的出现是高等级聚落的标志之一。看来，大辛庄在此阶段仍为商人在东方尤其是鲁北地区的重要据点之一。

东距大辛庄约9公里的刘家遗址，1972、1974、1976年修挖地下防空隧道发现了铜器近20件，仅修复后的就有鼎3件、簋1件、爵3件、瓿2件、卣盖1件、斝第1件、弓形器1件、戈1件，这些铜器时代不一样，应出土于不同墓葬单位。这里应有规模稍大的墓地，其中卣盖、簋上的"𡗟（役或卷）"徽识符号（图五：4）。[3]2010年发掘，清理了第三、四阶段墓葬约60座，其中，规模较大的M121，长3.3米，宽1.5米，存深3.4米，葬具为一椁一棺，随葬器计78件，方鼎1件、圆鼎4件、甗（残斝）1件、簋1件、爵3件、瓿2件、斝1件、卣1件、壶1件，兵

---

① 山东大学东方考古研究中心等：《济南市大辛庄商代居址与墓葬》，《考古》2004年第7期；王兴华等：《2010年度济南大辛庄遗址第二次考古发掘取得重要收获》，济南市考古研究所编：《济南考古》，科学出版社，2013年。

② 李铭主编：《济南大辛庄遗址的发掘》，《济南考古图记》，济南出版社，2016年。

③ 李晓峰、杨冬梅：《济南刘家庄商代青铜器》，《东南文化》2001年第3期。

器戈22件、矛10件、刀12件，此外还锛、环首小刀，弓形器2件，铜铃5件，玉戚、玉戈、柄形器，玉器。M122，长3.1米，宽1.8米，深3.6米，一椁一棺，随葬的青铜容器多被有意识毁坏，残器有鼎、簋、瓿、爵、卣等，兵器有戈12件、矛1件，弓形器1、玉戈、玉镞。[1]这次发掘所见族徽符号数量最多的是""，还有""""等（图五：18、17），这些族徽符号也见于安阳殷墟贵族墓葬出土青铜器上。值得一提的是，这两座墓葬墓室规格稍小于大辛庄M74、M226、M225，但每座墓葬出土的青铜容礼器、兵器数量远多于它们。看来，相隔较近的刘家和大辛庄虽同为地区中心，但功能和地位还是有差异的。

长清兴复河北岸的小屯一带出土一批铜器（至少4座墓），计青铜容礼器21件，兵器58件，工具类11件，车马器14件。青铜礼器有圆鼎2件、方鼎2件、爵5件、瓿3件、觯3件、提梁卣2件、贯耳卣1件、罍1件、豆1件。其中，方鼎、罍、卣、爵、瓿、觯上有""字和"![]"字联署徽识符号（图五：6）。[2]该地应是"![]"之分支"![]"族之墓地。据统计，带有"![]"族徽符号的青铜器近200件，主要出土于安阳殷墟等地，![]族是商代晚期赫赫有名的望族，学者多认为""族可能为商王族的一支，有学者认为生活在殷都西或西北。小屯出土的青铜器器形硕大，制作精美，而方形青铜容礼器所代表的贵族等级比较高。显然这里应是比较重要的高等级聚落。

大郭位于惠民县麻店乡大郭村南，经钻探，墓地面积达数万平方米。20世纪70年代发现的一座墓。据介绍，墓室南北长12米，东西宽6米，有二层台，

① 济南市考古研究所：《济南市刘家庄遗址商代墓葬M121、M122发掘简报》，《中国国家博物馆馆刊》2016年第7期。
② 山东省文物管理处、山东省博物馆：《山东文物选集（普查部分）》，文物出版社，1959年；山东省博物馆：《山东长清出土的青铜器》，《文物》1964年第4期；杨波：《山东长清小屯商代遗址的几个问题》，山东省博物馆编：《齐鲁文物》第一辑，科学出版社，2012年。

台上殉葬6人；墓东、西、北侧各有一墓道，内有殉人殉狗。墓室外殉马坑。[①]随葬品早年被盗，残存铜鼎、方彝、瓠、爵、铙、戈、矛、刀、锛以及玉钺、环等。铙内壁、方彝盖、腹内壁、铜戈上均有"![戈]（戎）"徽识符号（图五：11）。传世铜器有"戎作从彝"卣、"戎翼"爵等，有学者考证"戎"氏族属于商王族。[②]目前看来，该墓是山东地区目前所发现的规格最大的商代墓葬之一，仅次于青州苏埠屯一、二号大墓。如是，大郭应是黄河三角洲地区最重要的高等级聚落。

沂源东安出土了这个时期的一组套铜乐器铙3件，镶嵌绿松石弓形器2件，车马器，还有"臣"字纹饰的直内戈、銎内戈、环首刀削。[③]乐器铙是殷商贵族特有的享用乐器，随葬成组铙的都是殷商高级贵族或殷遗民贵族。[④]东安也应是该地区重要的高等级聚落。

先秦和两汉人有关文献里记录，商末，博兴一带有薄姑国，周初，薄姑还成为不服周王朝管制的东方大国象征之一。薄姑曾参与管叔、蔡叔、武庚、商奄发动的叛乱，因而被灭。[⑤]在周人话语霸权下的族属分类系统中，薄姑可能曾被划为东夷。但学者多认为，薄姑、蒲姑、亳古是亳、薄等字音缓读而成，泛指殷商族群居住地。[⑥]至于薄姑都城的具体位置，文献记录说是在博兴

---

① 山东惠民县文化馆：《山东惠民县发现商代青铜器》，《考古》1974年第3期；铜器铭文见山东省博物馆编：《山东金文集成》，齐鲁书社，2007年；常叙政主编：《滨州地区文物志》，山东友谊书社，1991年。

② 丁山：《甲骨文所见民族及其制度》，中华书局，1999年。

③ 沂源县文物管理所编：《沂源东安古城》，文物出版社，2016年。

④ 常怀颖：《论商周之际铙钟随葬》，《江汉考古》2014年第1期。

⑤ 如《左传》昭公九年："及武王克商，薄姑、商奄，吾东土也"；《左传》昭公二十年："昔爽鸠氏始居此地，季萴因之，有逢伯陵因之，蒲姑氏因之，而后太公因之"；《今文尚书序》："成王既践奄，将迁其君于薄姑，周公告召公，作《将薄姑》"（《将薄姑》一文已佚）；《汉书·地理志》：齐地"……汤时有逢公柏陵，殷末有薄姑氏，皆为诸侯，国此地。至周成王时，薄姑氏与四国共作乱，成王灭之……"

⑥ 王晖：《盘古考源》，《历史研究》2002年第2期。

寨卞或以北 5 公里的贤城（嫌）。寨卞遗址多次考古发掘表明，虽是商文化第三、四阶段中心聚落，但该遗址内所见古城属于战国时期，未见西周中晚期堆积，显然与文献所说薄姑曾为西周中期齐国的都城不符。位于寨卞遗址以北 5 公里、支脉河以南的贤（嫌）城遗址，面积在上百万平方米，还钻探出夯土城墙，遗址内堆积主要属于晚商、西周和战国时期[①]，位置也在古济水北，如是，贤（嫌）城属于薄姑城的可能性比较大。博兴、广饶、临淄等一带发现上百处本阶段的聚落，在相邻沿海地带还发现了这个时期的数个规模巨大的盐业聚落群，如东赵、东北坞、坡家庄、刘集等。如是，该地区应有更高等级的聚落薄姑国都。

4. 超大型聚落的出现

目前，该阶段规模最大、规格最高莫过于位于鲁北地区的苏埠屯和鲁南地区的前掌大了。

苏埠屯墓地位于一土岭上，南北约 300 米，东西约 200 米，面积超过 60000 平方米，时代从殷墟三期晚段延续至西周初年。经过多次调查、发掘，目前已经发现了至少 15 座大、中型墓葬，两座车马坑。[②]其布局以位于土岭中

---

①　张学海：《齐营丘、薄姑、临淄三都考》，《张学海考古论集》，学苑出版社，1999 年。

②　祁延霈：《山东益都苏埠屯出土铜器调查记》，《中国考古学报》第二册，1947 年；山东省文物管理处、山东省博物馆：《山东文物选集（普查部分）》，文物出版社，1959 年；山东省博物馆：《山东益都苏埠屯第一号奴隶殉葬墓》，《文物》1972 年第 8 期；齐文涛：《概述近年来山东出土的商周青铜器》，《文物》1972 年第 5 期；出土文物展览工作组编：《文化大革命期间出土文物》第一辑，文物出版社，1972 年；山东省文物考古研究所等：《青州市苏埠屯商代墓发掘报告》，《海岱考古》第一辑，山东大学出版社，1989 年；夏名采、刘华国：《山东青州市苏埠屯墓群出土的青铜器》，《考古》1996 年第 5 期；据山东省文物保护单位苏埠屯墓群登记资料，还提及 1926 年在北岭中段发现一墓，出土铜器三四件，其中鼎、瓿上有铭文；在一号大墓北部还有两座被破坏的墓葬，1973 年，山东省文物考古研究所藏；王恩田：《益都苏埠屯亚醜商代大墓的几点思考》，陈光祖主编：《金玉交辉——商周考古、艺术与文化论文集》，"中研院"历史语言研究所，2013 年；张履贤著，唐友波整理：《苏埠屯铜器图录》，上海书店出版社，2014 年。

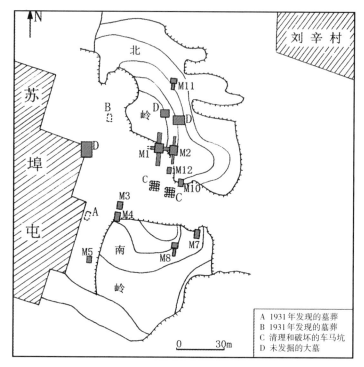

图九　青州苏埠屯墓地分布示意图

（据历年来公布的资料绘制）

心最高点最大墓葬M1、M2，车马坑及苏埠屯村东水塔下那座大型墓为中轴线，其他等级稍次的墓葬则位于其南北两侧（图九）。其中，带四条墓道的大墓1座（M1），面积近160平方米，人殉和人祭计48人，是商王朝周边地区发现规格最高的墓葬（图十）。两条墓道的"中"字形大墓1座（M2），墓室面积近70平方米。带有1条墓道的"甲"字形大墓至少有5座。如此看来，苏埠屯墓地为高等级贵族（包含国君性质）集中埋葬区。

苏埠屯历年出土了大量青铜器，据学者整理分析，仅出土的"▨（亚醜）"族徽符号的（图五：1）青铜器就达103件，其中，仅容礼器就有80件以上[1]，包括了成组的方鼎、方爵、方尊、方罍、方罕、方彝、方瓠、方觥、方

––––––––––––––––

[1]　李海荣：《"亚醜"铭铜器研究》，《辽海文物学刊》1995年第1期。

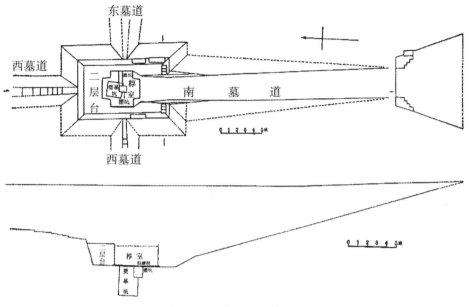

图十　青州苏埠屯M1墓葬平面图

篮、方盉，还有成组铜铙乐器。方形容器和乐器系贵重礼器，代表着拥有者的身份较高。带有1条墓道的M8，出土的铜方鼎、圆鼎、篮、斝、觚、爵、尊、觯、罍和卣等上有"[融]（融）"或"作册[融]（融）"族徽符号（图五：16），所出土兵器的数量占总随葬品的70%以上。一座残墓出土的铜方鼎、盉、角、觚、觯、盘和卣上有"[艺]（艺）"族徽符号（图五：5）。可见苏埠屯墓地至少存在着三个族氏集团。"[亚醜]（亚醜）"族氏、"作册[融]（融）"族氏、"[艺]（艺）"族氏（图五：5）。出土"[亚醜]（亚醜）"族氏青铜器的苏埠屯M1是除了安阳殷墟以外的唯一一座带4条墓道、"亚"字形椁、殉人最多、埋葬规格最高的墓葬。关于苏埠屯墓地主要是M1墓主人的身份，有学者认为仅次于商王的王室成员或高级贵族。发掘者认为商王朝封君之类的人物。[①]关于苏埠屯"[亚醜]（亚醜）"

——————————

① 王恩田：《山东商代考古与商史诸问题》，张光明等主编：《夏商周文明研究——97山东桓台中国殷商文明国际学术讨论会》，中国文联出版社，1997年。

族氏，甲骨文中有"辛卯，王……小臣醜……其作圉于东对，王占曰吉"(《甲骨文合集》36419) 的记录，醜曾为商王朝的内服百僚小臣官职。有学者认为"作圉于东"就是作疆于东，可能就是封国[1]；或者，"作圉于东对"就是作圉于东封，"对"意与"邦"近[2]。总之，卜辞意思就是占问小臣醜在东方建邦立国是否得当。如是，小臣醜就是商王朝封国国君之类的人物。"▨ (亚醜)"方觥、方爵、方罍、甗等上有"▨，者(诸)后以太子尊彝"铭文，有学者认为属于醜祭祀王后和太子的礼器，醜这一族氏可为殷商王族，地位比较高。醜还给商王通报过夷方的动向。[3]总之，"▨ (亚醜)"族氏来源于商王朝小臣"醜"，商王为镇守东方，命小臣"醜"率其族人戍守于东方边疆。[4]这些说明亚醜族氏与商王朝(室)的关系非常密切，这与苏埠屯 M1、M2 等墓的规格、埋葬习俗、随葬器物组合及特点、时代等都是完全相符的。

苏埠屯所处地理位置比较重要，周围有上百处同时期聚落，以东 60 公里即为胶莱平原和胶东半岛，那里是当地文化会泉庄与芝水二期类型分布区，当地人(或称东夷人)居住区域；以北的沿海平原上有多处规模巨大的盐业聚落群(如巨淀湖、双王城、东北坞、央子、杨家庄等)。苏埠屯一带无疑是殷墟晚期整个潍、淄河流域的政治、军事、文化、管理中心。

前掌大遗址规模非常巨大，面积在 260 万平方米以上，是东方地区发现的商末周初最大聚落。周边地区出土青铜器容礼器的聚落近 10 处。前掌大遗址南部(墓区周边)钻探发现了两处回廊院落式夯土建筑，一处面积超过 1500 平

---

[1] 李学勤：《重论夷方》，《走出疑古时代》(修订本)，辽宁大学出版社，1997 年。

[2] 杜正胜：《古代社会与国家》夏商时代的国家形态章节，允晨文化实业股份有限公司，1992 年。

[3] 李学勤：《杞妇卣》，《四海寻珍》，清华大学出版社，1998 年。

[4] 郭妍利：《也论苏埠屯墓地的性质》，中国社会科学院院考古研究所夏商周考古研究室编《三代考古》(三)，科学出版社，2009 年；董珊：《释苏埠屯墓地的族氏铭文"亚醜"》，李宗焜主编：《古文字与古代史》第四辑，"中研院"历史语言研究所，2015 年。

方米，一处1000多平方米，极有可能是当时的宫殿基址；还有长方形、方形夯土建设，面积在数百平方米至近千平方米不等。1995年在遗址东南部发掘时，清理出了甲"字"形、"中"字形夯土建筑，面积在十几平方米至数十平方米不等。据详细钻探和发掘，前掌大墓地至少划分为八个墓区，累计总面积达20万平方米左右[①]（聚落和墓地规模如此巨大，也应与其从殷墟三期晚段延续至西周中期前段有关），是目前东方地区发现的规模最大的商代末期至西周早期墓地。墓葬亦多见棺椁、腰坑、殉狗、殉人，与商人葬俗完全相同。前掌大村北台地上墓区与其他墓区相隔600米以上，面积超过60000平方米，与苏埠屯墓地规模相当。这一墓区已清理墓葬35座，墓室规模普遍较大，"中"字形双墓道大墓3座，墓室最大面积达50平方米，一座墓上还建有享堂；"甲"字形单墓道大墓9座，墓室规模略小于苏埠屯同类。这些带墓道的墓葬集中于墓区的中北部。北区墓地像是国君及贵族集中埋葬区。可惜这些大型墓均被后世盗掘。在南部7个墓区内清理中小贵族和平民墓葬累计150余座，车马坑5座，马坑4座。这些墓的保存完好。[②]有40多座墓葬和1座车马坑内出土青铜礼乐器，共有铜礼器200余件，乐器铙4件（均出自北区墓葬）。铜礼器以酒器为主，食器为辅。饮食器有鼎、簋、鬲、罍、甗等，酒器有觚、爵、角、尊、壶、罍、卣、觯、铜箍木壶和斗，水器有盉、盘。乐器有成组铙。兵器数量多，近500件，种类戈、镞、矛、弓形器、胄等。车马器近400件，分别出于5个车马坑和少数墓葬内。出土玉器400余件，按功能大致可分为礼器、兵器、工具、配饰、装饰品、杂器六大类。在出土的青铜器上，发现了十多个

①　山东海岱文化遗产保护咨询服务中心：《滕州前掌大遗址考古勘探报告》，2014年（内部资料）。

②　详细资料参见中国社会科学院考古研究所：《滕州前掌大墓地》，文物出版社，2005年；滕州博物馆：《滕州前掌大村南墓地发掘报告》，《海岱考古》第三辑，科学出版社，2010年；滕州博物馆：《山东滕州前掌大遗址新发现的西周墓》，《文物》2015年第4期。

族徽符号，出土铜器上有 ■、■、■、■、■、■ 等族徽符号（图八：3、13、2、7、17、8）。成组成群青铜器上出现的目前有"■（史）""■（鸟）"族之族徽。其中，带有"■（史）"族徽符号的铜器总计近百件，带"■（鸟）"族徽符号青铜器10多件，说明前掌大墓主人主要是"■（史）"族和"■（鸟）"族氏。换句话说，这里是一处"史"族与"鸟"族等的墓地。据研究，"史"族为商周时期的望族，商末曾参与了征伐人方的战争；"史"官地位较高，掌天时，事关兵祷，常参与战争，与军事关系密切，其后裔承官为氏。[①]西周早期薛侯鼎有"■（史）"族徽符号，亚薛鼎铭文中有"亚薛"和"■（史）"字连缀现象。如是，西周时期薛国应由史族分化而来（或者由西周王朝分封而变为薛国）。出土"史"徽识的青铜器，除了前掌大外，在邹城西丁村、费县洼子地、兰陵晒米城等地也有发现，看来，史氏的势力在鲁中南、鲁南地区比较强大。就目前资料而言，前掌大应是商王朝在东南方向最边远的一个最重要的据点。

苏埠屯、前掌大不仅有四条、两条和一条墓道的贵族墓葬，还有中小贵族和平民墓葬；出土青铜器上还有不同族徽符号，说明存在着多个族群。这些明显带有像是周代邦国性质的国君、公室贵族墓地特点。

5. 文化特点

本阶段，东方地区商文化主要有以下特点：

首先，苏埠屯、寿光古城等贵族墓葬（地）墓葬形制、埋葬制度、随葬品组合及风格特点都与安阳殷都地区的商人墓葬保持了高度一致。比如，随葬青铜器组合、样式，尤其以爵、觚搭配为核心，呈多等量配置与殷墟完全一致。古城墓葬中的陶鼎、爵、尊形器为仿铜器，这在殷墟之外是少见的。[②]最值得

---

① 冯时：《前掌大墓地出土铜器铭文汇释》，中国社会科学院考古研究所：《滕州前掌大墓地》，文物出版社，2005年。

② 郜向平：《商系墓葬研究》第五章，科学出版社，2011年。

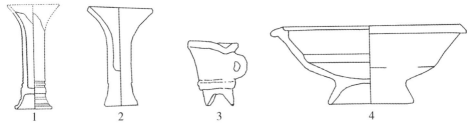

图十一　青州苏埠屯墓葬出土的部分陶器

注：1.觚（M1：68），2.觚（M7：21），3.爵（M7：20），30.盘（M7：30）

一提的是殷墟及都畿地区墓葬中常见的陶制礼器觚、爵、圈足盘等（图十一）在苏埠屯和济南刘家庄也有发现，这是殷墟及都畿外的周边地区比较罕见的特例。这些充分说明苏埠屯、古城、刘家庄与殷都文化关系之密切。

其次，包含济南市区的鲁北地区不同类型的聚落文化面貌上存在差异，那些从商文化第三、四阶段才出现的聚落，像平阴朱家桥、郝家庄、刘家、甄家、丁公、兰家、存留、唐山、史家，淄博黄土崖、范家、苏埠屯、惠民大商、阳信李屋等，常见安阳殷都风格的陶器，如陶簋，侈口较高、厚方唇、鼓腹、矮圈足，腹上刻饰细绳纹及三角划纹；鬲，宽沿方唇上翻、分档、空肥足、无实足根，形体稍矮、胖，腹上拍印粗绳纹（图十二）。而大辛庄、章丘马安与宁家埠等聚落①，多是从商文化第二、三阶段延续至第四阶段的聚落，基本不见上述陶鬲和簋，常见窄折沿、直腹、空足、高档鬲，窄折沿、鼓腹、袋足、高档鬲，斜卷沿、侈口，深斜腹，腹上几圈弦纹、高圈足簋（图十三），粗柄、高圈足、深盘豆等，比较有特点。

再次，该阶段豫东、鲁西南和鲁中南地区与殷墟文化关系变得密切，陶器胎变薄，粗柄豆，厚方唇、鼓腹，腹上刻饰细绳纹及三角划纹簋，方唇、宽折

---

① 济南市考古研究所等：《山东章丘马安遗址的发掘》，山东大学东方考古研究中心编：《东方考古》第5集，科学出版社，2008年；济青公路文物考古队宁家埠分队：《章丘宁家埠遗址发掘报告》，山东省文物考古研究所编：《济青高级公路章丘工段考古发掘报告集》，齐鲁书社，1993年。

图十二　滨州兰家遗址出土第四阶段陶器

注：1、2.鬲（兰家BLSZ：19、20），3、4.簋（兰家BLSZ：25、3）

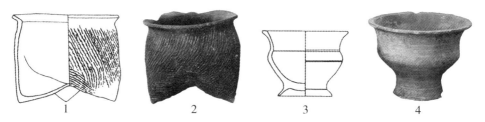

图十三　济南大辛庄、章丘马安遗址出土第四阶段陶器

注：1.鬲（大辛庄M72：13），2.鬲（大辛庄M256），3.簋（马安M11：1），4.簋（大辛庄M256）

沿、盘口、袋足、无实根足鬲、甗，以及圈足尊、小罐等[①]，与安阳殷墟出土器物非常相似。而鲁南、苏北地区虽少见宽折沿、袋足、粗绳纹陶鬲，但其宽沿、大侈口、束颈、袋足、乳状矮实足根鬲，高沿、厚方侈口、鼓腹，腹上刻饰细绳纹及三角划纹簋以及圈足尊、粗柄浅盘豆等也常见于安阳殷墟。显示这里与殷商文化关系也较为密切。

三、小结

目前，考古新发现比较清晰地显示商文化第三、四阶段即商文化后期在东方地区发展过程与特点。商文化后期殷商文化与势力在西、北、南部大范围退

---

① 北京大学考古系商周组等：《山东菏泽安丘堌堆遗址1984年发掘报告》，北京大学考古文博学院等编：《考古学研究》（八），科学出版社，2011年；国家文物局考古领队培训班：《山东邹县南关遗址发掘简报》，《文物》1991年第2期。

缩，唯在东方地区发展最为稳定，聚落和人口数量急剧增多，文化面貌与殷商文化关系最为密切。

豫东、鲁西南菏泽、济宁西部地区商文化发展迅速，聚落和人口数量较前一阶段翻倍增长，已发现聚落超过250多处。整个鲁西北、鲁北、沧州等地区的聚落、人口数量骤然增多，经济与文化空前繁荣，在鲁北、沧州东部沿海地区（今黄河三角洲和莱州湾沿岸）还发现了10多个规模巨大的盐业聚落群，这里成为商王朝直接控制的、唯一的产盐之地与唯一能通往海洋之地方，相邻的内陆腹地聚落数量在短时间内增加至400处以上。基于沿海平原上盐业资源和海洋资源的开发，沧州沿海、鲁北沿海和内陆腹地在短时间内就形成了以沿海盐业与盐工定居地为导向的聚落分布格局。聚落群与聚落内布局有一定规制。该地区出土青铜容礼器、兵器或有环壕的中心聚落就达30多处，在第四阶段还出现了凌驾于区域中心聚落之上的更大、更高的高等级聚落，如苏埠屯、大郭、贤城、东安、小屯、大辛庄、刘家等。苏埠屯M1是除了安阳殷墟以外的唯一一座带四条墓道、"亚"字形椁、殉人最多、埋葬规格最高的墓葬；苏埠屯和刘家庄墓地内还出土了殷墟及都畿地区墓葬中常见的陶制礼器觚、爵、圈足盘等。种种资料表明，鲁北、济南及沧州地区成为商王朝重点经略的地区。第三阶段商文化退出古泗水以东地区，到了第四阶段，商势力重新进入该地区，目前出土成组青铜容礼器的聚落和墓地就有近30处，而前掌大面积达260万平方米，不仅发现了多个大型夯土建筑，而且还发现7个墓地，高等级贵族墓地也单独埋葬一区。前掌大成为商王朝末期在东南方向一个最重要的据点。古泗水以东地区也成为商王朝重点经营的地区。整体而言，东方地区的晚商文化与殷墟文化较为密切，而与当地文化互不往来，形成二元对立。具体而言，商文化第三阶段，济南、鲁北地区与安阳殷商文化最为密切，而鲁西南、豫东地区与殷商文化疏远。商文化第四阶段，豫东、鲁西南、鲁中南、鲁南、鲁西北、苏北地区的商文化与殷商文化关系趋向密切；鲁北、济南地区商文化面貌出现分化，部分聚落的文化面貌与商文化高度一致，部分聚落文化面貌开始具有地域特点。东方地区出土成组青铜容礼器的聚落约46处，其中带有族徽符号的有30多个，是除安阳殷墟以外发现族群最多的地区。东方地区出土青铜器的族徽符号多与安阳殷墟及周边地区所见相同，显示东方地区的贵族群体大多从殷都及周边地区迁来。换句话说，来自中原地区甚至殷都的王族、贵族大都布局在该地区。

（原文以《商文化后期在东方地区的发展》为名刊于《海岱考古》第十辑，科学出版社，2017年）

从商王朝晚期在东方地区的经略看夷方地望

夷方（或称尸方、人方）是商王朝末年强大的敌对方之一。卜辞与商金文记录了商王征伐夷方的事件。关于夷方方位，有学者认为夷方位于商都殷墟东南的淮河流域，越来越多的学者倾向认为夷方即先秦文献的东夷，其位置在商都殷墟以东、今鲁北潍淄河流域或鲁东南地区。

今山东省及豫东、苏北、皖北的东方地区，在夏代中晚期至商代早期分布着岳石文化，商代早期开始，商文化才陆续进入东方地区的西半部，取代了岳石文化。学者们曾对商文化的东进过程、方式等做过很好的探讨。20世纪90年代以来，学界对商文化在周边地区的发展进程以及晚商文化的发展特点有了新的认识，对鲁北地区古济水流域与潍淄河流域等晚商文化聚落群的考古发现与研究[①]、渤海南岸地区规模巨大的殷墟时期盐业聚落群的

---

① 燕生东等：《桓台西南部龙山、晚商时期的聚落》，《东方考古》第2集，科学出版社，2005年；滨城区文物管理所等：《山东滨州市滨城区五处古遗址的调查》，《华夏考古》2009年第1期。

发现[①]、鲁东南地区商文化遗存资料的公布[②]以及东方地区晚商文化重要聚落（如济南大辛庄、刘家庄与滕州前掌大）与鲁北东部、胶东半岛会泉庄和芝水二期类型的认识的发掘与确认，为学界探讨东方地区晚商文化的特点、商王朝对东方的经略、夷商关系、夷方地望等问题提供了新的基础。

本文先谈谈商王朝晚期在东方地区的经略情况，再以此为基础探讨夷方地望。

一、商王朝晚期在东方地区的经略

刘绪先生在系统研究和总结商文化在周边地区扩展进程后，认为晚商文化在西、北、南部大范围退缩，唯在东方地区发展较为稳定，并保持着强盛发展劲头。[③]目前看来，晚商文化前段（本文指殷墟一期后段、二、三期前段，下同）东北界在渤海南岸的滨海平原，东界北段至白浪河、沂源南部、莱芜、新泰、济宁、商丘东部一线；晚商文化后段（指本文殷墟三期后段至殷墟四期，下同）东界中段、南段则向东扩张至沂水以西的费县、兰陵、徐州一带（图一）。[④]

东方地区晚商文化陶器如鬲、甗、簋、盆、豆、瓮、甑、圈足盘、圈足尊、小罐、中罐、四系罐、罍等器类及形态特征与殷墟各期相同。晚商后段东方地区还普遍出现了殷墟常见的方唇、宽折沿、袋足鬲、甗，厚方唇、宽沿、腹上刻画三角纹的簋，敛口、浅盘、粗柄豆等。墓葬所见腰坑、殉狗、殉人、

---

① 鲁北沿海地区先秦盐业考古课题组：《鲁北沿海地区先秦盐业遗址2007年调查简报》，《文物》2012年第7期。

② 刘延常等：《鲁东南地区商代文化遗存调查与研究》，《东方考古》第11集，科学出版社，2014年。

③ 刘绪：《商文化在北方的进退》《商文化在西方的兴衰》《商文化在东方的拓展》，见《夏商周考古探研》，科学出版社，2014年。

④ 见《商文化后期在东方地区的发展情势》一文。

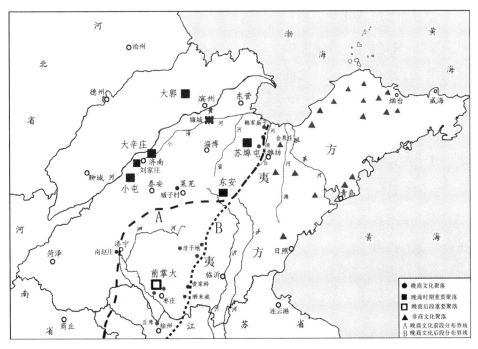

图一　晚商文化在东方地区分布与夷方位置示意图

铺撒朱砂等葬俗，棺椁葬具及随葬品组合均与安阳殷墟相同。高等级墓葬出土的铜容礼器、乐器、兵器、工具、车马器、玉器，无论种类，还是其形态与纹饰样式都与殷墟同类器物完全一致。济南大辛庄商代遗址发现的卜辞，字体、文法及占卜形式也都属于典型的殷墟卜辞系统。东方地区出土青铜器上徽识符号、日名均属于殷商式，在殷墟青铜器、卜辞和其他地区的铜器上多能找到。

　　寿光古城墓葬出土的仿铜器陶鼎、爵、尊形器，这在殷墟之外是少见的。最值得一提的是殷墟墓葬中常见的陶制礼器觚、爵、圈足盘等在苏埠屯和刘家庄也有发现，这也是殷墟以外地区不多见的。这些充分说明它们与殷墟商文化关系之密切程度。

　　与东方地区中商时期相比[1]，晚商时期聚落与人口数量明显增多，出现

---

　　① 燕生东、丁燕杰：《商文化前期在东方地区的发展特点》，《中原文物》2016年第6期。

了大量中心聚落。比如，豫东、鲁西南菏泽、济宁西部地区发现的遗址超过200处，较前一段有很大增长。在沧州东部、鲁北横跨250多公里沿海地区发现了十多个规模巨大的盐业聚落群，数百处制盐聚落和盐工居住聚落。相邻内陆腹地的聚落骤然增加至300处以上，数量是中商时期的十倍以上。该地区集聚了大量聚落和人口，应是外来人群在短时间内由周围地区集中迁入的结果。这些聚落的年代都包含了晚商各阶段，说明当时的聚落是稳定的、连续性发展的；大约每七八处聚落围绕一个中心或高等级聚落，中心聚落多有壕沟环绕，并有随葬青铜礼器的墓葬。目前，这类聚落有沧州倪杨屯，滨城兰家，惠民大郭，博兴寨卜、贤城，桓台唐山、史家、旬召，广饶花官、西华村，寿光古城、桑家庄、坊子院上，青州于家、涝洼、苏埠屯，临淄范家、官道、东古，张店昌国，临朐北菠萝，沂源东安，章丘涧溪，邹平长山，济南大辛庄、刘家庄，长清小屯、崮山、孝里，平阴洪范，齐河郝庄，新泰府前大街，莱芜城子等。而从聚落规模、墓葬规格、随葬铜容器及其他特殊遗存等来看，还有凌驾于这些中心聚落之上的更大、更高的区域高等级聚落，如苏埠屯、大郭、贤城、东安、小屯、大辛庄、刘家庄等。鲁中南地区晚商后段聚落数量也突然增多，仅出土成组青铜容礼器的中心聚落就有泗水张庄窖堌堆、寺台，平邑洼子地，兖州李宫，邹城西丁村、南关化肥厂、南关砖瓦厂、小西韦，兰陵东高尧、晒米城、密家岭，滕州庄里西、种寨、金庄、辛绪、龙堌堆、后黄庄、大韩、前掌大、后掌大、陆家林、于屯，枣庄薛城兴仁，费县双丘等。出现了等级更高的前掌大聚落。①

鲁北、鲁中南地区发现晚商时期成组铜器上的族徽符号数量已达30多个，说明至少30多个不同族群生活在这些地区。所发现族氏，如刘家庄"🔣（役或

---

① 见《商文化后期在东方地区的发展情势》一文。

卷）"、小屯"✳✳（举）✳✳"、费县"✳✳（举㪁）"、大郭"戎"、兰家"✳✳（卤）"、寿光古城"并"、大辛庄和李宫"索"、后黄庄"爻"、东高尧的"✳✳"等，多从安阳殷都及周边地区迁移而来。[1]而史家遗址出土铜瓿的"戍宁无寿作祖戊彝"铭文，学者考证，"戍某"意指戍受商王之命代王朝戍守某地，戍宁应为商王朝镇守该地区的军事官员。[2]

苏埠屯墓地面积超过60000平方米。已发现了至少15座大、中型墓葬，两座车马坑。带四条墓道的大型墓M1，面积近160平方米，人殉人祭计48人，是安阳殷墟以外的唯一一座带四条墓道、"亚"字形椁、人殉人祭最多、埋葬规格最高的墓葬。双墓道墓葬1座，单墓道墓葬至少有5座。如此看来，苏埠屯墓地为高等级贵族集中埋葬区。这里历年出土了大量铜器，包括了成组的方形容礼器及成套铙乐器。M1等多座墓葬出土铜器上有"✳✳（亚醜）"族识。"亚"即亚旅、众大夫，或为武官之称。一组方觥、方爵、方罍、甗等上有"醜，者（诸）后以太子尊彝"铭文，醜祭祀王后和太子，醜可能为殷商王族。[3]关于卜辞"辛卯王（卜贞），小臣醜其作圉于东对，王占曰：（大）吉"（《甲骨文合集》36419），醜曾为商王朝的内服百僚小臣官职；圉有边陲之意，"作圉于东"就是作边疆于东，也是东封建国[4]；或者，"对"意与"邦"近，"作圉于东对"就是作圉于东封[5]；或者商王为防御夷（人）方，命小臣"醜"率其族人戍守于东

---

①　高广仁：《海岱区的商代文化遗存》，《考古学报》2000年2期；李伯谦：《从殷墟青铜器族徽所代表的族氏的地理分布看商王朝的统辖范围与统辖措施》，《文明探源与三代考古论集》，文物出版社，2011年。

②　严志斌：《商代的"戍"》，宋镇豪等主编：《纪念殷墟YH127甲骨坑南京室内发掘70周年论文集》，文物出版社，2008年。

③　李学勤：《杞妇卣》，《四海寻珍》，清华大学出版社，1998年。

④　李学勤：《重论夷方》，《走出疑古时代》（修订本），辽宁大学出版社，1997年。

⑤　杜正胜：《古代社会与国家》夏商时代的国家形态章节，允晨文化实业股份有限公司，1992年。

方边疆①。总之，该卜辞就是占问小臣醜在东部边陲建国或者镇守东疆是否得当。看来，醜为商王派驻守卫东土边界的职官②，同时还在王朝兼任小臣之职③。单墓道的M8出土铜器上均有"■（融）"或"作册融"徽识，一座残墓出土铜器上有"■（艺）"徽识，这两个族氏或为亚醜从属官吏。此外，苏埠屯所处地理位置非常重要，周围有上百处晚商文化聚落，以东60公里为当地文化会泉庄类型分布区。

前掌大遗址面积在260万平方米以上，是东方地区目前发现的规模最大的商代末期至西周早期聚落。据钻探和发掘发现多处大型夯土建筑。墓地至少划分为八个墓区，其中，北区墓地与其他墓区相隔600多米，面积超过60000平方米，为高等级贵族集中埋葬区，发现双墓道墓3座，单墓道墓9座，墓室规模略小于苏埠屯同类。墓葬、车马坑、马坑等出土铜容器、乐器、兵器、车马器及玉器等数千件。近百件铜器有"史"徽识，10多件铜器上有"■（鸟）"徽识。关于"史"，卜辞中多称"我史""史亚"，卜辞中还贞问黄尹（伊尹）是否保佑史，史还参加了征伐方、缶等国的活动。"史"氏在商王朝地位较高，掌天时，事关兵祷，常参与战争。前掌大应为史氏家族或殷之东史子裔封邑。④前掌大是商王朝末期在鲁中南地区一个最重要的据点。

总之，商王朝的势力在东方地区发展比较稳定，与殷墟文化关系密切，聚落和人口数量急剧增多，出现了数量较多的高等级聚落。来自殷都及周边地区的王室成员、官员、军队首领驻扎在该地区。如此看来，东方地区是商王朝晚期重点拓展和经略的区域。

---

① 董珊：《释苏埠屯墓地的族氏铭文"亚醜"》，李宗焜主编：《古文字与古代史》第四辑，"中研院"历史语言研究所，2015年。

② 王恩田：《山东商代考古与商史诸问题》，《中原文物》2000年第4期。

③ 宋镇豪主编，王震中著：《商代都邑》第七章第一节，中国社会科学院出版社，2010年。

④ 冯时：《殷代史氏考》，《黄盛璋先生八秩华诞纪念文集》，中国教育文化出版社，2005年。

二、东方当地文化发展特点

在晚商文化分布圈以东的胶莱平原、胶东半岛存在着岳石文化的后续文化寒亭会泉庄与烟台芝水二期类型。[①]所见陶器非常有特色，常见素面陶，如通过刮削使陶胎变薄，器表多被抹平或刮削，基本不见拍打或滚压所形成的绳纹；陶器的掺和料多为云母及分选较好的细沙粒，个别为蚌片末。陶器多是在氧化焰环境下烧制而成的，器表为红色或红褐色。器物种类有鬲、甗、豆、圈足盆、实足碗、圈足碗、平底钵、簋、罐、瓮等。甗类器类发达，甑部与鬲部相接处多有一周附加堆纹；鬲多低矮乳状实足，器形有"斝式鬲"，上半部制成罐状，三袋鬲足分别制好后再拼接而成，还有筒腹形鬲和斜腹无实足根鬲（包括甗的鬲部），比较有特色。长条形、直背、弧刃、双孔或多孔石刀等石器很有特点。晚商文化分布区与当地文化分布区几乎互不见对方的物质文化因素，说明东方地区晚商文化与当地文化不是相互影响和融合，而是二元对立的。

目前，会泉庄与芝水二期类型的聚落数量已超过50处，在某些地区形成了多个聚落群。如龙口市楼子庄遗址与员外刘家、台上李家、大陈庄等遗址连成一片，面积应在数十万平方米以上；楼子庄遗址所见灰坑和窖穴普遍规模较大，还存有炭化黍的窖穴、埋有人骨的灰坑、殉马祭祀坑及大型沟坑[②]，可能为该区域的中心聚落。早年龙口一带还出土过这阶段的素面、无实足根铜甗[③]，

---

①　山东省文物考古研究所等：《山东潍坊会泉庄遗址发掘报告》，《山东省高速公路考古报告集（1997）》，科学出版社，2000年；北京大学考古实习队、烟台市博物馆：《烟台芝水遗址发掘报告》，《胶东考古》，文物出版社，2000年。

②　王富强等：《胶东地区周代地方文化遗存研究》，中国考古学会编辑：《中国考古学会第十五次年会论文集（2012）》，文物出版社，2013年。

③　李步青、林仙庭：《山东黄县出土一件青铜甗》，《考古》1989年第3期。

青岛古城顶墓葬也出土了青铜鼎和戈。[①]周初，同会泉庄与芝水二期类型相关联的素面甗、素面鬲、高圈足簋、碗等陶器突然广泛出现于泰沂山北地的潍淄河流域各聚落，向西到达古济水南岸的济南唐冶一带，其扩张、渗透和发展之迅速，很值得思考。如此看来，尽管会泉庄与芝水二期类型发现与认识时间不足20年，考古工作还不够深入，但其所反映的社会发展水平不低，其势力也不能低估。

三、夷方地望再探讨

夷方为商代东部或者东南地区的一个土著族团，也是商王朝末期最强大的敌对方之一。殷墟卜辞和商末金文中多次提到夷方，见于记录的夷方首领就有虢、𫚉、无敄、濰伯等。夷方，曾释为人方，董作宾、郭沫若、李学勤等先生认为，卜辞夷方之"夷"与"人"字有差别，应为"尸"字，即周代铜器铭文的东尸，也即周汉文献中东夷之"夷"字，商末多次征讨夷方还与《左传》昭公四年和昭公十一年"商纣为黎之蒐，东夷叛之""纣克东夷，而陨其身"记录暗合，因此，尸方读作夷方，应与东夷为一事。[②]

卜辞和商金文所见征夷方材料成组、成系统，所历日月清楚，经过的地名也多，对勾画殷历谱和地理网络提供了第一手资料，历来引起了学术界的关注。据统计，与夷方相关联的卜辞经缀合后就有66版。夷方出现在第一、三、四、五期卜辞，曾与商王朝长期对立。材料最为丰富的为帝乙或帝辛十祀和十五祀征夷方。按时间、地名系联出的十祀伐夷方卜辞就有41版，计124

---

① 青岛市文物保护考古研究所等：《李沧区古城顶遗址 2010 年度发掘简报》，《青岛考古》(二)，科学出版社，2015 年。

② 李学勤：《重论夷方》，《走出疑古时代》，辽宁大学出版社，1997 年；李学勤：《商代夷方的名号和地望》，《中国史研究》2006 年第 6 期。

条，涉及104个事件。这次征伐始于九祀二月，夷方开始大肆出动侵扰东土诸国，经充分准备，商王于十祀八月癸亥出师东征，十一祀五月癸亥回师，征伐夷方历时281天（一说250天）。[①] 多件涉及征夷方铜器铭文和卜辞表明，十五祀征夷方，始于十四祀十月乙巳，终于十五祀四月戊戌，历时也达九个月。[②] 学者们多以周汉文献地（国）名记载为坐标或者以出土的铜器铭文上地名（族氏）为基点，探讨夷方族属，复原征夷方日期、路线、所经重要邑名和夷方所在位置。由于学者们对卜辞中征夷方所经亳、商、齐、杞等地望看法不一，征夷方路线和夷方位置也不一样。如董作宾先生认为尸方就是文献中商纣所征伐的东夷及淮夷，地在淮水之南；郭沫若先生认为"殷代尸方乃合山东之岛夷与淮夷而言"，地在山东半岛及淮河流域；陈梦家先生考证人方与林方均属于淮夷诸邦之一，地在今安徽北部淮水流域；郑杰祥先生认为在豫东南、安徽中北部。[③] 王恩田先生根据泰安商丘叔簠、新泰杞氏铜器、兖州索氏铜器等提供的地名线索，认为征夷方行军路线多在山东地区，后黄庄青铜器出土铜器上"爻"又与随同商王征夷方的攸侯之"攸"字相通，夷方位置应在鲁南费县一带。[④] 而李学勤先生在此基础上，又据参与征夷方活动的醜氏、"来（莱）"族氏位置等以及商王曾在鄋、逢、乐、齐、潅等活动路线，参照鲁北地区商代文化特殊面貌，认为夷方都邑在潍、淄河一带。[⑤] 孙亚冰先生综合各家意见后认为，人方为东夷族的一支，曾在皖北淮河一带，后经过商王多次征伐，人方向

---

① 宋镇豪主编，孙亚冰、林欢著：《商代地理与方国》第七章第三节，中国社会科学出版社，2014年；李发：《殷卜辞所见"夷方"与帝辛时期的夷商战争》，《历史研究》2014年第5期。

② 韦心滢：《从流散海外殷末青铜器见帝辛十五祀征夷方史事》，《中国国家博物馆馆刊》2015年第3期。

③ 罗琨：《卜辞十祀征夷方方位的探讨》，宋镇豪主编：《甲骨文与殷商史》新四辑，上海古籍出版社，2014年。

④ 王恩田：《人方位置与征人方路线新证》，《胡厚宣先生纪念文集》，科学出版社，1998年。

⑤ 李学勤：《论新出现的一片征人方卜辞》，《殷都学刊》2005年第1期。

东、向北退缩。[1]

最近出现的两片卜辞"人方伐东或（国），典东侯，册人方，余其比多侯，甾戋人方"（《殷墟甲骨辑佚》689、690，后者还可以与《甲骨文合集》36182缀合），"禺（遇）夷方率伐东或（国），东典东侯，册人方，妥（绥）一（人，余）其比多侯"[2]，夷方侵扰了商的东土诸国，王以册命告东方诸侯，宣告夷方的罪责，商王准备联合多个诸侯践伐夷方。李学勤、王震中等据此认为，夷方居于殷都东部，属东夷族群，已无任何疑问。[3]

那么，夷方在东方地区具体哪个位置呢？

从上文可以看出，晚商时期，东方地区商文化聚落和人口发展迅速，聚落数量骤增，已发现600处以上，较前一阶段数倍增长，这应是外来人口在短期内集中迁入的结果。鲁北、鲁西南、豫东地区聚落的年代大都包含了晚商前、后段，显示商文化与势力在这些地区发展较为稳定，晚商后段，古泗水中上游东侧还重新出现了商文化聚落。出土成组青铜容礼器的聚落、环濠聚落、夯土墙聚落即中心聚落大量涌现，并出现了凌驾于这些区域中心聚落之上的规模更大、等级更高的聚落，如苏埠屯、大郭、前掌大、东安、小屯、大辛庄、刘家庄等。东方地区晚商时期特别是后段文化面貌与殷都商文化基本相同，而与当地文化来往较少。从晚商文化聚落出土青铜器的族徽符号所呈现的族群来看，这里的贵族群体大多从殷都及周边地区迁来，甚至来自殷都的王室成员、贵族、军队首领也驻扎在该地区。与商王室关系密切的苏埠屯亚醜族氏、前掌大史族氏、小屯和费县举族氏等布局在靠近晚商文化分布边界区。换句话说，晚商文化在东方地区的分布区应属于商王朝东土范畴，这里是王朝重点拓展和经

---

① 孙亚冰：《甲骨文中的人方》，《东方考古》第4集，科学出版社，2008年。

② 焦智勤等：《殷墟甲骨辑佚》，文物出版社，2008年。

③ 李学勤：《商代夷方的名号和地望》，《中国史研究》2006年第6期；宋镇豪主编，王震中著：《商族起源与先商社会变迁》第三章，中国社会科学出版社，2010年。

营的区域，也应是殷商王朝的控制区和统辖区。如是，夷方位置应不在包含鲁北潍、淄河之间、鲁中费县、豫东、鲁西南晚商文化分布区内。

位于商东土边域区的苏埠屯亚醜族氏、前掌大史族氏、小屯与费县举族氏还直接参与征伐夷方的战争。多位学者认为，《甲骨文合集》37852版卜辞"（乙）亥王（卜贞），自今春至于翼，夷方不大出。王占曰：吉。在二月，遘祖乙彡，惟九祀"与《甲骨文合集》36824版"其大出，吉。醜其達（迅）至攸，若。王占曰：大吉。其遟于之，若"同版，讲的是帝乙或帝辛九祀，夷方大出侵犯，商王卜命醜乘驿赶往攸国，告知攸侯。[1]前掌大M18出土铜盉上铭文"桒禽（擒）夷方濰伯，顽首毛，用乍（作）父乙尊彝。史"，提及史族氏桒参加了征伐夷方的战役，并擒获了其首领濰伯。由小子夆卣器盖和小子□簋（《殷周金文集成》5417、4138）可知，同属于举族氏的小子夆受命曾监视夷方首领矞的举动、小子□还受命征伐过夷方首领矞。[2]这些说明分布在东方地区青州一带的亚醜族氏、滕州一点史族氏、长清与费县一带的举族氏比较靠近夷方位置。

岳石文化，学者普遍认为是夏代中晚期、商初东夷族群创造的，其后续文化会泉庄与芝水二期类型也理应是晚商时期东夷族群创造的文化，其分布区是夷方所在位置的可能性最大。会泉庄与芝水二期类型分布区即为夷方位置所在，应该没问题（图一）。

夷方方位，在商末周初的铜器铭文上也有显示。传山东梁山出土的小臣艅犀尊（《殷周金文集成》5990）："丁巳，王省夒京（或且、亯、享、宜），王易（赐）小臣艅夒贝，隹（惟）王来征夷（人）方，隹（惟）王十祀又五，彡日。"在（帝辛）十五年征伐夷方的归途，适逢肜彡祭之时，商王巡视了夒地，并赏

---

① 李学勤：《重论夷方》，《走出疑古时代》，辽宁大学出版社，1997年；李学勤：《商代夷方的名号和地望》，《中国史研究》2006年第6期。

② 韦心滢：《从流散海外殷末青铜器见帝辛十五祀征夷史事》，《中国国家博物馆馆刊》2015年第3期。

赐小臣艅夒地产的海贝。考古发现表明，包含螺类、蛤类、蚶类等海贝在商王朝为贵重物品，可作为货币，也为人与马身上重要装饰品。夒地靠近夷方，其又出产海贝，理应靠近海岸。商代晚期，古今黄河三角洲和莱州湾南岸为商王朝唯一直接能接触海洋，并能控制海洋资源（渔业、盐业）的地方[1]，夒地应不出这一范围。西周早期小臣逨簋（《殷周金文集成》4238、4239）说东夷（尸）反叛，伯懋父率领殷八师征伐东夷，"述东隆，伐东眉（湄）"，沿着泰山山脉或崂山山脉，攻伐至海隅海滨。[2]这两条材料，把商末夷方和周初的东夷位置都指向了胶莱平原及以东的胶东半岛。

目前，在鲁东南和苏北沿海地区发现了少量岳石文化后续文化类型聚落。晚商后段泗水中上游东侧、沂水西部商文化与聚落重新出现，包含参加征夷方的史族氏、举族氏的殷商贵族也居住在这一地区，可能是商王朝征服夷方后安置或分封了一些族群，说明该地及以东也应是夷方分布区。

（原文刊于《江汉考古》2018年第6期，略有删节）

---

① 燕生东：《商周时期渤海南岸的盐业》第七、八章，文物出版社，2013年。

② 陈梦家：《西周铜器断代（一）》，《考古学报》第九册，1955年。

晚商文化在东方地区的分布态势与周初东封

  周翦灭殷商后陆续在以今山东省为主的东方地区分封诸国，不仅有参与灭商、辅佐成王平定管蔡与武庚之叛乱、稳定了天下局势的周武王之弟、成王之叔周公旦受封的鲁国（由其子伯禽代封），有翦商第一功臣、姻亲姜姓太公望受封的齐国，还有10多个姬姓、姻亲及先圣王后裔邦国。周汉文献记载和后世有学者认为，齐、鲁等诸国东封是为了控制东方地区的夷人，也有人认为是为了镇服和羁縻殷遗民。考古学上对齐、鲁等诸邦国受封在东方地区的目的是如何看待的？近年来，学界对东方地区晚商文化发展情况获得了一些新发现和新认识，这将有助于学界了解周初东封的社会背景。本文从晚商文化在东方地区发展情势与周初诸封国在东方地区的位置关系入手，来探讨周初东封诸国的目的。

一、商文化在东方地区的发展进程、分布态势及特点

  关于商文化在周边地区拓展进程，刘绪等先生综括为三个阶段：二里岗

下层为第一阶段，二里岗文化上层至殷墟第一期为第二阶段，殷墟第二至四期为第三阶段（即晚商时期）。商文化在第二阶段向外扩张达到顶峰，而第三阶段商人在北方、西方、南方和东南部地区势力退缩，唯东方地区保持着强盛发展势头。[1]

大体来说，第一阶段，商王朝政治文化中心位于河南省郑州和偃师一带。此时，商文化在原二里头文化分布范围基础上略有扩大。至于东部地区，仅到达鲁豫皖交界区，未深入岳石文化腹地。

第二阶段，由于商王朝多次迁都，商王朝政治文化中心大体在河南中部、北部，河北南部及山东中南部。本阶段为商王朝文化和势力向外扩张最强盛的时期。商文化在西部到了关中西部的周原一带及商洛地区；北部则至晋中，甚至可抵晋北忻州地区，在太行山以东，最北到达太行山北端张家口、燕山南麓北京昌平及河北保定地区；南部已越过安徽霍山，到达安庆一带，并在强盛时期到达湖南石门皂市、岳阳铜鼓山和江西樟树市一线。

商文化在东方地区扩张也到达了鼎盛时期。已到达潍坊市白浪河与潍河东岸、沂水县、莒南县、兰陵县、郯城县，江苏连云港市、沭阳县和盐城市一带。只是东方地区聚落分布比较稀疏，文化不发达。靠近商王朝都城的鲁西南、鲁中南及济南周围等地区则成为商文化在东方地区的发展重心。

第三阶段，商王朝政治、经济、文化中心固定在豫北安阳一带（今殷墟）。晚商文化在西、北、南部大范围退缩，西部仅至郑州、荥阳一带，西北部太行山以西只在浮山、灵石等县有零星、插花式分布；北部退缩在晋东南，河北唐河、定州一线；南界仅保留在河南信阳罗山县、安徽颍上县一带，中部荥阳、正阳等县发现了零散的聚落和墓地，整体分布格局呈条状伸向南方。

---

[1] 刘绪：《商文化在北方的进退》《商文化在西方的兴衰》《商文化在东方的拓展》，《夏商周考古探研》，科学出版社，2014年。

　　但本阶段，殷商王朝在东方地区发展最为稳定，聚落和人口数量急剧增多。聊城、菏泽、济宁西部地区商文化发展迅速，目前已发现聚落遗址超过200处，聚落和人口数量较前一段翻倍增长；整个鲁西北、鲁北等地区的聚落人口数量骤然增多，经济与考古学文化空前繁荣。在包含鲁北和沧州东部地区的渤海南岸横跨250多公里长的范围内还发现了10多个规模巨大的盐业聚落群。每处聚落群的面积从上百平方公里、数十平方公里至十几平方公里不等，每群大约由十几处甚至几十处制盐作坊组成，规模宏大。[①]相邻内陆腹地发现了数量达三四百处的聚落，是该地区商文化第二阶段聚落总数的10倍之多。鲁北、鲁西北地区晚商文化、经济突然繁荣，聚落和人口数量的急剧增加，应是外来人员在短时间内由周围地区集中迁入的结果。此时，渤海南岸地区成为商王朝直接控制的、唯一的产盐之地。基于沿海平原上盐业资源的开发，与之相邻的内陆腹地的聚落和人口空前增多，社会、经济与文化得到了长足发展，来自商王朝的一些王族、族群和封国驻地大都布局在这一区域内。[②]

　　沧州、鲁北内陆及鲁中地区的聚落大体划分为几十群，每群的规模比较大，往往分布在上百平方公里或数百平方公里，聚落之间间距在3公里左右，每群中有一个或多个出土青铜容礼器和兵器的聚落，如沧州倪杨屯，滨城兰家、惠民大郭，博兴寨卞，桓台唐山、史家、旬召、广饶花官、西华村，寿光古城、桑家庄，潍坊市坊子区院上，青州苏埠屯、于家、捞洼，临朐北菠萝，沂源东安、邹平长山，章丘涧溪，济南大辛庄、刘家庄，长清小屯、崮山、孝里，平阴洪范、齐河郝庄，新泰府前大街以及莱芜城子等，他们应属于各区域内等级较高的聚落。这些聚落出土的青铜器上还有不同的徽识符号，说明各个聚落群隶属于不同族群。目前，苏埠屯已经发掘了至少15座墓葬，两座车马

---

　　① 鲁北沿海地区先秦盐业考古课题组：《鲁北沿海地区先秦盐业遗址2007年调查简报》《文物》2012年第7期。

　　② 燕生东：《商周时期渤海南岸的盐业》第七、八章，文物出版社，2013年。

坑，其中，带四条墓道的大墓1座，两条墓道的"中"字形大墓1座，带有一条墓道的"甲"字形大墓至少有5座。苏埠屯1号墓是除安阳殷墟以外的唯一一座带有四条墓道、"亚"字形椁、殉人最多的墓葬①，学界多认为苏埠屯是来自商王朝或受王朝控制下的诸侯国（封国）"亚醜"墓地。济南大辛庄聚落仍延续第二阶段的规模，清理出了大型夯土建筑房址、制铜作坊、陶窑、水井、窖穴和上百座贵族墓葬。出土的高等级物品主要有青铜器、甲骨卜辞、白陶器、金箔残片等。其中所见甲骨卜辞②和青铜礼器铜范，是除殷墟和宝鸡地区外为数不多的发现。在部分青铜器上有"𡕝""索"及"子"族徽符号。③长清小屯（"举"族氏）、博兴贤城、惠民大郭（"戎"族氏）、沂源东安等情况与苏埠屯、大辛庄有些相似。它们很可能是凌驾多个地方中心之上更高等级的聚落。

大约在殷墟第二、三期，商势力在鲁南和鲁东南地区有些退缩，殷墟第三期后段，商王朝多次征伐东夷，商人大规模东迁，如鲁南和苏北地区泗水流域东侧，又出现了商文化聚落，在泗水张庄窑埚堆、寺台，平邑洼子地，兖州李宫，邹城西丁村、南关化肥厂、南关砖瓦厂，兰陵东高尧、晒米城、密家岭，滕州庄里西、种寨、金庄、辛绪、龙埚堆、后黄庄、大韩、前掌大、后掌大、陆家林、于屯，枣庄薛城兴仁，费县双丘以及江苏沭阳万北等还出土过成组青铜器，部分铜器上有族徽符号。④滕州前掌大遗址规模非常巨大，面积在250万平方米以上。据最新钻探资料表明，墓地可分六大区。已清理的150余座墓葬中，"中"字形双墓道大墓3座，单墓道大墓9座。还有车马坑5座，马坑4座。

① 山东省博物馆：《山东益都苏埠屯第一号奴隶殉葬墓》，《文物》1972年第8期。

② 山东大学东方考古研究中心等：《济南市大辛庄遗址出土商代甲骨文》，《考古》2003年第6期。

③ 王兴华等：《2010年度济南大辛庄遗址第二次考古发掘取得重要收获》，《济南考古》，科学出版社，2013年。

④ 燕生东、王琦：《泗水流域的商代——史学与考古学的多重建构》，《东方考古》第4集，科学出版社，2008年。

在出土的上千件青铜器上，多有"史""鸟"族之族徽。[①]目前看来，前掌大为商王朝末期在鲁中南地区的一个最重要据点。

东方地区所见晚商文化聚落，在鲁北、鲁西北和鲁西南地区，大约分为两种情况，一是从第二阶段发展延续下来的聚落，如菏泽安丘堌堆、定陶十里铺、济南大辛庄、淄博黄土崖遗址等，从二里岗上层文化延续至殷墟四期；二是从外地迁来的聚落，基本从殷墟一期晚段延续至殷墟四期，多数至西周早期。这两类聚落发展的连续性、稳定性较强。出土陶器等物质遗存的种类及形态特征与殷墟各期大体相同，属于典型晚商文化系统。所见墓葬，其棺椁形态、随葬品组合和特征、埋葬习俗如腰坑、殉狗、殉人皆与安阳殷墟相同。苏埠屯墓地和寿光古城墓葬（地）随葬青铜器组合、样式，尤其以爵、觚搭配为核心，呈多等量配置与殷墟完全一致，古城墓葬中的陶鼎、爵、尊形器为仿铜器，这在殷墟之外是仅见的[②]；殷墟墓葬中常见的陶明（礼）器觚、爵、圈足盘等在苏埠屯和刘家庄墓地也有发现，这是殷墟及都畿外的周边地区较罕见的特例。而胶莱平原、胶东半岛地区为岳石文化的后续文化会泉庄[③]与芝水二期类型[④]与晚商文化聚落内互不见对方的文化因素，说明二者在文化上互不相融合。

总之，晚上阶段，当商王朝的势力在北方、西方、南方和东南部退却时，唯有东方地区成为整个商王朝境内聚落分布最为密集，经济、文化最为发达的地区之一，与殷商文化关系也最为密切。

---

① 中国社会科学院考古研究所：《滕州前掌大墓地》，文物出版社，2005年；滕州博物馆：《滕州前掌大村南墓地发掘报告》，《海岱考古》第三辑，科学出版社，2010年。

② 郜向平：《商系墓葬研究》第五章，科学出版社，2011年。

③ 山东省文物考古研究所等：《山东潍坊会泉庄遗址发掘报告》，《山东省高速公路考古报告集（1997）》，科学出版社，2000年。

④ 北京大学考古实习队等：《烟台芝水遗址发掘报告》，《胶东考古》，文物出版社，2000年。

二、周初东封诸国及位置

周武王翦灭殷商,《左传》昭公九年:"……及武王克商,薄姑、商奄,吾东土也。"从政权法理延续而言,周人就拥有了商王朝在东方地区的领土统辖权。后来周公辅佐成王,平定东方叛乱;康王时期继续对东作战,镇服了东方诸国。期间,周人陆续东封姬姓王室诸子弟、诸功臣谋士、姻亲贵族及先圣王之后裔于东方地区各地,以蕃屏周,夹辅周室。根据文献记载和考古资料,分封到东方地区的姬姓诸国有鲁、滕、郕、曹、郮、极、茅等国;功臣谋士主要有齐;姻亲国和先圣王后裔封国有姜姓纪、逄、向、州(州)、鄟,妊姓薛、邳、秦、祝(铸),姒姓鄫、弗(费),斟鄩等[①](图一)。邦国数量在20个左右,是周代分封国数量最多的地区之一,像鲁、齐两大著名邦国就分别在泰山南北两侧。

(一)鲁国与姬姓诸国位置

周王朝统一天下后,在各地封建周王诸母弟、亲戚,以股肱周室。《左传》昭公二十六年:"昔武王克殷,成王靖四方,康王息民,并建母弟,以蕃屏周。"周初东封经过了武王、成王、康王三代。《左传》僖公二十四年:"昔周公吊二叔之不咸,故封建亲戚以蕃屏周。管、蔡、郕、霍、鲁、卫、毛、聃、郜、雍、曹、滕、毕、原、酆、郇,文之昭也。邗、晋、应、韩,武之穆也。凡、蒋、邢、茅、胙、祭,周公之胤也。"文中不仅把周初东封归功于周公,还提及了位于东方地区的姬姓封国主要有文王之子鲁、郕、郜、曹、滕以及周公后裔茅等(图一)。从周汉文献记载来看,分封到东方地区的姬姓邦国还有极、阳等。

---

① 顾颉刚:《康王以下的东征和北征》,《文史》第29辑;《周公东征胜利后东土的新封国》,《中国史学集刊》第1辑,江苏古籍出版社,1987年。

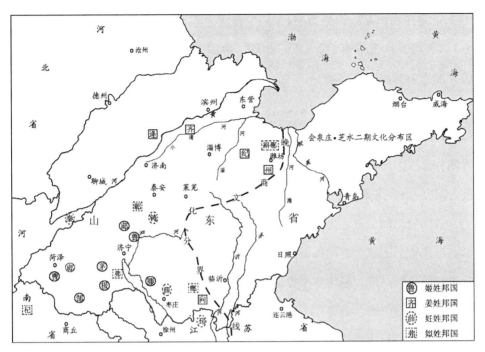

图一　东方地区西周早期诸封国位置示意图

1. 鲁国。姬姓封国中最重要的无疑是周公受封的鲁国。周公乃武王之弟，参与灭商，又辅佐成王平定天下叛乱，和睦了兄弟，稳定了局势。所以，《左传》定公四年就说："昔武王克商，成王定之，选建明德，以藩屏周。故周公相王室以尹天下，于周为睦，分鲁公以大路大旗，夏后氏之璜，封父之繁弱。殷民六族，条氏，徐氏，萧氏，索氏，长勺氏，尾勺氏，……分之土田陪敦，祝宗卜史，备物典策，官司彝器，因商奄之民，命以伯禽，而封于少皞之墟。"《诗经·鲁颂》亦云："（成）王曰：'叔父！建尔元子，俾侯于鲁；大启尔宇，为周室辅。'乃命鲁公，俾侯于东；锡之山川，土田附庸。"周公留在镐京辅佐成王，由其长子伯禽受封就国。由于周公在王朝初期的特殊地位和稳定局势中发挥的独特作用，受封赐内容非常丰富，代表的各种权力也比较多，不仅有山川、土田、附庸、商族诸氏，有祝、宗、卜、史官吏，还有先王礼器，车马旌旗、官司彝器、文献典籍等。鲁国受封的领土范围也大，如《上海博物馆藏战国楚竹书（四）·曹沫之陈》提及"昔周王之邦鲁，东西七百（里），南北五百（里）"。此外，鲁国所处的地理位置也很重要，这里曾为商奄旧都，少皞之墟。

周初鲁国对外还拥有征伐权，曾一度代替周王征伐徐戎、淮夷诸族，"至于海邦，淮夷来同，保有凫峄，遂荒徐宅"（《诗经·鲁颂》）。据文献记载，春秋时期，鲁国还代替周王接受周围同姓和异姓邦国如滕、薛、邹、小邾、费、郯、极、颛臾等的定期朝拜。这些证明西周时期鲁国为镇守东方的第一大国。[①]

鲁国分封的位置，傅斯年先生曾认为在周初河南鲁山一带，后迁至山东曲阜。上述所引文献，鲁国都城位于商奄一带、少皞之墟，古今学者多认为在今曲阜鲁国故城一带。但历年来鲁国故城考古资料显示，这里并未见到西周早期至中期前段的遗迹、遗物[②]，说明鲁国早期都城不可能为曲阜。《世本》提及曲阜作为鲁国都城为鲁国第三代国君炀公迁徙而来（即"炀公徙鲁"），新出土的虘器也提及了鲁都城问题，学者认为炀公自曲阜北部的"穷桑"迁徙而来。[③]位于曲阜西北部兖州、汶上一带，文献上说这里为鲁国诸君埋葬之地，那里还发现了受鲁国控制的殷民六族之一的索氏铜器群。[④]如是，鲁国早期都城应在汶上、兖州一带，后来迁至曲阜。文献说鲁国不仅统辖商奄之民，还管控着殷民六族。考古资料表明，商代第二阶段商人势力占领这一带后，到第三阶段晚期又是商文化的分布区。显然，鲁国的分封是为了控制鲁中南一带的殷遗民。

2.曹国。《左传》僖公二十四年、《世本》《史记·管蔡世家》等均说其始

---

① 刘敦愿：《西周时期齐鲁两国的地位及其互相转化》，山东古国史研究会编：《东夷古国史研究》第1辑，三秦出版社，1988年。

② 山东省文物考古研究所等编：《曲阜鲁国故城》，齐鲁书社，1982年。对曲阜鲁故城城墙和城内堆积年代的再分析可参考王恩田：《曲阜鲁国故城的年代及其相关问题》，《考古与文物》1988年2期。几十年来，山东省文物考古研究所和济宁文物部门在配合基建和大遗址保护中，对鲁故城进行了10多次试掘和发掘，始终未见西周早期、中期前段的遗迹和遗物。

③ 朱凤瀚：《虘器与鲁国早期历史》，《新出金文与西周历史》，上海古籍出版社，2011年。

④ 郭立煜等：《索氏器的发现及其意义》，《文物》1990年第7期。

封君为文王之子、武王同母之弟振铎。《史记·周本纪》上提及商纣王自焚后："武王弟叔振铎奉陈常车，周公旦把大钺，毕公把小钺，以夹武王。"振铎驾驭仪仗车，与周公旦、毕公共同簇拥着武王入殷宫殿内；《逸周书·王会》记成周之会，"天子南面立，……唐叔、荀叔、周公在左，太公望在右……内台西面正北方，应侯、曹叔、伯舅、仲舅"，曹叔振铎同周公、齐公、应侯、唐叔、荀叔等参加成周之会。如此看来，振铎的地位应较高。关于曹国封地，学者多认为在鲁西南地区定陶县一带。

3.滕国。《左传》《世本》等文献说滕国始封君为文王之子错叔绣。《左传》隐公十一年还提及滕国先祖曾为"周之卜正"，错叔绣为周王朝负责卜筮的内服职官。据文献记载和考古发掘，滕国在今滕州市姜屯滕国故城一带。

滕国故城，分为大城和小城，大城呈不规则圆角长方形，东西最长约1450米，南北最宽约1100米，周长约4600米，时代为东周时期。小城亦呈不规则的长方形，其东西最长约960米，南北宽约680米，周长约3100米，城内面积约为65万平方米，小城西部分布有大面积的西周时期遗存；小城东北文公台，其北部，总面积近30000平方米的夯土建筑区域，多为西周时期。[①]

滕国故城西北1.5公里的庄里西遗址为平原地区中的堌堆类型，长宽各约500米，面积在20万平方米以上。两周时期为滕侯、贵族墓地及国人墓地。历年来，庄里西出土过一批西周时期滕侯及贵族青铜器。1978年，庄里西3号墓出土吾鬲，铭文"吾作滕公宝尊彝"[②]；1982年，发现的一座墓葬中出土了滕侯方鼎、滕侯簋，铭文分别为"滕侯作宝尊彝""滕侯作朕（滕）公宝尊彝"[③]。这三件青铜器时代，学者认为属昭王时期，或可早至康王。最近，庄里西西周早

---

①　中国科学院考古研究所山东工作队：《山东邹县滕县古城址调查》，《考古》1965年第12期；张东峰等：《滕国故城》，王永波编著：《山东古城古国考略》，文物出版社，2016年。

②　滕县文化馆：《山东滕县出土出土西周滕国铜器》，《文物》1979年第4期。

③　滕县博物馆：《山东滕县发现滕侯铜器墓葬》，《考古》1984年第4期。

期墓内出土一组簋器①，铭文提及滕公、滕伯，对了解滕国分封、国君称谓等问题提供了很好的线索。学者多认为，姬姓滕国第二代国君在成王末或康王初才被周王封侯，并从外地迁徙而来。②

4.郕国。《世本》《史记·管蔡世家》等文献上说是文王之子叔武所建。郕国都城，西晋以来多认为其位于宁阳县东北90里，或在菏泽胡集一带。③

5.郜国。《左传》僖公二十四年、《世本》说是文王之子所建。郜国都城，学者多认为在鲁西南成武县的郜国故城一带。

6.茅国。《左传》《世本》上说是周公之子所建。茅国都城，学者多认为在今金乡与成武县之间。

7.极国。顾栋高、陈槃等认为极国为姬姓。《春秋》鲁隐公二年（公元前721年）"司空无骇入极"之"极"，学者多认为在鱼台县西一带。④

从这些姬姓邦国受封的位置而言，均集中位于晚商文化聚落分布比较密集的鲁中南、鲁西南地区。

（二）齐国位置

司马迁认为吕望因辅佐周武王灭商首功而封于齐，《史记·周本纪》说：（武王）"于是封功臣谋士，而师尚父为首封。封尚父于营丘，曰齐。"据《左传》僖公四年："昔召康公命我先君大公曰：'五侯九伯，女实征之，以夹辅周室！'赐我先君履，东至于海，西至于河，南至于穆陵，北至于无棣。"周初，

---

① 杜传敏张东峰等：《1989年山东滕州庄里西西周墓发掘报告》，《中国国家博物馆馆刊》2012年第1期；王峰、李鲁滕：《近见器铭文略考》，《中国国家博物馆馆刊》2012年第1期。

② 朱凤瀚：《滕州庄里西滕国墓地出土簋器研究》，《中国古代青铜器国际研讨会论文集》，上海博物馆、香港中文大学文物馆，2010年；韩巍：《读〈首阳吉金〉琐记六则》，朱凤瀚主编：《新出金文与西周历史》，上海古籍出版社，2011年。

③ 高明奎：《胡集（成阳）故城》，见王永波等编著：《山东古城古国考略》，文物出版社，2016年。

④ 陈槃：《春秋大事表列国爵姓及存灭表撰异》"极国"条，上海古籍出版社，2009年；谭其骧：《中国历史地图集》第一册，中国地图出版社，1982年。

齐国权力比较大，尤其是能代表周王征伐"五侯九伯"以及在今西至河北黄河、沧州一带，东至今黄海，南至穆陵关都是齐国的征伐范围。

关于齐国都城，西周晚期及春秋时期位于临淄是毫无争议的。然而齐国早期都城在哪里，学术界一直有争议。①《礼记·檀弓上》《吕氏春秋》《晏子春秋》《史记》《盐铁论》等周汉文献均言齐封于营丘，国号"齐"。但《孟子·告子章句下》《韩非子·外储说右上》《吕氏春秋·仲冬纪》《战国策·楚策》《韩诗外传》《论衡》等周汉文献均言姜太公封于"齐"。齐在商末周初本身是地名，也是国名（殷墟卜辞中还提及了商王征人方时路过齐地，传世青铜器"齐妇"鬲、"齐婡"尊、"齐婡"爵等）。《左传》昭公二十年、《晏子春秋》卷七《外篇》等文献，还说姜太公封于薄姑。据《毛诗正义·烝民》，西周晚期的宣王时期，齐国"去薄姑而迁于临淄也"，说明齐国较早时期都城在薄姑（学者多认为在古济水下游北侧的博兴寨卞或以北5公里的贤〔嬚〕城）。司马迁在《史记·齐太公世家》篇对诸看法做了调和，说齐国早期都城在营丘，后迁至薄姑，西周晚期则由薄姑迁往临淄。

据《礼记·檀弓上》，齐太公定都于营丘，之后的四世四君均都于此。关于营丘具体位置，汉代就有临淄、昌乐营陵之争，后世又增加了章丘阳丘、寿光呙宋台、昌乐河西、青州臧台等诸说。因姜太公又称吕望，其子丁公又被称吕伋，傅斯年等学者认为齐国初封之地在河南中南部的吕国。最近文物部门在古济水南侧的高青县陈庄遗址发现了西周初期城址以及若干座西周早期齐国贵族墓葬、大型殉马车坑与西周中晚期掌握齐国军事大权的引族墓地。后来又钻探出20多座大中型墓葬。青铜器铭文记录了"丰肇"为齐太公铸造了铜卣、簋等彝器。学者认为陈庄就是齐国都城营丘，最起码应为齐国公室封邑。但无论

① 关于齐国早期都城的讨论可参见张学海：《齐营丘、薄姑、临淄三都考》，《张学海考古论集》，学苑出版社，1999年。

如何，这些不仅证明了齐国初封之地就在鲁北一带，而且也说明齐国早期都城距济水旁不远。

如此看来，齐国的早期都城营丘（或齐）、薄姑及齐太公直系贵族丰肇、齐国军事统帅引均在古济水附近，而齐国的得名应与济水有关。齐国分封地古济水下游地区（今黄河三角洲以南地区）正是商末商文化聚落和人口最为集中地区。

（三）姻亲姜姓其他封国

按《潜伏论·志氏姓》："炎帝苗胄，四岳伯夷，为尧典礼，折民惟刑，以封申、吕。裔生尚，为文王师，克殷而封之齐，或封许、向，或封于纪，或封于申。"姜姓诸国如齐、向、纪受封也因其先圣王炎帝苗胄，当然也与参与灭商有功相关。

其实，姜姓诸国受封，也与姜姓同周王室世代通婚有关。《国语·周语》："昔挚、畴之国也由大任，杞、鄫由大姒，齐、许、申、吕由大姜，陈由大姬，是皆能内利亲亲者也。"齐、许、申、吕受封是由于周太王之妻太姜之故，挚（薛）、畴受封因为王季的妻子太妊，杞、鄫受封也与文王的妻子太姒有关。

姜姓世代多与周王室世代通婚，周武王后妃为太公望之女邑姜。王姜之名还多次出现在成王、康王时期铜器铭文上。王姜不但多次率军出征，主持封赏，而且有幕僚，还与大保共同辅佐周王，地位之崇高，权力之重大，在周初地位可与周公、伯懋父和召公相匹。[1]

目前，在山东地区的姜姓姻亲国还有逢、纪、向、鄣和州（舟）。它们都位于鲁北和鲁中地区等一带（图三）。

1.逢国。《国语·周语》云："我姬氏出自天鼋，……则我皇妣大姜之侄伯陵之后，逢公之所凭神也。"[2]逢国所信奉之神为周皇妣太姜之侄伯陵。文物考

---

① 杜正胜：《古代社会与国家》第三部分"封建政治与社会"，允晨文化实业股份有限公司，1992年。

② 徐元浩撰：《国语集解》第三卷，中华书局，2002年。

古部门在济阳县刘台子发现了多座西周早期逄国贵族墓葬。①墓葬内出土了10多个带有"逄"字铭文的青铜器，铭文中还有"王姜作龙姬宝尊彝"。看来西周时期的逄国位于济阳一带，并与周王室保持着通婚等密切关系。

2.纪国。寿光市南部纪国故城曾出土过西周时期纪侯簋、编钟等铜器。寿光北部古城一带清理了一座西周初期的贵族墓，出土青铜器上多有"己（纪）并（邢）"二字②，"并"即《春秋》鲁庄公元年所说纪国的三大城邑之一"邢"邑。看来，西周时期纪国在寿光一带应没问题。

3.向国。《左传》隐公二年"莒子娶于向，向姜不安莒而归。夏，莒人入向，以姜氏还"的姜姓向国，学者认为在今兰陵县向城镇一带。

此外，姜姓邦国还有位于东平县东部的鄣和安丘市北部的州（舟）国。

（四）姒姓邦国及位置

上文所提《国语·周语》说，杞、缯的分封与文王的妻子为太姒有关。按《国语·周语》"有夏虽衰，杞、鄫犹在"，《潜夫论·五德志》"武王克殷，而封其（夏氏）后于杞，或封于缯"，这些国家受封还因他们为夏禹后裔。

东方地区姒姓国除杞国（河南东部杞县）、鄫（缯）国外，还有弗（费）国、斟鄩国等。其位置仍在晚商文化分布范围内。

1.鄫（缯）国。后世学者都认为其故城在兰陵县西部鄫国故城一带。最近文物部门在此钻探出西周时期的城墙和宫殿基址，城内还出土了西周早中期陶器等遗存。③

2.弗（费）国。《世本·氏姓》篇云："费氏作弗，禹后有弗氏"；《史记·夏本纪》说："禹为姒姓，其后分封，用国为姓，故有夏后氏、……费氏"，（唐）

① 山东省文物考古研究所等编：《山东济阳刘台子玉器研究》，众志美术出版社，2010年。
② 寿光县博物馆：《山东寿光县新发现一批纪国铜器》，《文物》1985年第3期。
③ 山东省临沂市沂州文物考古研究所：《山东兰陵县鄫国故城遗址考古调查勘探工作报告》，2015年（内部资料）。

司马贞《索隐》将"费"作"弗"。[①]邹城邾国故城内出土的春秋时期铜鼎，上有"弗敏父乍孟姒□媵鼎其眉寿万年永宝用"铭文，是弗国名叫敏父的贵族为其大女儿孟姒做陪嫁媵器。[②]历史文献记录与考古材料相印证，周代存在着姒姓弗（费）国。该国大约在今山东鱼台县旧治西南部一带。

3. 斟鄩。《世本》《史记·夏本纪》《汉书·地理志》等都有夏斟鄩为姒姓、禹后裔的记载。关于斟鄩位置，一说在山东，一说夏商时期在河南，周代至山东。《汉书·地理志》青州北海郡下有"平寿。……斟，故国，禹后"，《左传》襄公四年所提及的斟灌氏及斟鄩氏，杜预认为在寿光的灌亭，平寿县的斟亭。临朐县东周墓内出土了"寻仲"铜盘[③]；传世齐侯镈有齐侯把鄩国人、都鄙赏赐给陶氏的记录。这些说明斟鄩应位于鲁北潍坊一带。

（五）妊姓诸邦国及其位置

《诗·大雅·大明》："挚仲氏任，自彼殷商，来嫁于周。……大任有身，生此文王"；《诗·大雅·思齐》："思齐大任，文王之母"；《孔子家语·致思》：（文王）"以太任为母"；《潜夫论·五德志》："太妊梦长人感已，生文王。"这些周汉文献均提及王季娶妊姓之女为妻生文王。妊姓之女被尊为"太妊"。学者还多把"挚仲"看作薛国始祖"奚仲"。司马迁认为"周之兴也，以姜原及大任"（《史记·外戚世家》），周王朝的兴起与姜原和太妊族团有直接关系。《国语·周语》记载，春秋中期，周襄王将以狄女为后，富辰反对说："夫礼，新不间旧，王以狄女间姜、任（妊），非礼且弃旧也"，韦昭注云，妊姓、姜姓之女，世为周王妃嫔。《左传》哀公二十四年云："周公及武公娶于薛。"洛阳北窑西周早期墓葬M37出土了"王妊"铜簋，报告中称该王妊可能是周昭王后妃。[④]看来，从先

---

① 司马迁：《史记·夏本纪》，中华书局，1982年。
② 王言京：《山东邹县春秋邾国故城附近发现一件铜鼎》，《文物》1974年第1期。
③ 临朐县文化局等：《山东临朐发现齐、鄩、曾诸国青铜器》，《文物》1983年第12期。
④ 洛阳市文物工作队：《洛阳北窑西周墓》第七章，文物出版社，1999年。

周王季至春秋时期，周王室、鲁国君与妊姓诸国一直有联姻关系。看来，妊姓挚仲氏、畴等诸国的出现与受封主要由于妊姓世代与周王室的通婚有关。

文献和考古材料表明，东方地区妊姓诸邦国有薛、祝（铸、畴）、邳、秦等。这些封国插花式地分布在姬姓和姜姓邦国周围，也处在晚商文化分布区域内。

1.薛国。在今滕州官桥薛国故城内。薛故城，平面呈不规则长方形。1964年进行调查，1978年至1986年进行过调查、钻探、试掘和发掘。战国时期（即田文、田婴修筑）城墙周长10610米，南墙长3050米，东墙长2280米，北墙长3250米，西墙长2030米。在东部城墙内侧发现春秋时期一批薛侯和薛国公室墓葬。在战国城东南部发现春秋时期城墙，周长2750米，形状呈不规则长方形，东西约650米，南北约600米，面积约40万平方米。20世纪90年代以来，在春秋城中部发现一座西周中晚期城墙，面积仅数万平方米。在城内还清理一批西周中期晚段、晚期墓葬。[①]薛国故城清理的贵族墓葬出土了春秋中晚期"薛侯定之造"戈（即《左传》中的薛襄公）、薛侯行壶、走马薛仲赤簠、薛子仲安簠，可证春秋时期的薛国就在此地。

薛故城东不足1公里、上文已提及的前掌大遗址发现了商末周初的望族"史"氏与"鸟"氏的墓地。王恩田先生根据陕西岐山北寨子出土的西周早期亚薛鼎有"父乙亚薛史"铭文，传世西周早期薛侯鼎有"薛侯戚乍父乙鼎彝史"，认为"史"为薛国的族徽符号[②]，冯时先生认为薛为史氏（族）的小宗，薛是史族的分支[③]。如此看来，商末就生活在今滕州官桥的史族氏，因同周王室通婚或归附周王朝，因而受封为"薛侯"，并继续建国于此。

---

①　山东省济宁市文物管理局：《薛国故城勘查和墓葬发掘报告》，《考古学报》1991年第4期。其他资料见山东省文物考古研究所（院）历年来钻探和发掘材料。

②　王恩田：《陕西岐山新出薛器考释》，《考古与文物丛刊》第二号，1983年。

③　冯时：《殷代史氏考》，《黄盛璋先生八秩华诞纪念文集》，中国教育文化出版社，2005年；《前掌大墓地出土铜器铭文汇释》，中国社会科学院考古研究所：《滕州前掌大墓地》，文物出版社，2005年。

2.邳国。《左传》隐公十一年、古本《竹书纪年》《汉书·地理志》均提及薛迁于邳，邳也曾迁于薛之事。有学者把邳、薛看为一国。薛国故城墓葬中曾出土一批春秋中晚期薛侯、薛国贵族铜器，枣庄峄城区出土过春秋晚期邳（不）伯罍。邳、薛写法不一样，说明邳、薛属于两个国家，只其因均为妊姓，关系密切而已。邳国位于汉代的下邳（今江苏邳州），后可能曾迁至位于薛国故城西部的疃城（上邳）。

3.铸国。也作祝国，《国语·周语》与《世本》为妊姓邦国，《吕氏春秋·慎大览》《史记·周本纪》云为黄帝之后，而《礼记·乐记》《潜夫论·五德志》言尧帝之后。关于铸（祝）国位置，后世学者多认为在今泰安宁阳一带，或在济南长清一带。泰安龙门口出土一件西周晚期铜鬲，据学者考证，器物为铸国姬姓夫人为孟妊姑兹所做。[①]泰安还出土过铸公簋，上有"铸公作孟妊车母塍簋"铭文，为铸国国君为孟妊车母所做塍器。看来，妊姓铸（祝）国应在泰安及周边地区。

4.秦国。除了西部的嬴姓秦国外，东方地区还有个妊姓秦国。枣庄东江小邾国墓地出土了多个带有"秦妊"铭文的青铜器，系小邾国君庆为妊姓秦国女子所做。学者多认为此妊姓秦国位于今山东与河南交界区的范县一带。[②]

三、周初封国位置与晚商文化分布态势

就西周早期分封在东方地区的诸邦国位置而言，这些姬姓、姜姓、妊姓、妀姓封国均位于晚商文化分布区内。细分起来，以姬姓为首的鲁国，包括滕、曹、郧、茅、极、郜等国集中在鲁中南、鲁西南地区，这里曾是商文化从第二、

---

① 赵平安：《山东泰安龙门口新出青铜器铭文考释》，《中国历史文物》2006年第2期。

② 赵平安：《山东秦国考》，《金文释读与文明探索》，上海古籍出版社，2011年。

三阶段连续、稳健发展的区域，还是商奄都城所在地。尤其是曹、郜、极、茅所在地，那里还是商王子微子的封地，南部紧靠承继祭祀商族的宋国。滕国、薛国紧邻商末的望族"史"氏。鄩、向国所在的兰陵一带，也存在着三个商王朝的族群。以齐国为首，包括纪、逄、州等姜姓国家，主要位于晚商文化分布最为发达，人口最为集中，商势力较强的济水、弥河、淄河流域（即鲁北地区）。齐国紧靠在文献中的"薄姑"国（族），纪国南部紧邻苏埠屯"亚醜"族，北为"井"族，而逄国东北部为惠民县"戎"族，它们还在西周早期（个别至西周中期）共存过，这些邦国北部、东部沿海地区还曾是殷商王朝盐业生产中心。如是，说明这些周初封国具有监督和羁縻殷商遗民（或方国）的目的与功能。

集中在鲁中南、鲁西南地区的周室王族子嗣姬姓封国鲁、滕、曹、郜、郕、茅、极等，其中鲁国最为强大，该地区形成了以鲁国为中心的姬周集团。位于济水、淄河、弥河流域的齐、纪、逄、州等周王室姻亲姜姓邦国，大体组成了以齐国为中心的姜姓集团。而姒姓邦国鄩、弗、杞等主要位于山东南部、河南东部一带，大体处于上述姬周诸邦国的外围，斟鄩国则位于姜姓集团邦国的东部。妊姓薛、邳、铸、秦邦国均位于山东姬周邦国的外围地区（图一）。

总之，周初所封东方地区的姬姓、功臣及姻亲邦国位置均为位于晚商文化的分布区内（或者说商王朝在东土范围内），而不是位于当地文化分布区内。这些封国在继承商王朝的社会、经济和文化的同时，显然也是为了控制、管理在东方地区的殷商人后裔。或者说，周初，齐、鲁以及10多个姬姓、姻亲及功臣邦国在东方地区的分封和建立，应奠基于东方地区深厚的殷商文化底蕴、发达的经济基础之上。

（原文刊于《考古与文物》2016年第5期，略有增删）

江苏地区的商文化

从地理位置上看，江苏省长江以北地区位于商王朝疆域东部和东南部边缘。具体讲，商代早期阶段，商王朝都城在河南郑州，该地区基本在商王朝中心的东部；中晚期阶段，商王朝政治中心在豫北（如安阳殷墟）、冀南一带，该区域则处于其东南边陲；长江以南的宁镇地区一直位于商王朝疆域的边缘地带。

至于苏北地区的商（代）文化，有学者曾指出，当地商代文化与中原地区的商文化有很大差异：商式典型器物仅占少量，更多的是地方色彩的遗存，如青铜高领鬲，陶器中形体瘦长的绳纹鬲、细柄豆、大口盆、瓮等。因而把苏北地区的商代文化单独划分出非商文化的一个地方类型——丘湾类型。[①]有学者认同这个观点，只是指出，淮河下游地区的商代文化遗存与中原地区比较接近，

---

① 王迅：《东夷文化与淮夷文化研究》第二章第四节，北京大学出版社，1994年。

仅素面陶和饰有三角形图案的陶器等具有当地风格。[①]近年来，有学者指出，中商时期，苏北地区属于商文化高皇庙类型，殷墟一期之后，商文化开始退出徐淮地区。[②]《中国考古学·夏商卷》一书中也把徐淮地区纳入商代中期商文化范围，其器物遗存特征反映出其与商文化鲁西南潘庙类型关系密切，但不能确定为一个地方特色鲜明的区域类型；晚商时期已不属于商文化，为当地土著文化。但该书在提及晚商时期商文化前掌大类型时，认为该类型还包括了江苏北部的部分遗存，并在"殷墟以外发现的祭祀遗存"章节内，专门介绍了江苏铜山丘湾遗址，显示这一带仍存有商文化遗存。此外，该书还介绍，安徽江淮之间中东部与江苏相接之处为晚商时期商文化大城墩类型。[③]

至于苏南宁镇地区，商代有湖熟文化，只是在其中、晚期阶段受到了商文化的较大影响。这一点，学术界没有什么异议。

目前看来，江苏长江以北地区在商代某些阶段应属于商文化分布区，而与此同时，苏南宁镇地区为商文化影响区。

一、商文化分布区：江北地区

就目前发现的考古资料而言，江苏地区的商文化与其在整个东方和东南地区发展情势是一致的（关于商文化在东方地区发展阶段划分，参见本书《商文化前期在东方地区的发展特点》）。第二阶段和第四阶段，长江以北的苏北地区，应是商文化分布区和商王朝的直接控制区，而长江以南的宁镇地区则属于商文化的影响区。

---

① 邹厚本主编：《江苏考古五十年》第三"夏商周篇"，南京出版社，2000年。
② 唐际根：《中商文化研究》，《考古学报》1999年第4期。
③ 中国社会科学院考古研究所《中国考古学·夏商卷》第五章"商代中期的商文化"、第六章"商代晚期的商文化"，中国社会科学出版社，2003年。

1. 第二阶段

该阶段资料比较丰富，在铜山丘湾、邳州梁王城、徐州焦庄、沭阳万北、连云港大村、盐城龙岗等调查和发掘的多处遗址内都发现了这个时期的遗存。

铜山丘湾遗址保存约3000平方米，三次发掘面积达733平方米。这一阶段的文化遗存主要是下层堆积，厚达1.2—1.4米。遗迹有夯土居住地基、柱洞、火塘以及窖穴、灰坑等。出土遗物有陶器、骨器、石器、青铜器工具、卜骨、卜甲以及兽骨、蚌壳等。[①]陶器中，绳纹鬲、甗、中口罐、鼓腹盆、深腹矮圈足簋等均为商文化常见的器物（图一）；陶器烧制火候较高，绝大多数为灰陶。石刀、石镰和环首铜刀、双翼短铤铜镞和铜钩在商文化系统中比较常见。

关于这些遗存的年代。窄尖方唇、器体修长、腹部拍饰稀疏的细绳纹陶鬲（图一：1），深弧腹、矮圈足簋（图一：5），细柄豆、卷缘素面盆等，时代应稍早，大体相当于二里岗上层文化阶段，即本文划分的商文化发展第二阶段的

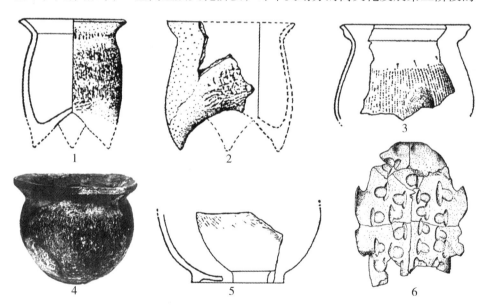

图一　铜山丘湾遗址出土商文化第二阶段遗存

注：1、2、3.陶鬲，4.圜底陶罐（盆），5.簋，6.卜甲（除2为出自上层外，均出自下层）

---

① 南京博物院：《江苏铜山丘湾古遗址的发掘》，《考古》1973年第2期。

早期。而厚方唇、鼓腹、粗绳纹陶鬲（图一：3），圆唇、斜直腹、低裆、实足内勾鬲（图一：2），厚胎、粗大实足鬲（鬶），方唇、宽沿、圆弧腹、绳纹罐（盆）（图一：4）及卜甲，年代稍晚，大体相当于郑州白家庄文化期至殷墟文化一期之间，即本文划分的商文化发展第二阶段的晚期。如卜甲（图一：6），钻、凿、灼在千里路两侧各有二竖列，钻在凿内侧，左右基本对称，个别穿插其间，其特征与安阳洹北商城出土的卜甲完全相同。[①]

沭阳万北遗址面积约10万平方米，两次清理面积450平方米，商代积堆仅限局部。发掘区内清理墓葬11座。为长方形竖穴土坑，东西向，墓主仰身直肢葬，头东。随葬品多寡不一，最少者1件，多者十数件，陶器种类有鬲、鬶、罐、簋、豆、觚等，还有青铜戈、矛等兵器以及铲、锛等用具。其中，M20还有殉人、殉狗，有腰坑，殉人置于墓主人身侧，狗置于墓室中间的腰坑内。[②]这些为典型的商人埋葬习俗。详细材料未发表，资料介绍者认为，这批墓葬的年代为商代晚期至西周早期。但从有关报道所刊发陶鬲、簋、觚等照片看，时代较早。有学者在见到实物后，认为墓地时代应为中商文化晚期。关于陶觚，器体较粗短，时代拟为殷墟一期。这是除殷墟时期之外随葬酒器陶觚为数不多的地方之一（另一处是山东青州苏埠屯），可见这里的商文化与殷墟文化关系的密切。

邳州梁王城遗址也发现了这一阶段的灰坑等遗迹，出土陶器有鬲、假腹豆、簋、壶等。[③]

---

① 朴载福：《中国先秦时期的卜法研究——从考古资料探讨卜用甲骨的特征与内容》，2008年北京大学考古文博学院博士学位论文。

② 谷建祥、尹增淮：《江苏沭阳万北遗址试掘的初步收获》，《东南文化》1988年第2期，文中公布了陶觚、鬲、簋和罐的照片；南京博物院：《江苏沭阳万北遗址新石器时代遗存发掘简报》，《东南文化》1992年第2期；邹厚本主编：《江苏考古五十年》第三"夏商周篇"，南京出版社，2000年；谷建祥：《沭阳万北新石器时代及商周遗址》，《中国考古学年鉴1988》，文物出版社，1989年，该文注意到了中原特征的绳纹陶器。

③ 林留根等：《邳州梁王城遗址2006—2007考古发掘收获》，《东南文化》2008年第2期。

　　盐城龙岗位于淮河下游的盐城西部9公里处，东距海岸线50公里左右，工程建设时发现18件完整陶器和石器集中放置在长2.5米，宽1米的范围内，简报推测为墓葬的随葬品。①陶器有成套的炊器、盛器、饮食器和水器，石器为收割工具。墓葬随葬数量如此多的陶器，这在商人墓葬中比较罕见，因而这更像是一处窖藏。出土陶器中有鬲、罐、假腹豆、器盖各2件，盆、贯耳壶各3件，甗、簋各1件等典型商文化陶器（图二）。除盆、豆等少数器物为灰陶外，余为红褐陶。简报把这批陶器时代定为商代晚期，大约相当于殷墟一期至二期之间。就器物组合和整个器形特点而言，时代应比较早。鬲的口沿和足虽残破（图二：1、2），但斜腹和弧腹、高档、腹上拍印中细绳纹，都是年代较早的特征。圆唇、卷沿、鼓腹、高档甗（图二：5）、卷沿、深盘、粗柄和细柄假腹豆（图二：3、4），卷沿、深腹盆（图二：9、13），卷沿、侈口、鼓腹、圈足簋（图二：12），贯耳圈足壶（图二：6、7），直口、瘦长腹、平底内凹、绳纹罐（图二：10），塔形器盖（图二：8、14）等都是商文化较早的器形，时代应为中商文化二期阶段。②这说明，这一时期，商文化已到淮河南部、黄海之滨了。

　　江苏连云港大村遗址，在1960年发现的一座残墓内，发现了青铜鼎4件、甗3件。这7件铜器，埋在地表下2.5米处，一处5件，一处2件，二者相距1.5米（不排除为1处窖藏；有材料说出自2座墓③），简报及相关文章均把其定为西周早期。④《江苏省出土文物选集》出示了1件中型鼎和3件甗（图

　　① 王爱东：《盐城首次出土一批商代文物》，《中国文物报》1996年9月29日；韩明芳：《江苏盐城市龙岗商代墓葬》，《考古》2001年第9期。简报出示的鬲口沿为圆唇，袋足，无实足根，但从发表在《中国文物报》上图片上看，口沿与足均已残。
　　② 中国社会科学院考古研究所：《中国考古学·夏商卷》第五章，中国社会科学出版社，2003年。
　　③ 邹厚本主编：《江苏考古五十年》第三"夏商周篇"，南京出版社，2000年。
　　④ 江苏省文物工作队：《江苏新海连市大村遗址勘查记》，《考古》1961年第6期。

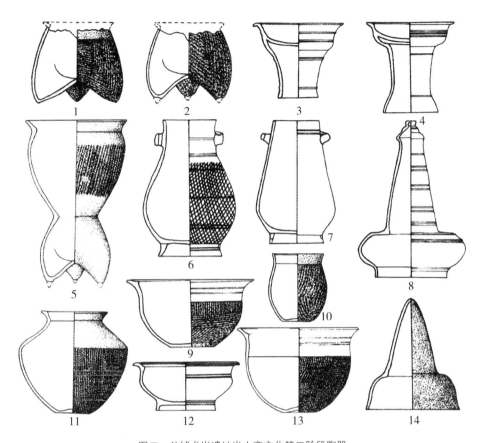

图二　盐城龙岗遗址出土商文化第二阶段陶器

注：1、2.鬲（YLM：17、8），3、4.假腹豆（YLM：10、2），5.甗（YLM：15），6、7.贯耳壶（YLM：9、7），8、14.器盖（YLM：12、13），9、13.盆（YLM：14、1），10.罐（YLM：6），11.瓮（YLM：16），12.簋（YLM：4）

三）。①2009年，南京博物院古代青铜器陈列展展出了那件形体最大的铜鼎（图四：1）。大型鼎，折沿立耳，深弧腹下垂，圜底，柱足中空，口沿下条带状兽面纹，鼎足上有饕餮纹，足外侧饰有凸起的钩云形扉棱；中型鼎，折沿立耳，腹壁斜直至圜转而成垂腹状，圜底近平，柱足中空，口沿下条带状兽面纹，正对鼎足上饕餮纹，腹上部、足外侧均饰有凸起的钩云形扉棱（图三：1）。这两件鼎腹上所饰花纹简洁、疏朗、清晰（图四：2），器胎也较薄。早

①　《江苏省出土文物选集》，文物出版社，1963年，图78、79。

有学者指出了这些特征与西周早期铜鼎的区别，并把其年代定在中商前后。[1]
大型鼎与新干大洋洲商代大墓出土的鼎XDM：2、3极其相似。[2]中型鼎与安阳
三家村窖藏出土铜鼎G1：7如同出自一模。[3]关于该窖藏出土铜器的年代，有学
者认为早于殷墟一期[4]，有学者认为属于殷墟一期[5]。中型鼎的整体形体还与南
邠州·碾子坡先周窖穴H1出土的鼎（H1：1）非常接近。[6]大村所出甗甑部，宽
折沿，腹部斜直略外鼓，腹上部饰两道凸弦纹（图三：2、3），与殷墟一期晚
段的小屯YM188R2063甗甑部相似，而大村这件腹部略外鼓，时代或略早。甗
鬲部高裆，中空足，与殷墟一期晚段的武官M1：1甗的鬲部相似（唯后者足为
实足）[7]，前者应早于后者。甗整体形态也与新干商代大墓出土的甗XDM：38、
39相近。[8]总之，大村出土的这7件铜器，年代应不会晚至西周，属于殷墟一期
前段的可能性最大。

　　大村出土的青铜鼎，有3件保存较好，其中最大的那件，口径48厘米，通
高55厘米（图四：1），另一件口径29厘米，通高40.2厘米（图三：1），小的
那件口径29.2厘米，通高32.3厘米。3件甗，通高分别为49厘米、52.3厘米、
53.5厘米，形体硕大，规格较高。一座墓内随葬四鼎三甗，墓主人的等级应比
较高。显然，这一带也应有级别较高的中心聚落。

　　大村距现海岸约11公里，是目前发现商王朝距海岸线最近的一处高等级聚

　　① 李朝远：《江西新干中稜青铜器的再认识》，高崇文、安田喜宪主编：《长江流域青铜
文化研究》，科学出版社，2002年。
　　② 江西省文物考古研究所等编：《新干商代大墓》，文物出版社，1997年。
　　③ 孟宪武：《安阳三家村发现商代窖藏青铜器》，《考古》1985年第12期。
　　④ 孟宪武：《安阳三家村、董王度村发现的青铜器及其年代推定》，《考古》1991年第10期。
　　⑤ 岳洪彬：《殷墟青铜器礼器研究》，中国社会科学出版社，2006年。
　　⑥ 中国社会科学院考古研究所编：《南邠州·碾子坡》，世界图书出版公司，2007年。
　　⑦ 中国社会科学院考古研究所编：《殷墟的发掘与研究》第八章"殷墟出土的文化遗
物"，科学出版社，2001年。
　　⑧ 江西省文物考古研究所等编：《新干商代大墓》，文物出版社，1997年。

落。现在看来，苏北连云港一带是商王朝第二阶段唯一通向（接触）海洋的地方，意义非同寻常（鲁北和河北沧州一带，也有该阶段的商文化遗存，但我们多年的考古工作表明，沿海平原上并未见这个阶段的遗址。这里地势平坦的滩涂地令让人们很难直接接触到海洋）。商人在此地的出现，或许是为了攫取当地盐业和渔业资源。

图三　连云港大村遗址出土的青铜器

注：1.鼎；2、3.甗

图四　连云港大村遗址出土的大型鼎及腹部纹饰

注：1.鼎，2.腹部兽面纹

此外，在长江以北地区其他试掘和调查资料中，也发现了这一阶段的遗存，如徐州高皇庙遗址[①]、沭阳马墩遗址[②]、洪泽施庄、土城遗址[③]等遗址出土的假腹豆、高锥状鬲足、绳纹罐、瓮等，均属于商文化第二发展阶段的陶器。

2. 第四阶段

目前，该阶段遗存发现不多，通过正式发掘的仅有铜山丘湾遗址。该遗址该阶段堆积厚达0.9—1.0米。主要发现了1处社祀用牲的遗迹。遗迹分布范围约75平方米，中心为4块竖立的天然大石，有20具双手反绑，俯身屈膝的人骸骨、2件人头、12具狗骸、1具牛骸环绕其周围。学者根据《淮南子·齐俗训》"殷人之礼，其社用石"的记录，把其看作商人社祭遗迹。[④]该遗址还出土了一批陶器、骨器、石器以及卜骨、卜甲、兽骨等。陶器种类有鬲、甗、簋、盆、豆、罐、瓮等（图五）。方唇、宽折沿、腹上一周附加堆纹的鬲，厚方唇、盘口、粗绳纹鬲，圆唇、卷沿、敞口、弧腹斜收甗，厚圆唇，斜弧腹、腹上刻画三角划纹或网格纹的簋，卷沿、浅腹盆，中口、圆肩、深弧腹、平底内凹、肩上刻画三角纹和弦纹、腹下拍印绳纹的罐等（图五），卜骨中方形凿孔规整、深刻，灼在一侧，而钻痕不清楚（图五：9）。这些都是典型殷墟四期文化遗存特征，时代属于商代末期没有问题。

沭阳万北（匹）遗址。1985年在沭阳万匹乡出土大小铜鼎各1件，大者，口径18厘米，通高24.5厘米。从介绍情况看，可能出土于万北遗址。简报把其时代定为殷墟二期。[⑤]但是，鼎口微敛、方直耳立于沿之上、浅弧腹、圜底、腹部条带状凸起上饰有简化的饕餮纹，具有较晚的特征，因而，铜鼎时代可定在殷墟四期。最近，万北遗址还出土了这个阶段的铜车马器和陶簋、罍、甗等。万北（匹）遗址

① 江苏省文物管理委员会：《徐州高皇庙遗址清理报告》，《考古学报》1958年第4期。
② 江苏沭阳考古队：《淮阴沭阳县考古调查》，《东南文化》1988年第2期。
③ 尹增淮、裴安年：《江苏洪泽县考古调查》，《东南文化》1992年第2期。
④ 俞伟超：《铜山丘湾商代社祀遗迹的推定》，《考古》1973年第5期。
⑤ 王厚宇：《江苏沭阳出土商代铜鼎》，《文物》1990年第4期。

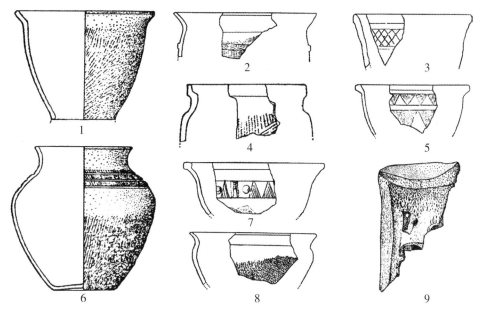

图五　铜山丘湾出土商文化第四阶段遗存

注：1.陶瓿，2、4.陶鬲，3、5、7.陶簋，6.陶罐（瓮），8.盆，9.卜甲（均出自上层）

出土了代表贵族身份的青铜容礼器和车马器。看来，该聚落应为区域中心。

　　总之，江苏省长江以北所见商文化均为第二、第四阶段物质遗存，时代以第二阶段最为丰富，时代贯穿了该阶段的全过程。所见日用陶器、生产工具、青铜礼器及占卜用具形态与组合，墓葬所展示的埋葬习俗都属于商文化系统。陶器中鬲、瓿、罐、瓮、高颈贯耳壶、塔形器盖、簋、盆、假腹豆、浅盘豆、小罐、中罐、瓮等，且器物腹部多拍印绳纹，这些器物种类及形态特征，与本地岳石文化[①]及后续文化相比，不是原本地文化的延续或者外来文化和本地文化的混合体，而是一种替代关系。这些物质遗存所呈现的社会习俗、文化、制度以及技术层面，也都是典型的商文化系统。贵重物品，如青铜器应是商王朝的某些固定作坊制作，由商王和上层贵族分发给各地族群的，而陶器、石器等

----

　　①　南京博物院：《江苏沭阳万北遗址新石器时代遗存发掘简报》，《东南文化》1992年第2期；南京博物院考古研究所等：《江苏高邮邶墩遗址发掘报告》，《考古学报》1997年第4期；邹厚本主编：《江苏考古五十年》第三"夏商周篇"，南京出版社，2000年。

则是以商式样式为蓝本在本地制作。至于该地红褐色陶器数量多,系半氧化焰环境下烧成的缘故,与中原地区还原焰环境下烧成的陶器虽有差别,但毕竟属于比较低层次的技术层面,不可能决定文化性质。因此可以说,它们在江苏省长江以北地区出现,应与商人的进入有关。

二、商文化影响区:江南宁镇地区

夏商时期,太湖以西,长江以东、以南的南京、常州、镇江以及安徽的马鞍山(即宁镇一带,包含江北仪征部分地区)为点将台文化和湖熟文化,学者对此已有较为系统的论述。[①]湖熟文化来自点将台文化,是一个非常有地方特色的商代文化,具有一群特色的器物群,与商式器物区别较大,比如陶器,陶制有夹砂陶、泥质陶、硬陶,陶色以红褐陶为主,器表以素面为主,拍印的纹饰中有梯格纹、贝纹、饕餮纹、云雷纹、回纹、羽格纹、折线纹、划纹等;器形主要有素面锥足鼎、素面甗、素面釜、素面鬲、高圈足细柄豆、圈足盘、带系罐、盂、碗、钵,带流刻槽盆、印纹硬陶豆以及原始瓷器豆、罐、瓮、瓿、带系小罐等。其中,素面鬲和鼎的种类和数量较多,鬲的腹部有直腹、斜腹和鼓腹,足有袋足、矮实足之分。甗的鬲部形体多样,甗腰多有一圈有按窝的附加堆纹。石器也很有特色,种类有细长半月形石刀、长方形石刀、石矛、石斧、锛、凿等。目前看来,湖熟文化可分早、中、晚三期,其中早期在夏商之际,中期相当于二里岗下层至殷墟一期,晚期相当于殷墟二期至西周初期。中期阶段,受商文化影响最明显,陶器中的绳纹鬲、甗、罐、盆、簋、缸等,有钻灼的卜骨、卜甲以及青铜罍、斝、爵、钺、戈等,都与二里岗文化阶段的同类器

---

① 邹厚本主编:《江苏考古五十年》第三"夏商周篇",南京出版社,2000年。

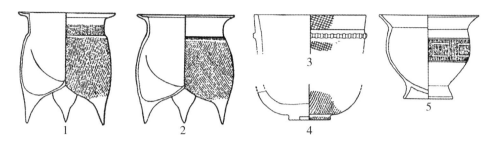

图六 句容城头山遗址出土商文化陶器

注：1、2.鬲（H2：3、T1②：108），3、4.大口缸（T1②：4、H2：7），5.簋（M15：2）

物相同或相近，晚期阶段个别遗址还出土了商式陶簋。[①]

目前所发掘的湖熟文化遗址内几乎都出土了商文化的遗物。

句容县城头山遗址，清理面积仅42平方米，在第二文化层内出土了商文化第二阶段的遗物[②]，如束颈绳纹鬲、大口圈足厚胎缸（图六：1—4），卷沿绳纹盆，弧背长条形石刀。鬲，高颈，弧腹较深，高裆，高尖实足，器胎较薄，腹上拍印细绳纹（图六：1、2），时代明显较早些。此外，该遗址发现的墓葬内，还出土了商文化第四阶段的绳纹陶簋[③]（图六：5）。

南京市北阴阳营遗址[④]，清理达3000多平方米。其中，第二、三层文化层堆积及部分房屋（如烧土面、灰坑、灶穴、火塘等）、灰坑、陶窑等遗迹为湖熟文化遗存。所见陶器中的盘口、束劲鬲，厚方唇、折沿鬲，卷沿、鼓腹、绳纹甗，敛口罐；带有圆窝形钻孔和灼痕的卜骨、卜甲（图七：1—5、8、9）；石器中弧背石刀、镰以及青铜有柄刀、削、镞等，均属于商文化第二阶段特征的遗物。

---

① 张敏：《宁镇地区青铜文化研究》，高崇文、安田喜宪主编：《长江流域青铜文化研究》，科学出版社，2002年；张敏：《殷商时期的长江下游》，《周边与中心：殷墟时期安阳及安阳以外地区的考古发现与研究学术研讨会论文集》，"中研院"历史语言研究所，2006年。

② 镇江市博物馆：《江苏句容城头山遗址试掘简报》，《考古》1985年第4期。

③ 张敏：《宁镇地区青铜文化研究》，该文引用了该墓葬的资料，见高崇文、安田喜宪主编：《长江流域青铜文化研究》，科学出版社，2002年。

④ 南京博物院：《北阴阳营——新石器时代及商周时期遗址发掘报告》，文物出版社，1993年。

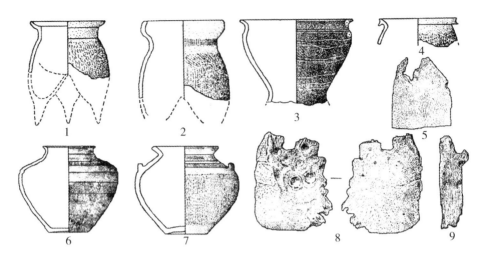

图七　南京市北阴阳营遗址出土商文化遗存

注：除6、7为第四阶段外，余均为第二阶段遗存。1.陶鼎（T43③：I1372），2.陶鬶（T372②：2），3.陶甗（T273③：63），4.陶鬲（H48：60），5.卜骨（H38：1），6.罍（T23②：I1348），7.瓿（T381②：12），8.卜甲（T23②：I1351），9.卜甲（K3：I1109）

　　该遗址还出土了商文化第四发展阶段的遗存，虽不多，但特征非常明显。如泥制灰陶、小口、鼓腹、底内凹、腹部拍印横绳纹、刻画弦纹和三角纹的罍、瓿（图七：6、7），三角缘、厚唇、侈口、鼓腹、腹部有一周三角划纹和圆圈的簋等。

　　金坛市新浮遗址，文物部门于2005年进行过试掘，清理面积150平方米，发现灰沟、灰坑等遗迹，出土了一众具有商文化第二发展阶段特征的陶鬲（图

图八　金坛新浮遗址出土商文化第二阶段陶鬲

注：1.H13：2，2、3.T1④：7、28

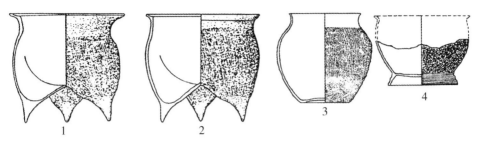

图九　丹徒赵家窑团山遗址出土商文化第二阶段陶器
注：1、2.鬲（H13：1、8），3.罐（T305④：16），4.簋（H13：23）

八）、甗、罐、绳纹罐、瓮等。①鬲的形态较多，就腹部而言，有鼓腹、圆弧腹和弧腹外斜，就足部而言，有锥状实足外撇、内勾之分。

丹徒赵家窑团山遗址，揭露面积380平方米，所见遗迹有堆筑的挡水墙垣、房址、灰坑等，在H13、H5等单位还出土了商文化第二阶段的完整陶器，如束颈鬲、鼓腹鬲、圈足簋等（图九：1、2、4），其他遗迹出土的鼓腹、内凹绳纹陶罐（图九：3）、长条形石刀、弧背石镰、铜镞、铜刀、铜削等，也属于商文化性质的遗存。②

汤山县点将台遗址，清理面积130平方米，发现了灰坑、烧土面、墓葬等遗迹。③出土的方唇、窄沿、浅弧腹、高粗实足、绳纹鬲，敞口、斜腹，低档，矮实足、绳纹甗（图十：2、3），绳纹罐、大口缸、簋等均属于商文化第二阶段遗物。而方唇、敛口、深弧腹、绳纹簋等遗物则属于商文化第四阶段遗物（图十：4）。

长江北侧的仪征市胥浦甘草山遗址也出土了商文化第二阶段的陶鬲④（图十：2）。

此外，江阴市花山遗址⑤出土的绳纹甗、绳纹鬲口沿，江阴市佘城遗址出

① 南京博物院：《江苏金坛市新浮遗址的发掘》，《考古》2008年第10期。
② 团山考古队：《江苏丹徒赵家窑团山遗址》，《东南文化》1989年第1期。
③ 南京博物院：《江宁汤山点将台遗址》，《东南文化》1987年第3期。
④ 江苏省文物工作队：《仪征胥浦甘草山遗址的发掘》，《东南文化》第二辑，1986年。
⑤ 江阴花山遗址联合考古队：《江阴花山夏商文化遗址》，《东南文化》2001年第9期。

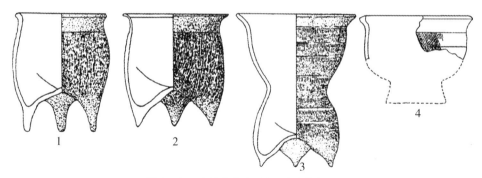

图十　江宁点将台等遗址出土商文化陶器

注：1、2、3为商文化第二阶段陶器，4为商文化第四阶段陶器。1.鬲（江宁点将台T408③：8），2.鬲（仪征甘草山H2：1），3.甗（江宁汤山点将台T302③：6），4.簋（江宁点将台T402②：10）

土的绳纹甗[1]，南京市锁金村遗址出土的绳纹盆、绳纹瓿（中罐）[2]，南京市牛头岗遗址出土的高裆、高实足、绳纹鬲，假腹豆[3]等，均属于商文化第二阶段的陶器，说明这些遗址都存有该类性质的遗存。

关于湖熟文化内商文化第二阶段的陶器分期问题。就其形态特征而言，城头山遗址出土陶鬲，束颈较高、深弧腹、裆与尖实足较高、器胎较薄、腹上拍印细绳纹（图六：1、2），时代明显稍早些；而点将台等遗址出土的鬲颈部粗短，鬲和甗裆部裆低些，粗实足部较粗，矮些，所拍印的绳纹稍粗些，时代可能稍晚些。依据这些变化轨迹，城头山遗址出土的陶器早些，次为新浮和北阴阳营遗址，而赵家窑团山、胥浦甘草山以及点将台等遗址最晚。

从以上介绍可以看出，湖熟文化所见商文化有第二、第四阶段的物质遗存，时代以第二阶段最为丰富，时代可能经历了该阶段的全过程。具有商文化风格的陶器应是模仿了商式陶器，湖熟文化中用甲骨占卜所反映的宗教思想明显受到了殷商文化的影响，铜礼器中的罍、斝、爵，及兵器钺、戈等来自与周

---

① 江阴佘城遗址联合考古队：《江苏佘城遗址试掘简报》，《东南文化》2001年第9期。

② 南京博物院：《南京锁金村遗址第一、二次发掘报告》，《考古学报》1957年第3期。

③ 华国荣、王光明：《南京牛头岗遗址考古发掘的主要收获》，《南京历史文化新探》，南京出版社，2006年。

围地区交流或辗转来自商王朝。陶鬲中比较常见的尖圆唇，宽卷沿或折沿，有颈，腹部拍饰细绳纹鬲，大口厚胎圈足缸，在苏北的同时期商文化中并未见，在安徽江淮中东部的商文化大城墩类型却有发现[1]，说明宁镇地区湖熟文化中的商文化因素来自大城墩类型。陶鬲中普遍带有盘口、束颈的风格，在江西省中北部吴城文化中比较常见，可能是受到了该文化的影响。[2]

三、结语

江苏长江以北所见商文化物质遗存有第二、四阶段，其中以第二阶段最为丰富，时代贯穿了该阶段的全过程。所见日用陶器、生产工具、青铜礼器与占卜用具形态与组合，墓葬埋葬方式及祭祀习俗都属于商文化系统，说明该地区在这两阶段属于商文化分布区。第二阶段的连云港大村出土了一组形体硕大、规格较高的鼎、甗青铜礼器，该聚落应是区域中心。黄海之滨已在商王朝控制的区域内，或者说，该区成为商王朝第二阶段唯一面向通向（接触）海洋的疆土。第四阶段的沭阳万北也出土了青铜鼎，该遗址或为当时一个高等级聚落。

苏南宁镇地区湖熟文化遗址内普遍出土商文化因素的遗存，其时代也属于第商文化第二、四发展阶段，以第二阶段最为丰富，有陶器、铜器、石器以及卜骨、卜甲。陶器器类单调，仅见鬲、甗、大口缸和簋等，就形态特征而言，与苏北商文化关系不密切，却与安徽中东部的商文化大城墩和吴城文化的商文化因素关系密切。

（原文刊于《东南文化》2011年第6期）

---

① 安徽省文物考古研究所：《安徽含山大城墩遗址发掘报告》，《考古学集刊》第六辑，中国社会科学出版社，1989年。

② 江西省文物考古研究所等编：《吴城：1973—2002年考古发掘报告》，科学出版社，2005年。

泗水流域的商代

——史学与考古学的多重建构

先秦及西汉文献多次提到泗水，如《禹贡》："海、岱及淮惟徐州。……浮于淮、泗，达于河。淮、海惟扬州。……均江海，通于淮、泗"；《国语·鲁语上》："宣公夏滥于泗渊"；《左传》鲁襄公十九年、哀公八年"遂次于泗上"，鲁哀公十一年"陈瓘、陈庄涉泗"；《战国策·楚策》提及"泗上十二诸侯"；《史记·楚世家》说楚国"东侵广地至泗上"；等等。按《水经·泗水注》《汉书·地理志》等文献，先秦时期的泗水源于今山东泗水县，经曲阜、兖州、济宁、微山湖西部的鱼台，江苏沛县、徐州、邳州南、宿迁、泗阳，由淮阴入淮。本文所谈论的泗水流域涉及济宁、枣庄、临沂西部、徐州、宿迁、淮阴地区以及皖东北的萧县、宿县一带，即鲁南、苏北和皖东北部地区。按照先秦文献、出土文字资料和考古发掘材料及相关研究，泗水流域大体属于商（周）东土（方）的南半部。具体讲，商代早期阶段都城若在河南郑州、偃师，泗水流域就基本在商中心的东部；中晚期阶段，商王朝政治中心在豫北、冀南，该流域则位于其东部和东南部边缘。根据陈梦家先生的商代政治区域划分模式，该流域大体位于商东土及各方国、邦国交接区。[1]据文献记载和史学家考证，南庚、阳甲二王时期的都城奄就在曲阜一带，如果记载准确的话，泗水流域的上游曾经是商中期的中心。但是，商代大部分时间里，该地区仍处于商王朝政治、权力和文化中心的边缘地带。

根据文献和出土文字资料的叙述（后者主要是历史学家的考证），有商一代，泗水流域分布着相当数量的方国（本文所言方国是指相对商王朝的地方性国家，包括商王朝的封国、属国、与国、敌对国以及可能与商王朝没有任何关系的国家）和族群。几十年来，考古部门在该地区做了大量考古和研究工作，累积了丰富的商代遗存和聚落资料。本文目的不是整合这些资料来复原泗水流域的商代历史，而是强调这些多元资料间产生的异例现象及其原因。

本文内容主要分五部分，一是古文献中对该地区商代历史和社会的追述以及史学界对此的解释；二是学界通过梳理出土文字资料对泗水流域方国和族群以及与商王朝的关系的复原；三是考古学界利用考古资料对该地区商代历史、社会与文化的建构；四是对泗水流域商文化遗存编年、文化、聚落与社会的再分析；五是对这些多重历史建构所呈现出来的差异以及产生这些差异的原因进行简要分析。

一、文献中的叙述以及史学家的建构

王国维先生认为商先王契所住蕃，可能是《汉书·地理志》鲁国之蕃县，今滕州西。《左传》定公四年记载："取于相土之东都以会王之东蒐"，杜预注东都"为汤沐邑，王东巡狩，以助祭泰山"，王国维就认为相土之东都在泗水北部的

---

[1] 陈梦家：《殷虚卜辞综》，中华书局，1988年。后文引用陈梦家的观点均出自此书，不再一一注明。

东岳泰山之下。[①]关于商先王昭明所迁至商，相土所居商丘，商汤所居亳，历史学界多认为在今豫东商丘、鲁西南一带，这同泗水上游地区也相隔不远。

仲丁所迁的隞（嚣）（目前学者多认为在郑州小双桥或郑州商城），丁山先生根据《国语·郑语》与《左传》桓公六年鲁国内有敖山、《太平寰宇记》"沂州新泰县"条和《读书方舆纪要》"青州府蒙阴"条有敖山和嶅山的记录，认为仲丁所迁都城在敖山一带，仲丁迁都至此与征蓝夷有关。[②]

河亶甲所居相（今人多认为在河南内黄县或安阳洹北商城），丁山和陈梦家先生都主张相地在《汉书·地理志》《水经·睢水注》的沛郡相县，今江苏徐州市南、安徽宿县之北的符离集。河亶甲居相也与征蓝夷事相关。关于祖乙迁庇（耿、邢），他们还认为庇、费读音相同，庇为鲁境之费邑（今费县），或在山东鱼台西南。[③]

古本《竹书纪年》："南庚更自庇迁于奄，阳甲即位，居奄"（见《太平御览》卷八十三引），"盘庚自奄迁于殷或盘庚自奄迁于北蒙，曰殷"（见《尚书·盘庚》疏引及《太平御览》卷八十三引等）。奄地，学术界多认为即周初参加武庚叛乱、后被周公所灭的商奄。《左传》定公四年："因商奄之民，命以伯禽而封于少暤之墟"，杜预注说："商奄，国名"，《说文解字》曰："奄，周公所诛。奄国在鲁"，《后汉书·郡国志》鲁国下注，"古奄国"，《括地志》云"曲阜县奄里即奄国之地"，均认为奄在今曲阜一带。在周汉及以后的文献里，商奄是商末东方的大国，周初曾跟随武庚和三监叛乱，受到周人的征伐。顾颉刚先生认为，奄既为商都，到盘庚迁殷后，商人也不会放弃这块地方，一定会把王族的子弟封在那里，作为商王朝的屏藩；奄既是殷属的大国，所以在殷亡

① 王国维：《说自契至成汤八迁》，《观堂集林》，中华书局，1999年。
② 丁山：《商周史料考证》，中华书局，1988年。
③ 丁山：《由三代都邑论其民族文化》，《古代神话与民族》，商务印书馆，2005年。

后自然成为反周的主要力量。①

　　《左传》定公四年："分鲁公……殷民六族，條氏、徐氏、萧氏、索氏、长勺氏、尾勺氏，使帅其宗氏，辑其分族。"陈梦家先生认为條氏、徐氏、萧氏，在今徐州、安徽萧县一带，卜辞中的攸即条，也在其附近；王恩田先生认为徐氏即《费誓》内的徐戎，在今曲阜东、费县一带。②如此说来，这些殷民族群在鲁国分封前就已经生活在该地区了。但是，也有学者认为殷民六族是随鲁国受封由殷商王畿地区搬迁而来的。

　　根据文献记录，夏商时期，薛国是泗水流域内的一个著名方国。《汉书·地理志》鲁国薛县下注："夏车正奚仲所国，后迁于邳，汤相仲虺居之。"薛在今滕州市南。《左传》记录了两件事使薛国愤愤不平，感到受了不公平待遇。因为薛祖先曾在夏、商王朝做过高官，并分封到薛地，本应是大国，朝奉鲁国时却排在滕国后面，并被宋国所役使。《左传》隐公十一年，滕侯、薛侯朝见鲁侯时，争先后，薛侯说，薛国应该排在前面，因为薛是先受封到此的国家，滕侯在周初才被分封到滕（周文王子错叔绣封于滕）。但由于滕为姬姓，薛为任姓，相对滕而言是庶姓，不得不后于滕侯。《左传》定公元年记载，晋魏舒会合诸侯之大夫于狄泉，商量修筑成周城墙之事，"（宋大夫）仲幾不受功，曰：'滕、薛、郳，吾役也'，薛宰曰：'薛之皇祖奚仲居薛，以为夏车正，奚仲迁于邳，仲虺居薛，以为汤左相。若复旧职，将承王官，何故以役诸侯？'仲幾曰：'三代各异物，薛焉得有旧？为宋役，亦其职也。'"《通志·氏族略》对薛氏的叙述："任（妊）姓，黄帝之孙，颛帝少子阳封于任，故以为姓。十二世孙奚仲，为夏车正，禹封为薛侯。奚仲迁于邳。十二世孙仲虺，为汤左相，复

----

① 顾颉刚：《三监及东方诸国的反周军事行动和周公对策》，《文史》第二十六辑，中华书局，1986年；顾颉刚：《奄和薄姑的南迁——周公东征史事考证四之四》，《文史》第三十一辑，中华书局，1988年。

② 王恩田：《山东商代考古与商史诸问题》，《中原文物》2000年第4期。

居薛。……臣扈、祖乙，皆仲虺之胄也。祖乙七世孙曰成，徙国于挚，更号为挚国。女大任生文王。至武王克商，复封为薛侯。"《新唐书·宰相世系表上》任姓条加上了"太戊时有臣扈，武丁时有祖乙，皆徙国于邳"的内容。这些文献延续了薛宰的讲话并有所累加。薛宰通过对历史记忆的追述，追溯了薛族和薛国的来历，强调薛早在夏代就立国，商王朝曾任官，有功于商，本应同宋等国密切，而现实却被看作二等国家，受宋役使，实在不公平。薛宰把当时与过去的人、事组合成一种具有特殊意义的述事文本，借此说明薛国（族）在以夏、商、周王朝为首的政治秩序中的尊贵性、正统性地位，薛族也是当时上层社会的核心人群。

此外，关于仲虺，商汤灭夏后，因为是用武力取得天下，感到惭愧，害怕后人把其行为作为口实，于是，汤之左相仲虺作诰，这就是《仲虺之诰》。该文已佚。但从《左传》《墨子》《荀子》《吕氏春秋》等先秦文献引用的部分诰文内容来看，主要意思是鼓吹商汤恃强取乱毁亡、成就霸业，是遵循天道，人心所向。[1]

《诗·大雅·大明》："挚仲氏任，自彼殷商，来嫁于周。……大任有身，生此文王。"《国语·周语》："挚、畴之国也由太任"，学者认为"挚"或为"薛"之误。这说明，商代末期薛人太任（妊）曾与西部的周季历通婚，并生下文王姬昌。

《国语·郑语》史伯曰："……大彭、豕韦为商伯矣。……彭姓彭祖、豕韦、诸稽，则商灭之矣。"韦昭注："大彭，陆终第三子，……封于大彭，谓之彭祖，彭城是也。……殷衰，二国相继为商伯（霸）。"清人徐元诰说："彭祖，大彭也。……大彭、豕韦为商伯，其后世失道，殷复兴而灭之。"[2]《史记·楚世家》："彭祖氏，殷之时尝为侯伯，殷之末世灭彭祖氏。"《世本》："彭祖者，彭

---

① 刘起釪：《尚书学史》（订补本），中华书局，1996年。
② 徐元诰：《国语集解》，中华书局，2002年。

城是也。"《汉书·地理志》:"彭城,古彭祖国。"从这些叙述中可以看出,位于今徐州的大彭国曾是商的侯伯,商王朝衰落时,曾称过霸主,商复兴后被灭。

苏北地区商代还有一个邳国,《左传》昭公元年:"商有姺、邳。"杜预注,"邳即下邳县",今江苏邳州一带。邳国,可能曾是商的封国,后因有过错被灭掉。[①]但据文献,东周时期,邳国仍存在,邳州北部的峄城一带还出土过春秋中晚期的邳伯罍。[②]

商代中、晚期,泗水东部地区还存在着土著族群。古本《竹书纪年》记载"仲丁征于蓝夷"(《后汉书·东夷传》注,《太平御览》七百八十引),"河亶甲征蓝夷,再征班方"(《太平御览》卷八十三)。丁山先生认为,蓝夷所在地当为《左传》昭公三十一年"邾黑肱以滥来奔"中的滥,即《后汉书·郡国志》所说东海郡昌虑县内的蓝乡,今滕州市羊庄、枣庄西集和陶官一带。[③]蓝夷曾与商王朝发生过战争,商王仲丁、河亶甲可能征服了他们。

据《左传》《韩非子》,商代末期,包含泗水流域的东方地区居住着东夷族群。纣王因"黎丘之蒐",会合诸侯,而对诸侯无礼引起东夷人的反叛,又因用不道德手段战胜东夷,受到了"陨其身、丧其国"的报应(见《左传》昭公四年、十一年,《韩非子·十过篇》)。[④]

---

① 《左传·昭公元年》,(赵孟)乃请诸楚曰:"……疆场之邑,一彼一此,何常之有?王、伯之令也,引其封疆,而树之官,举之表旗,而著之制令,过则有刑,犹不可壹。于是乎虞有三苗,夏有观、扈,商有姺、邳,周有徐、奄。自无令王,诸侯逐进,狎主齐盟,其又可壹乎?"

② 王献唐:《邳伯罍考》,《考古学报》1963年第2期。

③ 丁山:《商周史料考证》,中华书局,1988年。

④ 《左传》昭公四年记载,夏六月丙午,楚子会诸侯于申。……楚子示诸侯侈。椒举曰:"夫六王、二公之事,皆所以示诸侯礼也,诸侯所由用命也。夏桀为有仍之会,有缗叛之,商纣为黎之蒐,东夷叛之(《韩非子·十过篇》为'纣为黎丘之蒐,而戎狄叛之')。周幽为大室之盟,戎狄叛之。皆所以示诸侯汰也,诸侯所由弃命也,今君以汰,无乃不济乎。"《左传》昭公十一年说,楚子用重币甘言诱蔡灵侯而杀之,并围其都城,昭公八年,楚王曾用类似不道德手段灭掉陈国,叔向认为楚国必受到惩罚,"桀克有缗,以丧其国,纣克东夷,而陨其身,楚小、位下,而亟暴于二王,能无咎乎?"说明在叔向眼里纣攻伐东夷是不道德的,非正义的。

总之，如果说学术界对先商时期契都蕃、相土东都，商代中期仲丁所迁敖、河亶甲所迁相以及祖乙的庇都城位于泗水中上游地区有较大争议外，那么对南庚、阳甲所居奄在曲阜多持肯定态度。如是，商代中期晚段，泗水中上游一带曾经是商王朝的中心。商代这里有商的属（封）国薛，薛人在商王朝内为职，与商关系密切，晚商时期，可能有条氏、徐氏、萧氏和索氏等商族群生活在泗水中、上游一带。方国邳、大彭等或受过商王朝的分封，或依附过商，但后来因有过或不服从商，被商灭掉。商代中期，商人称泗水上游地区的土著居民为蓝夷，晚商时期则为东夷，都曾因与商王朝作对，受到过征伐。

二、文献中对周初泗水流域的方国与族团的记录

周翦灭商，出于政治、军事以及文化、族群和国别认同／区分的需要，周人对包含泗水流域在内的东方地区那些早已存在的族群、国属和文化进行了重新分类，构建了另类话语系统。就这角度而言，也有助于我们了解商代晚期泗水流域已经存在或周初从他处迁来的方国和族群情况。

1.周、汉时期文献的叙述

《左传》昭公九年，（詹桓伯）曰："……及武王克商，薄姑、商奄，吾东土也。"从政权延续而言，武王战胜商后就拥有了商王朝在东方地区占有的领土。《国语·郑语》记载了史伯的话："当成周者，……东有齐、鲁、曹、宋、滕、薛、邹、莒，……"这说明，西周初年，在周人眼里，泗水流域及周围除了周人分封的鲁、滕、宋、曹外，还有薛、邹、莒等土著方国，而有些方国在商代晚期可能就已经存在了。

周、汉文献中，周初泗水流域曾有商奄、徐（戎）、淮夷、熊盈等方国和族群。由于他们随同三监和武庚反周，受到了征伐、镇压，遭到了灭国之灾。很多文献都记录了这件"大事"。《尚书》中的《大诰》《成王政》《将薄姑》

《多士》《周官》等序及正文内说，武王崩后，淮夷跟从三监和武庚叛乱，成王在周公、召公的辅助下，灭淮夷，践奄，迁其君至薄姑。稍有不同的是，《贿肃慎之命序》说成王征伐的对象为东夷。

但是，文献中还有不同的叙述。《史记·周本纪》与《鲁周公世家》《孟子·滕文公下》等文献，都说周公践阼，代成王摄行当国，与召公一起，东伐淮夷，灭奄，迁奄之君至薄姑，花费了三年（二年）才"宁淮夷东土"。《逸周书·作雒》也说，"周公立，相天子，三叔及殷、东、徐、奄及熊盈以略（畔）"，周公、召公"凡所征熊盈族十有七国，俘维七邑"。周公、召公率兵征伐对象为徐、奄及熊盈。

为了弥合文献中周公、成王征淮夷、践奄的矛盾，后世学者认为周公第一次东征，成王进行了二次东征。也有学者以此认为周公称王说，《尚书》中的成王应是周公，后世篡改了文献。

《尚书·费誓》(《史记》为《肸誓》)还说，鲁侯伯禽宅曲阜，徐戎、淮夷并兴，致使鲁东郊不宁。于是伯禽征伐徐戎，才稳定了鲁的局势。[1]《诗经·閟宫》也对其事进行了歌颂，甚至把淮夷的宾服，也算作鲁侯之功。[2]

《左传》昭公元年赵孟认为，徐、奄国是因为有过错才遭到灭亡之灾。

上面已提及奄应在曲阜一带。从《费誓》叙述来看，徐戎、淮夷应在鲁国的东部、东南部。郑玄注《尚书序》说"奄在淮夷之北"，注《多方》云"奄在淮夷旁"；清学者雷学淇认为(《竹书纪年义证》)淮夷在淮水入海处，奄国在淮夷之北；顾颉刚先生认为徐在今曲阜以东的兰山、郯城一带，淮夷在其东

---

[1]　《费誓》说，"徂兹淮夷、徐戎并兴"，"甲戌，我惟征徐戎"。《史记·鲁周公世家》记载，"伯禽即位之后，有管、蔡等反也，淮夷、徐戎也并兴反。于是伯禽率师伐之于肸，作肸誓，曰：'……我甲戌筑而征徐戎……'。遂平徐戎，定鲁"。

[2]　《诗经·閟宫》云："泰山岩岩，鲁邦所詹，奄有龟蒙，遂荒大东，至于海邦，淮夷来同，莫不率从，鲁侯之功。保有凫绎，遂荒徐宅，至于海邦，淮夷蛮貊，及彼南夷，莫不率从，莫敢不诺，鲁侯是若。"

北的日照、诸城一带的潍河流域[1]；王恩田先生根据文献记录及费县出土的周代徐子鼎考证，徐应在鲁东费县一带。大致说来，周初，商奄在曲阜一带，徐戎和淮夷分布在泗水以东或泗水与淮河交接区。

文献中还有关于商蓋的记载，学者们多认为蓋、奄一声之转，意也相同，商蓋即商奄。不过，周公并没有灭掉商蓋。《墨子·耕柱篇》记载："古者周公旦非关（管）叔，辞三公，东处于商蓋。"[2]《韩非子·说林》说："周公旦胜殷，将攻商蓋。辛公甲说：'大难攻，小易服，不如服众小以劫大。'乃攻九夷而商蓋服。"周公只是通过间接手段让商蓋宾服，并没有翦灭之。此外，顾颉刚先生也认为商奄并没有灭亡，奄贵族及属民迁移到长江之南去了。[3]

另外，临沂西汉竹简[4]所出《孙膑兵法·见威王》篇云："帝（商？）奄反，故周公浅（践）之。"整理者认为"帝"应是抄写笔误，但同出的《孙膑兵法》竹简上也多处有"商"字，不排除文献中的"商奄"本应就是"帝奄"的误写。孙膑在鼓吹战争的作用时，把周公征伐帝奄作为其论证的历史依据（例子）之一，其意也与《尚书》《左传》《韩非子·说林》《史记》稍微不同。

2. 出土金文等资料的记录

出土的西周早期金文资料表明，周初，周人东征的对象是东夷，而非淮夷。征伐淮夷的事较晚，集中出现在西周中晚期的金文。征伐东夷的主角是周公、大保，周王仅征伐过菉侯。如《塱方鼎》，"隹周公於征东夷，丰伯、尃

---

① 顾颉刚：《徐和淮夷的迁、留——周公东征史事考证四之五》，《文史》第三十二辑，中华书局，1990年。

② 《墨子·耕柱篇》记载，墨子的弟子高石子在卫国任卿，多次向卫君进言，卫君不听，高离之而去，卫君谓其狂傲。墨子曰："去之苟道，受狂何伤？古者周公旦非关（管）叔，辞三公，东处于商蓋。人皆为之狂。后世称其德，扬其名，至今不息。且翟闻之，为义非避毁就誉，去之苟道，受狂何伤。"

③ 顾颉刚：《奄和薄姑的南迁——周公东征史事考证四之四》，《文史》第三十一辑，中华书局，1988年。

④ 詹立波：《〈孙膑兵法〉残简介绍》，《文物》1974年第3期。

古，咸哉"；《旅鼎》，"隹公大保来伐反尸年"；《禽簋》，"王伐楚侯，周公某，禽祝"；《冈劫尊》《冈劫卣》，"王征楚"，唐兰先生认为"楚"读为盖，即文献中的商奄，禽为鲁国君伯禽。[①]

非常有意思的是，出土的金文资料表明，周人对包括泗水流域在内的东方地区的征伐，也绝不限于周初一次，也非像《史记·周本纪》所说："成康之际，天下安宁，刑错四十余年不用。"据《史墙盘》记载武王灭商后，曾东"伐夷童"。继周公、大保、成王伐东夷外，但周人的再一次大规模东征却不见于史籍，这就是康王后期第三次东征。带领部队的是白懋父、王姜等。小臣逨簋、旅鼎、䲨鼎、簪鼎、员卣、班簋、保簋、令簋等铭文都记载了征伐东夷的事件。通过这次东征，周人才彻底控制了东方地区。西周晚期，周人又进行过第四次东征，如晋侯苏编钟、史密簋、师寰簋的记载，但其规模和影响远不及前几次。[②]

通过文献和出土文字记录可以发现，周初，周人征伐的泗水流域土著方国和族群有淮夷、东夷、商奄、帝奄、楚侯等。有些方国和族群在商代晚期肯定就已经存在了。对这些方国和族群称呼上，周人与商人明显存在着差异，也说明商人与周人有不同的族群认同/区分系统。但是，为什么有这样的差异呢？甚至包括征伐的对象，征伐的次数，率军人物是谁，都有不同的记录。下文中将涉及这些问题。

———————————

①　唐兰：《西周青铜器铭文分代史征》，中华书局，1986年。

②　顾颉刚：《康王以下的东征和北征——周公东征史事考证四之三》，《文史》第二十九辑，中华书局，1988年；唐兰：《西周铜器断代中的"康宫"问题》，《考古学报》1962年第1期；唐兰：《西周青铜器铭文分代史征》，中华书局，1986年；马承源：《何尊铭文和周初史实》，《王国维学术研究论集》第一辑，华东师范大学出版社，1983年；马承源：《新获西周青铜器研究二则》，《上海博物馆集刊（建馆四十周年特辑）》，上海古籍出版社，1992年。

三、卜辞对泗水流域商代方国、族群及与商关系的记录

需要说明的是，所谓的卜辞中对泗水流域商代社会、族群与商王朝关系的记录实际上也只是当代史学家（文字学家）对卜辞的释读和建构。

殷墟卜辞中，商人对其东部领土称为"东土"或"东方""东邦"，其周边族或人群则称为某方，如人（夷）方、危方、旁方、盂方等。东土内的方国和族群与这些"方"分布上犬牙交错，就看商人如何称呼了。对泗水流域及周围商代方国、族群其周围进行比较系统研究的是陈梦家、岛邦男①、郑杰祥等诸先生。他们首先在辨识卜辞地名文字的基础上，通过干支系联法以求得地名之间的相对距离，以此为骨干构成可靠的卜辞地名网络，最后根据周汉文献所记同一范围的地名、古国与卜辞同名，逐一考释了其地望，并初步探讨了这些方国、族群与商王朝的关系。

下面简要介绍一下各位学者研究文章内所涉及的泗水流域商代方国、族群以及与商王朝关系的内容。

卜辞中的方，郑杰祥先生认为应在汉代的方舆县，今山东省鱼台县西。方多见于一期卜辞，二、三、四、五期则少见。方是商王朝东土的敌对国，卜辞所记方族经常与商王朝发生冲突，常给商王朝造成麻烦，商王多次贞问和担心方人大出情况，并多次出兵征伐方国（族）。商王曾用方人当作牺牲祭祀神祖。经过征伐后，方族曾归顺于商王朝，并帮助商王征伐不（丕）等国。②但杨树达先生认为方应是后世文献如《竹书纪年》"后少康即位，方夷来宾"、《后汉书·东夷传》

---

① 〔日〕岛邦男著，濮茅左、顾伟良译：《殷墟卜辞研究》，上海古籍出版社，2006年。下文引用岛邦男的观点均出自该书，不再另注。

② 郑杰祥：《商代地理概论》，中州古籍出版社，1994年。下文引用郑杰祥的观点均出自该书，不再另注。

所载九夷之一的方夷。古代方、彭音同，卜辞中的方即古文献中的大彭。卜辞关于方的记录与《国语》记载大彭为商代的侯伯，曾做过霸主，后遭商灭亡一致。[1]

商王让丰征伐方，郑杰祥先生认为丰在江苏省丰县。

卜辞中的贮，郑杰祥先生认为贮与杼古音相近，古杼国在汉代的杼秋县，今安徽省砀山县。贮国（族）是商王朝的重要属国，商王曾贞问贮有无灾祸，贮经常向商王贡奉，并接受商王的派遣。

卜辞中的不国即丕、邳，学者们多认为即文献中所记商人曾经灭掉的邳国，东周时期的邳国。不国位于汉代的下邳（或薛县或上邳），今江苏邳州（下邳）或滕州薛国故城西部的骥城（上邳）一带。不国主要出现在卜辞一期。不国是商王朝的敌国，商王除令方族等征伐不外，自己也曾率军攻打不人，并杀伐不族人作牺牲以祭祀神祖。但卜辞中还有子丕的记载，还贞问子丕是否有疾病，可能是丕被征服之后，丕地成为商王直系亲属的封地。

卜辞中的趆族，郑杰祥先生认为趆地即《春秋·桓公十七年》"公会邾仪父于趆"的趆，位于邹城市东南。趆曾与商王朝处于敌对状态，后归顺，受到奠置，被封为趆侯，商王曾在此田猎，并宅于趆。

卜辞中的嵩地，郑杰祥先生认为即先秦时期的颛臾国，今费县西北。嵩曾受到商王的征伐。

卜辞中的蜀，学者们多认为即《左传》宣公十八年"楚于是乎有蜀之役"中的蜀地，西晋的蜀亭，今汉上县西南的20公里蜀山。蜀地是商王朝的领地，商王曾驻足此地，还关心这里的农业生产，贞问"蜀受年""蜀不其受年"。

卜辞中的薛（孽），学者们都主张即先秦时期的薛国。[2]薛即战国的薛邑，

---

①　杨树达：《积微居甲文说　卜辞琐记》释方篇，中国科学院出版，1954年。

②　丁山：《甲骨文所见氏族及其制度》，中华书局，1999年；王恩田《陕西岐山新出薛器考释》，《考古与文物丛刊》第二号，1983年；郑杰祥：《商代地理概论》，中州古籍出版社，1994年；李鲁滕：《略论前掌大商代遗址群的文化属性和族属》，《华夏考古》1997年第4期。

汉代的薛县，今滕州薛国故城。薛国故城曾出土过春秋时期"薛侯定之造"戈（即《左传》中的薛襄公）、薛侯行壶、走马薛仲赤簠、薛子仲安簠，可证春秋时期的薛国就在此地。薛出现在卜辞一、二、三时期（武丁至康丁时期）。总体而言，薛与商关系友好，被封为伯（薛伯）。薛地曾是商王的田猎地，卜辞中有自薛、之薛、宅薛、作薛（作邑于薛）、丘薛、呼薛的记录。商薛还通婚，薛国的女子曾嫁给殷王（如司［后］薛，妇妊）。但商王曾征伐过薛伯，有多次贞问伐薛的记录。

卜辞中的画（规），郭沫若释为"规"，郑杰祥认为规与圭、桂音同，应在古代桂陵一带。画（规）见于卜辞一、二、四、五期。画（规）曾监视儿（郳）、旁方的动向，说明画与旁方、儿为临。《水经注·泗水》提及邹县峄山有画门，彭邦炯、孙亚冰先生认为画应在曲阜附近（也有学者认为画即孟子去齐宿画之画，在今山东临淄西北15公里）。[①]画地是商王的重要田猎地，在画地设有负责田猎事务的犬官，画还成为商王直系贵族的封地（子画）。[②]画多次向商王进贡宝龟和牛[③]，并向商王朝报告儿（郳）伯和旁方的动向。商王征人方时曾路过画地。[④]

卜辞中的儿，学者们多倾向于就是春秋的郳国、小邾国，即《春秋·庄公五年》"郳犁来朝"、《世本》"邾颜居邾，邾肥徙郳"中的郳，今山东滕州东部。传世有"郳姀鼎"。近年，在山亭区（原属滕州）东江小邾国一座贵族墓内出土了"邾君庆壶"和"兒庆鬲""兒庆鼎"[⑤]，可证春秋的儿就在此地周围。兒（郳）只见一期卜辞。郳国曾有不利于商的举动。卜辞既称兒伯，说明兒也曾臣服过商，受过商王的册封。

---

① 孙亚冰：《浅论殷墟卜辞中所见东方和南方方国》，中国文物学会等编：《商承祚教授百年诞辰纪念文集》，文物出版社，2003年。下文引用孙亚冰的观点均出自该文，不再另注。
② 丁山：《甲骨文所见氏族及其制度》，中华书局，1999年。
③ 胡厚宣：《殷代封建制度考》，《甲骨学商史论丛初集》，河北教育出版社，2002年。
④ 李学勤：《商代夷方的名号和地望》，《中国史研究》2006年第6期。
⑤ 枣庄市博物馆等：《小邾国遗珍》，中国文史出版社，2006年。

卜辞中的旁，郑杰祥认为旁与防古音同相通，即《春秋》隐公十年"（公）辛巳取防"的防地，今金乡、单县一带。孙亚冰先生认为旁方在曲阜附近。旁方见于一、三、四、五卜辞。总体而言，旁方与商关系密切，商王征用旁方射兵，为王打仗，卜辞五期时出现亚旁（金文也有），说明旁方曾受商的分封或在商朝做亚官，商王还在旁地田猎。此外，旁方可能为子爵，商王曾问旁子有没有疾病。

卜辞中的拔，郑杰祥先生认为即《春秋》定公三年"仲孙何忌及邾子盟于拔"的拔地，在兖州嶧阳一带。拔地是商王的重要田猎地，商王曾多次狩猎。

卜文中的索，王恩田等先生认为即《左传》定公四年所述的分鲁公殷民六族中的索氏。兖州李宫曾出土一组带有索符号的商末周初的青铜器，其索也应在这一带。帝辛十祀征人方时可能到过索。索出现在一、二、四、五期卜辞，商王曾在此祭祀神祖，并多次到该地田猎。但也有学者（如郑杰祥）认为索即为《左传》昭公五年"郑子皮、子太叔劳诸索氏"之索，在河南荥阳一带。

卜辞的"弇"，丁山等先生认为就是文献中的商奄，弇与奄同音，弇或即古文奄字。卜辞中有"妇弇奴"，"贞，弇不其奴"，"丁酉，殼贞，来乙巳王入于弇"的记录。丁山先生认为惟王至于都城或旧都才称"入"，王入弇，弇可能就是南庚的故都奄。[1]

彭邦炯先生认为卜辞中的盍，即文献中的商奄、商蓋。盍与奄、蓋不仅义同，而且音也近，应指一地。日本京都大学藏的一片武乙、文丁时代的卜辞："甲戌（卜），其雨，在盍"，是商王在征伐途中预卜天气好坏和行军顺利与否的占卜记录。[2]

卜辞中的庚、庚宗，陈梦家先生认为即《左传》昭公四年"穆子去叔孙

---

① 丁山：《商周史料考证》，中华书局，1988年。

② 彭邦炯：《曲阜在甲骨文叫什么》，《孔子研究》1987年第1期。

氏，及庚宗，遇妇人"的庚宗，地望在泗水县东。卜辞中"庚入十"，"于庚宗十羌卯二十牛"，说明庚、庚宗向商王进贡宝龟和牛。

卜辞中的龚，彭邦炯认为，就是《元和郡县图志》和《读史方舆纪要》兖州的龚丘城。龚出现在卜辞一、五期。商王曾在龚地停息，贞问是否受年，商王还令龚拘执某人，说明商与龚关系密切。[①]

卜辞的曾，可能是《左传》中提及的位于山东枣庄与苍山之间的鄫国。周初金文中记载员跟从史征伐东夷时，曾经"伐曾"（《员卣》），卜辞和金文中的曾应为一地。[②]"曾入二，在……""? 巳，曾画……"，说明曾向商王进贡宝龟。

卜辞中的夋，郑杰祥先生认为夋音与开同，可能就是开地，《汉书·地理志》有开陵，在江苏邳州一带。夋是商王朝的重要属国，商王常驱使其征伐他国或进贡物品。

最近，滕州前掌大商周墓葬出土铜器中有大量"史"字族徽引起了注意。史，卜辞中多称"我史""史亚"，说明史与商王朝比较亲近，并做过亚官或受过分封。卜辞中还贞问黄尹（伊尹）是否保佑史，史还参加了征伐方、缶等国的活动，金文中史还参加了征人方的战役，并擒获了人方首领。滕州前掌大集中出土了带有"史"族徽符号的青铜器，冯时先生认为，该墓地即史氏家族墓地，这一带应为史氏家族或殷之东史子裔封邑。[③]带有"史"族徽符号的传世青铜器达数十件之多，说明商周时期史曾是望族。

卜辞中的危方，孙亚冰先生认为，由征人方卜辞可知，从攸到危步行需要三天时间，攸在安徽宿州西北一带；危方曾为商征伐过望，地望可能在豫东鲁西南地区，危方距两地应不远。岛邦男认为危方在亳南、淮阴间，泗水下游的

---

① 彭邦炯：《甲骨文所见龚（龏）氏在鲁地考》，《孔子研究》1993年第3期。

② 陈槃：《春秋大事表列国爵姓及存灭表撰异》，"中研院"历史语言研究所专刊之五十二，1997年。

③ 冯时：《殷代史氏考》，《黄盛璋先生八秩华诞纪念文集》，中国教育文化出版社，2005年。

西部一带。危方出现在一、二、三、四、五期卜辞中,与商关系非常密切。商王关心危方的安危,问及祸福,还到过危地田猎,危方向王提供牛等牺牲,为王征伐望、羌方,危方曾受到两次奠置。但是,在卜辞三期晚段,危方反叛商,但很快被镇压,首领美被杀,用于祭祀商王祖先祖丁。帝辛十祀征人方到过危地。

卜辞中的攸,是商朝的重要封国或盟邦,也是商在东(东南)经营的重要据点。攸国出现在一、二、四、五期卜辞。在卜辞中称为攸侯,说明受过商王的分封。商王多次到过攸地,报祭已死的攸侯。攸侯喜还一路跟从商王帝乙或帝辛参加了征人方的战争。商王征伐人方的往返途中都经过了攸地,在攸境内活动长达一个月,并在该地与人方主力作战,俘获并处死了人方首领。卜辞中还记录了攸国的若干鄙邑如永等。关于攸,陈梦家等先生认为即《左传》定公四年鲁所分封殷民六族中的条氏,也就是《孟子·滕文公下》中引《尚书》逸文内的有攸氏,在今河南永城南部、安徽宿州西北一带。王恩田先生认为攸与爻相通,滕州后黄庄出土了带有"爻"族徽号商代铜器,攸应在这一带。

卜辞中和商代晚期金文里多次提到人方。人方出现在一、三、四、五期卜辞。卜辞中有"人方伯"的记录。一期卜辞中曾贞问人方是否受到保佑,说明人方曾臣服过商王朝。但人方曾与商王朝长期对立,是商的敌对国。帝乙、帝辛时期征人方的甲骨卜辞和金文发现数量多,且成组、成系统,所历日月清楚,经过的地名也多,为勾画殷历谱和地理网络提供了第一手资料,引起了学术界的关注。学者们根据周汉文献所提供的地名坐标以及考古发现的铜器铭文,复原了征人方的日期、路线和人方所在位置。越来越多的学者认为,人方应是位于商代东部和东南地区的一个土著方国。董作宾先生认为人方就是文献中商纣所征伐的东夷;郭沫若先生认为"殷代尸方乃合山东之岛夷与淮夷而言";陈梦家先生考证人方与林方都属于淮夷诸邦之一,人方在今安徽北部;郑杰祥认为在豫东南、安徽中北部;王恩田先生认为在鲁南费县一带。谭其骧先生主编《中国历史地图集》第一册的商时期全图和商时期中心区域图[①]、胡厚宣、均振宇先生主编《殷商史》文中出示的商时期中心区域图[②]，均把人方的位置放在泗水东侧。而李学勤、方辉先生则把人方定在鲁北一带。[③]孙亚冰先生综合各家意见，认为人方在晚商早期阶段在皖北至鲁南一带即泗水中上游东西两侧，后经过商王多次征伐，人方向东、北退缩。

总之，根据学者们的考证，商代晚期，泗水流域分布着许多方国和族群。在殷墟卜辞的记录中，或者从商人角度看，绝大多数族团与商王朝关系密切，有些做过商的亚官如亚旁、亚史、亚薛等，他们或随商王征战，或出兵，或贡献宝龟、牺牲（如牛），有些受过商王的册封，有些是商王直系亲属的封国如子不、子画（规）等，有些地方应该就是商王的田猎区，商王不仅贞问受年情况，而且还多次亲临这些方国。个别方国时叛时服，如薛、兒、不、越、嵩等，叛乱时都受到商人的大规模征讨。个别方国或族群长期是商的敌对方，如方、兒、人方，但最起码在商人眼里，他们都被征服过。

四、考古学界对泗水流域商文化、社会和历史的建构

考古学家通过调查、发掘所获的实物遗存来复原历史（主要是通过考古学文化的研究），与历史文献所筑就的历史相比，并不只是互补互证的关系，应该说是从另一方面和角度构建的历史。

需要说明的是，考古界所说的商文化是指商族和那些接受了商族物质文化

---

① 谭其骧：《中国历史地图集》第一册，河北人民出版社，1996年。

② 胡厚宣、胡振宇：《殷商史》，上海人民出版社，2003年。

③ 李学勤：《重论夷方》，《走出疑古时代》，辽宁大学出版社，1997年；李学勤：《商代夷方的名号和地望》，《中国史研究》2006年第6期；方辉：《从考古发现谈商代末年的征夷方》，《东方考古》第1集，科学出版社，2004年。

并以其为主体文化的非商族所创造的物质文化。[1]

通过近80年的考古发掘和研究，考古界已初步搭建了以郑州商城、偃师商城为代表的商早期文化（早商），以郑州小双桥、藁城台西、邢台东先贤遗址和洹北商城为代表的商中期文化（中商），及以殷墟为代表的商代晚期（晚商）文化编年框架，并基本廓清了先商、商代物质文化面貌，同时，对周围非商文化遗存的认识也清晰了许多。综合各家的意见，可把商代早期定在商汤至太戊，中期为仲丁至小乙，晚期大体相当于武丁至帝辛时期。

夏代和商代早期，东方地区存在着岳石文化，考古界多称之为东夷文化。商代早期，泗水中上游地区为岳石文化尹家城类型、苏北类型（万北类型）及以东的土城类型（下庙墩类型），泗水下游和淮河南岸则为周邶墩类型。[2]商早期文化（考古学上是指以郑州二里岗上下层所代表的商文化）末段开始进入东方，商代中期（考古学上指二里岗上层晚段之后）商人开始向东大规模扩张，商文化在东方地区发展起来了。学者们构建了商文化东进的方式和具体进程：商文化在东方的扩张是一个渐进的过程，但商文化又有两次东进的高潮，第一次为商代中期，第二次在商代晚期即殷墟时期。在商代早期较晚阶段商文化进入鲁豫交界区，商代中期，商文化到达津浦铁路线两侧，晚期特别是武丁时期，势力范围向东扩大了，山东大部分地区、江苏淮北直到黄海之滨基本上纳入了商王朝的势力范围。

关于泗水流域商文化。多数学者认为，商文化大约在二里岗上层晚些时候（即商代中期）进入泗水流域，这个时期商文化的聚落分布是局部的，分散的，总体数量不多。而晚商时期是该地区的繁荣期，聚落数量多，分布密集，出现

---

[1]　许宏：《对山东地区商代文化的几点认识》，《纪念山东大学考古专业成立二十周年文集》，山东大学出版社，1992年。

[2]　山东省文物考古研究所：《山东20世纪的考古发现和研究》第四章第一节，科学出版社，2005年。

了大型墓地和聚落（如前掌大），出土商式铜器（以族徽、日名铭文为标志）的地点也多了起来。但是，商文化并没有进入泗水下游地区，那里应该是淮夷文化的分布区。学者们根据泗水流域商文化与目前所认知的中原地区商文化的相同/相异程度，尤其是陶器形态和颜色的变异程度，并参照文献内关于方国的记录，把该地区的商文化划分为若干个地方类型。最初，有学者把泗水流域的商文化归为大辛庄类型，后又有学者进一步细划为大辛庄类型中的鲁南小区（小类型）①，或者把泗水上游地区的商文化归属为鲁西南安丘堌堆类型②，把滕州一带为中心的商文化划为鲁南类型。王迅先生还把苏北地区的商代文化归为非商文化（商文化之外）的一个地方类型——丘湾类型。③王立新先生认为早商时期（包含商代中期），泗水上游地区同属于大辛庄类型。④唐际根先生认为中商时期为潘庙类型和高皇庙类型。⑤徐基先生认为汶泗河流域为凤凰台类型（商奄文化），鲁南为薛城类型（薛国文化）。⑥《中国考古学·夏商卷》编者认为中商时期，有潘庙类型（包含鲁西南菏泽地区），苏北鲁南也可能存在一个类型；晚商时期，济宁地区为安丘堌堆类型（该类型是潘庙类型的发展和延续），微山湖以东曲阜、滕州一带为前掌大类型，苏北地区已不是商文化的分布区了。⑦陈淑卿女士认为泗河流域（应该是上游）为潘庙类型（商奄故地），鲁南薛河流域为前掌大类型（与薛国有关）。⑧

作为一个地域类型的主要特点，主要是表现在陶器上如红陶、褐陶（烧窑技

---

① 许宏：《对山东地区商代文化的几点认识》，《纪念山东大学考古专业成立二十周年文集》，山东大学出版社，1992年。

② 李季、何德亮：《泗河流域古代文化编年与类型》，《文物》1991年第7期。

③ 王迅：《东夷文化与淮夷文化研究》，北京大学出版社，1994年。

④ 王立新：《早商文化研究》，高等教育出版社，1998年。

⑤ 唐际根：《中商文化研究》，《考古学报》1999年第4期。

⑥ 徐基：《山东商代考古研究的新进展》，《三代文明研究》（一），科学出版社，1999年。

⑦ 中国社会科学院考古研究所：《中国考古学·夏商卷》，中国社会科学出版社，2003年。

⑧ 陈淑卿：《山东地区商文化编年与类型研究》，《华夏考古》2003年第1期。

术的变化）的比例高于中原地区，有厚胎的厚唇宽边鬲、甗、原始瓷器、印纹硬陶等。这些类型的提出，是学者们根据不同角度和学术目的，对该地区商文化的称呼。大体看来，对当地考古学文化特点而提出的类型定名（称呼上）的依据有两个，一是遗址发现早或者发掘面积大、出土遗物相对丰富，二是由文献导向的影子，把各地有特色的物质遗存联系到文献记载的方国，尤其是土著大国。

考古界在构建泗水流域编年、文化特征和类型的同时，还结合考古材料与文献，试图解读泗水流域的考古资料，复原了泗水流域的商代历史。下面介绍一些学者的不同论述。

张学海先生认为，泰沂山脉南侧的泗水上游地区（即鲁南地区）商文化的发展与影响程度同鲁西和鲁北地区相比，可能是三区中比较小的，是商代地方文化而非商文化。[①]早商（即商代中期）的商式鬲，窄沿、鼓腹、高裆，假腹豆外观有呈筒形者，器表有刮抹痕，具有地方特色。晚商时期多商式变体陶器如厚胎宽边鬲、厚胎宽边甗等，并有东南地区特征的红陶印纹罐、青釉豆、罍等器物。商代晚期，当地的文化因素有了较大的发展，潘庙、凤凰台、前掌大等晚商阶段的遗存，占主导地位的似乎不是商文化因素，而是当地的文化因素。在邹县南关化肥厂发现的晚商遗存虽然属于典型的晚商文化，但只是孤立的一个点，因为周围没有类似聚落的存在。商代晚期，济宁地区（包括曲阜、兖州、泗水、济宁市区）的当地文化应为奄文化。奄、商不同族，文化理当有别。至于滕州、枣庄一带，传说夏商时期为薛族的活动中心，前掌大遗址应与薛有关，墓地属于薛国贵族墓地，带墓道的大型墓葬可能是薛君墓。但薛文化也不是商文化。

徐基先生对泗水流域商文化的解释和认识基于以下三点，一是在承认商文化特征共性的基础上，找出一定区域并有一定分量的文化特色即个性；二是以

[①]　张学海：《论四十年来山东先秦考古的基本收获》，《海岱考古》第一辑，山东大学出版社，1989年。

文献记载为指引去具体认识、解读考古发现中的特色成分；三是还要考虑山东原居民的传统考古学文化、自然条件。[①]因此，他有以下认识，商文化大范围在东方地区的出现应该与仲丁征蓝夷有关；商人对东夷征服区的政策，开始基本上是驱赶、杀戮和俘获集中，泗水流域属于前者，商人对于东方的统治，在后期实行分封政策；大约在商人统治区的小聚落里，商文化未必占主流，土著文化占优势；而在大遗址、贵族墓葬内，则商文化可能占优，土著文化为次，为点缀，原因是作为大邑商文化，首先为一些地方（方国）统治者所接受或传承、仿效，而一般居民更传统些；鲁西南、鲁南发现的商代中期聚落数量少，分布稀，又缺乏大型遗址，不太可能有商都的存在；考古学文化的类型基本上能与古国的位置相对应，如凤凰台类型属于奄国文化，薛城类型与薛国有关，苏北及沂沭下游地区商代遗存为徐国文化，费县、兰陵、郯城出土的青铜器群等应为商封国与土著莒、徐、杞等国的遗存。商文化在该地区呈现出来的一个个类型，大约是分封政策的产物和结果。

高广仁、邵望平先生整合（弥合）了文献、考古发现的文字材料和考古实物资料，对泗水流域的商代历史与文化进行了较为系统的论述。[②]他们认为，商王朝对东土的征伐是其开疆拓土、武装殖民、聚敛财富、巩固统治的主要手段。商王朝向海岱地区的扩张并不限于一般的殖民，而是在这片新拓展的土地上推行王朝礼制并迫使土著接受，建立起了新的统治网络，使之成了商王朝在政治上可以直接控制的"东土"。淮泗地区（主要是鲁中南地区）与他区相比，是商化程度最高的地区，是商王朝经略最为成功、商朝礼制侵润最透、夷商融合程度最深的地区。这里发现的遗址多，墓葬规格高，数量多，出土陶器、卜骨

① 徐基：《山东地区商文化研究述评》，宿白主编：《苏秉琦与当代中国考古学》，科学出版社，2001年。
② 高广仁：《海岱区的商代文化遗存》，《考古学报》2000年第2期；高广仁、邵望平：《海岱文化与齐鲁文明》第六章"商代东土的方国文明"，江苏教育出版社，2005年。

的器形、纹饰和整体风格与郑州二里岗、殷墟等地出土者基本相同，许多遗址都发现了与商王畿地区铜器形制、花纹基本相同的青铜器，商式青铜器不论数量还是出土地点的密度，都较其他地区为大。但该地区也存有相当数量的红陶和个别原始瓷器，具有一点地方特色。滕州一地既是目前海岱地区内商代前期遗存发现最集中的地区，也是商代后期遗存发现最集中的地区。似乎可以认为，这里是商王朝在其东土最早、最大、经营最得力的基地，或为最大的与国之一。

泗水流域夷、商国族交错分布。文献中该地区有奄、徐、薛、邳、大彭、郯等十余东夷旧国，甲骨文中有方、兒、专、人方（夷）、丰、祝、拔、沇、庚宗等方国或属国，金文中有举、索、史、爻、子等商殖民国族或属国，周王封于鲁国的"殷民六族"是早已殖民来此的商族。淮泗地区的夷、商国族不仅插花分布，而且是礼俗合流、不易区别的，一是殷礼、夷礼同以铜器、玉器为主要载体，二是贵族墓制（墓穴营造、棺椁、腰坑、殉人、随葬的礼乐器等）多是殷制的翻版，三是铜器铭文都有族徽、日干为名，四是同以石为社、杀人祭社，五是同以犬为牲、以龟占卜。商王朝着力于淮泗地区的经略，原因之一应与攫取淮夷地区铜锡资源、保障"金道锡行"的通畅有关。

此外，关于南庚、阳甲所居奄、商奄和前掌大墓地国别问题也是考古界比较关心的。由于曲阜一带至今还未发现足以作为商都的商代中期大型聚落遗址，因而还不能确定奄就在此地。文献中多次提到的周初"东方大国"商奄，在曲阜一带也未发现对应的遗址，因为曲阜鲁国故城城墙的年代最早属于春秋时期，城内堆积也早不过西周中期晚段。[①]如果鲁国最早的分封地还不能确定

---

① 山东省文物考古研究所等：《曲阜鲁国故城》，齐鲁出版社，1982年，原报告判定的鲁故城年代稍早；对鲁故城城墙和城内堆积年代的再分析可参考王恩田：《曲阜鲁国故城的年代及其相关问题》，《考古与文物》1988年第2期；许宏：《曲阜鲁国故城之再研究》，《先秦城市考古学研究》，燕山出版社，2000年。近20年来，山东省文物考古研究所和济宁文物部门在配合基建和考古遗址公园建设中，对鲁故城进行了多次钻探、试掘、发掘，也未见西周早期和中期前段的遗迹、遗物。

下来，商奄所在地也只能是个未知数。关于前掌大商代墓地的国别问题，由于聚落和墓地规模大，还发现了若干座带墓道的大墓，最初有学者认为这里是商奄所在地。① 黄川田修先生认为，前掌大墓地的主体年代已进入西周早期，个别墓葬为西周中期前段，这样就与曲阜鲁国故城内最早时期堆积年代上能衔接上，因而，前掌大应是早期的鲁国，而部分早期商代遗存也就是商代的奄了。② 虽然前掌大带墓道的大型墓被破坏，随葬铜器被盗，对其国别的探讨造成一定困难，但20多座中小型墓葬内出土了数十件带有"史"字符号的铜器，为判定墓地的国别提供了线索。王恩田先生根据陕西岐山北寨子出土的亚薛鼎有"父乙亚薛史"铭文，传世薛侯鼎有"薛侯戚乍父乙鼎彝史"，认为"史"为薛国的族徽符号③，冯时先生认为薛为史氏（族）的小宗，薛是史族的分支④，因此，都主张前掌大就是商代的薛国贵族墓地，并且，这与文献中记录该地区周代有薛国（考古工作者在前掌大西2公里处发现了薛国都城和带有"薛侯"铭文的铜器）、商代也有个薛国是一致的。李鲁滕先生等干脆把薛河流域的商代文化称为薛文化。⑤

总之，考古学者研究本地区的商代考古学文化多根据陶器制作的细微特征划分地方类型，或者以文献记载的古国为导引（即把文献记录作为一种预设）划分（或对应）地方类型。还有学者整合（弥合）了文献、出土文字和考古实物

---

① 邵望平：《〈禹贡·九州〉的考古学研究》，《考古学文化论集（2）》，文物出版社，1989年；胡秉华：《奄国史之初探》，《东夷古国史研究》第二辑，三秦出版社，1990年。

② 黄川田修：《曲阜以前の鲁国の所在に对すゐ-试论——中国山东省前掌大遗迹诸问题》，《考古学杂志》第86卷第3号，2001年。

③ 王恩田：《陕西岐山新出薛器考释》，《考古与文物丛刊》第二号，1983年。

④ 冯时：《殷代史氏考》，《黄盛璋先生八秩华诞纪念文集》，中国教育文化出版社，2005年；冯时：《前掌大墓地出土铜器铭文汇释》，中国社会科学院考古研究所：《滕州前掌大墓地》，文物出版社，2005年。

⑤ 李鲁滕：《略论前掌大商代遗址群的文化属性和族属》，《华夏考古》1997年第4期；胡秉华、翟力军：《薛河流域遗址与古薛国关系的考察》，中国社会科学院考古研究所：《滕州前掌大墓地》，文物出版社，2005年。

资料，解读了考古资料，复原了该地区商代方国、族群以及与商王朝的关系。对于这些研究取向所存在的问题，下面将还涉及。

五、泗水流域商文化遗存的再分析

近几年来，随着济南大辛庄、鲁北地区邹平、桓台、博兴、寿光、青州和滨州等商代中期和殷墟时期尤其第二、三、四期文化遗存的确认与商文化聚落群的考古工作与研究①，以及鲁北岳石文化的后续文化——会泉庄类型的发现②、鲁东南地区商文化资料的公布③、山东地区西周早期遗存的认知④，使学界对东方地区商文化的诸问题有了新认识。比如，商文化的扩张并不是渐进式，不是西部出现得早，越往东越晚，而是在商代中期，商人东扩达到顶峰，一度到达潍河、白浪河、沭河、连云港沿海及盐城一带。但到殷墟时期开始向后退缩，除鲁西、鲁北聚落稳定，数量增多，势力增强外，泗水河流域东侧几乎不见殷墟二、三期的遗存，只是到了殷墟第三期后段，商人重新进入原来所拥有的部分地盘（见下）。在考古学文化上，除商代中期个别遗址如济南大辛庄，商文化中包含些土著物质遗存（岳石文化）外，商文化与当地土著文化不是融合，而是二元对立的。

下面把泗水流域的商代遗存尤其是通过考古调查和发掘的、时代比较明确的遗址和墓地做简要分析。

---

① 如山东大学历史系考古专业等：《1984年济南大辛庄遗址试掘述要》，《文物》1995年第6期；山东大学东方考古研究中心等：《济南市大辛庄商代居址与墓葬》，《考古》2004年第7期；燕生东等：《桓台西南部龙山、晚商时期的聚落》，《东方考古》第2集，科学出版社，2005年。

② 山东省文物考古研究所等：《山东潍坊会泉庄遗址发掘报告》，《山东省高速公路考古报告集（1997）》，科学出版社，2000年。

③ 刘延常等：《鲁东南地区商代文化遗存调查与研究》，《东方考古》第11集，科学出版社，2014年。

④ 蓝秋霞：《山东地区西周陶器研究》，山东大学历史文化学院硕士学位论文，2004年。

（一）商文化中期的聚落与墓地

商代中期是泗水流域商文化的繁荣期，这个时期的聚落数量非常多，分布也密集，考古工作也较多。本文借用唐际根先生提出的中商这个概念[1]，整合了各位先生的早（中）商文化分期意见，把泗水流域商代中期遗存分为三期，第一期相当于二里岗上层晚段及唐际根先生所说的中商第一期，第二期相当于唐的第二期及三期前段，第三期相当于唐的第三期后段到殷墟一期前段，也大体相当于邹衡先生的早商第三、四段的Ⅵ、Ⅶ、Ⅷ组，部分可能早到第Ⅴ组。[2]

1. 泗水尹家城

遗址现存4000平方米，已发掘2000多平方米。商文化堆积遍布整个遗址，以遗址中部、西北一带保存最厚，但多被西周中晚期和东周时期堆积所破坏。清理房址3座，为地面式建筑，仅存部分活动面和柱洞；灰坑、窖穴52个，其中22个为圆形、袋状或筒状坑，周壁、底部平整、光滑，多数应为废弃的窖穴；儿童墓葬5座，分布没有规律，可能位于房址的周围，墓葬东西向，头东或偏东南，无随葬品。出土遗物有铜器、石器、陶器、骨蚌器、卜骨、卜甲等。铜器仅见镞类，石器、骨蚌器主要是与掘土、农耕、狩猎和编制活动有关的用具。陶器有容器和工具类陶拍、网坠和纺轮等。陶容器完整及能复原者共37件，种类较为单调，有鬲、盆、深腹罐、小罐、簋、假腹豆、仿铜斝以及腹部刻画箭和刀符号的小方鼎等。就出土陶器而言，时代相当于中商第一、二、三期（报告出示的陶鬲T249：5，从口沿、腹部和足部特征看，时代为殷墟四期或西周早期，因资料太少，存疑）。[3]从发现的遗迹和遗物分析，该遗址为当时的一般聚落。

2. 泗水天齐庙

遗址位于鲁中南低山丘陵区西部山间的一个小盆地内。现存面积4500平

① 唐际根：《中商文化研究》，《考古学报》1999年第4期。
② 邹衡：《试论夏文化》，《夏商周考古学论文集》，文物出版社，1980年。
③ 山东大学历史系考古专业教研室编：《泗水尹家城》，文物出版社，1990年。

方米，发掘面积约2400平方米。商文化堆积是该遗址的主要遗存之一，遗迹分布广泛，遗迹丰富。商文化堆积之后为西周晚期至东周时期堆积。商文化遗迹丰富，有房址、窖穴、灰坑、灰沟、儿童墓以及成人墓等。房址数量较多，但保存不完整，均为地面建筑，平面呈长方形或圆形，面积都不太大。房基经铺垫，墙为土筑，墙内立柱。居住面多分若干层，每层都有对应的灶，说明经多次修整，反复使用。有几座房址的垫土、居住面下发现可能是奠基的儿童（墓）。灰坑、窖穴的数量较多，分圆形、椭圆形、方形、长方形、不规则形等几种。大多数为不规则的斜壁、圜底或底部凹凸不平的浅穴，可能为取土坑或自然洼坑。少部分形制规整，筒状或袋状，坑壁、底部经过修整，应是专门构筑的窖穴。在遗址的西北部还发现成人墓地。墓葬分布集中，排列有一定顺序，均为长方形竖穴土坑，规模较小，在1.8×0.7平方米左右。存在腰坑或墓室中殉狗的习俗。个别墓还有殉人、二层台、葬具。随葬品多是陶器，一般1—4件不等，少数还有青铜和骨制小件。遗址出土遗物主要是陶器，颜色以灰陶最多，还有红褐与黑陶。主要器形有鬲、甗、罐、瓮、缸、大口尊、豆、簋、盆、钵、器盖等，其中以鬲、罐、盆、豆、簋等器的形态富有变化，时代特征明显。[1]据简报发表的陶器及有关材料出示的实物看，其时代主要为中商第一、二期，个别为第三期早段。就目前所发现的遗迹、遗物分析，该遗址应属于一般聚落。

3. 济宁潘庙

遗址位于济宁市西郊大运河东，东南距同时期聚落凤凰台遗址仅2公里。现存面积22400平方米，发掘面积1250平方米。该遗址主要为商文化遗存，堆积厚达1米。发现有房址1座，灰坑、窖穴42个，水井1口和墓葬2座。房址平

① 国家文物局田野考古领队培训班：《泗水天齐庙遗址发掘的主要收获》，《文物》1994年第12期。

面呈圆形，直径4米，系地面式建筑，墙为草拌泥垒筑墙。灰坑多不规则形，个别灰坑最大径超过15米，应为取土坑。有些坑坑口呈圆形、椭圆形，坑壁、底部较为平滑、规整，深达1—2米，应是废弃的窖穴。墓葬为未成年墓，长方形竖穴土坑，头向北，无葬具、无随葬品。遗址出土遗物有陶器、石器、骨器、蚌器、铜器和卜骨。石器出土27件，主要是镰类收割工具，还有少量砍伐和加工木材用具斧、锛。陶器有容器和陶制工具，如拍、纺轮、网坠等。容器的数量最多，种类有炊煮器鬲、甗，盛贮器罐、盆、簋、豆、瓮、钵、爵、大口尊等，其中鬲、甗、盆、簋、豆最为常见。骨蚌器主要是镞、锥等狩猎和编织工具。铜器仅见铜镞1件。卜骨2件，为牛的肩胛骨，略加整修，有钻。简报认为遗存年代相当于殷墟第一、二期。[①]但从遗存单位的层位关系和遗物特点分析，其时代主要为中商第二期至三期前段。就目前发现的遗迹与遗物看，该遗址应为商代中期的一般聚落。

4. 济宁凤凰台

遗址面积仅存3600平方米，发掘面积200平方米。商文化遗存为该遗址的主要堆积，文化层厚1—2米。清理灰坑6个，灰沟1条。灰坑坑口、壁、底部多不规整，面积大，似为取土坑。出土遗物主要有陶器、石器、骨器和大量未加工的鹿角。石器有石镰3件，骨器仅见骨镞。陶器有容器和工具。容器有鬲、甗、豆、簋、盆、罐、瓮、盘、钵等，其中鬲、甗、豆、簋、盆的数量较多。陶工具有陶拍和纺轮。报告编写者认为时代为殷墟一期较晚阶段到殷墟二期。[②]从遗存层位关系和出土陶器特征来分析，年代大体与潘庙同时，主要是中商第二期至三期前段，以第三期前段最为丰富。

---

① 国家文物局田野考古领队培训班：《山东济宁潘庙遗址发掘简报》，《文物》1991年第2期。

② 国家文物局田野考古领队培训班：《山东济宁凤凰台遗址发掘简报》，《文物》1991年第2期。

5. 济宁玉皇顶、南赵庄、小堌堆

玉皇顶北距凤凰台遗址约6公里，面积达20万平方米，但主要为新石器时代堆积，在第二次发掘的数百平方米内未见商文化堆积，说明商代聚落面积要小得多。第一次试掘80平方米，发现遗迹有不规则灰坑3个，水井1口。井口长1.20米，宽1.10米，存深3.10米。井内出土遗物有完整陶器罐、鬲、盆等，还有甗、豆、瓮等残片以及凿、骨簪、骨锥等。发掘者认为陶器与潘庙、凤凰台遗址出土相同，时代为殷墟第一期。[①]就陶器特征而言，时代应为中商第二期晚段。

南赵庄遗址位于玉皇顶与凤凰台遗址之间，现存面积7500平方米，文化堆积厚2—3米，主要属于商代。断面发现灰坑3座，还出露陶窑的烧土窑壁。采集陶器（片）主要有鬲、甗、簋、豆、罐等。调查简报认为时代为殷墟第二期。[②]但从发表鬲、甗、簋、豆等器物的特征看，时代可分为两部分，一是商代中期阶段，二是殷墟第三期前段至西周初期。前者主要属于中商第三期，部分可到中商第二期。

小堌堆位于玉皇顶遗址以南10余公里，现存面积3000平方米，采集到鬲、罐、瓮等残片。[③]就鬲口沿特征而言，时代为中商第二期。

6. 曲阜西夏侯、兖州栟榈树

西夏侯遗址位于曲阜市东南约9公里，遗址南北长400米，东西宽300米，面积12万平方米。该遗址主要是新石器时代的堆积。在两次发掘的400余平方米面积内，断断续续有商文化地层堆积，厚0.40—1.00米。遗迹现象少，仅发现窖穴、灰坑4个。出土遗物也不丰富，有石器和碎陶片。石器主要是斧、锛

---

①　济宁市文物考古研究室等：《山东济宁市玉皇顶遗址发掘简报》，《考古》2005年第4期。

②　济宁市博物馆：《山东济宁市南赵庄商代遗址调查》，《考古》1993年第11期。

③　济宁地区行署文化局文物普查队：《山东济宁县古遗址》，《考古》1983年第6期。

和穿孔刀，陶片可辨器形有鬲、甗口沿、足，罐、瓮、盆口沿、豆盘等①，就陶片特征看，时代相当于中商第二、三期。

兖州梓椤树遗址位于兖州城南7.5公里，采集到商文化陶鬲、罐、瓮等。②从发表的陶鬲线图看，该遗址有中商第二期后段的遗存。

7. 邹城南关砖瓦窑、南关、朝阳西及岳庄。

砖瓦窑遗址位于邹城东1公里，沙河东岸，东临护驾山（胡家山），仅存数千平方米。1980年，文物部门曾进行过小规模试掘。该遗址主要属于殷墟第三期后段至西周早期（下面将再谈）。调查采集的商文化中期遗物主要是陶器，种类有鬲、斝、假腹豆、浅腹盆、深腹盆等③，从其形态特征而言，时代相当于中商三期，个别属于中商第二期。

南关（化肥厂）遗址，与南关砖瓦窑遗址仅一河之隔。不排除这两个遗址曾属于一个聚落的可能。文物部门多次做过调查，还进行过发掘，堆积的年代主要是殷墟三期后段至西周初期。考古发掘没有发现商代中期的堆积，但在H5（该单位开口层位偏上，出土的陶器不排除混入的可能）出土1件鬲，斜方唇、弧腹、高实足根，根部表面抹光；调查曾采集过1件甗，宽厚沿、弧腹，高档，高实足根，甑部、鬲腹部拍印细绳纹。这两件器物的特征明显偏早，大约相当于中商第三期。④这说明该遗址存在商文化中期的遗存。

朝阳西遗址位于邹城西南。调查采集到的陶器有薄胎、方唇、细绳纹鬲，

① 中国科学院考古研究所山东工作队：《山东曲阜西夏侯遗址第一次发掘报告》，《考古学报》1964年第2期；中国社会科学院考古研究所山东工作队：《西夏侯遗址第二次发掘报告》，《考古学报》1986年第3期。

② 中国科学院考古研究所山东工作队：《山东泗水、兖州考古调查简报》，《考古》1965年第1期。

③ 中国社会科学院考古研究所山东工作队：《山东邹县古代遗址调查》，《考古学集刊》1983年第3集。

④ 国家文物局田野考古领队培训班：《山东邹县南关遗址发掘简报》，《文物》1991年第2期；中国社会科学院考古研究所山东工作队：《山东邹县古代遗址调查》，《考古学集刊》1983年第3集。

深腹盆，卷沿、深腹簋及瓮等，时代为中商第一、三期。还采集到殷墟四期至周初的陶器，说明该遗址应有这个时期的堆积。[①]

邹城西部的岳庄遗址也采集到了商代中期的鬲、甗足等。[②]

8. 滕州官桥商文化中期聚落群

目前，在官桥周围20多平方公里范围内发现了前掌大、吕楼、尤楼（薛故城内）、轩辕庄、大康留、西康留、北辛Ⅱ、后黄庄、望河庄、高庄、坝上等10多处商文化中期的聚落。前掌大、西康留、大康留、吕楼、尤楼、轩辕庄等遗址间相隔仅2—4公里。其中前掌大、吕楼、轩辕庄、大康留都出土过成组的青铜容器。

（1）前掌大

商文化中期遗存主要分布在村北的高台地上，东西长300米，南北宽200米，面积60000多平方米，文化堆积厚1米以上。虽经多次进行过发掘，清理面积超过一千平方米，由于工作的目的是清理商周墓葬，故清理的商文化中期遗存并不很多。发现遗迹有房址、灰坑、灰沟、窖穴、柱洞、墓葬等。笔者曾多次到现场进行过调查。发掘者曾指出，遗址有二里岗上层或稍晚的陶鬲、假腹豆等。《滕州前掌大墓地》发表的商代晚期陶器中，如BT1517③：26鬲，方唇、斜腹、上饰粗绳纹、高实尖足鬲，口沿下有圆圈纹；BT2825④：3鬲，方圆唇、深弧腹、高锥状实足尖，腹上拍印细绳纹；BT1616③：10鬲厚方唇、斜弧腹，尖实足内勾，腹上拍印粗绳纹，以及假腹豆、弧腹簋，时代都比较早，大体相当于中商第一、二、三期。[③]20世纪80年代采集的小方鼎也属于商代中期。1978年，曾发现一座残墓，墓长2.2米，宽1.8米，深1.6米，头向北。出

①　中国社会科学院考古研究所山东工作队：《山东邹县古代遗址调查》，《考古学集刊》1983年第3集。

②　邹城市文物管理局：《山东邹城市商周遗址调查简报》，《考古》1998年第2期。

③　中国社会科学院考古研究所：《滕州前掌大墓地》，文物出版社，2005年。

土铜瓿、斝、爵、戈、钺、削各1件，镞9件及玉柄形饰等。[①]从发表的瓿、斝、爵的特征分析，该墓的时代为中商第三期前段。

（2）吕楼

1973年，村民在村前院西南处发现一组青铜器，有瓿、斝、爵，伴随有人骨，应是被破坏墓葬内的随葬品。铜器时代大体相当于中商第一期。[②]吕楼商文化中期墓地可能与前掌大村北聚落和墓地连成一片。

（3）尤楼

位于薛国故城内尤楼村南，东距吕楼、前掌大不足2公里。遗址长、宽均约200米，1986、1993年做过发掘，清理数百平方米。发现灰坑、窖穴等遗迹，出土陶器有平口方唇和榫式口方唇鬲、假腹豆、簋等。时代大体相当于商代中期的第一、二、三期。

（4）大康留

大康留与西康留遗址仅一河相隔，距轩辕庄遗址也不足2公里。1981年夏，在村北薛河故道断崖上的一座残墓内，出土一组青铜容器，有尊、斝、爵、盘各1件。1984年，又出土铜爵、斝、瓿、鬲、玉柄形饰。后来，又陆续出过鬲形铜斝、十字镂空假腹陶豆等。出土的铜容器共10余件。1985年，曾经进行过拭掘，清理面积上百平方米，发现了中商文化堆积。[③]就公布的青铜器而

---

① 滕州市博物馆：《山东滕州市薛河下游出土的商代青铜器》，《考古》1996年第5期；山东文物事业管理局编：《山东文物精萃》，山东美术出版社，1996年，图录中发表了前掌大该墓的1件铜斝。

② 滕州市博物馆：《山东滕州市薛河下游出土的商代青铜器》，《考古》1996年第5期，简报图录出示的铜斝与前掌大属同一件；枣庄政协文史资料委员会编著：《枣庄文物博览》，齐鲁书社，2001年，图版发表吕楼铜斝1件。

③ 滕州市博物馆：《山东滕州市薛河下游出土的商代青铜器》，《考古》1996年第5期；山口县立荻美术馆·浦上纪念馆、山东省文化厅等编：《黄河の酒神展》（图录），山口县立荻美术馆·浦上纪念馆，1999年，发表大康留出土铜斝1件；山东省博物馆等：《惟薛有序，于斯千年——古薛国历史文化展》，浙江人民美术出版社，2016年，该书把官桥一带发现的商文化中期青铜全归入大康留出土，似有不恰。

言，该遗址的时代为中商第一、二期。

（5）轩辕庄

1992年，在轩辕庄村南，发现一座残墓，墓东西长2.3米，南北宽1.2米，有板灰葬具痕迹。墓主东西向，头东，铜礼器置于墓主头部。出土青铜鬲、斝、爵、戈各1件，镞3件，玉柄形器1件[1]，时代属于中商第一期。

（6）西康留

遗址面积超过20万平方米，主要为大汶口文化时期堆积，商文化遗存分布范围不清。地表散布大量商文化陶片。曾进行过多次试掘，清理面积数百平方米。就笔者从所见陶片而言，多数属于中商时期，具体期别不明。

（7）其他遗址

此外，后黄庄曾采集到中商第二、三期的陶鬲、假腹豆、盆等，北辛Ⅱ出土过中商第一期的陶鬲，说明这两个遗址也有这个时期的遗存。[2]在望河庄、高庄、坝上等遗址也发现了中商文化的遗存。[3]

9. 滕州其他商代中期的资料

薛河流域羊庄镇庄里南、民庄西南、南沙冯西、昌虑故城、张汪南闫楼等地都发现过中商文化的遗存。

滕州姜屯镇庄里西遗址面积在10万平方米以上，为龙山文化、商代聚落、周代滕国贵族墓地、汉代墓地。文物部门曾经进行过多次发掘工作。发掘时曾见到商文化中期的鬲、甗、盆的残片。20世纪70年代，曾采集到1件中商二期的完整陶鬲。该遗址商代遗存属于中商第二、三期前段。

此外，后荆沟遗址还采集到1件中商第一期的陶鬲。

---

① 滕州市博物馆：《山东滕州市发现商代青铜器》，《文物》1993年第6期；枣庄政协文史资料委员会编著：《枣庄文物博览》，齐鲁书社，2001年，图录中发表轩辕庄铜爵1件。
② 中国社会科学院考古研究所山东队：《山东滕县遗址调查简报》，《考古》1980年第1期。
③ 中国国家博物馆田野考古中心等编著：《山东薛河流域系统考古调查报告》，科学出版社，2015年。

10. 枣庄地区的商文化中期资料

枣庄地区发现的商文化中期聚落数量也较多，据调查所见，已发现10余处，如台儿庄晒米城等。其中峄城区与兰陵县交界处的二疏城遗址，现存面积20000平方米。1990、1991年，进行过两次发掘，清理面积上千平方米。在遗址北部清理的200多平方米范围内发现了商文化中期的遗存。遗迹有房址、（带有殉狗的）柱洞、窖穴、灰坑，还发现一座残墓。出土器物有陶器和石斧、石镰等，其中陶器中鬲、甗的数量最多。[①] 就陶器特征而言，时代主要属于中商第二期至三期前段。

11. 铜山丘湾

遗址保存3000平方米，三次发掘面积达733平方米。商文化中期堆积即下层堆积，厚达1.2—1.4米。遗迹有夯土居住地基、柱洞、火塘以及窖穴、灰坑等，出土遗物有陶器、骨器、石器、铜刀、铜镞、铜钩、卜骨、卜甲、兽骨、蚌壳等。[②] 有学者认为该遗存属于独立于商文化的另一种文化类型。但绳纹鬲、甗、中口罐，鼓腹盆，深腹矮圈足簋等均是商文化常见的陶器，卜骨、卜甲也应属于商文化。就发表的陶器形态特征分析，其时代主要属于中商第二期至三期前段。[③]

12. 沭阳万北

遗址面积10万平方米，发掘450平方米，商文化积堆仅在局部分布。发掘区内清理墓葬11座。墓葬为长方形竖穴土坑，东西向，墓主仰身直肢葬，头东。随葬品多寡不一，最少者1件，多者数十件，陶器种类有鬲、甗、罐、簋、豆、瓠等，还有青铜戈、矛等兵器以及铲、锛等用具。其中M20还有殉人、殉

---

① 刘景芝：《枣庄市二疏城新石器时代至汉代遗址》，《中国考古学年鉴1992》，文物出版社，1994年；商文化堆积主要为笔者所发掘。

② 南京博物院：《江苏铜山丘湾古遗址的发掘》，《考古》1973年第2期。

③ 燕生东：《江苏地区的商文化》，《东南文化》2011年第6期。

狗，有腰坑。^①详细材料未发表。资料介绍者认为这批墓葬的年代为商代晚期至西周早期。但从有关报道所刊发陶瓹、簋、瓿等照片看，时代较早。唐际根先生在见到实物后，认为墓地的时代应为中商第三期。^②万北商文化中期遗存的发现，说明这个时期商人的势力已扩张到沂沭河下游地区了。

13. 盐城龙岗

位于淮河下游盐城西部9公里处，施工时发现18件完整陶器、石器集中放在一起，似是墓葬的随葬品。陶器有瓹、盆、罐、高塔形器盖各2件，贯耳壶3件，豆、甗、盆、簋各1件等。简报把这批陶器时代定为殷墟第二期。就瓹、甗、假腹豆等陶器的特征而言，时代应为中商第二期。^③这说明商代中期，商文化已到淮河南部、黄海之滨。

此外，微山县也曾发现多处商文化中期遗址，如鲍楼等。^④

（二）商代末期至西周早期聚落和墓地

这个时期的聚落和墓地较多，公布的遗存也丰富。本文只简单梳理一下正式发掘的资料以及出土青铜容器的聚落和墓地。需要说明的是，其一，因为相当多的西周初期的遗存是商代末期的延续，属于殷遗民的遗存，有时候考古上还难以区分，从聚落演变和文化遗存性质判断角度上，人为地划开也无必要，所以，本文把商末周初的遗存作为一个整体来考察；其二，有些遗址和墓地时代明显属于西周早期，但从文化性质上分析，它们属于商遗民的

---

① 谷建祥、尹增淮：《江苏沭阳万北遗址试掘的初步收获》，《东南文化》1988年第2期，文中公布了陶瓿、瓹、簋和罐的照片；南京博物院：《江苏沭阳万北遗址新石器时代遗存发掘简报》，《东南文化》1992年第2期；邹厚本主编：《江苏考古五十年》夏商周章节，南京出版社，2000年。

② 唐际根：《中商文化研究》，《考古学报》1999年第4期。

③ 王爱东：《盐城首次出土一批商代文物》，《中国文物报》1996年9月29日；韩明芳：《江苏盐城市龙岗商代墓葬》，《考古》2001年第9期；简报出示的瓹口沿为圆唇，袋足，无实足根，但从发表在《中国文物报》图片上看，口沿与足均已残。

④ 济宁市博物馆：《山东微山县古遗址调查》，《考古》1995年第4期。

遗存，这些也纳入了本文的分析范围；其三，一组器物的年代不是指其制作时间，而是其作为随葬品埋葬的时间或者作为窖藏埋入的时间，西周早期墓葬内随葬的相当部分青铜器属于商文化晚期后段的；最后，据文献和考古证明，西周早期，分封到泗水流域的国家主要是鲁国和滕国等，本文将不涉及这两个封国的考古材料。

1. 泗水张庄窖堌堆

1975年，出土一组青铜容器，似为墓葬内随葬品。铜器有爵2件、觚、尊、觯各1件。一件爵上有"母乙"、一件爵上有"母癸"铭文，尊上有族徽（不识），觚上有"史母癸"铭文。简报认为这组青铜器属于商代晚期。[1]但觯、尊整体特征已具有西周初期特征。因此，这组器物的时代应为西周初期。

2. 泗水寺台

1982年，村民挖土，发现一组青铜器，并有人骨，应为墓内随葬品。铜器有觚、爵、钺各1件。简报原定为商代晚期。[2]但铜觚素面，爵腹饰凸弦纹，器壁薄，应是商代末期的风格。该组铜器的年代可定在商末至周初。

3. 平邑洼子地

经调查，遗址面积75000平方米，主要为史前时期和商周时期。1973年，在一座残墓内清理出一组青铜器，有爵、觚、觯、提梁卣各1件。其中，爵上"史"字（族徽）。介绍者认为其时代属于商代晚期。[3]铜觯为垂腹、高圈足，具有西周初期风格。因此，该墓时代应为西周初期。

4. 兖州李宫

遗址现存面积40000平方米。1973年，村民挖坑时发现一组青铜器和陶

---

① 解华英：《山东泗水发现一批商代铜器》，《考古》1986年第12期。

② 赵宗秀：《山东泗水发现商代青铜器》，《考古》1988年第3期。

③ 山东省平邑县志编纂委员会：《平邑县志》文物部分，齐鲁书社，1997年；平邑县政协文史资料委员会、平邑县文化体育局编：《平邑文物》，中国文化出版社，2006年。

器，可能属于墓内随葬品。计铜卣、爵、觚、刀以及陶鬲、甗等各1件。其中，卣上有"索册父癸"、爵上有"索父癸"铭文。简报作者认为该组器物时代为商末周初。[①]但是，随葬陶甗在商代晚期和西周早期比较罕见，而且，甗、鬲为高裆，肥袋足，粗绳纹至足底，就陶器特征而言，属于西周初期的可能比较大。简报作者认为，器主是随伯禽东封时被安置在这一带的殷民六族之一。王恩田、高广仁等先生认为，包括索氏在内的殷民六族在早在商代就已殖民到鲁中南地区，并非在西周时期才迁来。

5. 邹城西丁村

1990年，村民在一座土坑墓内发现一批青铜器和陶器，铜爵、觚各2件。其中，一件爵上有"史"字族徽，一件爵上也有族徽（符号不识）。陶器11件，簋、豆、罍、鬲各1件、罐5件、瓮2件。简报作者和研究者多把这批器物定商代晚期。[②]但陶鬲为卷沿、联裆、柱状实足，罐和簋上装饰有若干个乳丁纹，其风格均为西周时期的特征。因此，该墓已进入西周早期或稍晚。

6. 兰陵东高尧

1963年村民发现一组青铜器和原始瓷器，简报作者认为出自窖藏，但也不排除是墓葬的随葬品。青铜器13件，爵、觚、戈、铜泡各2件，尊、簋、觯、甗、铃各1件，其中，爵、觚、簋、甗等5件器上有"犾"族徽符号，铜尊、觯各也有符号（不识）。另外还同出一件原始青瓷罐。简报作者以及研究者多把这组青铜器的时代定为商代晚期。[③]铜簋为卷沿、浅弧腹、高圈足、双耳下有长方形珥，觯为细长垂腹，高圈足，以及同出的原始青瓷，均属于西周早期典型特征。因此该窖藏或墓葬的时代应为西周早期。武丁时期卜辞上有了犾，犾族

---

① 郭立煜等：《索氏器的发现及其意义》，《文物》1990年第7期。
② 王军：《山东邹城市西丁村发现一座商代墓葬》，《考古》2004年第1期。
③ 临沂文物收集组：《山东苍山县出土青铜器》，《文物》1965年第7期。

徽符号的主人应是王室贵族之后裔。殷墟西区第八区贵族墓葬内，有三座墓葬 M1125（四期）、271（第三期）、284（第四期），出土该族徽，这区墓葬随葬品丰富，出土铜礼器、兵器比例很大，说明族在殷代社会中地位很高。[①]该器主应从殷都迁来。

7. 邹城南关（化肥厂）

文物部门曾经多次进行过调查，除个别器物属于商代中期外，绝大多数稍晚。20世纪80年代之前，在基建中多次出土过完整陶器，如短柄豆、深腹盆、大罍、小罐、圈足尊等，应是被破坏墓葬的随葬品。1971年，在一座墓葬清理出一组铜器和陶器，铜器有瓿、爵、觯、戈、削和弓形器6件。其中，瓿、爵上族徽符号"子□"[②]，该符号也见于殷墟。报告者把其时代归为属于商代晚期。采集到的大型罍与前掌大西周墓葬内出土同类器相同。从墓葬出土的铜器组合及特征分析，应属于殷墟第三期后段至西周早期。1987年，文物部门对遗址进行了发掘，清理面积115平方米，文化堆积厚80厘米。发现灰坑、窖穴21个。坑口多圆形、椭圆形，坑壁、底部做过修整，应是废弃的窖穴。墓葬1座，为竖穴土坑，南北向，墓主头南，无葬具、无葬品。出土了一批陶器、石器和骨器。石器仅见斧、臼，骨器有锥和饰品。陶器的数量较多，种类有鬲、甗、簋、罐、盆、瓮等，其中以鬲、簋的数量最多。发掘者认为其时代属于殷墟四期。黄川田修先生认为堆积的年代主要属于西周时期，部分到了西周中期。[③]盘状口、微鼓腹、实足尖内勾鬲（H21：6），方唇、袋足、无实足根鬲（T4②：4），厚方唇、斜弧腹甗，圆唇侈口、斜弧腹簋

① 中国社会科学院考古研究所安阳工作队：《1969—1977年殷墟西区墓葬发掘报告》，《考古学报》1979年第1期。

② 齐文涛：《概述近年来山东出土的商周青铜器》，《文物》1972年第5期；国家文物局田野考古领队培训班：《山东邹县南关遗址发掘简报》，《文物》1991年第2期。

③ （日）黄川田修著，许宏译：《西周王朝周边文化年代的再认识——以鲁西南地区诸遗址为中心》，《华夏考古》2004年第1期。

（H21：12），圆腹，腹上刻画三角纹簋（T4③：5）等都是殷墟三期后段至四期的典型器物，它们属于殷墟末期应没有问题。而部分单位如袋足鬲（T3③：1）、H7出土的腹部饰乳丁纹的小罐（H7：4）、簋（H7：1）以及小口瓮等为西周早期典型器物。

8. 邹城南关砖瓦厂（含小西韦）

该遗址除了有商代中期材料外，调查中还采集到了商末至周初的材料，如袋足鬲、弧裆鬲、粗柄豆、浅腹盆以及腹部刻画三角纹的小罐、簋等，这些完整器物可能多出自被破坏的墓葬内。遗址内还先后出土过两批青铜器，计觚2件、爵2件、戈1件，估计为墓葬的随葬品。1973年，在与化肥厂（南关）一河相隔的小西韦，发现一座残墓，出土铜爵、觯各1件。爵上有三字，其中一字可能为"敢"，余二字不识，觚有"父戊"二字。[1]小西韦墓地可能原属于南关或砖瓦厂的遗址的一部分。就这些墓葬出土铜器特点而言，其时代定在殷墟晚期末段到西周早期。

9. 滕州庄里西

庄里西是两周时期滕国贵族墓地，这里不仅发现了滕侯墓地，而且还清理了三座商遗民的墓葬。1989年，在西部清理了一座残墓内，出土青铜容器9件，计卣、觚、爵各2件，尊、簋、觯各1件，其中7件有铭文，一件卣上的铭文为"亚㠱对作父癸尊彝"铭文，一件爵上有"父癸"铭文，一件爵上仅有"㠱"，其他四器的铭文均为"史㠱作父癸宝尊彝"，看来器主应为㠱。发掘者和研究者认为墓主是周王分封给滕国的殷遗民，至确。[2]2001年，笔者在南部发掘了一座西周早期墓，内出土了铜鼎、弓形器和大量车马器，也应是殷遗民的墓葬。

---

① 王言京：《山东邹县又发现商代铜器》，《文物》1974年第1期。
② 李鲁滕：《㠱鼎及其相关问题》，《齐鲁文博——山东省首届文物科学报告月文集》，齐鲁书社，2002年。

10. 滕州种寨、金庄、辛绪

1964年，在滕州种寨出土了铜鼎和鬲，鬲上有"眉工（此字不识）子"。王恩田先生认为其时代属于商代晚期，眉即微，该器与商周时期的微国有关。[①] 鼎为浅腹、袋足，与殷墟四期的鼎相同；筒颈、袋足铜鬲在殷墟仅出土过1件，且颈部粗短，属于殷墟四期[②]，而种寨出土的这件鬲，颈部稍细长，在西周早期常见。因此，这两件铜器定在西周早期应没有问题。

滕州金庄出土了一件铜鼎，上有"禚作父庚彝"，简报介绍说出自墓葬，时代为商代晚期。[③]该鼎为分裆、浅腹，属于殷墟三期后段到四期的铜器。

辛绪出土了一件商末周初的铜鼎，上有兽形族徽符号。[④]

11. 滕州级索龙堌堆

1991年，出土过一批青铜器，铜器与人骨并存，可能属于墓葬内的随葬品。铜器共7件，鼎、爵、铃各1件，戈4件。其中爵上有"子"族徽符号。该符号也见于殷墟青铜器上。简报作者认为这批青铜器年代属于殷墟三、四期。[⑤]鼎为浅弧腹、素面，爵为深直腹，小圜底，时代不早于殷墟四期。

12. 滕州官桥商代末期至西周早期聚落群。

后黄庄、大韩、前掌大、后掌大、陆家林、于屯等都出土过商末至西周早期的青铜器。

（1）后黄庄

1958、1959年矿井基建时，破坏一批墓葬。文物部门先后收集到青铜器30余件，计提梁卣1件、斝1件、尊1件、鼎2件、觚5件、觯1件、爵7件，有戈2件、凿2件、铃1件等，还有陶鬲3件，细柄喇叭圈足豆、双耳壶、三角划纹

---

① 齐文涛：《概述近年来山东出土的商周青铜器》，《文物》1972年第5期。

② 岳洪彬：《殷墟青铜礼器研究》，中国社会科学出版社，2006年。

③ 中国社会科学院考古研究所山东队：《山东滕县遗址调查简报》，《考古》1980年第1期。

④ 枣庄政协文史资料委员会编著：《枣庄文物博览》，齐鲁书社，2001年。

⑤ 陈庆峰等：《山东滕州出土商代青铜器》，《考古》2004年第1期。

簋各1件，以及玉琮、玉璜。后来，滕州博物馆又收集到铜鼎、觯各1件。就出土的铜器、陶器组合及特征而言，与几公里外前掌大墓葬随葬品一致，说明它们大体同时，也在殷墟三期后段至西周早期之间。发表的尊、卣、瓿、觯爵等上有"爻"族徽符号，该墓地应为爻族群的墓地。①"爻"见于殷墟西区墓地，也见于卜辞。殷墟西区第三区M354出土的爵上有"爻"（殷墟第二期）②，带有爻符号的传世青铜器有爻父乙敢角、爻父乙簋、小臣兹卣、爻父丁簋、爻祖丁斝、爻姒辛爵、爻父乙爵等，说明爻是商代的望族。爻做过小臣，是商王的近臣。爻曾向商王进贡龟宝（爻入）。卜辞中有"王田于爻""自爻圍""王入爻"的记录，丁山先生认为，卜辞惯例言，惟王至于商，则常称"入"，爻可能是商的旧都。③后黄庄的爻族团应是自中原地区迁徙而来的。

（2）大韩

在一座残墓内出土了一件商末周初的铜爵，上有族徽符号（半月形）。④

（3）前掌大遗址

关于前掌大遗址和墓地，发掘报告称北区墓地面积60000平方米，南区50万平方米，而其他文章介绍说面积达100多万平方米，最新的考古钻探，规模达200多万平方米。据介绍，后掌大、于屯、陆家林，都出过商周时期的青铜器，它们可连成一片。遗址于1964年发现，1981年进行了首次发掘，至2001年，仅中国社会科学院考古研究所山东队就做过9次发掘，清理墓葬134座。其中北区发现35座。滕州博物馆于2000、2001年在南区也进行了两次发掘，清理墓葬32

---

① 山东省文物管理处、山东省博物馆：《山东文物选集（普查部分）》，文物出版社，1959年；孔繁银：《山东滕县井亭煤矿等地发现商代铜器及古遗址》，《文物参考资料》1959年第1期。

② 中国社会科学院考古研究所安阳工作队：《1969—1977年殷墟西区墓葬发掘报告》，《考古学报》1979年第1期。

③ 丁山：《甲骨文所见氏族及其制度》，中华书局，1999年。

④ 滕州市博物馆：《山东滕州市薛河下游出土的商代青铜器》，《考古》1996年第5期。

座。南区还有壕沟、夯土基址（甲字、中字形）、水井、灰坑、窖穴等遗迹。[①]

据介绍，1993、2002年，薛国故城东南部发现了商末至西周早期的城墙和壕沟[②]，不排除与前掌大墓地有直接关系。

所发现的3座两条墓道和9座单条墓道的墓葬均发现于北区，显然，北区的墓葬规格明显高于南区。BM4墓上建筑坑壁上存有成排的柱洞，说明墓上原有建筑（享堂）。这些大型墓虽然被盗，按照商代晚期和西周时期的埋葬制度，应是诸侯以及配偶、亲属之墓葬。南区还发现了殉牛、殉马、殉狗坑，并清理了5座车马坑和4座马坑。稍大些墓葬内棺椁葬具，并有殉人。腰坑、殉狗现象且较为普遍。

尽管多数墓葬被盗，但在公布的111座墓内（2005年以前），有26座墓葬和1座车马坑内出土青铜礼乐器，共有铜礼器171件，乐器4件。铜礼器以酒器为主，食器为辅。饮食器有鼎、簋、鬲、斝、甗等，酒器有觚、爵、角、尊、壶、罍、卣、觯、铜箍木壶和斗，水器有盉、盘。乐器仅见铙。兵器数量多，达395件，有戈、镞、矛、弓形器、胄等。工具43件，有斧、锛、凿、刀等。车马器370件，分别出于5个车马坑和少数墓葬内。出土玉器345组、362件，按功能大致可分为礼器、兵器、工具、配饰、装饰品、杂器六大类。墓葬内普遍随葬漆器、漆盾牌或镶嵌蚌饰的漆牌饰，还有铜箍木器。出土陶器294件，分别出自62座墓葬，种类以鬲、罐、罍、簋、豆为主，还有尊、斝、盆、盉、瓿、盘、甗、鼎等。出土原始瓷器和印纹硬陶45件，分别见于13座墓内。此外，滕州博物馆清理的墓葬共出青铜容礼器52件。

带有"史"字族徽符号的铜器总计达60余件，出土于17座墓葬内。其他

---

① 中国社会科学院考古研究所：《滕州前掌大墓地》，文物出版社，2005年；滕州博物馆：《滕州前掌大南墓地发掘报告》，《海岱考古》第三辑，科学出版社，2010年；滕州博物馆：《山东滕州前掌大遗址新发现的西周墓》，《文物》2015年第4期。

② 崔圣宽：《薛故城》，《中国考古学年鉴·2003》，文物出版社，2004年。

墓内的铜器还见"未""盧""燕（鸟形？）""戛""其""戈"等族徽符号（依冯时）。另外，滕州博物馆发现的铜器中5件有"史"字族徽符号，9件有"鸟"形族徽符号。

20世纪90年代中期之前，发掘者及研究者把前掌大墓地的时代归为商代，后定为商周时期。最近，前掌大报告编写者把墓葬分为三期，其中第一期27座，属于商代晚期，第二期39座，为西周早期早段，第三期12座，为西周早期晚段。原报告归为第一期的墓葬，相当部分墓葬如M4、M124、M214、M222出土了西周早期的陶瘪裆鬲和数量较多的原始瓷器与印纹硬陶，应归入第二、三期。第一期墓葬内出土陶器如大敞口、短领、无实足根鬲，柱状足鬲、圆唇卷沿腹部刻画三角纹的簋，粗柄豆等都是殷墟三期后段和四期常见的器物。铜器组合及形态特征也具有殷墟末期的铜器风格。因此，部分第一期墓葬的时代可定在殷墟第三期后段、四期。M18（第二期）铜盉上有"擒人方瀣伯"铭文，说明墓主人还参加了商末期征伐人方的军事活动。但第二、三期的M118、M2、M30、M203等墓出土了薄唇、卷沿、浅弧腹、高圈足簋，腹部饰乳丁纹簋和双耳簋，其时代可能到了西周中期前段。有学者把该墓地的年代定位西周早、中期，不承认前掌大有商代晚期的遗存（那座商代中期墓葬除外）。[1]但是，居址和墓地内出土了商晚期器物，如BT1517③：2鬲，厚方唇、短颈、斜直腹、袋足；T306③：1鬲（报告归入西周早期），宽直沿、斜腹、矮实足内勾；T1321③：4鬲（报告归入西周早期），大敞口、短领、圆弧腹、尖实足，都是典型的殷墟三期后段至四期前段器物。M128出土的卷缘、深弧腹、矮圈足簋，M50出土的圆唇、斜弧腹、高圈足、腹部拍印绳纹簋，M36出土的短粗柄豆，也都是殷墟三期后段四期前段的器物。因

---

[1]　黄川田修：《曲阜以前の魯国の所在に対する–討論——中国山东省前掌大遗迹诸问题》，《考古学杂志》第86卷第3号，2001年。

此前掌大墓地和堆积时代可定在殷墟三期后段至西周早期，部分墓葬可能到了西周中期前段。

13. 铜山丘湾

该遗址下层堆积为商代中期，上层堆积为晚商时期，堆积厚达0.9—1.0米。主要发现了一处社祀用牲的遗迹（杀人祭社遗迹）。遗迹分布范围约75平方米，中心有4块天然大石，20具双手反绑，俯身屈膝的人骸骨，2件人头骨，12具狗骸，1具牛骸环绕其周围。《淮南子·齐俗训》："殷人之礼，其社用石。"因而，学者多认为此为商代社祭遗迹。丘湾遗址出土了一批陶器、骨器、石器以及卜骨、卜甲、兽骨等。陶器种类有鬲、甗、簋、盆、豆、罐、瓮等。圆唇、卷沿、斜腹、矮实足内勾鬲，厚方唇、粗绳纹鬲，圆唇、卷沿、敞口、斜腹甗，厚圆唇，斜弧腹、腹上刻画三角划纹的簋等，都是殷墟三期后段、四期典型陶器特征，时代属于商文化末期没有问题，但其下限可能延至西周初期。

14. 沭阳万北

1985年在沭阳万匹乡出土大、小铜鼎各1件。从介绍情况看，可能出土于万北遗址。简报把其时代定为殷墟二期。[①]但是，鼎为浅弧腹、圜底、腹部饰有简化的饕餮纹，具有较晚的特征，因而，铜鼎时代可定在殷墟四期至西周早期。最近考古发掘工作还发现了这个时期的铜车马器以及陶簋、甗、瓮等。

（三）小结

以上介绍可以看出，泗水流域的商文化主要属于商文化中期和殷墟三期后段、四期文化，以及西周早期殷遗民的物质遗存。商代中期的聚落没有一个能延续到晚商阶段，大部分遗址商文化代中期堆积之上是西周中晚期文化，像前掌大、南赵庄、丘湾、邹城南关、邹城砖瓦窑等遗址，商文化中期之后为晚商末期文化和西周初期殷遗民的物质遗存，这说明商文化在泗水流域的发展曾

---

① 王厚宇：《江苏沭阳出土商代铜鼎》，《文物》1990年第4期。

经出现过断层。确切地说，商代中期是泗水流域商文化发展的鼎盛时期，聚落分布范围广，数量也比较密集。大约在中商三期后段，商文化基本退出泗水流域。商代晚期的鼎盛时期即殷墟一期后段、二、三期，泗水以东已不见商文化。目前，也没有见到这个时期的其他文化遗存。这与商文化晚期从西、北、南、东南地区大范围后退或衰落是一致的。[①]但在泗水流域发现了的大量殷墟三期后段、四期和西周早期殷遗民文化的聚落与墓地，各地普遍出土了成组群的带有族徽、日名铭文的青铜器，说明这个时期包含了若干族群的商人重新涌入了该地区。但是，这些聚落和贵族墓地在西周中期后逐渐衰落，多数也并没有延续下来。

房屋、窖穴修挖、修建方式与技术，墓葬埋葬习俗如腰坑、殉狗、殉人及随葬品组合，出土遗物中陶器、石器（如石镰）、玉器、卜骨、卜甲的种类和形体特征，与当地岳石文化及后续文化，不是原本地文化的延续或者外来文化和本地文化的混合体，而是一种替代关系。这些物质遗存所呈现的社会习俗、文化、制度以及技术层面，都是典型的商文化系统。青铜礼乐、兵器形态、纹饰样式，以及铜器上族徽符号、日名都是商式的，绝大多数符号也能在殷墟铜器或卜辞中找到。有些物质遗存如青铜器、玉器应是商王朝的某些固定作坊制作，由商王和上层贵族分发给各地族群的，而陶器、石器、骨器等则以商式为蓝本在本地制作。至于该地红褐色陶器数量多，应是半氧化焰环境下烧成的缘故，与中原地区还原焰环境下烧成的陶器虽有差别，但毕竟属于比较低层次的技术层面，不可能决定文化性质。因此可以说，商文化在泗水流域的出现，应与商人的进入有关。学者们认为商人在东土的统治是开疆拓土、武装殖民，是正确的。泗水流域发现

[①]　刘绪：《商文化在北方的进退》《商文化在西方的兴衰》《商文化在东方的拓展》，刘绪：《夏商周考古探研》，科学出版社，2014年；中国社会科学院考古研究所：《中国考古学·夏商卷》，中国社会科学出版社，2003年，书中也认为，洛阳、苏北地区已不见晚商文化，但文中所提出的安徽江淮地区"晚商文化"大城墩类型，列举的陶器均为西周时期。

的十几个商末周初的族徽符号，也多发现于殷墟卜辞和青铜器铭文，说明这些群体从殷都及周围地区分封或迁移而来，而陶器如宽沿厚胎陶器等制作技术似来自鲁西南地区。经过考古发掘的商代中期遗址如天齐庙、尹家城、凤凰台、潘庙、二疏城、丘湾等，应是当时的一般邑聚，发现的遗迹如房屋、窖穴和墓葬，出土的遗物如陶器、石器、卜骨、卜甲等，都与中原地区商文化保持高度的一致性，属于典型的商文化。也不像有学者所说下层聚落"商化"的程度低些，高等级聚落"商化"程度高些。由于中商时期是泗水流域商文化发展的鼎盛时期，聚落数量多，分布密集，可明显分为若干聚落群，如济宁市区和滕州官桥一带，这与文献中商代中期后段南庚、阳甲都城奄在泗水上游一带有一定暗合之处，目前还不能排除奄在该地区的可能。另外，考古学上所划分的商文化中期地方类型是以中原已知的商文化为前提的，如果文献中商都城奄在此地的话，那么泗水上游地区曾经是中商文化的中心，似不能以商文化地方类型代之。

目前，考古调查和发掘工作比较多的是济宁市区周围和滕州官桥一带。从商代中期聚落特点和分布上可以看出，聚落呈成群分布，间距一般2—4公里，分布非常密集，每个聚落大都贯穿整个中商时期，说明聚落及所反映的社会组织和结构是稳定的。官桥那一带，至少发现了4处随葬青铜礼器的贵族墓地，这里应是商文化在泗水流域的一个中心。商代中期的聚落，布局较为清楚，聚落延续时间长，应该有统一的规划和设计。但是，商代末期和西周早期的聚落特点与布局与此不同，出土成组的青铜礼器的地点较多，分布上也看不出规律，铜器的族徽符号种类多，也比较杂乱，说明当时的社会集团和组织比较复杂。这个时期的聚落与鲁北地区如桓台西南部的若干个一般性邑聚围绕着一个中心聚落的布局[1]相比，给人一种无序、混乱的感觉，看不出有统一的规划和

---

[1] 燕生东等：《桓台西南部龙山、晚商时期的聚落》，《东方考古》第2集，科学出版社，2005年。

设计。大量商末商式铜器群和商族符号在泗水流域（整个东方）的出现，可能是商人征服人方后（史族还参加了东征），分封了一些国家或族群，殖民留任受封或葬于东方。但相当部分青铜器群属于西周早期（有些定为商末的，也不排除属于西周初期的可能性），这也可能与当时社会政治格局大变动有关，商王朝灭亡后，商人受周人势力打压，被迫东迁，避难来到东方地区。这些外来的商人部分在周代文献中却被称为淮夷，金文内被称为东夷，成为被征伐的对象。考古资料表明这些商式铜器群、族徽符号以及陶器等遗存只保留到西周早期至中期前段，殷遗民（贵族）作为一个集团或实体，在周人的多次被征伐中要么被征服，灭掉，要么被同化，直至最后消失。

需要说明的是，滕州前掌大墓地规模大，延续时间较长，北区墓葬规格高，应是商末周初的薛国国君和贵族墓地。平邑洼地、邹城西丁、泗水窑埚堆等都发现了"史"字族徽符号，这些墓葬和铜器时代与前掌大基本同时，可能是联姻、铜器分配或史族分支迁移遗留下来的。这从一个侧面说明史族集团在泗水流域势力较强，影响较大。《左传》哀公二十四年记载了鲁国宗人衅夏说的一句话："周公及武公娶于薛，孝、惠娶于商，自桓以下娶于齐。"西周时期鲁国的政治联姻对象是薛国，看来属于史族的薛国在西周早期仍属于大国。

六、相关理论问题的探讨

文献在研究历史事件、政权更迭以及政治、经济、文化、思想制度诸方面，有着其他资料不可替代的作用。文献丰富是中国历史的优势，利用文献资料解读考古资料也是中国考古学的特长，文献记录给考古和研究工作提供了很多便利、启发和线索，有时甚至起着关键作用。用文献解读考古资料（即把文献作为预设知识），也不啻为一种有效的研究方法。同样，在考古背景下解读文献，实际也就多了一种"文本解读方式"。用考古资料释读文献资料，也多了一种参照系统，可能加深和改变学界对历史记载的理解。但是，考古学最终目的并不是证明文献所呈现的史料正确与否，也不仅仅是起着证史、补史作用，而是用这些实物资料重塑过去的历史。考古学者利用的材料多是人类活动留下来的遗迹、生活和生产的垃圾，尤其是各个时期下层社会的遗存，往往是文献（尤其是掌握话语霸权记录者的材料）不被记录的和不被注意的。考古学者以实物资料建构他们比较擅长的领域，如社会经济领域的生计方式、农业和手工业发展程度，社会生活中的居住形式、风俗习惯、埋葬习俗，社会制度方面的营国制度、礼乐制度、等级制度等方面的历史，与传统文献建构的历史相比，实际上是从另一角度对历史的解读和叙述。[①] 所以，以考古资料建构历史和以文献（字）资料筑就历史，由于资料性质的不同，从资料、研究方法、目的到叙述方式都是不一样的。上述各章节学界用各类资料建构了泗水流域不同的商代历史以及使用了不同的叙述方式也充分说明了这一点。

目前，商代某区域史的研究主要依赖四种"史料"：一是殷墟甲骨卜辞和商代铜器铭文，二是西周早期金文资料（西周早期的殷遗民，他们刻意保留族群符号和庙号称呼等），三是成书于周代到汉初的古代文献，四是考古资料。学界常用的研究办法是"类比"和"整合"——在这些史料中找寻"相同的或可互证"资料（这就是所谓的"二重证据法"或"多重证据法"）以复原商代的历史。历史时期的考古学研究，习惯用文献和文字资料作为导引来解读考古资料，或者把考古资料与文献（字）记录结合起来考虑，目的是寻找它们的结合点或相同处，来整合二者，解释考古资料，建构历史。但如果过于人为地整合、弥合考古与文献资料，往往会给人一种牵强附会的印象。更重要的是，在各种资料类比和整合过程中，我们往往关注的是它们之间的对应关系，忽视了历史文献与出土文献

---

① 赵辉：《考古学与中国历史的重构——为纪念北京大学成立考古学专业50周年而作》，《文物》2002年第7期；燕生东：《后现代史学语境下的考古学》，《东南文化》2007年第1期。

（文字）以及它们与考古资料所呈现出的不同的、矛盾的或反常的一面。

　　历史文献与出土文献（字）的差异，表现在不同时期文献、出土文献对同一国别、族群（包括地名）的不同称呼，以及对同一事件的不同记录，如，文献中商王南庚、阳甲所居的都奄、甲骨文中的"弇""盇"、金文中的鄤，商末周初的商奄、帝奄、《墨子》和《韩非子》中的商盖，据史学家考证，它们应是同一方国的不同写法。单一个"奄国"在同一时期和不同时期就有如此多的称呼和写法（也可能它们所指的不是一个地方和方国）。奄，有的文献说是商人建立的邦国或商属国，而有的文献认为属于东方土著（夷人、偃或嬴姓族）。多数文献认为商奄被周人灭掉了，但有的文献说奄只是宾服了周人，并向南迁移了。这些不得不让人怀疑它们是否指同一方国、族群和同一事件，还是对它们的不同看法。再如，生活在泗水流域及其周围的"土著居民"，甲骨文中为人方（尸方、夷方），东周文献称蓝夷，西周早期金文中称东夷，周代文献叫熊盈、淮夷，战国、两汉时期文献称东夷、淮夷。根据史学家、考古学家用"二重证据法"得出来的结果，它们是同一族群。我们不禁要问，为什么同一个族群，竟有如此不同的称呼呢？再如徐，周代文献称徐戎，是与殷、东、奄并列的大国，属于东方土著国，但同时期文献中又称商族徐氏。周初，周人称生活在泗水流域及其周围的人群为东夷、淮夷，然而，考古资料显示，商末和周初，他们多是殷民、殷遗民和接受了商文化的各类方国与族群。这些对同一族群、国别与同一事件的称呼和看法上有如此多的差异，很值得学界思考。

　　还可以把考古资料作为一种参照系，看看文献（包括出土文字资料）与考古学资料相对照所呈现出来的异例现象。譬如，《史记·殷本纪》说："自仲丁以来，废嫡而更立诸弟子，弟子或争相代立，比九世乱，丁是诸侯莫朝"；《后汉书·东夷传》记载："至于仲丁，蓝夷作寇。自是或服或畔，三百余年。武乙衰敝，东夷浸盛，遂分迁淮岱，渐居中土。"但从考古学上讲，商文化中期与早期、晚期相比，是商王朝的全盛时期，南至长江中下游两岸（有盘龙城和大城墩类型），东至黄海、渤海之滨，西到关中，北至太原、京津一带，都属于中商文化的分布区，看不出这个时期任何衰败的迹象。而在山东地区，商文化中期也是分布范围最广大的，在聚落结构和社会组织上也是稳定的；殷墟时期，鲁北地区商文化和聚落是稳步发展的，尽管泗水东侧已不见商文化，但商代末期商人又重新进入该地区，似乎也不存在"武乙衰敝，东夷浸盛，遂分迁淮岱，渐居中土"的局面。《诗经·玄鸟》说武丁南征、西伐，依靠战功，"邦畿千里，维民所止，肇域彼四海"；《史记·殷本纪》也讲"武丁修政行德，天下咸欢骓，殷道复兴"，说明商代晚期商王朝的势力增强，疆域很大。但从考古学上看，晚商时期是商文化分布范围最小的时期，这个时期商文化大规模退缩，关中、关东、豫南、豫西、晋中南、冀中唐河以北、淮河以南、泗水以东已不见商文化，晚商文化只局限在太行山以东、渤海湾以西的地方。据历史学家研究，泗水流域在殷墟卜辞记录中，存在着20余个商代晚期的方国和族群，考古资料证实，商代晚期，商文化已经退出该地区，也没有发现该时期其他文化遗存，也就是说，这些方国和族群可能并不分布在该地区。

如果把文献、卜辞、金文关于薛的记录和考古发现的前掌大商周薛国贵族包括国君级的墓葬互为证据的话，商代的薛国位于泗水流域，是商的属国（封国）应该是最无问题的。依据《左传》薛宰的叙述，仲虺居薛，以为汤左相，是与商王汤同时期人物，仲虺又在商王朝内做过官。但是，早商时期，薛城一带为岳石文化，本地还看不出有任何商文化因素。卜辞中关于薛国的记载主要是武丁至康丁时期，在考古学文化上大体相当于殷墟二、三期前段。卜辞中薛作为地名和薛侯伯国。薛地曾是商王的田猎地，商王去过薛（自薛、之薛），曾征伐过薛伯。但是，不仅前掌大、薛故城周围没有发现殷墟一期后段、二、三期的遗址，而且整个泗水东侧缺乏这个时期的聚落。前掌大贵族墓地的年代最早相当于殷墟三期后段，说明殷墟三期后段之前的薛并不在现在的前掌大和薛故城一带。据冯时先生考证，左相一官不见于卜辞和殷周金文，是后人据时见之官所附会，左相之本似为左史，左史应即卜辞之东史。金文中薛国的族徽符号为史，说明史氏当为仲虺之后。但是，史是商周时期的望族，据胡厚宣先生考证，卜辞中的史为武官，行征伐之职。[①]考虑到族群的搬迁和方国的分封，如果认为卜辞中的薛并非前掌大那个史族分支的薛，也不无道理。因此，目前看来，《左传》薛宰的叙述或历史记忆可能是他或后世薛人根据现实需要创造出来的历史文本。

邳国也比较复杂，文献中的邳与卜辞中的丕国可能不是一码事。如果说文献中遭灭国之灾的邳就是卜辞中商征伐的丕国还能对应的话，那么后来还有个商王族的封国子不，并且东周文献和出土金文中表明，邳国仍然存在，并没有被灭掉。苏北鲁南一带并未发现晚商文化二、三期遗存，子不国很可能不在这一地区，因此，文献（包括金文）中的邳和卜辞中的不、子不，要么不是一个国家，要么邳这个方国发生过多次迁移。

郳国的情况也如此。春秋时期的兒（郳）地与卜辞中的兒应不在一个地方。卜辞的兒主要出现在卜辞一期，即殷墟二期。然而，该地并没有发现这个时期的遗存。经过发掘，东江夯土城墙的年代为东周时期。这或许说明，郳国（族）可能是从他处搬迁而来的。

对卜辞中商代方国与族群地理的研究，最基本的问题是辨识地名文字。如果文字释读不准，尽管有科学的研究方法和充分的参考资料，也无济于事。在这些方国和族群地理位置的考订上，学者们多依靠通假原理如音同近同、意同等把卜辞、金文中的地名（国名、族名）与东周和汉代文献记载的地名连接起来，主观性和随意性较强，局限性很大。此外，古代地名、族名和人名往往混而为一，族群的迁移、分封等（人群的迁移，地名也随之搬迁过去）往往产生的"异地同名"，这样也造成了很多地名的不确定性。

如果说学术界对卜辞中方国和族群研究存在技术与逻辑上的局限的话，那

---

① 胡厚宣等：《殷商史》，上海人民出版社，2003年。

么，用文献和文字资料与考古资料来复原历史也有相当大的局限性。

以文献和文字资料为参照系统（以文化人类学或民族学为参照物也如是）对应和诠释考古资料，主要基于这样的预设：文献能够反映历史事实，文献越早，就越接近历史真实。文字记录（文献）毕竟只是人类历史部分记录的残留，而且，并非人们的所有活动和社会行为都被记录下来，通过文字记录的社会活动毕竟也是少数。就是这部分记录（即文献）也有很大的主观性和片面性。历史文献作为一种"社会记忆残余"和"社会历史记录"的残留，只能反映部分历史事实，而不是"历史事实载体"。所谓的史料，只是这些"过去事实"中很小的一部分，它们是一些被选择、组织，甚至被改变与虚构的"过去"或社会情景。因此，一篇文字史料不能简单地被视为"客观史实"的载体，确切地说，它们是在人们各种主观情感、偏见以及社会权力关系网下的社会记录。①

后现代主义对历史学和文献记录进行了解构，认为史家所谓的"历史事实"并不是外在的、客观的、界限分明的存在。随着后现代理论对历史文本和历史学的解构，没有人相信历史文献（不管有多早的历史文献）能与历史事实画等号了。②作为历史记录、文献或历史知识即历史文本，可能产生于以下情况：作为当事者，记录的是自己心中的种种经验和体会，作为后人的历史文本（如周、汉代对商代历史的记录），表达的是后人的经验和体会，或者代表了后人对过去的一种特殊的解读（用现在解释过去），或者是以过去为载体对现在发生的一种特殊解读（用过去的建构解释现在），甚至在很多时候，历史记忆和历史知识表达的常常是后人对现实生活的历史背景的解释。③因此，在这些情况下，历史记录和知识多是当时（事）人对事情或者后人对历史知识或者历史记忆的看法和认识，是

---

① 王明珂：《历史事实、历史记忆与历史心性》，《历史研究》2001年第5期。

② 王晴佳、古伟瀛：《后现代与历史学——中西比较》，山东大学出版社，2003年。

③ 〔美〕柯文著，杜继东译：《历史三调——作为事件、经历和神话的义和团》，江苏人民出版社，2000年；陈春声：《走向历史现场》，赵世瑜：《小历史与大历史——区域社会史的理念、方法与实践》绪言，生活·读书·新知三联书店，2006年。

被创造出来的，而不是历史事实。这些理论让我们不难理解不同时期历史文献内对同一族群的不同称呼和对同一事件的不同看法。如泗水流域商末周初的族群，考古资料表明，他们是以商人和商遗民为主体的居民，西周早期的金文材料称为东夷，是周人出于政治、军事上的需要，对那里的族群进行了重新分类或贬称。而在周汉文献中他们被称为淮夷，是由于西周中期后，周人的主要敌人是南淮夷、淮夷，因此，在新的社会情境下，淮夷被周人想象为长久以来的敌人。相反，"东夷"则被弱化，被"失忆"。泗水流域商代历史文献记录的形成，实际上是由商人、周人、薛人和汉代人根据现实需要创造的历史记忆和文化、族群认同的记录。但这些文献资料，最后成为当时整个社会群体以及中国古代的社会记忆、历史记忆和历史知识，也成为后人包括历史学家借以建构历史的原始资料。

因此，后现代史学把文献史料被当作一种"文本"（text）或"述事"（narratives），以强调文本产生背后的社会情景（context）与个人感情。[1]殷墟卜辞、商式铜器铭文主要反映的是商代政治社会环境中的一种认同与区分体系，商王和贵族基于当时的资源分配、分享与竞争体系下，按照商人主要是贵族的标准、角度、利益和视角，对当时文化、社会族群及与商王朝关系的看法。商王朝灭亡后，在西周社会情景下，周人（主要贵族）以自己利益和视角建构了另一种认同与区分体系，金文主要记录了周人对某地域人群与社会的区分和看法。周汉文献则主要是先秦至汉初人们在当时社会情景下对商代的记忆和历史看法，即在新的认同体系下，从过去的社会历史记忆中选材，并混合其他元素以创造新的社会历史记忆。这便是先秦文献所描绘的商代。因此先秦文献与商周卜辞、金文对泗水流域同一族群和同一事物记载之"差异"，实际上也给学界提供了由商、周到汉初一个历史族群认同/区分变迁过程。

---

[1] 王明珂：《羌在汉藏之间——一个华夏边缘的历史人类学研究》文本与田野说明章节，台北联经出版事业股份有限公司，2003年。

　　后现代史学理论告诉我们，古代族群（民族）不是一个历史实体，不是一个固定不变的群体，而是一种想象和建构。①东夷可能不是一个实际存在的、连续的政治实体或集团，而是以中原为中心的夏商周秦汉等王朝对生活在东方地区"他者"（人群）的想象与建构。②

　　随着时代的推移，东夷的分布范围一直向东扩展。据先秦文献记载，夏商时期和西周早期，"东夷"是指生活在潍河以西的土著居民，西周中期以后，分布在东部沿海地区的居民则被称为东夷，而在两汉及魏晋文献中，东夷则成了汉人对东北地区和整个朝鲜半岛方国和族群的称呼。殷墟卜辞中基本不见东夷之名称，卜辞中武丁时期就有人方（夷方、尸方）的记录，卜辞和商金文中保存由廪辛至帝辛（卜辞三、四、五期）征人方的记录。由于周汉文献中有记载帝辛征伐东夷的事件，学者们根据"二重证据法"判定人方即东夷。从殷墟卜辞和商末铜器铭文上的若干次征人方记录可以看出，人方的分布范围大体在淮河中下游、泗水流域及鲁东南、鲁北地区。商人"每次"都能大胜人方，并擒获人方的首领（伯），似乎显得人方的势力非常强盛。但目前考古工作还未发现一个发达的考古学文化能与人方对应。所谓岳石文化的后续文化会泉庄和珍珠门遗存，也只发现在潍河流域和以东的半岛地区，堆积单薄，聚落面积小，聚落数量相对少，分布稀疏，目前也未看到大型的中心聚落或足以代表社会发展水平的青铜礼器和兵器。显然，所谓人方的强大，可能只是出于商人政治和战争的宣传。在卜辞和金文中，殷都东部和东南部，与人方交错分布着的还有许多方国和族群，被商人称为"方"的还有虎方、林方、危方、旁方、盂方等，有些方国和族群也长期与商王朝处于敌对状态，受到商人的多次征伐。西周金

---

① 王明珂：《羌在汉藏之间——一个华夏边缘的历史人类学研究》文本与田野说明章节，台北联经出版事业股份有限公司，2003年。

② 对东夷族群的解构可参考 David Joel Cohen, "The Yueshi culture, the Dongyi, and the archaeology of ethnicity in early bronze age China." the doctor dissertation（unpublished），Harvard University Cambrige, Massachusetts, 2001。

文中开始出现的东夷这个名称，泛指东方地区的土著居民，周汉文献中对这部分居民则称为淮夷和徐戎。考古资料显示，周初的"东夷族群"还包括东方地区的商遗民邦国和同盟国族。因此看来，商代的人方和周初的东夷与淮夷还不能直接画等号。人方和东夷其实就是商人与周人在族群区分/认同体系下，出于政治和军事宣传的需要，强化和丑化异族，对东方地区不服从他们统治的族群的称呼，以达到战争（东侵）的合法性。形成于西周早期的东夷族团，只是延续了一个自商代或更早以来的东方异族概念，而每个时期"东夷族"的构成和分布范围是不一样的。

同样，作为实物保存下来的考古资料，只是人类活动中部分保留下来的很小一部分，而人类大多数活动包括思想活动，则不能保存或反映在"实物遗存"上。人类活动遗留下来的遗迹和遗物在保存、遗弃和废弃过程中既有人为因素，也受自然的影响，情况非常复杂。考古工作者在调查、发掘和解读这些实物资料时也有很大主观性和片面性。遗物中有些被有意选择的，如墓葬的陪葬品、窖藏，而多数是随意遗弃的，如生产、生活垃圾。遗迹、遗物作为人类活动留下来的"残余"，还不能被简单地视为"客观史实"的载体，只能反映人类活动的部分事实，更不会全是"历史事实载体"。考古资料在研究人类社会中、长时段发生的社会、经济、文化变化和人群交往等时比较有效，而对各种具体历史事件如政权更迭、战争、经济、社会关系以及短时段的社会、政治变革事件和社会变化、政治思想等方面则显得无能为力。有时候，物质遗存（考古学文化）很难与一些具体的族群、方国一一对应。若用考古学文化中尤其是陶器制作的细微特征而总结出来的地区类型去附会文献中的古国和族群，显然有些牵强。凭着考古资料，考古学者也不能建构全面的、整体的历史。

（原文刊于《东方考古》第 4 集，略有补充修改）

图书在版编目（CIP）数据

海岱考古与早期文明/燕生东著. —北京：商务印书馆，2019

（齐鲁文化与中华文明文库）

ISBN 978 - 7 - 100 - 16334 - 7

Ⅰ.①海⋯ Ⅱ.①燕⋯ Ⅲ.①文化史—研究—山东—古代 Ⅳ.①K295.2

中国版本图书馆CIP数据核字(2018)第149566号

海岱考古与早期文明

燕生东　著

商　务　印　书　馆　出　版
（北京王府井大街36号　邮政编码100710）
商　务　印　书　馆　发　行
山东鸿君杰文化发展有限公司印刷
ISBN 978 - 7 - 100 - 16334 - 7

2019年1月第1版　　　开本710×1000　1/16
2019年1月第1次印刷　　印张27.5
定价：98.00元